普通高等教育"十一五"国家级规划教材
高职高专工程造价专业系列教材

# 建筑水电安装工程计量与计价

（第3版）

主　编　张雪莲　相跃进
副主编　温艳芳　燕可翀　吕　芳

武汉理工大学出版社
·武汉·

## 内 容 简 介

本书是高职高专工程造价专业系列教材之一。本书主要内容包括安装工程计量与计价基础、给排水工程施工图预算、室内采暖工程施工图预算、建筑照明电气施工图预算、消防及建筑智能化工程施工图预算、通风与空调工程施工图预算、设计概算、施工预算的编制、建筑安装工程竣工结算等内容。

本书可作为高等职业技术院校工程造价、建筑工程技术、建筑装饰工程技术、建筑安装等专业的教学用书,也可供建筑安装工程公司预算管理人员学习参考,还可作为概预算人员培训用教材。

**图书在版编目(CIP)数据**

建筑水电安装工程计量与计价/张雪莲,相跃进主编. —3 版. —武汉:武汉理工大学出版社,2019.10

ISBN 978-7-5629-6186-4

Ⅰ.① 建… Ⅱ.① 张… ② 相… Ⅲ.① 给排水系统-建筑安装-工程造价-高等职业教育-教材 ② 电气设备-建筑安装-工程造价-高等职业教育-教材 Ⅳ.① TU723.32

中国版本图书馆 CIP 数据核字(2019)第 233459 号

**项目负责人**:杨学忠 张淑芳
**责任编辑**:杨学忠
**责任校对**:丁 冲
**排　　版**:芳华时代
**出版发行**:武汉理工大学出版社
**地　　址**:武汉市洪山区珞狮路 122 号
**邮　　编**:430070
**网　　址**:http://www.wutp.com.cn
**经 销 者**:各地新华书店
**印 刷 者**:荆州市鸿盛印务有限公司
**开　　本**:787×1092 1/16
**印　　张**:15.25
**字　　数**:381 千字
**版　　次**:2019 年 10 月第 3 版 2004 年 9 月第 1 版 2013 年 6 月第 2 版
**印　　次**:2019 年 10 月第 1 次印刷 总第 17 次印刷
**印　　数**:4000 册
**定　　价**:40.00 元

凡购本书,如有缺页、倒页、脱页等印装质量问题,请向出版社发行部调换。

本社购书热线电话:027-87515778 87515848 87785758 87165708(传真)

# 第3版前言

“建筑水电安装工程计量与计价”是一门实践性很强的课程。本教材坚持理论联系实际、注重实际操作的编写原则，在阐述基本概念和基本原理的基础上，以应用为重点，深入浅出地列举了较多的应用实例，并附有各种应用表格和习题，以培养学生的实际动手能力。

本教材在保持第2版教材整体框架的前提下，依据现行的建设工程文件，参考有关资料，结合编者在实际工作和教学实践中的体会与经验，对教材内容做了部分调整与修改。在编写内容上，本书共分9单元，单元1安装工程计量与计价基础，主要介绍安装工程预算定额的组成、特点、使用注意事项，安装工程预算费用的组成及安装工程施工图预算的编制原则、程序、方法，并介绍了工程量清单计价规范。单元2、3、4、5、6详细介绍了给排水工程、采暖工程、照明电气工程、消防及建筑智能化工程及通风与空调工程等各工程施工图的识读、施工图预算的编制和工程量计算及定额应用等方面的内容，在介绍计量与计价基础知识的基础上，突出水电安装工程施工图预算编制细节和实际过程的操作，每个单元均配有完整的施工图预算实例，内容和体系新颖，适用性强。单元7、8、9对设计概算、施工预算、竣工结算的编制依据、方法和编制内容进行了介绍。每个单元均有学习指导、单元小结和思考题。

本教材可作为高等职业技术院校建筑工程造价、建筑工程技术、建筑装饰工程技术、建筑安装等专业的教学用书，也可供建筑安装工程公司预算管理人员学习参考，还可作为概预算人员培训用教材。

本书由太原城市职业技术学院张雪莲统稿，张雪莲、相跃进任主编，温艳芳、燕可翀、吕芳任副主编。具体分工为：单元1由山西工程职业技术学院吕芳编写，单元2、3由太原城市职业技术学院燕可翀编写，单元4、5由太原城市职业技术学院相跃进编写，单元6由山西工程职业技术学院温艳芳编写，单元7、8、9由太原城市职业技术学院张雪莲、吕芳编写。

“建筑水电安装工程计量与计价”是一门政策性、专业性、技术性很强的综合性课程，由于编者能力、水平有限，加之时间仓促，书中难免有疏漏之处，我们将在实践中不断加以改进和完善，恳请读者批评指正。

**编　者**

2019年6月

# 第2版前言

我国国民经济建设和社会发展对工程造价专业培养高级专门人才提出了新的要求，为适应新形势下职业技术教育的培养目标和教学要求，培养懂技术、会管理、善经营的高等职业技术应用型人才，我们编写了本教材。

“建筑水电安装工程计量与计价”是一门实践性很强的课程，为此本教材坚持按理论联系实际、注重实际操作的原则编写。在阐述基本概念和基本原理的基础上，以应用为重点，深入浅出地列举了较多的应用实例，并附有各种应用表格和习题，以培养学生的实际动手能力。

本教材以现行的建设工程文件为依据，并参考有关资料，结合编者在实际工作和教学实践中的体会与经验编写而成。在编写内容上，本书共分9单元，单元1主要介绍安装工程预算定额的组成、特点、使用注意事项，安装工程预算费用的组成及安装工程施工图预算的编制原则、程序、方法，并介绍了工程量清单计价规范。单元2～6详细介绍了给排水工程、室内采暖工程、建筑电气照明工程、消防及建筑智能化工程及通风与空调工程等各工程施工图的识读，施工图预算的编制和工程量计算及定额应用等内容，在介绍计量与计价基础知识的基础上，突出水电安装工程施工图预算编制细节和实践过程的实际操作，每个单元均配有完整的施工图预算实例，内容和体系新颖，适用性强。单元7、8、9对设计概算、施工预算、竣工结算的编制依据、方法和编制内容进行了介绍。每个单元均有学习指导、单元小结和思考题。

本书可作为高等职业技术院校工程造价、建筑工程技术、建筑装饰、建筑安装等专业的教学用书，也可供建筑安装工程公司预算管理人员学习参考，还可作为概预算人员培训用教材。

本书由太原城市职业技术学院张雪莲统稿，张雪莲、相跃进任主编，李小梅、温艳芳、燕可翀任副主编。本书单元1由太原城市职业技术学院李小梅编写，单元2、3由太原城市职业技术学院燕可翀编写，单元4、5由太原城市职业技术学院相跃进编写，单元6由山西工程职业技术学院温艳芳编写，单元7、8、9由太原城市职业技术学院张雪莲、李小梅编写。

“建筑水电安装工程计量与计价”是一门政策性、专业性、技术性很强的综合性课程，由于编者能力、水平有限，加之时间仓促，书中难免有疏漏之处，我们将在实践中不断加以改进和完善，恳请读者批评指正。

**编　者**

2013年3月

# 第 1 版前言

我国国民经济建设和社会发展对工程造价专业培养高级专门人才提出了新的要求，为适应新形势下职业技术教育的培养目标和教学要求，培养懂技术、会管理、善经营的高等职业技术应用型人才，我们编写了本教材。

“建筑水电安装工程预算”是一门实践性很强的课程，为此本教材坚持按理论联系实际、注重实际操作的原则进行编写。在阐述基本概念和基本原理的基础上，以应用为重点，深入浅出地列举了较多的应用实例，并附有各种应用表格和习题，以培养学生的实际动手能力。

本教材以现行的建设工程文件为依据，并参考有关资料，结合编者在实际工作和教学实践中的体会与经验编写而成。在编写内容上，本书共分为 9 章，第 1 章主要介绍安装工程预算定额的组成、特点、使用注意事项，安装工程费用的组成及安装工程施工图预算的编制原则、程序、方法，并介绍了工程量清单计价规范。第 2、3、4、5、6 章详细介绍了给排水工程、采暖工程、电气工程、通风空调工程及设备安装工程等各工程施工图预算的编制、施工图的识读和工程量计算及定额应用等方面的内容，并附有较多的实例，可供参考。第 7、8、9 章对设计概算、施工预算、竣工结算的编制依据、方法和编制内容进行了介绍。

本书可作为高等职业技术院校工程造价、建筑装饰、建筑工程技术、建筑安装等专业的教学用书，也可供各单位预算管理人员学习参考，还可作为概预算人员培训用教材。

本书由张雪莲统稿，张雪莲、张清任主编，张玉萍、相跃进任副主编。本书第 1 章由江西建设职业技术学院杨超和太原城市职业技术学院李小梅编写，第 2 章由太原城市职业技术学院相跃进编写，第 3 章由太原城市职业技术学院相跃进、张雪莲编写，第 4 章由李小梅编写，第 5、6、9 章由江西建设职业技术学院张清、杨超编写，第 7 章由张雪莲编写，第 8 章由河北建材职业技术学院张玉萍编写。

“建筑水电安装工程预算”是一门政策性、专业性、技术性很强的综合学科，由于编者能力、水平有限，加之时间仓促，书中难免有疏漏之处，我们将在实践中不断加以改进和完善，恳请读者批评指正。

**编　者**

2004 年 5 月

# 目　录

# 单元1　安装工程计量与计价基础

**知识目标**　了解建设工程定额的基本概念、性质、地位和作用；熟悉安装工程预算定额的组成、特点、使用注意事项；熟悉安装工程费用的组成、计算方法和程序。

**能力目标**　掌握安装工程量计算的原则、方法；熟悉建设工程工程量清单计价规范；掌握安装工程施工图预算的编制方法和程序（包括定额计价法和清单计价法）；掌握工程量清单计价法与定额计价法的区别。

## 1.1　安装工程概预算定额概况

### 1.1.1　建设工程概预算定额

#### 1.1.1.1　建设工程定额的概念

定额，即规定的额度，是人们根据不同的需要，对某一事物规定的数量标准。在现代经济和社会生活中，定额无处不在，因为人们需要利用它对社会经济生活中复杂多样的事物进行计划、调节、组织、预测、控制、咨询等一系列管理活动。

建设工程定额，即额定的消耗量标准，是指在正常的施工条件下，完成单位合格建筑产品所必需消耗的人工、材料、机械台班的数量标准。这种标准所反映的是在一定的社会生产力发展水平下，完成某项工程建设产品与各种生产消耗之间的特定数量关系，考虑的是正常的施工条件，即目前大多数施工企业的技术装备水平、合理的施工工期、施工工艺和劳动组织，反映的是一种社会平均消耗水平。

#### 1.1.1.2　定额在现代管理中的地位

定额是管理科学的基础，也是现代管理科学中的重要内容和基本环节。我国要实现工业化和生产的社会化、现代化，就必须积极地吸收和借鉴世界各发达国家的先进管理方法和经验，必须充分认识定额在社会主义经济管理中的地位。

第一，定额是节约社会劳动，提高劳动生产率的重要手段。降低劳动消耗，提高劳动生产率，是人类社会发展的普遍要求和基本条件。节约劳动时间是最大的节约。定额为生产者和经营管理者树立了评价劳动成果和经营效益的标准尺度，同时也使广大职工明确了自己在工作中应该达到的具体目标。从而增加责任感和自我完善意识，自觉地节约社会劳动和降低消耗，努力提高劳动生产率和经济效益。

第二，定额是组织和协调社会化大生产的工具。随着生产力的发展，社会分工越来越细，生产社会化程度越来越高。任何一件商品都是许多劳动者共同完成的社会产品，必须借助定额来实现生产要素的合理配置，组织、指挥和协调社会生产，保证社会生产的均衡、顺利、持续发展。

第三，定额是宏观调控的依据。我国社会主义市场经济是以公有制为主体的，既要发展市场经济，又要有计划的指导和调节，这就需要利用定额为预测、计划、调节和控制经济发展提供有依据的参数和计量标准。

第四，定额是实现分配，兼顾效率与公平的手段。定额作为评价劳动成果和经济效益的尺度，也就成为资源分配和个人消费品分配的依据。

#### 1.1.1.3 我国工程建设定额在工程价格形成中的作用

工程建设定额是经济生活中诸多定额中的一类。它的研究对象是工程建设范围内的生产消费规律，研究固定资产再生产过程中的生产消费定额。定额作为科学管理的产物，它既不是计划经济的产物也不是与市场经济相悖的体制改革对象。工程建设定额是一种计价依据，也是投资决策依据，能够从这两方面规范市场主体的经济行为，对完善我国固定资产投资市场和建筑市场都能起到重要作用。

在市场经济中，信息是其中不可或缺的因素，它的可靠性、完备性和灵敏性是市场成熟和市场效率的标志。工程建设定额就是把处理过的工程造价数据积累转化成为一种工程造价信息，它主要是指资源要素消耗量的数据，包括人工、材料、施工机械的消耗量。定额管理是对大量市场信息的加工，也是对大量信息进行市场传递，同时也是市场信息的反馈。

工程造价信息在建筑产品价格形成中具有重要的作用，在充分竞争市场条件下，投标人的行为主要取决于私人信息。目前，我国处在经济转型时期，工程招投标价格仍处于政府指导价和市场形成价格相结合的状态。因此，投标人的报价不仅仅依赖于它的实际生产成本（私人信息），而且与统一的概预算定额（甲乙双方的共同信息）有很大的关系。当然，随着市场化水平的提高，私人信息影响将逐渐加大，而共同信息的影响将逐渐减少。

在工程承发包过程中招投标双方之间存在信息不对称问题。投标者知道自己的实力，而招标者不知道，因此两者之间存在信息不对称。根据信息传递模型，投标者可以采取一定的行动来显示自己的实力。然而，为了使这种行动起到信号传递的功能，投标者必须为此付出足够的代价，也就是说，只有付出成本的行动才是可信的。根据这一原理，可以根据甲乙双方的共同信息和投标企业的私人信息设计出某种市场进入壁垒机制，把不合格的竞争者排除在市场之外。这样形成的市场进入壁垒不同于地方保护主义所形成的进入壁垒，可以保护市场的有序竞争。

根据工程招投标信息传递模型，造价管理部门一方面要制定统一的工程量清单中的项目和计算规则，另一方面要加强工程造价信息的收集与发布。同时，还要加快建立企业内部定额体系，并把是否具备完备的私人信息作为企业的市场准入条件。施工企业内部定额既可以作为企业进行成本控制和自主报价的依据，还可以发挥企业实力的信号传递功能。

#### 1.1.1.4 建设工程定额的性质

建设工程定额是一个综合的概念，它是多种类、多层次单位产品生产消耗数量标准的总和。它具有以下的性质：

(1) 科学性和系统性

建设工程定额的科学性是由现代社会化生产的客观要求所决定的。它的科学性首先表现在用科学的态度来编制，结合客观实际，排除主观臆断，力求定额水平准确、合理；其次表现在制定定额的技术方法上，利用现代科学管理的成就，采用科学的方法测定、计算，形成了一套系统的、完整的，在实践中行之有效的方法；另外还表现在定额制定和贯彻的一体化上。制定定额是为了提供贯彻的依据，而贯彻执行定额是为了实现管理的目标，也是对定额的信息反馈。定额的制定和执行都具有广泛的群众实践基础。只有具备科学性的定额才能使宏观调控得以顺利实现，才能适应市场运行机制的需要。

建设工程定额的系统性是由工程建设的特点决定的。工程建设本身是一个庞大的实体系统，工程定额就是为这个实体系统服务的。各类工程的建设都有严格的项目划分，如建设项目、单项工程、单位工程、分部工程、分项工程，在计划和实施过程中都有严格的逻辑阶段，如规划、可行性研究、设计、施工安装、竣工交付使用及投入使用后的维修等，与此相适应，必然形成多种类、多层次的工程定额。

（2）权威性和强制性

建设工程定额是由政府主管部门通过一定的程序审批颁发的，具有很大的权威性，这种权威性在一定情况下具有经济法规性质和执行的强制性。

建设工程定额的权威性和强制性决定了有关主管部门对定额的执行情况有权进行监督、检查，并规定严格的纪律；在执行定额时，任何单位一般不能因时间、地点和条件的变化而任意提高或降低定额的水平。企业的任务是积极组织和帮助职工努力达到或超过定额规定的指标水平，以提高企业的市场竞争能力。

建设工程定额需要进行调整、修改和补充时，必须经政府有关主管部门审核批准。

应该指出，在社会主义市场经济条件下，对定额的权威性和强制性不应绝对化。随着市场经营机制的转换，企业可以根据市场的变化和自身的情况，自主地调整自己的决策行为。一些与经营决策者有关的建设工程定额的强制性特征自然就弱化了。但是，直接与施工安装生产相关的定额，在企业经营机制转换和增长方式转换的要求下，其权威性和强制性不但不能削弱，反而应进一步加强。

（3）稳定性与时效性

建设工程定额中所规定的各种活劳动和物化劳动消耗量的多少，由一定时期的社会生产力水平所确定。随着科学技术的提高，社会生产力水平也必然相应提高。但社会生产力由量变到质变的发展过程，必然经历一个周期，在一个周期内建设工程定额表现出稳定的状态，根据具体情况，这一周期的时间有长有短，一般在5～10年之间。

保持定额的稳定性是维护定额的权威性所必需的，更是有效地贯彻定额所必需的。如果某种定额处于经常修改、变动之中，那就必然造成在执行中出现混乱和困难，使人们感到没有必要去认真对待它，最终导致定额权威性的丧失。

#### 1.1.1.5　建设工程定额的分类

建设工程定额的种类很多，有各式各样的分类方法，各种分类方法均有其特定的内涵。建设工程定额一般可按下列方法进行分类。

（1）按反映的物质消耗的内容分类

按照反映的物质消耗的内容，可将定额分为人工消耗定额、材料消耗定额和机械消耗定额。

① 人工消耗定额

人工消耗定额是指完成一定合格产品所消耗的人工数量标准(即工人的劳动时间),也称为劳动定额,可用时间定额和产量定额两种形式表示。

时间定额是指在正常作业条件(正常施工水平和合理劳动组织)下,工人为完成单位合格产品(单位工程量)所需要的劳动时间,以“工日”或“工时”加以计量。

$$时间定额=\frac{班组成员劳动时间总和(工日)}{班组完成的产品总数}\quad(工日数/单位产品)$$

产量定额是指在正常作业条件下,工人在单位时间(工日)内完成单位合格产品(工程量)的数量,以产品(工程量)的计量单位表示。

$$产量定额=\frac{班组完成的产品总数}{班组成员劳动时间总和(工日)}\quad(产品数/工日)$$

显然,时间定额与产量定额在数值上互为倒数关系。

② 材料消耗定额

材料消耗定额是指在合理的施工条件以及节约和合理使用材料的条件下,完成单位合格产品(单位工程量)所必需消耗的材料的数量标准,也称为材料定额。它包括主要材料(如各种钢材、管料、电线、电缆、半成品等)、辅助材料(如电焊条、氧气、电石等)和其他材料的消耗数量标准。

材料消耗定额的指标由直接消耗的净用量和不可避免的施工操作、场内运输、现场堆放损耗量两部分组成,而损耗量是用材料的规定损耗率(%)来计算的,即:

$$\begin{aligned}材料消耗定额指标&=材料净用量+材料损耗量\\&=材料净用量\times(1+材料损耗率)\end{aligned}$$

式中

$$材料损耗率(\%)=\frac{材料损耗量}{材料净用量}\times100\%$$

材料损耗率是编制材料消耗定额的重要依据之一。不同材料的损耗率不同,相同材料因施工做法不同,其损耗率也不相同。一般来说,定额中材料损耗率是统一规定的,施工定额的材料损耗率要比预算定额的材料损耗率小。

材料消耗定额是分析计算材料耗量、编制材料计划、签发限额领料的依据。

③ 机械消耗定额

机械消耗定额简称为机械定额。由于我国机械消耗定额是以一台机械一个工作班为计量单位,所以又称为机械台班定额。

机械消耗定额是指在正常施工条件以及合理的劳动组织与合理使用机械条件下,完成单位合格产品所必需的施工机械消耗的数量标准,其主要表现形式是机械时间定额及机械产量定额。

机械时间定额是指施工机械在正常运转和合理使用的条件下,完成单位合格产品(工程量)所消耗的机械作业时间,以“台班”(一台机械工作 8h 为一台班)或“台时”表示。即:

$$机械时间定额=\frac{机械消耗的台班量总数}{机械完成的产品总数(工程量)}\quad(台班数/单位产品)$$

机械产量定额是指施工机械在正常运转和合理使用的条件下,单位作业时间内应完成的合格产品(工程量)的标准数量,以工程量计量单位表示。即:

$$机械产量定额=\frac{机械完成的产品总数(工程量)}{机械消耗的台班量总数}\quad(产品数/台班)$$

显然，机械时间定额与机械产量定额在数值上也是互为倒数关系。

劳动消耗定额、材料消耗定额和机械消耗定额是各类产品生产定额中最基本的定额，它们反映了产品生产过程中三大要素消耗的数量标准。因为它们是制定各种定额的基础，所以也称之为“基础定额”。

(2) 按定额在基建程序中的作用分类

按定额在基建程序中的作用，可以把建设工程定额分为概算指标、概算定额、预算定额、施工定额和工序定额。

① 概算指标

概算指标是以单项工程的规模为基准，在一定的范围内搜集和综合了大量具体工程的技术经济资料的基础上，而编制的一种不同类型的单位工程(建筑物一般按 $m^2$ 或 100 $m^2$ 建筑面积，构筑物以座或容量等为单位)所消耗的人工、材料、造价及主要分项实物量等的参考指标数额。它是在项目建议书可行性研究和编制设计任务书阶段，编制投资估算、计算投资需要量时使用的一种定额。它是概算定额的综合和扩大，也是典型工程统计资料的计算成果。

② 概算定额

概算定额是指以单位分部工程为基准，完成单位分部工程或扩大构件的综合项目，所需人工、材料、机械台班、价值等的指标数，是在编制扩大初步设计概算时，计算和确定工程概算造价，计算人工、材料、机械台班需要量所使用的定额。它是在预算定额的基础上，以分部工程的主体项目为主，合并相关的附属项目，按其含量综合制定的一种估价定额。

③ 预算定额

预算定额是指以分项工程为基准，完成一定计量单位的分项工程或结构构件所必需的人工、材料、机械台班、基价等的消耗数量标准。它是将“三大要素”排列在一起，实行统一计价的综合形式，是在编制施工图预算时，计算工程造价和工程中人工、材料、机械台班需要量的一种定额。

预算定额是一种计价性定额。从编制程序看，预算定额是编制概算定额或概算指标的基础，而施工定额又是编制预算定额的基础。

④ 施工定额

施工定额是指以组成分项工程的施工过程、专业工种为基准，完成单位合格产品所需消耗的人工、材料、机械台班的数额。它是在工程施工阶段，企业为指导施工和加强管理而制定的一种供企业内部使用的定额，只在企业内部使用，对外不具备法规性质。

为适应组织生产和管理的需要，施工定额项目划分得很细，是建设工程定额中分项最细、定额子目最多的一种定额，也是建设工程定额中的基本定额。

⑤ 工序定额

工序定额是指以施工作业中的工序为对象，完成单位工序产品(实物量)所需消耗的劳动量(工日、工时)数额。工序定额是劳动定额(人工定额)的最基本形式，是制定施工劳动定额的基础资料。在企业内部及劳动管理中，工序定额可作为相应工种技术等级考核的标准之一。

(3) 按编制单位和执行范围分类

按编制单位和执行范围，建设工程定额可分为全国统一定额、行业统一定额、地区统一定额和企业定额。

① 全国统一定额

全国统一定额是由国家建设行政主管部门综合全国工程建设中技术和施工组织管理的情况编制，并在全国范围内执行的定额，如《全国统一安装工程预算定额》。

② 行业统一定额

行业统一定额是考虑到各行业部门专业工程技术特点，以及施工生产的管理水平，参照全国统一定额的水平编制的，一般只在本行业和相同专业性质的范围内执行，称为专业性定额。如铁道部编制的《铁路建设工程定额》，石化总公司编制的《石化建设工程定额》等。

③ 地区统一定额

地区统一定额包括省、自治区、直辖市定额。地区统一定额是国家授权各地区主管部门，根据本地区自然气候、物质技术、地方资源和交通运输等条件，参照全国统一定额水平编制的定额，只能在本地区使用，如《山西省建筑工程预算定额》。

④ 企业定额

企业定额是由施工企业考虑本企业具体情况，参照国家、主管部门或地区定额的水平制定的定额。它只能在本企业内部使用，是一个企业综合素质的标志。企业定额水平一般应高于国家现行定额，只有这样才能满足生产技术发展、企业经营管理和市场竞争的需要。

(4) 按技术专业分类

按技术专业，建设工程定额可分为土建工程定额和安装工程定额两大类。

① 土建工程定额

土建工程包括一般建筑工程和各种构筑物工程。由于专业分工和技术工艺的不同，除了一般工业与民用建筑工程广泛使用的建筑工程定额以外，还有房屋修缮工程定额、市政工程定额、建筑装饰工程定额、仿古建筑及园林工程定额、房屋加固工程定额、地下人防工程定额、水利水电工程定额、公路桥涵工程定额、铁路桥梁工程定额等。

② 安装工程定额

设备安装工程一般包括机械设备安装工程、电气设备安装工程和管道安装工程三大类。

### 1.1.2　安装工程预算定额

安装工程预算定额，是指完成单位安装工程量所需消耗的人工、材料、机械台班的实物量指标，以及相应安装费基价的标准数值。它是编制安装工程预(决)算、计算主材及定额安装费的标准，也是各地区编制单位估价表的依据，还是编制概算定额、概算指标的基础资料。

目前，我国统一执行的《全国统一安装工程预算定额》(2000 年)(简称《定额》)共有 12 册：

第一册　《机械设备安装工程》
第二册　《电气设备安装工程》
第三册　《热力设备安装工程》
第四册　《炉窑砌筑工程》
第五册　《静置设备与工艺金属结构制作与安装工程》
第六册　《工业管道工程》
第七册　《消防及安全防范设备安装工程》
第八册　《给排水、采暖、燃气工程》
第九册　《通风空调工程》
第十册　《自动化控制仪表安装工程》

第十一册　　《刷油、防腐蚀、绝热工程》

第十二册　　《通信设备及线路安装工程》

另有《安装工程施工机械台班费用定额》和《安装工程焊接材料消耗定额》作为以上12册安装工程预算定额计算机械台班费用和焊接材料消耗量的依据。

#### 1.1.2.1　安装工程预算定额的组成

安装工程预算定额共12册，每册均由目录、册说明、章说明、定额项目表和附录组成。

(1) 目录

目录主要列出定额组成项目名称和页次，以便查找、检索定额项目。

(2) 册说明

册说明主要包括以下内容：

① 定额的编制原则和依据；

② 定额的作用和适用范围；

③ 人工、材料、机械台班实物消耗量和预算单价的确定依据与计算方法及有关规定；

④ 有关费用(如脚手架搭拆费、高层建筑增加费、超高费等)的计取方法和定额系数的规定；

⑤ 该册定额包括的工作内容和不包括的工作内容；

⑥ 定额的使用方法，使用中应注意的事项和有关问题的说明。

(3) 章说明

章说明主要包括以下内容：

① 分部工程定额包括的主要工作内容和不包括的工作内容；

② 使用定额的一些基本规定和有关问题的说明，如界限划分、适用范围等；

③ 分部工程的工程量计算规则及有关规定。

(4) 定额项目表

定额项目表是安装工程预算定额的核心部分，主要包括以下内容：

① 分项工程的工作内容，一般列入项目表的表头；

② 一个计量单位的分项工程的人工消耗量、材料和机械台班消耗的种类和数量标准(实物量)；

③ 预算定额基价，即人工费、材料费、机械台班使用费(货币指标)；

④ 工日、材料、机械台班单价(预算价格)；

⑤ 附注，在项目表的下方，解释一些定额说明中未尽的问题。

(5) 附录

附录主要提供一些有关资料，如施工机械台班单价表、主要材料损耗率、允许调整价格的材料取费价格、不允许调整价格的材料取费价格等。

《全国统一安装工程预算定额》(2000年)发布后，各地都作了相应的技术准备和组织准备，结合本地区生产实践，编制了本地区相应的"安装工程预算定额"及其配套的"安装工程费用定额"，全面推行新定额。如山西省在2005年编制了《安装工程消耗量定额》(2005)及《安装工程消耗量定额价目汇总表》(2005)，2011年修订发布了《安装工程预算定额》(2011)(共十一册)，2018年重新修订发布了《安装工程预算定额》(2018)(共十三册)等。此举将在规范建筑市场，实施宏观调控，统一安装工程造价行为等方面发挥重要作用。

#### 1.1.2.2　安装工程预算定额应用注意事项

应用安装工程预算定额编制安装工程预算时，必须注意以下事项：

（1）注意定额各册的特点，掌握各册定额的章节划分、工程量计算、未计价材料的划分、子目和综合系数的确定、各册之间的关系等；熟悉各册定额相应的专业安装施工图、安装施工工艺及施工组织；了解各册定额所涉及的设备、材料、配件等的型号、规格、性能、市场价格动态等。

（2）认真阅读各册定额说明及各章说明，了解各册定额的适用范围和编制依据，注意用系数计算的辅助工作的费用。

（3）注意区分设备、材料和未计价材料的概念，尤其是在套用定额时应弄清定额所列未计价材料的内容、名称、规格、型号以及所规定的数量。

（4）注意定额各册的关系，采用"以主代次原则"计算费用。

## 1.2　安装工程施工图预算概论

### 1.2.1　建设工程造价的概念及组成内容

建设工程总投资，一般是指进行某项工程建设花费的全部费用。生产性建设工程总投资包括建设投资和铺底流动资金两部分；非生产性建设工程总投资只包括建设投资。

建设工程造价也即建设投资，是指一项工程从设想立项开始，经可行性研究、勘察设计、建设准备、安装施工、竣工投产全过程的预计开支或实际开支的全部固定资产投资费用。

建设工程造价是按国家规定的计算标准、定额、计算规则、计算方法和有关政策法令，预先计算出来的造价，所以也称为"建设工程预算造价"。这样计算出来的工程造价，在实际应用中还有另一种含义，那就是指工程价格，即为建成一项工程，预计或实际在土地市场、设备市场、技术劳务市场以及承包市场等交易活动中所形成的建筑安装工程的价格和建设工程的总价格。

建设工程造价构成如图 1.1 所示。

- 建设工程造价（建设投资）
  - 静态投资
    - 设备及工器具购置费用
      - 设备购置费
        - 设备原价
        - 设备运杂费
      - 工具、器具及生产家具购置费
    - 建筑安装工程费用
      - 建筑工程费
      - 安装工程费
    - 工程建设其他费用
      - 土地使用费
      - 与项目建设有关的其他费用
      - 与未来企业生产经营有关的其他费用
    - 预备费
      - 基本预备费
  - 动态投资
    - 预备费
      - 涨价预备费
    - 建设期利息
    - 固定资产投资方向调节税

**图 1.1　建设工程造价构成**

设备及工器具购置费用，是指按照建设工程设计文件要求，建设单位(或其委托单位)购置或自制达到固定资产标准的设备和新建、扩建项目配置的首套工器具及生产家具所需的费用。

建筑安装工程费，是指建设单位支付给从事建筑安装工程施工单位的全部生产费用，由建筑工程费和安装工程费两部分组成。其中，建筑工程费是指建设工程涉及范围内的建筑物、构筑物、场地平整、道路、室外管道铺设、大型土石方工程费用等。安装工程费是指主要生产、辅助生产、公用工程等单项工程中需要安装的机械设备、电气设备、专用设备、仪器仪表等设备的安装及配件工程费，以及工艺、供热、供水等各种管道、配件、闸门和供电外线安装工程费用等。

工程建设其他费用，是指根据设计文件要求和国家有关规定应由项目投资支付的为保证工程建设顺利完成和交付使用后能够正常发挥效用而发生的一些费用。工程建设其他费用可分为三类：第一类是土地使用费，包括土地征用迁移补偿费和土地使用权出让金；第二类是与项目建设有关的费用，包括建设单位管理费、勘察设计费、研究试验费等；第三类是与未来企业生产经营有关的费用，包括联合试运转费、生产准备费、办公和生活家具购置费等。

预备费原称不可预见工程费，按我国现行规定，包括基本预备费和涨价预备费。基本预备费是指在项目实施中可能发生的难以预料的支出，需要事先预留的费用，又称不可预见费，主要是指设计变更及施工过程中可能增加工程量的费用；涨价预备费是指建设工程在建设期内由于价格变化等引起投资增加需要事先预留的费用，这部分预备费以建筑安装工程费、设备及工器具购置费用、工程建设其他费用、基本预备费用之和为计算基数。

建设期利息是指项目借款在建设期内发生并计入固定资产的利息。

固定资产投资方向调节税是根据国家产业政策而征收的，目前，此项税已暂停征收，但该税种并未取消。

### 1.2.2　建筑安装工程费用及其计算程序

建筑安装工程费用项目划分是否合理，不仅关系到建筑安装工程造价的合理构成，而且关系到国家对建设项目投资的合理确定和有效控制。对于施工企业，建筑安装工程费用项目的确定，将直接影响企业的成本核算和经济效益。现以《山西省建设工程费用定额》(2018年)为例加以说明。

#### 1.2.2.1　建筑安装工程费用组成

建筑安装工程费按照费用构成要素划分，由人工费、材料费、施工机具使用费、企业管理费、利润和税金组成。如图1.2所示。

1. 人工费

人工费指支付给从事建筑安装工程施工的生产工人的各项费用。包括：

(1) 基本工资　指发放给生产工人的基本工资。

(2) 津贴补贴　指为了补偿职工特殊或额外的劳动消耗和因其他特殊原因支付给个人的津贴，如流动施工津贴、特殊地区施工津贴、高温(寒)作业临时津贴、高空津贴等；以及为了保证职工工资水平不受物价影响支付给个人的物价补贴。

(3) 特殊情况下支付的工资　指根据国家法律、法规和政策规定，因病、工伤、产假、计划生育假、婚丧假、事假、探亲假、定期休假、停工学习、执行国家或社会义务等原因按计时工资标准或计时工资标准的一定比例支付的工资。

- 建筑安装工程费
  - 人工费
    - 1. 基本工资
    - 2. 津贴补贴
    - 3. 特殊情况下支付的工资
    - 4. 劳动保护费
    - 5. 职工福利费
    - 6. 社会保险费
    - 7. 住房公积金
    - 8. 工会经费
    - 9. 职工教育经费
  - 材料费
    - 1. 材料原价
    - 2. 运杂费
    - 3. 运输损耗费
    - 4. 采购及保管费
  - 施工机具使用费
    - 1. 施工机械使用费
      - ① 折旧费
      - ② 检修费
      - ③ 维护费
      - ④ 安、拆费及场外运费
      - ⑤ 人工费
      - ⑥ 燃料动力费
      - ⑦ 其他费
    - 2. 仪器仪表使用费
      - ① 折旧费
      - ② 维护费
      - ③ 校验费
      - ④ 动力费
  - 企业管理费
    - 1. 管理人员工资
    - 2. 办公费
    - 3. 差旅交通费
    - 4. 固定资产使用费
    - 5. 工具用具使用费
    - 6. 劳动保险费
    - 7. 民兵预备役经费、残疾人保障基金
    - 8. 财产保险费
    - 9. 财务费
    - 10. 税金
    - 11. 其他
  - 利润
  - 税金

**图 1.2　建筑安装工程费用组成**

(4) 劳动保护费　指企业按规定发放的劳动保护用品所支出的费用。

(5) 职工福利费　指企业按职工工资总额一定比例计提的、发放给职工或为职工支付的现金补贴和非货币性集体福利费。

(6) 社会保险费　指企业按照规定标准为职工缴纳的基本养老保险费、失业保险费、医疗

保险费、生育保险费、工伤保险费。

(7) 住房公积金　指企业按规定标准为职工缴纳的住房公积金。

(8) 工会经费　指企业按《工会法》规定，按职工工资总额的规定比例计提的工会经费。

(9) 职工教育经费　指按职工工资总额的规定比例计提，企业为职工进行专业技术和职业技能培训、专业技术人员继续教育、职工职业技能鉴定、职业资格认定以及根据需要对职工进行各类文化教育所发生的费用。

2. 材料费

材料费指建筑安装工程施工过程中耗费的原材料、辅助材料、构配件、零件、半成品或成品的费用。包括：

(1) 材料原价　指材料的出厂价格或商家供应价格。

(2) 运杂费　指材料自来源地运至工地仓库或指定堆放地点所发生的运输、装卸等全部费用。

(3) 运输损耗费　指材料在运输装卸过程中不可避免的损耗。

(4) 采购及保管费　指组织采购、供应和保管材料的过程中所需要的各项费用，包括采购费、仓储费、工地保管费、仓储损耗。

3. 施工机具使用费

施工机具使用费指建筑安装工程在施工作业中发生的施工机械、仪器、仪表使用费或其租赁费，包括施工机械使用费和仪器仪表使用费。

(1) 施工机械使用费

施工机械使用费以施工机械台班耗用量乘以施工机械台班单价表示，施工机械台班单价由下列七项费用组成：

① 折旧费　指施工机械在规定的使用年限内，陆续收回其原值的费用。

② 检修费　指施工机械在规定的耐用总台班内，按规定的检修间隔进行必要的检修，以恢复其正常功能所需的费用。

③ 维护费　指施工机械在规定的耐用总台班内，按规定的维护间隔进行各级维护和临时故障排除所需的费用。包括为保障机械正常运转所需替换设备与随机配备机具、附具的摊销费用，机械运转及日常维护所需润滑与擦拭的材料费用及机械停滞期间的维护费用等。

④ 安、拆费及场外运费　安、拆费指施工机械(特、大型机械除外)在现场进行安装与拆卸所需的人工、材料、机械和试运转费用以及机械辅助设施的折旧、搭设、拆除等费用；场外运费指施工机械整体或分体自停放地点运至施工现场或由一施工地点运至另一施工地点的运输、装卸、辅助材料及架线等费用。

⑤ 人工费　指机上司机(司炉)和其他操作人员的人工费。

⑥ 燃料动力费　指施工机械在运转作业中所消耗的各种燃料及水、电费用等。

⑦ 其他费　指施工机械按照国家规定应缴纳的车船税、保险费及检测费等。

(2) 仪器仪表使用费

仪器仪表使用费指工程施工所需使用的仪器、仪表的折旧及维护费用。包括：

① 折旧费　指施工仪器、仪表在耐用总台班内，陆续收回其原值的费用。

② 维护费　指施工仪器、仪表各级维护、临时故障排除所需的费用及为保证仪器、仪表正常使用所需备件(备品)的维护费用。

③ 校验费　指按国家与地方政府规定的标定与检验的费用。

④ 动力费　指施工仪器、仪表在使用过程中所耗用的电费。

4.企业管理费

企业管理费指建筑安装企业组织施工生产和经营管理所需的费用。包括：

① 管理人员工资　指按规定支付给管理人员的基本工资、津贴、补贴、职工福利费、工会经费、职工教育经费、社会保险费及住房公积金等。

② 办公费　指企业管理办公用的文具、纸张、账表、印刷、邮电、书报、办公软件、现场监控、会议、水电、烧水和集体取暖、降温(包括现场临时宿舍取暖、降温)等费用。

③ 差旅交通费　指职工因公出差、调动工作的差旅费，住勤补助费，市内交通费和误餐补助费，职工探亲路费，劳动力招募费，职工退休、退职一次性路费，工伤人员就医路费，工地转移费以及管理部门使用交通工具的油料、燃料等费用。

④ 固定资产使用费　指管理和试验部门及附属生产单位使用的属于固定资产的房屋、设备、仪器等的折旧、大修、维修或租赁费。

⑤ 工具用具使用费　指企业施工生产和管理使用的不属于固定资产的小型机械、工具、器具、家具、交通工具和检验、试验、测绘、消防用具等的购置、维修和摊销费。

⑥ 劳动保险费　指由企业支付的职工退职金、按规定支付给离休干部的经费。

⑦ 民兵预备役经费、残疾人保障基金　指按职工工资总额计提的、由地方税务部门或人民政府指定的其他部门代收的上述费用。

⑧ 财产保险费　指施工管理用财产、车辆等的保险费用。

⑨ 财务费　指企业为施工生产筹集资金或提供预付款担保、履约担保、职工工资支付担保等所发生的各种费用。

⑩ 税金　指企业按规定缴纳的房产税、车船使用税、土地使用税、印花税、城市维护建设税、教育费附加、地方教育费附加等。

⑪ 其他　包括技术转让费、技术开发费、投标费、业务招待费、绿化费、广告费、公证费、法律顾问费、审计费、咨询费、保险费、竣工资料交验归档费等。

5.利润

利润指施工企业完成所承包工程应获得的盈利。

6.税金

税金指施工企业从事建筑服务，根据国家税法规定，应计算建筑安装工程造价的增值税销项税额。

### 1.2.2.2　安装工程费用计算程序

安装工程费用计算程序如表 1.1 所示。

**表 1.1　安装工程费用计算程序**(以人工费为计算基础)

| 序号 | 费用项目 | 计算公式 |
|---|---|---|
| 1 | 定额工料机费(包括施工技术措施费) | 按《计价依据》计价定额计算 |
| 2 | 其中：人工费 | 按《计价依据》计价定额计算 |
| 3 | 施工组织措施费 | 2×相应费率 |

续表 1.1

| 序号 | 费用项目 | 计算公式 |
|---|---|---|
| 4 | 企业管理费 | 2×相应费率 |
| 5 | 利润 | 2×相应利润率 |
| 6 | 动态调整 | 按规定计算 |
| 7 | 主材费 | |
| 8 | 税金 | (1+3+4+5+6+7)×税率 |
| 9 | 工程造价 | 1+3+4+5+6+7+8 |

注：本表中的《计价依据》是指《山西省建设工程计价依据》。

### 1.2.3 安装工程施工图预算的编制

我国的安装工程施工图预算的编制方法分为定额计价法和清单计价法，目前处于两种计价体系双轨并行的状态。下面主要介绍定额计价法编制安装工程施工图预算，清单计价法将在本书第1.3节介绍。

以单位工程施工图为依据，按照安装工程预算定额的规定和要求，以及有关造价费用标准和规定，结合工程现场施工条件，按一定的工程费用计算程序计算出来的安装工程造价，称为“安装工程施工图预算”，简称“安装工程预算”或“安装预算”。其预算编制文件称为“安装工程预算书”。

安装工程施工图预算是控制投资、编制投资计划、评价设计方案及施工方案、编制施工财务计划、工程招标和投标、签订工程承包合同、考核工程投资的依据。

#### 1.2.3.1 安装工程施工图预算的编制依据

安装工程施工图预算的编制依据包括设计资料、定额资料、价格资料及其他资料。

1. 设计资料

(1) 经批准和会审的施工图设计文件及有关标准图集

编制施工图预算所用的施工图纸须经主管部门批准，须有经业主、设计工程师参加并签署的“图纸会审纪要”，应有与图纸有关的各类标准图集。通过上述资料，可熟悉编制对象的工程性质、内容、构造等工程情况。

(2) 施工组织设计

施工组织设计是编制施工图预算的重要依据之一，通过它可充分了解各分部分项工程的施工方法、施工进度计划、施工机械的选择、施工平面图的布置及主要技术措施等内容，与工程量计算、定额的套用密切相关。

2. 定额资料

(1) 工程预算定额

国家或地区颁发的现行预算定额是编制施工图预算的基础资料，是分项工程项目划分、分项工程工作内容确定、工程量计算的重要依据。

(2) 费用定额

建筑安装工程费用定额是各省、市和专业部门，根据国家建筑安装工程费用项目组成的文件精神编制的，其中规定了造价的费用组成及各项费用的分享内容、费率和计算程序。将直接费（或人工费）作为计算基数，根据地区和工程类别的不同套用相应的定额或费用标准，确定工程预算造价。

3. 价格资料

(1) 材料预算价格

各地区材料预算价格是确定材料价差的依据，是编制施工图预算的必备资料。

(2) 定期发布的人、材、机信息指导价及调整规定。

4. 其他资料

工程承包合同或协议书和招标工程的招标文件、答疑资料及五金手册、预算工作手册等。

### 1.2.3.2 安装工程施工图预算的编制方法和程序

定额计价法，是根据预算定额规定的计量单位和计算规则，逐项计算拟建工程施工图设计中的分项工程量，套用预算定额单价确定定额工料机费；然后再按规定的计费程序和费率确定企业管理费和利润；按当时的市场信息指导价格进行动态调整；按规定计取税金后汇总便可得出单位工程的施工图预算造价。用定额计价法编制施工图预算的计算公式为：

$$\text{单位工程施工图预算定额工料机费} = \sum(\text{分项工程量} \times \text{预算定额基价})$$

定额计价法编制施工图预算的步骤如下：

(1) 收集各种编制依据及资料，包括施工图纸、施工组织设计、现行预算定额、费用定额、预算手册和相关的价格信息等。

(2) 熟悉定额和施工图纸

只有对施工图纸和预算定额有全面详细的了解，并充分了解施工组织设计和施工方案，才能全面分析各分部分项工程并全面、准确地计算出工程量，进而合理地编制出施工图预算造价。

(3) 列出分项工程名称，计算工程量

工程量计算在整个预算编制过程中是最重要、最烦琐的一个环节，要确保预算质量，必须在工程量计算上狠下功夫。工程量计算步骤如下：

① 根据施工图纸和定额项目，确定分项工程的项目

确定分项工程项目，是指以预算定额分项工程所包括的工作内容为标准，对实际工程的施工全过程的所有工序或工作过程进行划项。

② 计算工程量

计算工程量，是指根据定额规定的计量单位，运用定额工程量计算规则规定的计算方法，对列出的分项工程计量。

工程量是以物理计量单位或自然计量单位所表示的分项工程或构配件的数量。计算时，要严格执行定额中规定的工程量计算规则，并且与定额中相应分项工程子目的计算范围和计量单位保持一致，还要根据一定的计算顺序来计算，如顺序计算法、横竖计算法、编号计算法、轴线编号计算法、定额顺序计算法、施工顺序计算法等。采用何种方法，要结合工程实际情况选用或综合采用上述方法。

(4) 套用预算定额，编制预算表

在工程量审查无误的基础上，执行预算定额套用单位估价表，即按照单位工程施工图预算

定额工料机费计算公式求得单位工程人工费、材料费和施工机具使用费之和。同时注意以下几项内容：

① 分项工程的名称、规格、计量单位必须与预算定额工料单价或单位计价表中所列内容完全一致。以防重套、漏套或错套工料单价而产生偏差。

② 进行局部换算或调整时，换算指定额中已计价的主要材料品种不同而进行的换价，一般不调量；调整指施工工艺条件不同而对人工、机械的数量增减，一般调量不换价。

③ 若分项工程不能直接套用定额、不能换算和调整时，应编制补充单位计价表。

④ 定额说明允许换算与调整以外部分不得任意修改。

(5) 进行工、料、机分析

根据各分项工程的工程量乘以相应定额项目中所列的工、料、机用量，计算出各分项工程所需的人工、材料、机械用量，相加汇总便得出该单位工程所需的各类人工、材料和机械用量。

(6) 进行动态调整

当单位工程预算价格中使用的人工费标准、材料预算价格、机械台班单价与市场价格有差异时，按照当期的规定进行调整。其中材差是指由于材料市场价格变化所发生的材料差价。例如，山西省材差的计算采用单项材差、按实找差和系数材差三结合的方法。三种方法的计算公式如下：

$$单项材差=(材料指导价-材料定额取定价)\times 定额材料消耗量$$

$$按实找差=(材料实际价格-材料定额取定价)\times 定额材料消耗量$$

$$系数材差=定额材料费\times 材差系数$$

(7) 套取费用定额，计算其他各项费用，汇总得出工程造价

根据费用定额规定的单位工程造价构成的费用项目、费率和计费基础，分别计算出企业管理费、利润和税金等，并汇总得出单位工程总造价。

(8) 撰写编制说明，填写封面，装订成册

编制说明是编制者向审核者交代编制方面有关情况，其内容应包括工程概况、计算依据(即施工图纸号)、计价依据(即套用的预算定额和有关部门的调价文件)、取费依据(即所用的费用定额和取费类别等)，以及预算中遗留的问题、暂估的项目和其他应说明的问题等。

封面填写应写明工程名称、工程量、预算总造价、单方造价、编制单位名称及负责人和编制日期、审核单位名称及负责人和审核日期等。

定额计价法是目前国内编制施工图预算的主要方法，具有计算简单、工作量小和编制速度快、便于工程造价管理部门集中统一管理的优点。

## 1.3　工程量清单计价基本理论

工程量清单计价是在统一的工程量清单项目设置的基础上，根据工程的施工图纸和工程量清单计算规则，计算出各个清单项目的工程量，再根据各种渠道所获得的工程造价信息和市场价格计算得到工程造价。

### 1.3.1　清单计价的产生、发展和意义

随着我国建设市场合同制、招投标制逐步推行，以及与国际惯例接轨等要求，必须改革工

程造价计价方法，全面推行工程量清单计价。2003 年 2 月 17 日，建设部以第 119 号公告，发布了国家标准《建设工程工程量清单计价规范》(GB 50500—2003)(以下简称“03 规范”)，于 2003 年 7 月 1 日起实施。“03 规范”是我国工程造价管理改革的一项重大措施，在工程建设领域受到广泛关注和积极响应。为了完善工程量清单计价工作，2008 年 7 月 9 日，住房和城乡建设部以第 63 号公告，发布了《建设工程工程量清单计价规范》(GB 50500—2008)(以下简称“08 规范”)，于 2008 年 12 月 1 日起实施。“08 规范”的出台，对巩固工程量清单计价改革的成果，进一步规范清单计价行为具有十分重要的意义。2012 年 12 月 25 日，住房和城乡建设部以第 1567 号公告，发布了《建设工程工程量清单计价规范》(GB 50500—2013)(以下简称“13 规范”)，于 2013 年 7 月 1 日起实施。“13 规范”是在“08 规范”的基础上修订的，进一步规范了清单计价行为。

“13 规范”涵盖了从招标投标开始至竣工结算为止的施工阶段全过程计价技术与管理，使工程建设的每个计价环节有规可依，有章可循，并按施工顺序承前启后，相互贯通，是推行工程量清单计价改革的重要基础。

### 1.3.2 《建设工程工程量清单计价规范》简介

《建设工程工程量清单计价规范》(以下简称《计价规范》)包括正文和附录两大部分，二者具有同等效力。

正文共 16 章，包括总则、术语、一般规定、工程量清单编制、招标控制价、投标报价、合同价款约定、工程计量、合同价款调整、合同价款期中支付、竣工结算与支付、合同解除的价款结算与支付、合同价款争议的解决、工程造价鉴定、工程计价资料与档案、工程计价表格等内容。

附录包括附录 A～附录 L，共 11 部分。

(1) 总则　共 7 条，整体上叙述有关本项规范编制与实施的几个基本问题。

(2) 术语　共 52 条，对《计价规范》特有的术语给予规定。

(3) 一般规定　主要对计价方式、发包人提供材料和工程设备、承包人提供材料和工程设备以及计价风险给予规定。

(4) 工程量清单编制　共 6 节 19 条，规定了清单编制人及其资格、工程量清单的组成内容、编制依据和各组成内容的编制要求。

(5) 招标控制价　主要规定招标控制价的编制与复核，投诉与处理等内容。

(6) 投标报价　主要规定投标报价的编制与复核等内容。

(7) 合同价款约定　主要规定合同价款的约定内容。

(8) 工程计量　主要规定单价合同与总价合同的计量内容。

(9) 合同价款调整　主要规定了合同价款的调整情况与调整办法。

(10) 合同价款期中支付　主要规定了预付款、安全文明施工费、进度款等相关内容。

(11) 竣工结算与支付　主要规定了竣工结算的编制与支付的相关内容。

(12) 合同解除的价款结算与支付。

(13) 合同价款争议的解决　主要规定了合同价款争议的认定和解决方法。

(14) 工程造价鉴定。

(15) 工程计价资料与档案。

(16) 工程量清单计价表格。

附录A 物价变化合同价款调整方法；

附录B 工程计价文件封面；

附录C 工程计价文件扉页；

附录D 工程计价总说明；

附录E 工程计价汇总表；

附录F 分部分项工程和措施项目计价表；

附录G 其他项目计价表；

附录H 规范、税金项目计价表；

附录J 工程计量申请(核准)表；

附录K 合同价款支付申请(核准)表；

附录L 主要材料、工程设备一览表。

此次修订对“08规范”的正文部分进行了全面修改，将“08规范”附录A～附录F修订成6本专业工程工程量计算规范。附录A的建筑物部分与附录B修订为《房屋建筑与装饰工程工程量计算规范》；附录C修订为《通用安装工程工程量计算规范》；附录D修订为《市政工程工程量计算规范》；附录E修订为《园林绿化工程工程量计算规范》；附录F修订为《矿山工程工程量计算规范》；附录A的构筑物部分修订为《构筑物工程工程量计算规范》。新增加了《仿古建筑工程工程量计算规范》、《城市轨道交通工程工程量计算规范》(含附录D“地铁工程”部分)、《爆破工程工程量计算规范》(含附录A、附录D中的“石方爆破”部分)。九个专业工程工程量计算规范(以下简称《计算规范》)如下：

① GB 50854—2013为《房屋建筑与装饰工程工程量计算规范》；

② GB 50855—2013为《仿古建筑工程工程量计算规范》；

③ GB 50856—2013为《通用安装工程工程量计算规范》；

④ GB 50857—2013为《市政工程工程量计算规范》；

⑤ GB 50858—2013为《园林绿化工程工程量计算规范》；

⑥ GB 50859—2013为《矿山工程工程量计算规范》；

⑦ GB 50860—2013为《构筑物工程工程量计算规范》；

⑧ GB 50861—2013为《城市轨道交通工程工程量计算规范》；

⑨ GB 50862—2013为《爆破工程工程量计算规范》。

### 1.3.3 工程量清单

工程量清单是指建设工程的分部分项工程项目、措施项目、其他项目和税金项目的名称和相应数量等的明细清单。

工程量清单是根据统一的工程量计算规则和施工图纸及清单项目编制要求计算出的，体现了招标人要求投标人完成的工程项目及相应工程数量，全面反映了投标报价要求，是投标人进行报价的依据，是招标文件不可分割的一个组成部分，其准确性和完整性由招标人负责。

工程量清单由分部分项工程量清单、措施项目清单、其他项目清单及税金四部分组成。

#### 1.3.3.1　分部分项工程量清单

分部分项工程量清单包括项目编码、项目名称、项目特征描述、计量单位和工程量五个内容。

分部分项工程量清单应根据《计算规范》附录规定的项目编码、项目名称、项目特征描述、计量单位和工程量计算规则进行编制。其格式如表 1.2 所示。

**表 1.2　分部分项工程量清单**

| 序号 | 项目编码 | 项目名称 | 项目特征描述 | 计量单位 | 工程量 |
|---|---|---|---|---|---|
| 1 | | | | | |
| 2 | | | | | |
| 3 | | | | | |
| … | | | | | |

(1) 项目编码

项目编码是分部分项工程量清单项目名称的数字标志，以五级编码设置，采用 12 位阿拉伯数字表示，1～9 位按《计算规范》的规定设置，分四级，10～12 位为第五级，由清单编制人员根据拟建工程的工程量清单项目名称设置。同一招标工程的项目编码不得有重码。

第一级(两位)表示专业工程编码，即《计算规范》顺序码，其含义如表 1.3 所示；第二级(两位)表示分部工程编码，即《计算规范》中附录的顺序码，如表 1.4 所示；第三级(两位)表示分节顺序，即《计算规范》中节的顺序码，如 GB 50854—2013《房屋建筑与装饰工程工程量计算规范》附录 A.3 回填中的"回填方"，其第三级编码为 03；第四级(三位)表示分项工程编码，即《计算规范》中项目名称顺序码；第五级(三位)表示具体清单项目顺序码，编制工程量清单时由清单编制人按顺序由"001"起排列。前九位编码为统一编码，《计算规范》已在各附录中做出了统一规定，编制工程量清单时不得擅自改动。

**表 1.3　第一级编码含义**

| 第一级编码 | 《计算规范》 | 适用工程 |
|---|---|---|
| 01 | GB 50854—2013 | 房屋建筑与装饰工程 |
| 02 | GB 50855—2013 | 仿古建筑工程 |
| 03 | GB 50856—2013 | 通用安装工程 |
| 04 | GB 50857—2013 | 市政工程 |
| 05 | GB 50858—2013 | 园林绿化工程 |
| 06 | GB 50859—2013 | 矿山工程 |
| 07 | GB 50860—2013 | 构筑物工程 |
| 08 | GB 50861—2013 | 城市轨道交通工程 |
| 09 | GB 50862—2013 | 爆破工程 |

表 1.4 第二级编码含义

| 第二级编码 | 附录 | 专业工程实体项目 |
|---|---|---|
| 01 | A | 土石方工程 |
| 02 | B | 地基处理与边坡支护工程 |
| 03 | C | 桩基工程 |
| 04 | D | 砌筑工程 |
| 05 | E | 混凝土及钢筋混凝土工程 |
| 06 | F | 金属结构工程 |
| 07 | G | 木结构工程 |
| 08 | H | 门窗工程 |
| 09 | J | 屋面及防水工程 |
| 10 | K | 防腐隔热、保温工程 |
| 11 | L | 楼地面装饰工程 |
| 12 | M | 墙、柱面装饰与隔断、幕墙工程 |
| 13 | N | 天棚工程 |
| 14 | P | 油漆、涂料、裱糊工程 |
| 15 | Q | 其他装饰工程 |
| 16 | R | 拆除工程 |
| 17 | S | 措施项目 |

(2) 项目名称应按《计算规范》附录的项目名称,结合拟建工程的实际来确定。

(3) 项目特征应按《计算规范》附录中规定的项目特征,结合拟建工程的实际予以描述。

(4) 计量单位应按《计算规范》附录中规定的计量单位确定。

(5) 工程量应按《计算规范》附录中规定的工程量计算规则计算。

编制工程量清单出现《计算规范》附录中未包括的项目时,编制人应作补充。补充项目的编码由《计算规范》附录的顺序码、B和三位阿拉伯数字组成,并应从“B001”起顺序编制。同一招标工程的项目不得重码。

#### 1.3.3.2 措施项目清单

措施项目是指为完成工程项目施工,发生于该工程施工前和施工过程中技术、生活、安全等方面的非工程实体项目。措施项目清单的编制,除考虑工程本身的因素外,还涉及水文、气象、环境、安全等因素和施工企业的实际情况及拟建工程的具体情况。《计价规范》提供了“措施项目清单与计价表(一)”,作为列项的参考。其中通用项目有10项,分别是:安全文明施工费(含环境保护、安全施工、文明施工、临时设施);夜间施工费;二次搬运费;冬雨季施工;大型机械设备进出场及安拆;施工排水;施工降水;地上、地下设施、建筑物的临时保护设施;已完工程及设备保护;各专业工程的措施项目。对于建筑工程,还有混凝土、钢筋混凝土模板及支架;脚手架;垂直运输等。

专业工程的措施项目可按《计算规范》中规定的项目选择列项。若出现《计算规范》未列的项目，可根据工程实际情况补充。

措施项目中可以计算工程量的清单项目，宜采用分部分项工程量清单的方式编制，列出项目编码、项目名称、项目特征描述、计量单位和工程量；不能计算工程量的清单项目，以“项”为计量单位。可以计算工程量的清单项目有混凝土、钢筋混凝土模板及支架和脚手架项目等。

#### 1.3.3.3　其他项目清单

其他项目清单按暂列金额、暂估价、计日工及总承包服务费列项。

暂列金额是指招标人在工程量清单中暂定并包括在合同价款中的一笔款项，用于施工合同签订时尚未确定或者不可预见的所需材料、设备、服务的采购，施工中可能发生的工程变更、合同约定调整因素出现时的工程价款调整以及发生的索赔、现场签证确认等的费用。

暂估价包括材料暂估单价、专业工程暂估价，是指招标人在工程量清单中提供的用于支付必然发生但暂时不能确定价格的材料的单价以及专业工程的金额。

计日工是指在施工过程中完成发包人提出的施工图纸以外的零星项目或工作，按合同约定的综合单价计价。

总承包服务费是指总承包人为配合、协调发包人进行的工程分包自行采购的设备、材料等进行管理、服务以及施工现场管理、竣工资料汇总整理等服务所需的费用。

#### 1.3.3.4　税金项目清单

税金指施工企业从事建筑服务，根据国家税法规定，应计算建筑安装工程造价的增值税销项税额。

### 1.3.4　工程量清单计价

#### 1.3.4.1　工程量清单计价的基本过程和程序

工程量清单计价的基本过程可以描述为：在统一的工程量计算规则的基础上，制定工程量清单项目设置规则，根据具体工程的施工图设计资料计算出各个清单项目的工程量，再根据各种渠道获得的工程造价信息和经验数据，计算得到工程造价，如图 1.3 所示。

从工程量清单计价过程可知，其编制过程可以分为两个阶段：工程量清单的编制和利用工程量清单投标报价。投标报价是企业在业主提供的清单项目工程量和清单项目所含施工过程的基础上，根据企业自身所掌握的各种信息、资料，结合企业定额编制得出的。

#### 1.3.4.2　工程量清单计价的一般规定

(1) 工程量清单计价应包括按招标文件规定完成工程量清单所列项目的全部费用，包括分部分项工程费、措施项目费、其他项目费和税金。即建设工程造价由分部分项工程费、措施项目费、其他项目费和税金组成。

(2) 工程量清单应采用综合单价计价

综合单价是指完成一个规定计量单位的分部分项工程量清单或清单措施项目所需人工费、材料费、施工机具使用费、企业管理费与利润，并考虑一定范围内的风险费用。

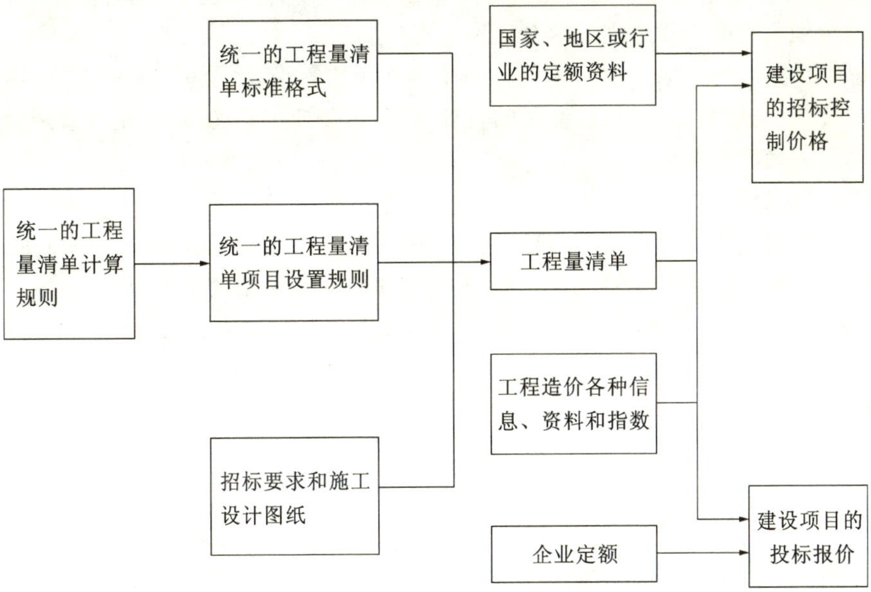


**图 1.3　工程量清单计价过程示意图**

$$分部分项工程费 = \sum 分部分项工程清单项目工程量 \times 清单项目综合单价$$

其中，清单项目综合单价由人工费、材料费、施工机具使用费、企业管理费、利润组成，并考虑风险费用。

$$措施项目费 = \sum 措施项目工程量 \times 措施项目综合单价$$

$$其他项目费 = 暂列金额 + 专业工程暂估价 + 计日工费 + 总承包服务费$$

$$税金 = (分部分项工程费 + 措施项目费 + 其他项目费) \times 税率$$

$$单位工程报价 = 分部分项工程费 + 措施项目费 + 其他项目费 + 税金$$

$$单项工程报价 = \sum 单位工程报价$$

$$建设项目总报价 = \sum 单项工程报价$$

(3) 招标控制价

招标控制价是指招标人根据国家或省级、行业建设主管部门颁发的有关计价依据和办法，按设计施工图纸计算的对招标工程限定的最高工程造价。

(4) 投标价

投标价是指投标人投标时报出的工程造价。

### 1.3.4.3　工程量清单计价方法与定额计价方法的区别

1. 计价单价的区别

定额计价使用的单价是工料机单价，是工程的基本构造要素单价，其费用项目包括完成一个计量单位工程的基本构造要素需要的人工费、材料费和施工机具使用费。从构成的施工过程分析，一个定额分项工程只包括一个由定额限定的工作过程。

清单计价使用的单价是综合单价，是《计价规范》的要求。

① 从构成的施工过程分析，一个清单项目是一个综合实体，这个“综合实体”可能包括一个或数个由定额限定的工作过程或综合工作过程。

② 从费用构成分析，综合单价不仅是一个或数个定额意义上的分项工程（定额限定的工作过程或综合工作过程）工、料、机费用的合计，还包括相应的动态调整、企业管理费、利润，并考虑施工期的风险因素费用。

2. 工程量的来源不同

定额计价的建设工程，其定额分项工程的工程量一律由承包工程的施工单位负责。

工程量清单计价招标投标的建设工程，其工程量的来源包括两个方面：

① 工程量清单的工程量，由招标方（招标人或受其委托的中介机构）依据《计算规范》中规定的工程量计算规则、计量单位计算；

② 组成清单项目综合单价的各个定额分项工程的工程量，由投标人根据报价使用的计价定额规定的计量单位和计算规则来计算。

3. 计价定额不同

定额计价的建设工程，无论是设计院还是施工单位编制的施工图预算，无论是招标控制价的编制还是投标报价都使用同一定额，即具有社会平均水平的预算定额或消耗量定额。

工程量清单计价招投标的建设工程，招标控制价的编制采用具有社会平均水平的消耗量定额；投标报价可以使用或参考使用消耗量定额，并且鼓励施工企业使用企业定额自主报价。因此，工程量清单计价活动中，使用的定额具有多样性。

4. 生产要素的价格不同

定额计价的建设工程，无论是设计院还是施工单位编制的施工图预算，无论是招标控制价的编制还是投标报价，其人工、材料、机械的价格都是定额取定价格。在计价过程中，市场价与定额取定价之差是通过造价管理部门发布的市场信息价格来调整的，因此定额计价所用的生产要素价格是单一的，不反映施工企业实际管理水平。

工程量清单计价的建设工程使用的生产要素价格是多样化的。招标控制价的编制使用定额取定价和造价管理部门发布的市场管理信息价，各投标报价单位使用的是能反映本企业实际管理能力的工、料、机价格。因此，工程量清单计价所用的生产要素价格能反映投标企业的个性。

5. 价格形成机制不同

工程量清单计价是一种“以招标人提出的工程量清单为依据，投标人根据自身的综合生产能力自主报价，招标人根据具体的评标细则对诸多投标人的报价优选”的价格形成机制。清单计价能够成为客观、公正、公平、公开竞争的平台，重要一点是“投标人根据自身的综合能力自主报价”和招标人以“合理低价中标”为原则选择中标人。

定额计价时期，施工单位获得工程有两种情况：一是通过指令性计划获得工程，通常先获得工程后计价，其工程价格是通过预算、结算的审批形成的。二是通过投标获得工程，虽然通过了竞争，但由于都使用了同一水平的定额和生产要素价格，竞争并不充分；并且这种竞争只是造价人员计算工程量、执行定额和人际关系的竞争，不是企业综合生产能力的竞争。

工程量清单计价是通过招标投标在“合理低价中标”的市场环境中获得工程，中标价基本就是竣工结算价（或竣工结算价的主体部分），由于竞争中各投标人使用的定额和生产要素价格具有个性化，反映了企业实际情况，使真正具有生产能力优势的企业中标，体现客观、公正、公平竞争的原则。

6.工程计价思想观念上的区别

工程量清单计价从思想上解决了对“等价交换”的认识问题，改变了计划经济时期使用商品的等价交换就必须使其价格与价值相等的思维模式。

定额计价时期，人们的思想基本上还停留在计划经济阶段，认为商品的等价交换就必须使每一次具体的交换都使商品的价格与价值相符，不恰当地把具有社会平均水平的定额用于市场竞争。

工程量清单计价推行低价中标，是承认了市场经济条件下“等价交换”必须通过“竞争的波动从而通过价格的波动”并在一定的经济时期实现的。因此，允许企业采用企业定额报价，以低于或高于产品的社会平均价值的价格参与竞争。

#### 1.3.4.4 工程量清单计价的依据

投标报价应根据下列依据编制：

(1) 招标文件、工程量清单及其补充通知、答疑纪要；

(2) 施工图设计文件；

(3)《计价规范》；

(4) 计价定额；

(5) 施工现场情况、工程特点及拟定的投标施工组织设计或施工方案；

(6) 市场价格信息或工程造价管理机构发布的工程造价信息；

(7) 其他的相关资料。

#### 1.3.4.5 工程量清单计价的程序

单位工程工程量清单计价包括：分部分项工程量清单计价、措施项目清单计价、其他项目清单计价及税金项目清单计价四部分。

1.分部分项工程量清单的计价

(1) 准备工作

准备工作包括详细阅读招标文件，熟悉施工图纸和计价定额，核实工程量清单，并由技术人员编制拟建工程的施工组织设计或施工方案。

(2) 确定清单项目的组价内容

组价内容是指投标人根据工程量清单项目及其项目特征，按报价使用的计价定额的要求确定组成“综合单价”的定额分项工程。即分析工程量清单“项目特征”一栏内提供的工作过程和特征，结合计价定额各子目的“工作内容”，确定与其相对应的定额子目。每一个清单项目所含施工过程所对应的计价定额子目就是这个清单项目的组价内容。

分析时，要注意清单项目包括的施工过程并不一定与计价定额的子目一一对应。

(3) 计算组价内容的工程量

清单项目组价内容的工程量应按照计价定额规定的工程量计算规则和计量单位计算。

(4) 计算各组价项目的综合单价，汇总得到清单项目的综合单价。

(5) 填写工程量清单计价表。

2.措施项目清单的计价

措施项目清单计价应根据拟建工程的施工组织设计，可以计算工程量的项目，宜采用分部分项工程量清单的方式采用综合单价计价；其余的措施项目可以“项”为单位的方式计价，应包括除税金外的全部费用。措施项目清单中的安全文明施工费应按照国家或省级、行业建设主管部门的规定计价，不得作为竞争性费用。投标人可根据工程实际情况结合施工组织设计，对招标人所列的措施项目进行增补。可以计算工程量的项目清单，其计价方式与前述分部分项工程量清单的计价方式相同。

3.其他项目清单的计价

其他项目费应按下列规定报价：

(1) 暂列金额应按招标人在其他项目清单中列出的金额填写；

(2) 材料暂估价应按招标人在其他项目清单中列出的单价计入综合单价；专业工程暂估价应按招标人在其他项目清单中列出的金额填写；

(3) 计日工应按招标人在其他项目清单中列出的项目和数量自主确定综合单价并计算计日工费用；

(4) 总承包服务费应按招标人在其他项目清单中列出的内容和提出的要求自主确定。

4.税金项目清单的计价

税金应按照国家或省级、行业建设主管部门的规定计价，不得作为竞争性费用。

## 单元小结

定额是指工程建设时，为完成单位合格产品所消耗的人工、材料、机械和资金的数量标准，反映了某个时期的社会生产力发展的水平，具有时空性。

从不同的角度，可以将定额分成不同的类别。如按反映的物质消耗内容分类，可分为人工消耗定额、材料消耗定额、机械消耗定额等三大“基础定额”。

安装工程预算定额是指完成单位安装工程量所消耗的人工、材料、机械台班的实物量指标，以及相应安装费基价的标准数值，是确定安装工程造价的重要依据。

当前我国建设项目总造价由设备及工器具购置费、建筑安装工程费、工程建设其他费、预备费、建设期利息和固定资产投资方向调节税（目前暂不征）等五大部分组成。其中，建筑安装工程费用也称为建筑安装工程造价，由人工费、材料费、施工机具使用费、企业管理费、利润、税金六大部分组成。这六大费用是本章研究和阐述的主要内容之一，弄清它们之间的关系才能弄清我国的工程造价体系，才能正确计算各项费用，所以要全面熟练地掌握这六大费用的组成、计算方法和计算程序。

随着价格信息系统的建立，竞争机制作用的发挥，建筑工程造价管理也日渐朝着统一“量”、指导“价”、竞争“费”的方向发展，而这其中的“量”即是衡量工程建设规模实物量的工程量，它是计算定额直接费的基础，也是预算编制的原始数据。工程量的多少，将直接影响到工程造价的高低，一份清晰、准确、合理的工程量清单是准确编制建筑安装工程预算的基础；同时，能对工程量清单进行准确、合理的报价，对一个工程造价工作者来说是至关重要的。

### 复习思考题

1.1　什么是定额？定额具有哪些特点？其制定方法有几种？

1.2　试列表比较工序定额、施工定额、预算定额、概算定额及概算指标的意义、作用、主要内容及形式特点。

1.3　试说明现行安装工程各项预算定额费用的含义、计算方法及执行规定。

1.4　试简述施工图预算的概念、作用和主要内容。

1.5　施工预算的应用意义如何？它与施工图预算有何不同？

1.6　安装工程费用由哪几部分组成？

1.7　什么是人工费？它包括哪些内容？

1.8　了解本地区的费用定额内容、计算程序及计算方法。

1.9　简述施工图预算的编制依据和程序。

1.10　现行的《全国统一安装工程预算定额》由哪些专业分册组成？具有什么特点？

1.11　试说明现行安装工程各项费用的含义、计算方法及执行规定。

1.12　为什么现行定额中的“价”只作指导价而不作市场价？为什么按定额统一基价执行后要进行价差调整？

1.13　何谓工程量？工程量有哪几种计量单位？

1.14　什么是“工程量计算规则”？工程量计算的原则和方法是什么？

1.15　工程量的计算在编制工程预算中有何重要意义？安装工程量与土建工程量在计算单位和计算方法上有哪些不同？计算安装工程要注意哪些问题？

1.16　什么是工程量清单？

1.17　什么是综合单价？

1.18　工程量清单计价方法与定额计价方法有哪些区别？

# 单元 2　给排水工程施工图预算

**知识目标**　了解室内给排水系统的组成；熟悉给排水工程中常用的管材及设备；熟悉给排水施工图；掌握安装工程定额计价与给排水工程量的计算规则。

**能力目标**　能够识读给排水施工图，结合工程量的计算规则进行室内外管道、管道附件、卫生器具、低压容器等的工程量计算；掌握给排水施工图预算编制的方法和步骤。

## 2.1　给排水工程基础知识及其施工图识读

### 2.1.1　给排水工程的分类及组成

给水工程是将城市市政给水管网中的水输送到建筑物内各个用水点上，并满足用户对水质、水量、水压要求的工程。工业与民用建筑工程中，给水工程包括室内给水和室外给水两个部分。

排水工程是将生产废水和生活污水通过管道排入市政排水管网和废水处理站，经回收处理再利用的工程。一般建筑工程中的排水工程分为室内排水和室外排水两部分。

#### 2.1.1.1　室内给排水系统的分类

按供水对象的不同，室内给水系统可分为以下三类：

(1) 生活给水系统　指供给居住建筑、公共建筑和工业企业建筑内的饮用、盥洗、淋浴、冲洗等生活用水的给水系统。

(2) 生产给水系统　指供给工业生产用于冷却、洗涤等生产过程用水的给水系统。

(3) 消防给水系统　指供给建筑物消火栓及其他消防装置用水的给水系统。

按所排污水的性质的不同，室内排水系统可分为以下两类：

(1) 生活排水系统　指排除人们在日常生活中所产生的洗涤污水、冲洗粪便污水的排水系统。

(2) 生产排水系统　指排除工矿企业在生产过程中所产生的污(废)水的排水系统。

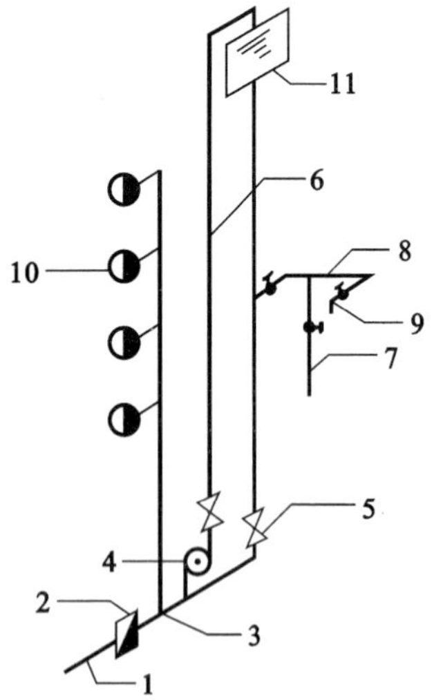


**图 2.1　室内给水系统组成示意图**

1—引入管；2—水表节点；3—水平支管；4—水泵；5—主控制阀；6—立干管；7—立支管；8—水平支管；9—水嘴；10—消火栓；11—水箱

#### 2.1.1.2　室内给排水系统的组成

1. 室内给水系统的组成

如图 2.1 所示，室内给水系统由以下几部分组成：

(1) 引入管

引入管指由建筑物外第一个给水阀门井引至室内给水总阀门或室内进户总水表之间的管段,也称进户管。它多埋设于室内外地面以下。

(2) 水表节点

水表节点指引入管上装设的水表及在其前后设置的阀门、泄水装置、旁通管等的总称。水表节点分设有旁通管水表节点和无旁通管水表节点,如图 2.2 和图 2.3 所示。

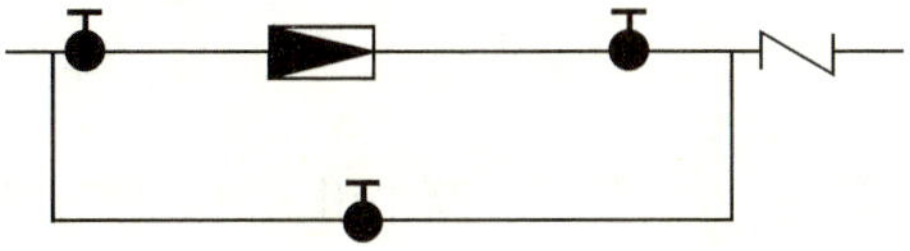

**图 2.2　设有旁通管的水表节点**

**图 2.3　无旁通管的水表节点**

(3) 给水管道系统

室内给水管道系统由水平的或垂直的干管、立管及横管等组成。干管是指从室内总阀门或水表将水自引入管沿水平方向或竖直方向输送到各个立管的管道。立管是垂直于建筑物各楼层的管道,它将水自干管沿竖直方向输送到各个用水楼层的横支管。横支管是同层内配水的管道,将立管送来的水送至各配水点的水龙头或卫生器具的配水阀门。

(4) 给水附件

给水附件是指给水管道系统上装设的阀门、止回阀、消火栓及各式配水龙头等。它主要用于控制管道中的水流,以满足用户的使用要求。

(5) 升压和贮水设备

当用户对水压的稳定性和供水的可靠性要求较高时,室内给水系统中通常还需要设置水池、水泵、水箱、气压给水装置等。

2. 室内排水系统的组成

如图 2.4 所示,室内排水系统由以下几部分组成:

(1) 污水收集设备

常见的污水收集设备主要为卫生器具。按其用途可分为便溺类用卫生器具、盥洗及淋浴用的卫生器具、洗涤用的卫生器具、地漏等。

(2) 排水管道系统

它主要由排水立管、排水横管、排水支管组成。排水支管是将卫生器具产生的污水送入排水横管。排水横管是水平连接各排水支管的排水管,一般设置在楼板以下,悬吊敷设。排水立管是连接各楼层排水横管的垂直排水管。立管上每两层设置一个检查口。

(3) 通气装置

通气装置通常由通气管、透气帽等组成。一般建筑物内只设普通通气管,即排水立管向上延伸伸出建筑屋面。透气帽设置在通气管顶端,防止杂物落入管中。

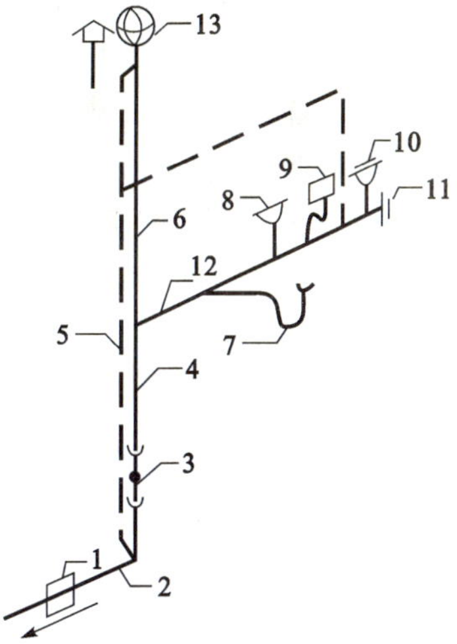


**图 2.4　室内排水系统组成示意图**

1—检查井;2—排水管;3—检查口;
4—排水立管;5—排气管;6—通气管;
7—大便器;8—地漏;9—脸盆;
10—地面清扫口;11—清通口;
12—排水横管;13—透气帽

(4) 清通设备

清通设备主要有检查口、清扫口及检查井等。清扫口的主要形式有两种,即地面清扫口和横管丝堵清扫口。地面清扫口一般设置在排水管道的起点,当排水管起点设有地漏时,可不设地面清扫口。横管丝堵清扫口一般设置在排水横管的拐弯处。检查井一般设置在建筑物室外。

#### 2.1.1.3 室内给排水管道的布置与敷设

1. 室内给水管道的布置

室内给水管道的布置原则是力求管线最短,阀件最少,敷设简便。给水引入管通常埋地敷设,引入管穿越承重墙时,应注意保护管道。若穿越基础埋设较浅,则管道可以从基础底部穿过(图 2.5);若穿越基础埋设较深,则管道穿越承重墙或基础本体(图 2.6),此时承重墙或基础上应预留大于引入管直径 200 mm 的孔洞。

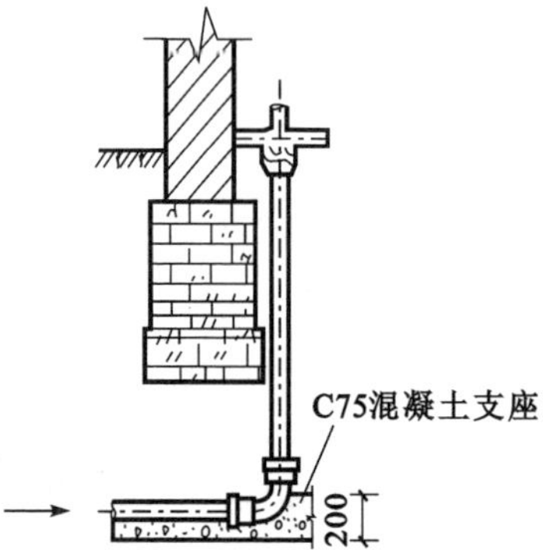


**图 2.5 管道穿越浅基础**

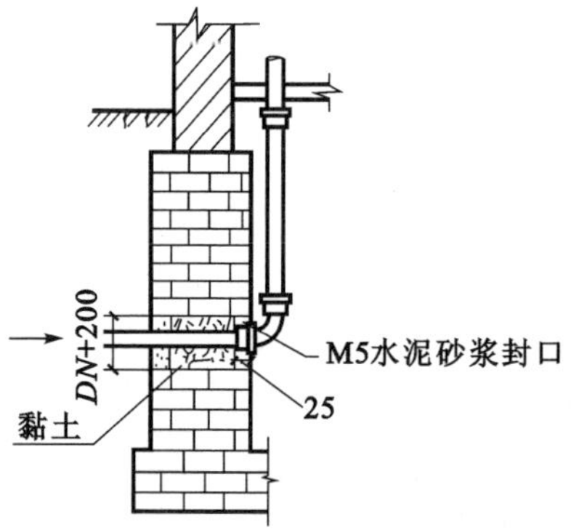


**图 2.6 管道穿越深基础**

室内管道的敷设分为明装和暗装两种方式。明装即给水管道沿建筑物的墙、梁、柱等的表面裸露敷设。管道与建筑物表面的距离以能够进行施工、维修即可,一般最小间距为 20～50 mm。暗装即将给水管道敷设在室内的天花板下或吊顶内,或在管道井、管槽、管沟内隐蔽敷设。

2. 室内排水管道的布置

排水横支管的布置根据卫生器具和排水管道的布置要求而定,底层直接埋设于地下,深度不小于 0.5 m;楼层一般悬吊在楼板下 0.35～0.5 m 或吊顶内。排水立管一般沿墙角明装,距墙面 5 cm,立管每层距地面 1.6 m 处设立管支架一个。排出管是直接埋于地下或悬吊于地下室顶下。通气管一般伸出屋面,其高度一般为 0.7 m;在有人活动的屋面,其高度一般不低于 2.2 m。

#### 2.1.1.4 常用的管材

1. 金属管材

金属管材及管件,可以分为黑色金属和有色金属两种,给排水工程中常用黑色金属管材。

管道规格的表示方法:对于无缝钢管和直缝卷制电焊钢管一般用外径×壁厚表示,如外径为 108 mm,壁厚为 4 mm 的无缝钢管表示为 $\phi108\times4$;对于焊接钢管、铸铁管一般用公称直径表示,如公称直径为 50 mm 的焊接钢管用 $DN50$ 表示,公称直径为 100 mm 的铸铁管用 $DN100$ 表示。焊接钢管、镀锌钢管和无缝钢管的公称直径、内径、壁厚及理论质量如表 2.1、表 2.2 所示。

**表 2.1　焊接钢管、镀锌钢管规格质量**

| 公称直径 | | | 近似内径 (mm) | 壁厚 (mm) | 外径 (mm) | 焊接钢管质量 (kg/m) | 镀锌钢管质量 (kg/m) |
|---|---|---|---|---|---|---|---|
| *DN*(mm) | in | 俗称 | | | | | |
| 15 | 1/2 | 四分管 | 15 | 2.75 | 21.25 | 1.25 | 1.313 |
| 20 | 3/4 | 六分管 | 20 | 2.75 | 26.75 | 1.63 | 1.712 |
| 25 | 1 | 一寸 | 25 | 3.25 | 33.50 | 2.43 | 2.541 |
| 32 | $1\frac{1}{4}$ | 一寸二 | 32 | 3.25 | 42.25 | 3.13 | 3.287 |
| 40 | $1\frac{1}{2}$ | 寸半管 | 40 | 3.50 | 48.00 | 3.84 | 4.032 |
| 50 | 2 | 二寸 | 50 | 3.50 | 60.00 | 4.88 | 5.124 |
| 70 | $2\frac{1}{2}$ | 二寸半 | 70 | 3.75 | 75.50 | 6.64 | 6.972 |
| 80 | 3 | 三寸 | 80 | 4.00 | 88.50 | 8.34 | 8.757 |
| 100 | 4 | 四寸 | 106 | 4.00 | 114.00 | 10.85 | 11.393 |
| 125 | 5 | 五寸 | 131 | 4.50 | 140.00 | 15.04 | 15.792 |
| 150 | 6 | 六寸 | 156 | 4.50 | 165.00 | 17.81 | 18.700 |

**表 2.2　一般无缝钢管常用规格**(YB231—70)

| 公称直径 (mm) | 外径 (mm) | 壁厚 (mm) | 质量 (kg/m) | 壁厚 (mm) | 质量 (kg/m) | 壁厚 (mm) | 质量 (kg/m) | 壁厚 (mm) | 质量 (kg/m) | 壁厚 (mm) | 质量 (kg/m) |
|---|---|---|---|---|---|---|---|---|---|---|---|
| 10 | 14 | 2 | 0.592 | 2.5 | 0.709 | 3 | 0.814 | | | | |
| | 17 | | 0.74 | | 0.894 | | 1.04 | | | | |
| 15 | 18 | 2.5 | 0.956 | 3 | 1.11 | 3.5 | 1.25 | 4 | 1.38 | | |
| | 22 | | 1.20 | | 1.41 | | 1.60 | | 1.78 | | |
| 20 | 25 | 2.5 | 1.39 | 3 | 1.63 | 3.5 | 1.86 | 4 | 2.07 | | |
| | 27 | | 1.51 | | 1.78 | | 2.03 | | 2.27 | | |
| 25 | 32 | 2.5 | 1.82 | 3 | 2.15 | 3.5 | 2.46 | 4 | 2.76 | 5 | 3.33 |
| | 34 | | 1.94 | | 2.29 | | 2.63 | | 2.96 | | 3.58 |
| 32 | 38 | 3 | 2.69 | 3.5 | 2.98 | 4 | 3.35 | 4.5 | 3.76 | 5.5 | 4.41 |
| | 42 | | 2.89 | | 3.32 | | 3.75 | | 4.16 | | 4.95 |
| 40 | 45 | 3 | 3.11 | 3.5 | 3.58 | 4 | 4.04 | 5 | 4.93 | 6 | 5.77 |
| | 48 | | 3.33 | | 3.84 | | 4.34 | | 5.30 | | 6.21 |
| 50 | 57 | 3 | 4.00 | 3.5 | 4.62 | 4 | 5.23 | 5.5 | 6.99 | 7 | 8.63 |
| | 60 | | 4.22 | | 4.88 | | 5.52 | | 7.39 | | 9.15 |
| 65 | 76 | 3.5 | 6.26 | 4 | 7.10 | 4.5 | 7.93 | 7 | 11.91 | 8 | 13.84 |
| 80 | 80 | 3.5 | 7.38 | 4 | 8.38 | 5 | 10.36 | 7 | 14.16 | 10 | 19.48 |
| 100 | 108 | 4 | 10.26 | 4.5 | 11.41 | 6 | 15.09 | 9 | 21.97 | 12 | 28.41 |
| | 114 | | 10.35 | | 12.15 | | 15.98 | | 23.30 | | 30.18 |
| 125 | 133 | 4 | 12.73 | 4.5 | 14.26 | 5 | 15.78 | 7 | 21.75 | 10 | 30.33 |
| | 140 | | | | 15.04 | | 16.65 | | 22.96 | | 32.06 |

(1) 焊接钢管

焊接钢管俗称水煤气管，又称为低压流体输送管或有缝钢管，常用普通碳素钢中钢号为

Q215、Q235、Q255 的软钢制造。按其表面是否镀锌，可分为镀锌钢管和焊接钢管；按钢管壁厚不同又分为普通钢管、加厚钢管两种；按管端是否带有螺纹还可分为带螺纹和不带螺纹两种。

普通焊接钢管用于非生活饮用水管道或一般工业给水管道；镀锌钢管适用于生活饮用水管道或某些水质要求较高的工业用水管道。

(2) 无缝钢管

无缝钢管常用普通碳素钢、优质碳素钢或低合金钢制造。按制造方法，无缝钢管可分为热轧和冷轧两种。无缝钢管常用于输送氧气、乙炔、室外供热管道和高压水管线。

(3) 铸铁管

由生铁铸造而成的生铁管称为铸铁管。铸铁管分为给水铸铁管和排水铸铁管两种。给水铸铁管常用灰口铸铁或球墨铸铁浇铸而成，出厂前内外表面已用防锈沥青漆处理。按铸铁管可承受的压力，分为高压给水铸铁管(不大于 1.0 MPa)、普压给水铸铁管(不大于0.75 MPa)和低压给水铸铁管(不大于0.5 MPa)三种。按接头形式分为承插连接、法兰连接、卡箍连接三种。

柔性卡箍式离心铸铁排水管以灰口铸铁为原料，经离心浇铸而成；由无承口离心铸铁管、无承口管道配件、专用不锈钢卡箍及橡胶密封圈四部分组成；接口是将直管或配件的端头插入专用的橡胶密封圈内，橡胶密封圈外用专用的不锈钢卡箍锁紧，达到连接和止水的目的，属于柔性接口，适用于各类型建筑的雨水、污水、通气管道系统，尤其适用于防火等级要求高、管道需一定抗震性能的高层建筑。该管路系统可以承压 1 MPa 以上，既可以用于无压排水管路系统，又可以用于有压排水管路系统。

高压给水铸铁管用于室外给水管道，普压给水铸铁管和低压给水铸铁管可用于室外燃气、雨水等管道。给排水铸铁管规格及质量如表 2.3、表 2.4 所示。

**表 2.3　给水铸铁管规格及质量表**

| 公称直径 *DN* (mm) | 承插直管 | | | | 双盘直管 | | | |
|---|---|---|---|---|---|---|---|---|
| | 壁厚 (mm) | 长度 (m) | 每根质量 (kg) | 每米质量 (kg) | 壁厚 (mm) | 长度 (m) | 每根质量 (kg) | 每米质量 (kg) |
| 75 | 9.0 | 3 | 58.5 | 19.50 | 9.0 | 3 | 59.5 | 19.83 |
| 100 | 9.0 | 3 | 75.5 | 25.17 | 9.0 | 3 | 76.4 | 25.47 |
| 125 | 9.0 | 4 | 119.0 | 29.75 | 9.0 | 3 | 93.1 | 31.03 |
| 150 | 9.0 | 4 | 149.0 | 32.25 | 9.0 | 3 | 116.0 | 38.67 |
| 200 | 10.0 | 4 | 207.0 | 51.75 | 10.0 | 4 | 207.0 | 51.75 |
| 250 | 10.8 | 4 | 277.0 | 69.25 | 10.8 | 4 | 280.0 | 70.00 |
| 300 | 11.4 | 4 | 348.0 | 87.00 | 11.4 | 4 | 353.0 | 88.25 |
| 350 | 12.0 | 4 | 426.0 | 106.50 | 12.0 | 4 | 434.0 | 108.50 |
| 400 | 12.8 | 4 | 519.0 | 129.75 | 12.8 | 4 | 525.0 | 131.25 |
| 450 | 13.4 | 4 | 610.0 | 152.50 | 13.4 | 4 | 622.0 | 155.50 |
| 500 | 14.0 | 4 | 706.0 | 176.50 | 14.0 | 4 | 721.0 | 180.25 |

表 2.4 排水铸铁承插直管规格及质量表

| 公称直径 $DN$(mm) | 内径(mm) | 壁厚(mm) | 管长(m) | 质量(kg/根) |
|---|---|---|---|---|
| 50 | 50 | 5 | 1.5 | 11.1 |
| 75 | 75 | 5 | 1.5 | 16.1 |
| 100 | 100 | 5 | 1.5 | 21.1 |
| 125 | 125 | 6 | 1.5 | 31.7 |
| 150 | 150 | 6 | 1.5 | 37.6 |
| 200 | 200 | 7 | 1.5 | 58.0 |

(4) 不锈钢管

不锈钢管的铬含量均达到10.5%以上,分为不锈钢无缝钢管和不锈钢焊接钢管(有缝管)两大类;按照制造工艺的不同可以分为热轧、挤压、冷拔和冷轧;按断面形状又可分为圆管和异形管,广泛应用的是圆形钢管,但也有一些方形、半圆形、六角形、等边三角形、八角形等异形不锈钢管。

不锈钢管的连接方式多种多样,常见的管件类型有压缩式、压紧式、活接式、推进式、推螺纹式、承插焊接式、活接式法兰连接、焊接式及焊接与传统连接相结合的派生系列连接方式等。其规格表示为:外径×壁厚,广泛应用于石油、化工、医疗、食品、轻工、机械仪表等工业输送管道以及机械结构部件等,在国外也广泛应用于给水工程中。不锈钢管规格及质量如表2.5所示。

(5) 有色金属管

有色金属管主要包括铜管、黄铜管、铅管和铝管等。有色合金的强度和硬度普遍比纯金属高,电阻比纯金属大,电阻温度系数小,具有良好的综合机械性能。

铜管又称紫铜管,是压制或拉制的无缝管。铜管具备坚固、耐腐蚀的特性,广泛用于给水、供热、制冷管道安装。

铝管是指用纯铝或铝合金经挤压加工成沿其纵向全长中空的金属管状材料,具有耐腐蚀、质量轻的特点,广泛用于汽车、轮船、航空航天、建筑等行业。

2. 非金属管材

(1) 塑料管

塑料管是以合成树脂为主要原料,加入适量添加剂,在一定温度和压力下塑制成型的有机高分子材料管道,分为适用于室内外输送冷热水和低温地板辐射采暖管道的聚乙烯管(PE管)、聚丙烯管(PP-R管)、聚丁烯管(PB管)等;适用于输送生活污水和生产污水的聚氯乙烯管(PVC-U管)。聚丁烯管与聚丙烯管规格如表2.6、表2.7所示。

(2) 其他非金属管材

给排水工程中除使用给水塑料管、聚氯乙烯排水塑料管外,还经常在室外给排水工程中使用自应力和预应力钢筋混凝土给水管及钢筋混凝土、玻璃钢和带釉陶土排水管等。

3. 复合管材

(1) 铝塑复合管

铝塑管中间层采用焊接铝管,外层和内层采用中密度或高密度聚乙烯或交联高密度聚乙烯,经热熔胶黏和复合而成,适用于新建、改建和扩建的工业与民用建筑中冷、热水供应管道。铝塑管不得用于消防供水系统及生活消防合用的供水系统。铝塑复合管规格如表2.8所示。

**表 2.5　不锈钢管规格及质量表**

| 外径×壁厚(mm) | 质量(kg/m) | 外径×壁厚(mm) | 质量(kg/m) | 外径×壁厚(mm) | 质量(kg/m) |
|---|---|---|---|---|---|
| 6×1 | 0.125 | 27×3.5 | 2.049 | 57×3.5 | 4.664 |
| 6×1.5 | 0.168 | 28×2 | 1.295 | 60×4 | 5.580 |
| 8×1 | 0.174 | 28×3 | 1.868 | 60×5 | 6.850 |
| 8×1.5 | 0.243 | 30×2 | 1.395 | 63.5×4 | 5.929 |
| 10×1 | 0.224 | 30×2.5 | 1.713 | 70×3.5 | 5.798 |
| 10×1.5 | 0.318 | 30×3 | 2.018 | 76×4 | 7.174 |
| 12×1 | 0.274 | 32×2 | 1.495 | 76×4.5 | 8.015 |
| 12×1.5 | 0.392 | 32×2.5 | 1.837 | 76×5 | 8.843 |
| 12×2 | 0.498 | 32×3 | 2.167 | 80×4 | 7.753 |
| 14×1 | 0.324 | 32×3.5 | 2.485 | 89×4 | 8.469 |
| 14×2 | 0.598 | 33.50×3.5 | 2.616 | 89×4.5 | 9.472 |
| 14×3 | 0.822 | 34×3 | 2.317 | 89×5 | 10.462 |
| 16×2 | 0.697 | 34×3.5 | 2.659 | 89×6 | 12.405 |
| 16×3 | 0.971 | 38×3 | 2.616 | 102×5 | 12.081 |
| 17×3 | 1.046 | 38×3.5 | 3.008 | 102×6 | 14.348 |
| 18×1 | 0.423 | 40×2 | 1.893 | 108×4 | 10.363 |
| 18×1.5 | 0.617 | 40×3 | 2.765 | 108×4.5 | 11.602 |
| 18×2 | 0.797 | 42×3 | 2.914 | 108×5 | 12.829 |
| 18×3 | 1.121 | 42×3.5 | 3.357 | 114×4.5 | 12.274 |
| 20×1 | 0.473 | 42×4 | 3.786 | 127×5 | 15.195 |
| 20×2 | 0.897 | 45×3 | 3.139 | 133×5 | 15.942 |
| 20×3 | 1.270 | 45×3.5 | 3.618 | 133×6 | 18.981 |
| 21×3 | 1.345 | 48×3 | 3.363 | 159×4.5 | 17.319 |
| 22×2 | 0.996 | 48×3.5 | 3.880 | 159×5 | 19.181 |
| 22×2.5 | 1.214 | 48×4 | 4.384 | 159×6 | 22.867 |
| 22×3 | 1.420 | 50×4 | 4.583 | 168×6 | 24.212 |
| 25×2 | 1.146 | 50×5 | 5.605 | 219×6 | 31.835 |
| 25×2.5 | 1.401 | 51×3 | 3.587 | 219×8 | 42.048 |
| 25×3 | 1.644 | 51×3.5 | 4.141 | 273×9.3 | 61.090 |
| 27×3 | 1.794 | 57×3 | 4.035 | 325×10 | 78.467 |

**表 2.6　聚丁烯管规格表**

| 公称直径 DN(mm) | 外径(mm) | 壁厚(mm) | 内径(mm) | 管材质量(kg/m) |
|---|---|---|---|---|
| 12 | 16 | 2.2 | 11.6 | 0.088 |
| 15 | 20 | 2.8 | 14.4 | 0.141 |
| 20 | 25 | 2.8 | 20.4 | 0.152 |
| 25 | 32 | 3.0 | 26.0 | 0.254 |
| 32 | 40 | 3.7 | 32.6 | 0.392 |
| 40 | 50 | 4.6 | 40.8 | 0.610 |
| 50 | 63 | 5.8 | 51.4 | 0.969 |
| 65 | 75 | 6.8 | 61.4 | 1.354 |
| 80 | 90 | 8.2 | 73.6 | 1.960 |
| 100 | 110 | 10.0 | 90.0 | 2.920 |

**表 2.7　聚丙烯管规格表**

| 公称直径 DN(mm) | 20 | 25 | 32 | 40 | 50 | 63 | 75 | 90 | 110 |
|---|---|---|---|---|---|---|---|---|---|
| 冷水管计算内径(mm) | 15.4 | 20.4 | 26 | 32.6 | 40.8 | 51.4 | 61.2 | 73.6 | 90 |
| 热水管计算内径(mm) | 13.2 | 16.6 | 21.2 | 26.6 | 33.2 | 42 | 50 | 60 | 73.4 |

**表 2.8　铝塑复合管规格表**

| 规格代号 | 外径(mm) | 壁厚(mm) | 每卷长度(m) |
|---|---|---|---|
| 1216 | 16 | 2 | 100～200 |
| 1418 | 18 | 2 | 100～200 |
| 1620 | 20 | 2 | 100～200 |
| 2025 | 25 | 2.5 | 50～100 |
| 2632 | 32 | 3 | 25～50 |

(2) 钢塑复合管

钢塑复合管是在钢管内壁衬(涂)一定厚度塑料复合而成的管子，分为衬塑管和涂塑管两种，适用于室内外给水的冷、热水管道和消防管道。

#### 2.1.1.5　管道连接方法

(1) 螺纹连接

螺纹连接也称丝扣连接，是通过管端加工的外螺纹和管件内螺纹，将管子与管子、管子与管件、管子与阀门等紧密连接，适用于 $DN \leqslant 100$ mm 镀锌钢管及较小管径、较低压力的焊接钢管的连接，以及带螺纹的阀门和设备接管的连接。

(2) 法兰连接

法兰连接是通过连接法兰及紧固件螺栓、螺母的紧固，压紧两法兰中间的垫片而使管道连接的方法，常用于 $DN \geqslant 100$ mm 的镀锌钢管、无缝钢管、给水铸铁管、PVC-U 管和钢塑复合管的连接。

(3) 焊接连接

焊接连接是管道安装工程中应用最广泛的一种连接方法，用于 $DN > 32$ mm 的焊接钢管、无缝钢管及铜管的连接。

(4) 柔性接口

卡箍式离心铸铁管采用不锈钢卡箍连接，管与管、管与配件之间属于对口连接，在该部位外套一层密封橡胶圈，再用不锈钢卡箍进行紧箍。

(5) 热熔连接

热熔连接是将两根热熔管道的配合面紧贴在加热工具上加热其平整的端面直至熔融，移走加热工具后，将两个熔融的端面紧靠在一起，在压力的作用下保持到接头冷却，使之成为一个整体的连接方式，适用于 PP-R、PB、PE 等塑料管的连接。

(6) 电熔连接

电熔连接是将 PE 管材完全插入电熔管件内，将专用电熔机两导线分别连接电熔管件正负两极，接通电源，加热电热丝使内部接触处熔融，冷却完毕后成为一个整体的连接方式，包括电熔承插连接和电熔鞍形连接。电熔连接主要应用于直径较小的燃气管道系统。

(7) 卡套式连接

卡套式连接是由带锁紧螺纹和丝扣管件组成的专用接头进行管道连接的一种连接形式，广泛用于铝塑复合管、钢塑复合管等的连接。

(8) 卡箍连接

卡箍连接也称沟槽连接，内层的密封橡胶圈置于被连接管道的外侧，并与预先滚制的沟槽相吻合，再在橡胶圈外部扣上卡箍，由螺栓紧固连接的一种形式，广泛用于钢塑复合管、铸铁管、$DN \geqslant 100$ mm 的钢管的连接。

#### 2.1.1.6　阀门

阀门种类繁多，为了便于选用，每种阀门都有一个特定的型号，以说明阀门类别、驱动方式、连接形式、结构形式、密封面或衬里材料、工程压力及阀体材料等。

1. 阀门型号

阀门产品型号由七个单元组成，按图 2.7 的顺序编制。

(1) 第一单元用汉语拼音字母表示阀门类别。如闸阀代号为 Z；截止阀代号为 J；减压阀代号为 Y；安全阀代号为 A；节流阀代号为 L；球阀代号为 Q；蝶阀代号为 D；隔膜阀代号为 G；旋塞阀代号为 X；止回阀代号为 H；疏水阀代号为 S 等。

(2) 第二单元用一位阿拉伯数字表示驱动方式。如电磁动为 0，电磁-液动为 1，电动为 9 等。对于手轮、手柄和扳手驱动的闸阀及安全阀、减压阀、疏水阀，则省略本单元。

(3) 第三单元用一位阿拉伯数字表示阀件的连接形式。如内螺纹连接代号为 1，法兰连接代号为 4，焊接连接代号为 6，卡箍连接代号为 8，卡套连接代号为 9 等。

(4) 第四单元用一位阿拉伯数字表示阀件的结构形式。

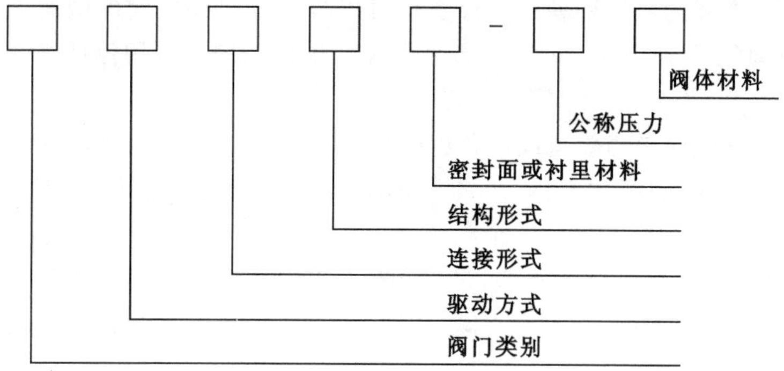


**图 2.7　阀门产品型号**

(5) 第五单元用汉语拼音字母表示密封面或衬里材料。如阀体直接加工为 W,Cr13 不锈钢为 H,衬胶为 J,铜合金为 T,橡胶为 X,硬质合金为 Y 等。

(6) 第六单元用阿拉伯数字表示阀件的公称压力,并以横线"-"与第五单元隔开。

(7) 第七单元用汉语拼音字母表示阀体材料。

对于低温阀、带加热套管的保温阀、带波纹管的阀件和杠杆式安全阀,在代号前分别加拼音字母 D、B、W 和 G。

2. 阀门的类型

(1) 闸阀　闸阀的启闭件为闸板,由阀杆带动闸板沿阀座密封面作升降运动而切断或开启管路。按连接方式分为螺纹闸阀和法兰闸阀两种,主要用于 $DN \geqslant 50$ mm 的冷热水、采暖、室内煤气等工程的管路或需双向流动的管段。

(2) 截止阀　截止阀的启闭件为阀瓣,由阀杆带动阀瓣沿阀座轴线作升降运动而切断或开启管路。按连接方式分为螺纹截止阀和法兰截止阀两种,主要用于 $DN \leqslant 50$ mm 的冷热水管路或需要经常启闭的管道,它内部严密可靠,但水流阻力大,安装有方向性。

(3) 止回阀　止回阀的启闭件为阀瓣,利用阀门两侧介质的压力差自动启闭水流通路,阻止水的倒流。按结构形式分为升降止回阀和旋启止回阀两类,一般用于引入管、水泵出水管、密闭用水设备的进水管和进出合用一条管道的水箱的出水管。安装时有方向性,不能倒流。

(4) 球阀　球阀的启闭件为金属球状物,球体中部有一圆形孔道,操纵手柄绕垂直于管路的轴线旋转 90°即可全开或全闭。按连接方式可分为内螺纹球阀、法兰球阀和对夹式球阀,常用于管径较小的给水管道中。

(5) 旋塞阀　旋塞阀的启闭件为金属塞状物,塞子中部有一孔道,绕其轴线转动 90°即可全开或全闭。该阀门密闭性较差,仅适用于压力较低和管径较小、需要快速启闭的管路。

(6) 减压阀　减压阀是通过启闭件(阀件)的节流将介质压力降低,并依靠介质本身的能量使出口压力自动保持稳定的阀门。适用于空气、蒸汽设备和管道上,通过把蒸汽压力降到需要的数值,保证设备安全。按结构不同分为薄膜减压阀、弹簧薄膜减压阀、活塞减压阀、波纹管减压阀等。

(7) 蝶阀　蝶阀阀板在 90°旋转范围内可起调节流量和关断水流的作用。它体积小、质量轻、启闭灵活、关闭严密、水头损失小,适合制造较大直径的阀门。适用于室外管径较大的给水管道和室外消火栓给水系统的主干管。

(8) 浮球阀　浮球阀是一种利用液位变化可以自动开启和关闭的阀门，多安装于水箱或水池内。浮球阀口径为 15～100 mm，与各种管径的规格相同。采用浮球阀时不宜少于两个，且与进水管标高一致。

(9) 安全阀　安全阀是当管道或设备内的介质压力超过规定值时，启闭件(阀瓣)自动排放，低于规定值时，自动关闭，对管网、用具或密闭水箱等设备起保护作用的阀门。按构造分为杠杆重锤安全阀、弹簧安全阀、脉冲安全阀三种。

(10) 疏水阀　疏水阀又称疏水器，是自动排放凝结水并阻止蒸汽通过的阀门，多用于蒸汽管道系统中，有浮球疏水阀、浮桶疏水阀、热动力疏水阀、倒吊桶疏水阀、波纹管疏水阀、双金属片疏水阀、脉冲疏水阀等多种。

### 2.1.1.7　法兰

在给排水、采暖、煤气及工业管道安装过程中，一些管道采用法兰连接。法兰按材质可分为铸铁法兰、钢制法兰、塑料法兰等；按表面形式分为光滑面法兰、凹凸面法兰；按法兰与管道的连接形式分为焊接法兰、螺纹法兰等。

(1) 平焊钢法兰一般用于给排水、采暖、煤气工程中需要经常拆卸或检修处的连接件。

(2) 在给排水和采暖工程中，有些管道的端头需要封堵时，一般采用法兰盖进行封堵。

(3) 连接螺栓一般用于两片法兰之间的连接，它包括螺栓、螺母、垫圈等。

### 2.1.1.8　管件

(1) 螺纹管件

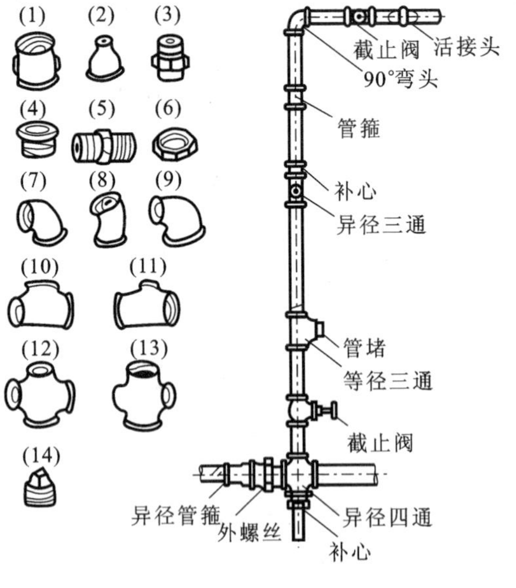


**图 2.8　钢管螺纹连接管配件**

1—管箍；2—异径管箍；3—活接头；4—补心；5—内管箍；6—根母；7—90°弯头；8—45°弯头；9—异径弯头；10—等径三通；11—异径三通；12—等径四通；13—异径四通；14—管堵

在一般的给排水和采暖工程中，采用螺纹连接管道的管件分为镀锌和不镀锌两种，如图 2.8所示。常用的管件一般有管箍、活接头、弯头、三通、四通、补心、根母、异径(变径)管、管(丝)堵等。管件的规格与管道的规格一致，以公称直径表示。

(2) 焊接管件

在焊接钢管和无缝钢管的安装中，经常要根据现场情况制作一些钢制管件。制作方法有压制法和焊接法两种。在给水和采暖工程中经常采用压制弯头作为管道转弯的连接件。

(3) 铸铁管件

铸铁给水管的安装分为承插和法兰连接两种，一般工程中常采用承插式，用石棉水泥打口。管路中所用的管件有异径管、三通、四通、弯头等。

在排水管路中，按其接口形式分为 A 型柔性接口(法兰压盖连接)和 W 型柔性接口(管箍连接)两种，简称 A 型和 W 型。按照具体情况，常采用的有弯曲管、90°弯头、45°弯头、90°三通、45°三通、正四通、Y 三通、TY 三通、P 形存水弯、S 形存水弯等管件，如图 2.9 所示。

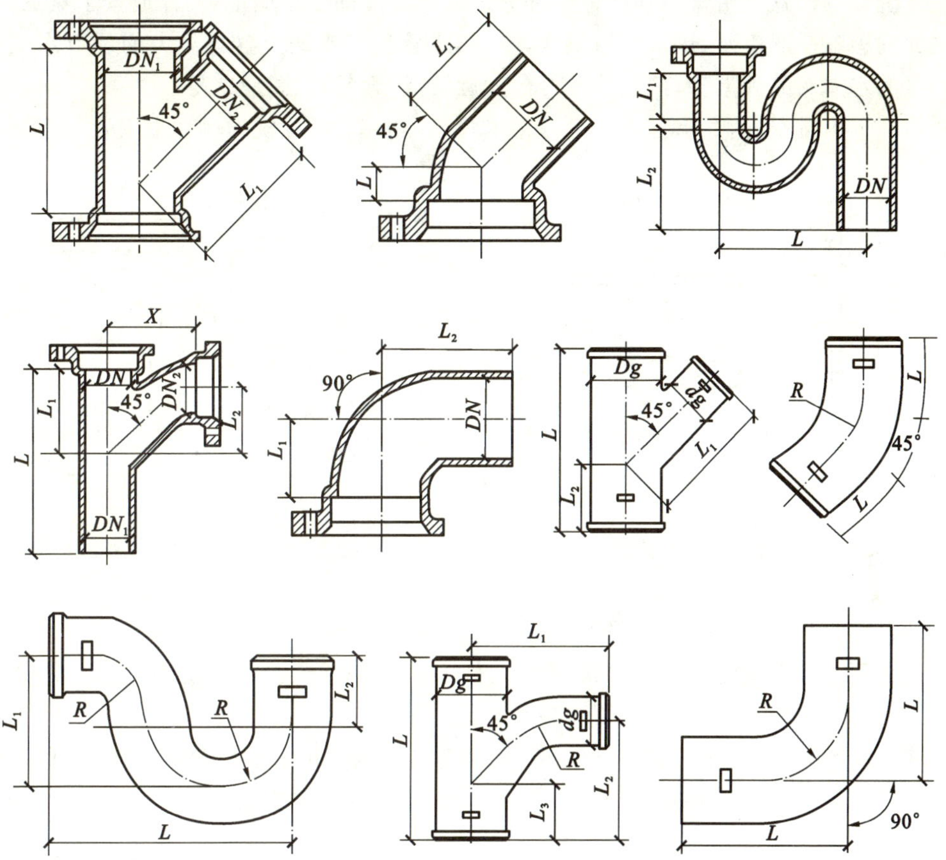


图 2.9　排水铸铁管管件

(4) 铝(钢)塑复合管件

铝(钢)塑复合管件种类较多，常用的有异径弯头、等径和异径三通、等径直通、内外牙直通，内外牙弯头等。

### 2.1.1.9　卫生洁具

卫生洁具是指厨房、卫生间内的盥洗设施。它包括洗涤盆、洗澡盆、淋浴器、洗脸盆、大便器(坐便、蹲便)、小便器、化验盆以及冲洗水箱、水龙头、排水栓、地漏等。

1. 浴盆

浴盆按材质可分为铸铁搪瓷浴盆、钢板搪瓷浴盆、亚克力浴盆、玻璃钢浴盆等，规格为 1080～1700 mm 不等。浴盆由盆体、供水管、控制混合水龙头、存水弯等组成。

浴盆供水：由设置的冷水和热水管道经混合水龙头调整为适宜的水温流入浴盆内，或经淋浴管道进入淋浴喷头。

浴盆排水：浴盆内的水经排水栓引出的短管与室内排水管道相连。图 2.10为浴盆安装示意图。

2. 洗面(脸)盆

目前广泛采用的洗面(脸)盆有台式和柱式两种。台式洗面(脸)盆一般以大理石、人造大理石、花岗岩等为台面，固定于焊接支架上。还有一种亚克力整体洗面(脸)盆(盆与台面为整体)。

柱式洗面(脸)盆是由盆体和柱体两部分组成。盆体固定于墙上，柱体放置于盆下。

洗面(脸)盆一般由冷、热水管道供水，冷、热水管道将水送至盆体上方的调节水龙头。洗面(脸)盆的水龙头品种繁多，按照功能可分为旋转式、旋钮式、感应式等。

排水部分由排水栓、存水弯流入室内排水管道。图 2.11 为洗面(脸)盆安装示意图。

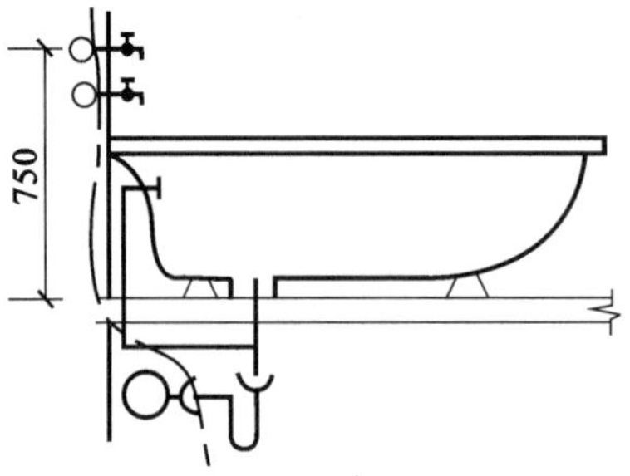


**图 2.10　浴盆安装示意图**

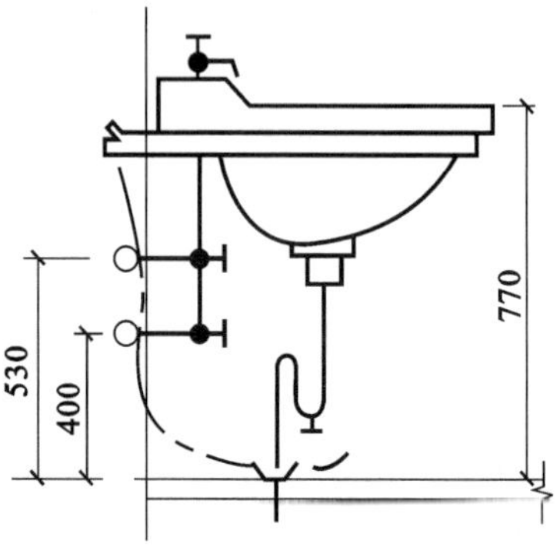


**图 2.11　洗面(脸)盆安装示意图**

3. 大便器

大便器分为坐式大便器和蹲式大便器两种。

坐式大便器由坐便池和冲洗水箱组成。按其结构形式分为联体低水箱坐便器、分体式坐便器。图 2.12 为低水箱坐式大便器安装示意图。

蹲式大便器由蹲便池和冲洗部分组成。冲洗部分分为高位水箱冲洗设备和冲洗阀冲洗设备两种。图 2.13 为直接冲洗蹲式大便器安装示意图；图 2.14 为高水箱蹲式大便器安装示意图。

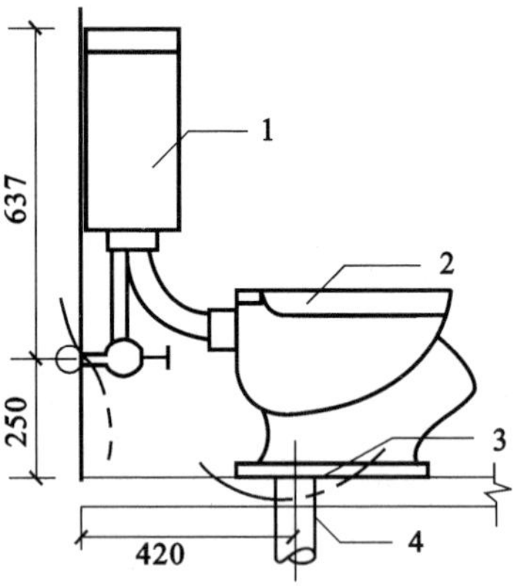


**图 2.12　低水箱坐式大便器安装示意图**

1—低位水箱；2—坐式大便器；

3—油灰；4—$\phi100$ 铸铁管

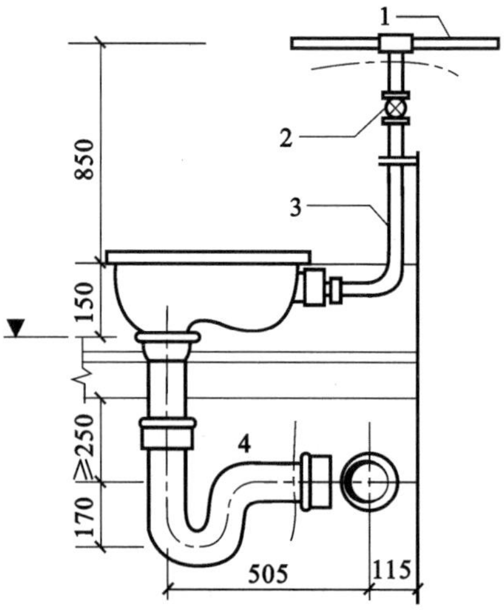


**图 2.13　直接冲洗蹲式大便器安装示意图**

1—水平管；2—*DN*25 普通冲洗阀；

3—*DN*25 冲洗管；4—*DN*100 存水弯

4. 小便器

小便器按照安装方式和形状分为平面小便器、三角小便器、立式小便器、挂式小便器和小便槽等多种形式。

其冲洗方式有水箱冲洗、手动冲洗阀冲洗、自闭或延时冲洗阀冲洗、多孔冲洗管冲洗等多种。排水经小便器排水栓和存水弯排入室内排水管道中。

小便槽由多孔冲洗管、球形阀或自动冲洗水箱及小便槽组成，排水一般经槽底的专门排水栓或地漏排入室内排水管道中。图 2.15 为挂式小便器安装示意图；图 2.16 为立式小便器安装示意图；图 2.17 为小便槽安装示意图。

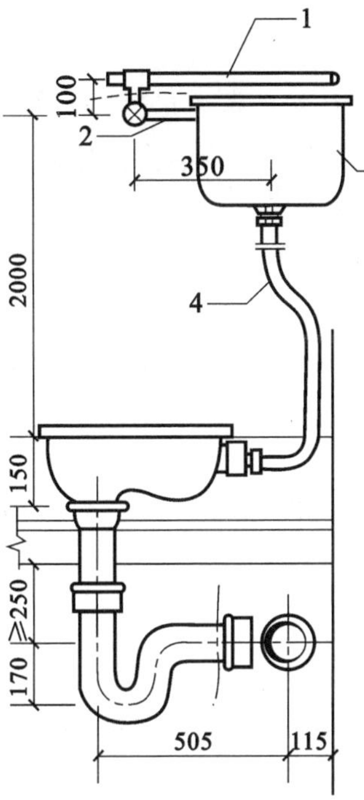


**图 2.14　高水箱蹲式大便器安装示意图**

1—水平管；2—*DN*15 进水管；3—水箱；4—*DN*25 冲洗管

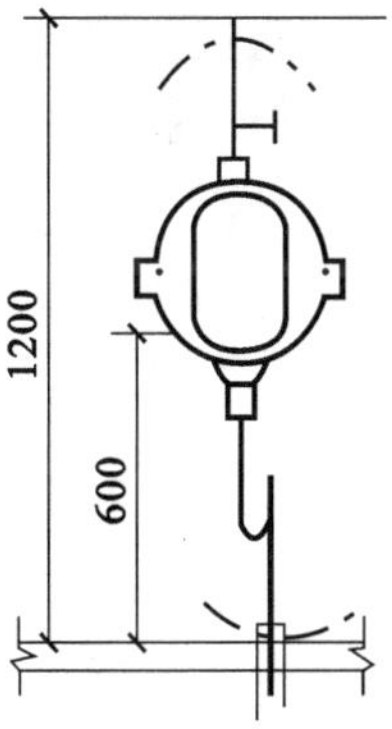


**图 2.15　挂式小便器安装示意图**

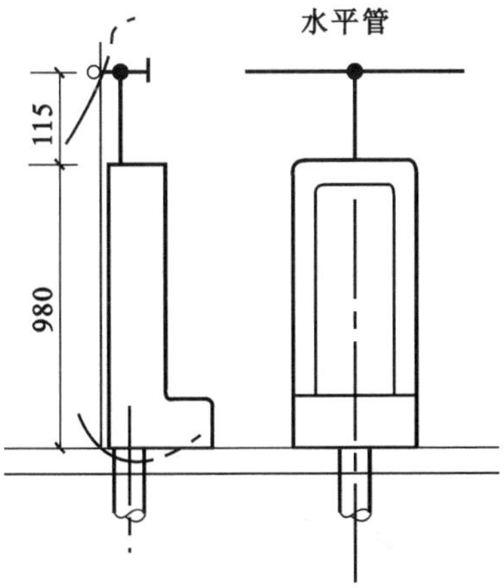


**图 2.16　立式小便器安装示意图**

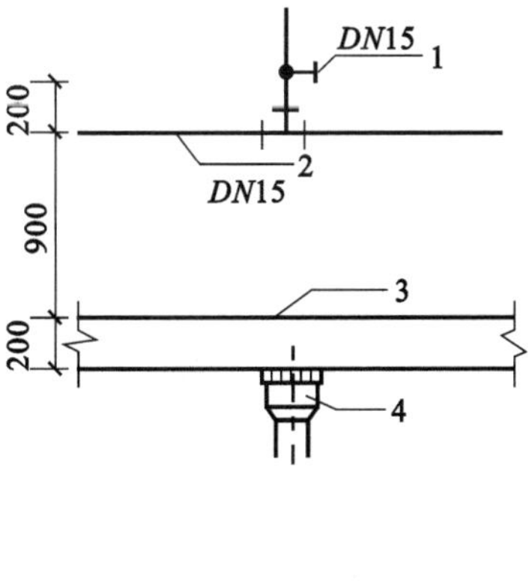


**图 2.17　小便槽安装示意图**

1—*DN*15 截止阀；2—*DN*15 多孔冲洗管；
3—小便槽踏步；4—地漏

5. 洗涤盆

目前经常采用的洗涤盆有不锈钢和白色陶瓷制品。

供水方式:洗涤盆一般仅设置冷水管,而目前家庭和酒店、宾馆等场所均设置了热水管道,经水龙头供洗涤用冷热水。水嘴已向高档方向发展,有转脖式水嘴、旋转式水嘴、压力长颈式水嘴等。

排水方式:污水经排水栓、存水弯排入室内排水管道中。

6. 地漏

地漏一般设置在厨房、厕所、盥洗室、浴室、洗衣房及工厂车间内,以及其他需要从地面上排除污水的房间内。地漏在排水口处盖有箅子,用以阻止杂物落入管道内。地漏自身带有水封,不需要存水弯即可直接与室内排水管道连接。

地漏按材质分为铜地漏、铸铁地漏、不锈钢地漏、塑料地漏等多种。

7. 排水栓

为防止污物进入排水管道,造成管道堵塞,在洗脸盆、浴盆、污水池、洗涤盆等卫生器具与存水弯之间需设置排水栓。常用的排水栓规格有 $DN32$、$DN40$、$DN50$ 等。

### 2.1.2 给排水工程施工图识读

#### 2.1.2.1 给排水施工图常用图例

给排水施工图常用图例如表 2.9 所示。

**表 2.9 给排水施工图图例**

| 图例 | 名称 | 图例 | 名称 | 图例 | 名称 |
|---|---|---|---|---|---|
| — J —<br>— P — | 管道(用汉语拼音字头表示管道类别) |  | 圆形地漏 | 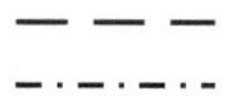 | 管道(用图例表示管道) |
| 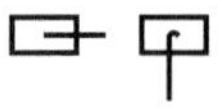 | 自动冲洗水箱 | 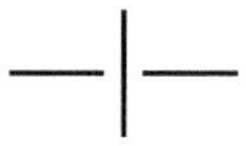 | 交叉管 | 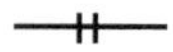 | 法兰连接 |
|  | 坡向 | 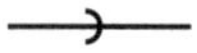 | 承插连接 |  | 流向 |
|  | 螺纹连接 |  | 存水弯 |  | 闸阀 |
|  | 检查口 |  | 截止阀 | 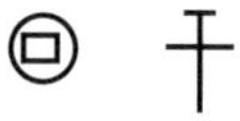 | 清扫口 |

**续表 2.9**

| 图例 | 名称 | 图例 | 名称 | 图例 | 名称 |
|---|---|---|---|---|---|
|  | 旋塞阀 |  | 球阀 | 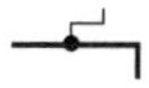 | 肘式开关 |
|  | 止回阀 |  | 脚踏开关 |  | 蝶阀 |
|  | 室外消火栓 |  | 弹簧安全阀 |  | 室内消火栓（单口） |
|  | 浮球阀 |  | 室内消火栓（双口） |  | 延时自闭冲洗阀 |
| 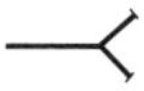 | 水泵接合器 |  | 放水龙头 |  | 消防喷头（开式） |
|  | 化验龙头 |  | 消防喷头（闭式） |  | 消防报警阀 |
| 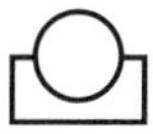 | 立式小便器 | 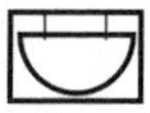 | 洗脸盆 |  | 挂式小便器 |
|  | 立式洗脸盆 | 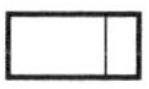 | 蹲式大便器 | 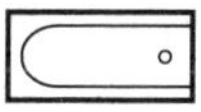 | 浴盆 |
| 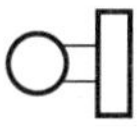 | 坐式大便器 | 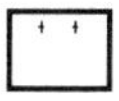 | 化验盆、洗涤盆 | 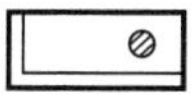 | 小便槽 |
| 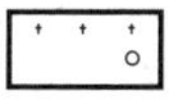 | 盥洗槽 |  | 饮水器 |  | 污水池 |
|  | 淋浴喷头 |  | 妇女卫生盆 | 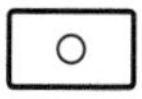 | 矩形化粪池 |

**续表 2.9**

| 图例 | 名称 | 图例 | 名称 | 图例 | 名称 |
|---|---|---|---|---|---|
|  | 雨水口 | 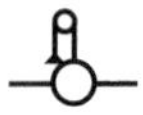 | 浮球液位器 |  | 阀门井、检查井 |
| 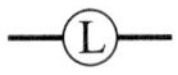 | 水流指示器 |  | 水表流量计 | 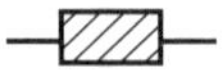 | 过滤器 |
|  | 离心水泵 | 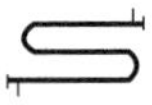 | 水-水<br>热交换器 | 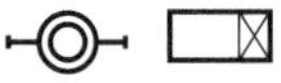 | 真空泵 |
|  | 开水器 |  | 管道泵 |  | 防水套管 |

2.1.2.2　给排水施工图简介

1.给排水施工图的组成及内容

室内给排水施工图通常由施工及设计说明、施工平面图(总平面图或底层平面图、标准层平面图、顶层平面图)、给水系统图和排水系统图、大样图或详图及标准图组成。

(1) 施工及设计说明主要包括工程概况、所用材料品种及要求、工程做法、卫生器具种类和型号等内容。

(2) 施工平面图表明了各种用水设备平面位置、管道的平面布置和立管的平面位置与编号,底层平面图中还应包括给水引入管和排水排出管的位置、水表节点等内容。

(3) 系统图主要表明管道的空间走向,各种水平管的安装高度,阀门的安装位置,管径的变化情况,管道与卫生器具的连接方式,以及地漏和清扫口位置等内容。

(4) 通过以上图纸和说明还无法表达清楚的管道节点构造、卫生器具和设备的安装图等需要用大样图或详图及标准图来表示。

2.给排水施工图的表示

(1) 管道在平面图上的表示:各种水、卫、暖管道的平面图,一般要把该楼层地面以上和楼板以下的所有管道都表示在该层建筑平面图上;对于底层,还要把地沟内的管道表示出来。

各种位置和走向的水、卫、暖管道在平面图上的表示方法是:水平管、倾斜管用其单线条的水平投影表示;当几根管道水平投影相互重合时,可以间隔一定的距离并排表示;当管道交叉时,位置较高的管道可直线通过,位置较低的管道在交叉投影处要断开表示;垂直管道在平面图上用圆圈表示;管道在空间向下或向上拐弯时,按具体情况用图 2.18 所示的方法表示。

(2) 管道在系统图上的表示:室内管道系统图主要是反映管道在室内空间的走向和标高位置。

一般的给排水、采暖、煤气管道的系统图是采用正面斜轴测图,所以其左右方向的管道用水平线表示,上下走向的管道用竖线表示,前后走向的管道用 45°斜线表示。

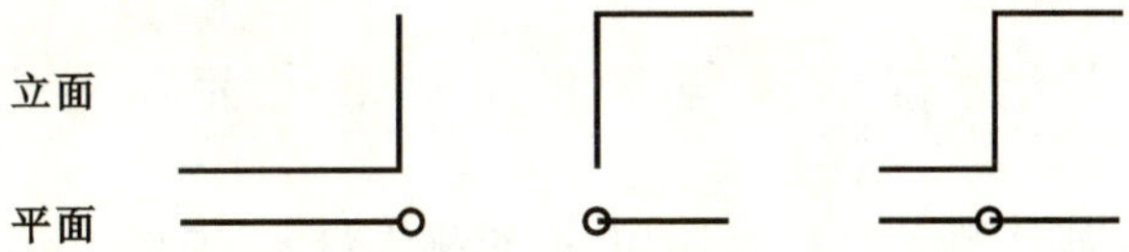


**图 2.18　管道上下拐弯在平面图上的表示**

(3) 管道标高的表示：管道的标高符号一般标注在管道的起点或终点，标高的数字对于给水管道、采暖管道是指管道中心处的位置相对于±0.000 的高度；对于排水管道，通常是指管子内底的相对标高。标高的单位是 m。

(4) 管道坡度的表示：管道的坡度符号可标注在管子的上方或下方，其箭头所指的一端是管子较低的一端，一般表示为 $i=\times\times\times$。如 $i=0.005$ 表明管道的坡度为 5‰。

(5) 管道直径的表示：管道直径一般用公称直径标注，一段管子的直径一般标注在该段管子的两端，而中间不再标注，如图 2.19 所示。

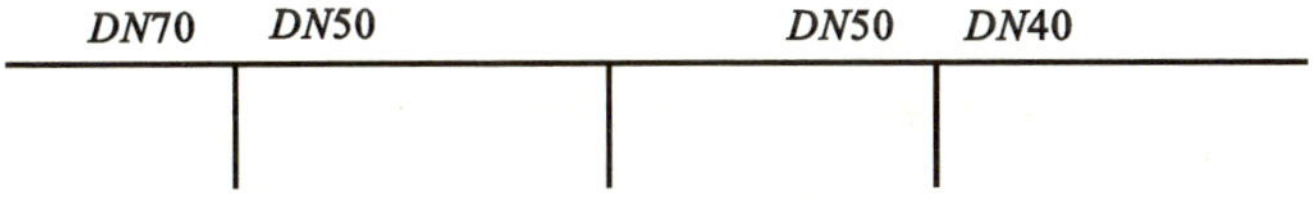


**图 2.19　管径的表示**

### 2.1.2.3　给排水施工图的识读

识读给排水施工图时，首先查看设计及施工说明，明确设计要求，然后将给水和排水分开阅读，把平面图和系统图对照起来看，最后阅读详图和标准图。

1. 给排水施工平面图的识读

给排水施工平面图是给排水施工图纸中最基本和最重要的图，它主要表明给排水管道和卫生器具等的平面布置。识读此图时应弄清以下内容：

(1) 明确卫生器具和用水设备的类型、数量、安装位置、接管方式。

(2) 明确给水引入管和污水排出管的平面走向、位置。

(3) 明确给排水干管、立管、横管、支管的平面位置与走向。

(4) 明确水表、消火栓等的型号、安装方式。

2. 给排水施工系统图的识读

给排水管道系统图主要表示管道系统的空间走向。在给水系统图上，一般不画出卫生器具，只用图例符号画出水龙头、淋浴器喷头、冲洗水箱等。在排水系统图上，也不画出主要卫生器具，只画出卫生器具下的存水弯或排水支管。识读给排水系统图时要重点掌握以下内容：

(1) 明确各部分给水管道的空间走向、标高、管道直径及其变化情况，阀门的设置位置和规格、数量。

(2) 明确各部分排水管道的空间走向、管路分支情况、管道直径及其变化情况，弄清横管的坡度、管道各部分的标高、存水弯的形式、清通设施的设置情况。

3. 给排水施工详图的识读

给排水工程施工详图主要有水表节点图、卫生器具安装图、管道支架安装图等。有的详图选用标准图和通用图时，还需查阅相应的标准图和通用图。识读详图时重点掌握其所包括的设备、各部分的起止范围。

## 2.2 给排水工程工程量计算及定额应用

给排水工程主要包括给排水管道、管道附件、给排水设备、卫生器具、支架及其他、防腐及绝热等。

### 2.2.1 给排水管道工程量计算及定额说明

1. 计算规则

(1) 各类管道安装工程量，均按设计管道中心线长度，以“10 m”为计量单位，不扣除阀门、管件、附件(包括器具组成)所占长度。

(2) 各类管道安装按室内外、材质、连接形式、规格分别列项，以“10 m”为计量单位。定额中，铜管、塑料管、复合管(除钢塑复合管外)按公称外径表示，其他管道均按公称直径表示。

(3) 室内给排水管道与卫生器具连接的分界线：

①给水管道工程量计算至卫生器具(含附件)前与管道系统连接的第一个连接件(角阀、三通、弯头、管箍等)止；

②排水管道工程量自卫生器具出口处的地面或墙面的设计尺寸算起；与地漏连接的排水管道自地面设计尺寸算起，不扣除地漏所占长度。

2. 给排水管道工程量计算方法

(1) 给水管道工程量计算

① 计算给水管道安装长度时，要将钢管、铸铁管及钢管中的镀锌管、非镀锌管分开计算。为了便于以后计算刷油工程量，要将各种管材的管道按埋地、走地沟、明装分开计算。

② 水平管道的长度要尽量按平面图上所标注尺寸计算。当平面图上未标注尺寸时，可用比例尺度量。竖直管道的长度要尽量用系统图上的标高差计算。管道中有些弯曲部分在图上未表示出来时，要按施工实际考虑管道的弯曲长度。

③ 计算各种规格管道长度时，要注意管道安装的变径点。丝扣管道的变径点一般在分支三通处，焊接管道的变径点一般在分支后 200mm 处。然后按变径点位置计算每段不同规格管子的长度。铸铁给水管道的变径点按变径管件的图示位置具体考虑。

④ 为了清楚地算出和复核各部分管道长度，计算给水管道延长米时，给水立管要编号(图上有立管号的不再另编)。对于明装给水管道，要先计算明装干管长度，然后按立管编号的顺序计算各立管长度及立管上支管、横管长度。对于暗装给水管道，也要计算暗装干管长度，然后按给水立管编号计算各立管暗装部分长度。最后，应将计算结果列表记录。

(2) 排水管道工程量计算

计算室内排水管道安装工程量时，首先弄清卫生器具成组安装中包括了哪部分排水管道，然后按排水立管的编号或排出管的编号顺序，先计算各排出管、立管长度，再计算各立管或排出管上的横管、横支管、立支管的长度。

① 排出管的安装长度计算

排出管的安装长度应计算至室外第一个检查井。

② 排水立管的安装长度计算

排水立管的安装长度计算方法是先看立管有无变径。当有变径时，先确定变径点的位置

(标高),然后按排水系统图上的标高计算各段立管的长度。

③ 排水横支管及横管的安装长度计算

排水横管的长度应按平面图上所标注的尺寸进行计算,或直接从平面图上度量。对于横支管长度,平面图不一定能准确地反映出来,因此,应按卫生器具安装详图或标准图上的尺寸计算。排水横管的长度,应是横管起点至排水立管中心的长度,计算横管的长度时,也要注意变径点的位置,以便准确计算各段的长度。

④ 排水立支管的安装长度计算

排水立支管是指卫生器具下面除去卫生器具成组安装已包括的一段立管的长度。如洗脸盆的存水弯下横管上的一段立管的长度,蹲式大便器出水口下面的存水弯上的一段立管的长度,以及坐式大便器下的一段立管的长度等。排水立支管的长度应按卫生器具出口处的地面或墙面的设计尺寸算起至排水横支管图示位置。

⑤ 在进行排水管道安装长度计算时,为了便于以后除锈、刷油工程量的统计,应将明装管道和埋地管道分开计算。

3. 定额说明

(1) 管道的界限划分

① 室内外给水管道以建筑物外墙皮 1.5 m 为界,入口处设阀门者以阀门为界。

② 室内外排水管道以出户第一个排水检查井为界。

③ 工业管道以与工业管道碰头点为界。

④ 与设在建筑物内的水泵房(间)管道界限为泵房(间)外墙皮。

(2) 管道的适用范围

① 给水管道适用于生活饮用水、热水、中水及压力排水等管道的安装。

② 塑料管安装适用于 UPVC、PVC、PP-C、PP-R、PE、PB 等材质塑料管安装。

③ 镀锌钢管(螺纹连接)项目也适应于室内外焊接钢管的螺纹连接。

④ 钢塑复合管安装适应于涂塑、内外涂塑、内衬塑、外覆塑内衬塑复合管道的安装。

⑤ 管道沟槽连接适用于镀锌钢管、焊接钢管及无缝钢管等沟槽连接的管道安装。不锈钢管、铜管、复合管的沟槽连接,可参照执行。

⑥ 室外排水双壁波纹管(胶圈接口)执行市政定额相关子目。

(3) 有关说明

① 管道安装项目中,均包括相应管件安装、水压试验及水冲洗工作内容;各种管件数量是综合取定的,执行定额时,成品管件数量可根据设计文件及施工方案或参照定额附录"管道管件数量取定表"计算,定额中其他消耗量不做调整。

定额管件含量中不含与螺纹阀门配套的活接、对丝,其用量含在螺纹阀门安装项目中。

② 钢管焊接安装项目中均综合考虑了成品管件和现场揻制弯管、摔制大小头、挖眼三通。

③ 饮用水管道的消毒冲洗应按相应项目另行计算;排水管道包括灌水及通球试验工作内容;排水管道不包括止水环、透气帽本体材料,发生时按实际数量另计材料费。

④ 室内柔性铸铁排水管(机械接口)按带法兰承口的承插式管材考虑。

⑤ 室内直埋塑料管道是指敷设于室内地坪下或墙内的塑料给水管段,包括充压隐蔽、水压试验、水冲洗以及地面画线标示等工作内容。

⑥ 安装带保温层的管道时,可执行相应材质及连接形式的管道安装项目,其人工乘以系

数 1.1；管道接头保温执行《刷油、防腐蚀、绝热工程》定额相关子目，其人工、机械乘以系数 2.0。

⑦ 塑料管热熔连接项目中，公称外径 *De*125 mm 及以上管径按热熔对接连接考虑。

⑧ 室外管道碰头项目适用于新建管道与已有水源管道的碰头连接，如已有水源管道已做预留接口则不执行相应安装项目。

### 2.2.2　管道附件工程量计算及定额说明

1. 计算规则

(1) 各种阀门、补偿器、软接头、普通水表、IC 卡水表、水锤消音器、塑料排水管消声器安装，均按照不同连接方式、公称直径，以"个"为计量单位，按图点数计算。

(2) 减压器、疏水器、水表、倒流防止器、热量表成组安装，按照不同组成结构、连接方式、公称直径，以"组"为计量单位，按图点数计算。减压器安装按高压侧的直径计算。

(3) 卡紧式软管按照不同管径，以"根"为计量单位，按图点数计算。

(4) 法兰均区分不同公称直径，以"副"为计量单位。承插盘法兰短管按照不同连接方式、公称直径，以"副"为计量单位，按图点数计算。

(5) 浮标液面计、浮漂水位标尺区分不同的型号，以"组"为计量单位，按图点数计算。

2. 定额说明

(1) 阀门安装综合考虑了标准规范要求的强度及严密性试验。

(2) 对夹式蝶阀安装已包含双头螺栓用量，在套用与其连接的法兰安装项目时，应将螺栓用量扣除。

(3) 螺纹阀门配套的连接件，设计与定额中材质不符时，可按设计调整。

(4) 法兰阀门安装项目不包括法兰安装，每副法兰和法兰式附件安装项目中，均包括一个垫片和一副法兰螺栓的材料用量，法兰垫片按石棉橡胶板考虑，如与工程实际不符，可按实调整。

(5) 减压器、疏水器按成组安装考虑，如单独安装时，执行阀门安装相应项目。

(6) 除污器按成组安装考虑，适用于立式、卧式和旋流式除污器成组安装，单个过滤器安装执行阀门相应项目，人工乘以系数 1.2。

(7) 普通水表、IC 卡水表安装不包括水表前的阀门安装，水表安装定额是按与钢管连接编制的，与塑料管连接时其人工乘以系数 0.6，材料和机械消耗量可按实调整。法兰水表(带旁通管)组成安装中弯头按成品管件考虑。

(8) 倒流防止器成组安装按连接方式不同分为带水表和不带水表安装。

(9) 器具组成安装项目已包括标准设计图中的旁通管安装，其所占长度不再计入管道工程量。器具附件组成实际与定额不符时，可按法兰、阀门等附件安装相应项目分别计算或调整。

(10) 补偿器项目包括方形补偿器制作安装和焊接式、法兰式成品补偿器安装。成品补偿器包括球型、填料式、波纹式补偿器。

(11) 法兰式软接头安装适用于法兰式橡胶及金属挠性软接头安装。

(12) 塑料排水管消声器安装按成品考虑。

(13) 管道附件所有安装项目均不包括固定支架的安装，发生时应执行"支架及其他"相应项目。

### 2.2.3　给排水设备工程量计算及定额说明

1. 计算规则

(1) 各种设备安装项目除另有说明外，按设计图示规格、型号、质量，均以“台”为计量单位。

(2) 给水设备按同一底座质量计算，不分泵组出口管道公称直径，按设备质量列项，以“套”为计量单位。

(3) 水箱安装项目按水箱设计容量，以“台”为计量单位；钢板水箱制作分圆形和矩形，按水箱设计容量，以箱体质量“100 kg”为计量单位。

(4) 水箱自洁器分外置式、内置式，电热水器分挂式、立式，以“台”为计量单位。

2. 定额说明

(1) 设备安装定额中均包括设备本体以及与其配套的管道、附件、部件的安装和单机试运转或水压试验、通水试验等内容。

(2) 给水设备等均按整体组成安装编制。

(3) 水箱安装适用于各种材质，不分形状按箱体容积执行相应项目，如现场制作、安装水箱，水箱主材不得重复计算；水箱消毒冲洗及注水试验用水按设计图示容积或施工方案计入。

(4) 设备安装定额中未包括设备支架或底座制作安装，应另行计算。

(5) 随设备配备的各种控制箱、电气接线及电气调试等，应执行《电气设备安装工程》相应项目。

(6) 设备安装定额中均未包括减震装置、机械设备的拆装检查、基础灌浆、地脚螺栓的埋设，发生时执行《机械设备安装工程》相应项目。

### 2.2.4　卫生器具工程量计算及定额说明

1. 计算规则

(1) 各种卫生器具均按设计图示数量计算，以“10 组”或“10 套”为计量单位。

(2) 大便槽、小便槽自动冲洗水箱安装分容积按设计图示数量，以“10 套”为计量单位；自动冲洗水箱制作不分规格，以“100 kg”为计量单位。

(3) 小便槽冲洗管制作与安装，按设计图示长度以“10 m”为计量单位，不扣除阀门的长度。

2. 定额说明

(1) 各类卫生器具安装项目除另有注明外，均适用于各种材质。

(2) 各类卫生器具安装项目包括卫生器具本体、配套附件、成品支托架安装。如配套附件随器具或设备配套供应，不得重复计算；卫生器具支托架现场制作时，执行“支架及其他”相应项目。各类卫生器具配套附件包括给水附件(水嘴、金属软管、阀门、冲洗管、喷头等)和排水附件(下水口、排水栓、存水弯、与地面或墙面排水口之间的连接管等)。

(3) 浴盆冷热水管带喷头如采用埋入式安装，混合水管及消耗量应另行计算。

(4) 大、小便器自动冲洗水箱安装包括水箱和冲洗管的成品支托架、管卡安装，如需现场制作及刷漆，应另行计算。

(5) 与卫生器具配套的电气安装,应执行《电气设备安装工程》相应项目。

(6) 各类卫生器具的混凝土或砖基础、周边砌砖、瓷砖粘贴等,应执行《建筑工程预算定额》相应项目。

(7) 卫生器具所有项目安装不包括预留、堵洞工作内容,发生时另行计算。

(8) 液压脚踏卫生器具安装执行相应定额时,人工需要乘以系数;液压脚踏装置材料消耗量另行计算,水嘴、喷头等配件随液压阀及控制器成套供应时,应扣除定额中相应材料,不得重复计算。

### 2.2.5 支架及其他工程量计算及定额说明

1. 计算规则

(1) 管道、设备支架制作安装按设计图示单件质量,以"100 kg"为计量单位。

计算管道支架的制作与安装质量时,首先要区分支架架设的部位(支架的种类),以及单件支架的质量,其工程量可以参考《给排水、采暖、燃气工程》定额附录进行计算。各种常用管道支架的质量计算为:

① 沿墙安装的不保温水平管道托钩式支架

图 2.20 所示为沿墙托钩式支架的安装示意图。支架的规格、质量详见表 2.10 所示。

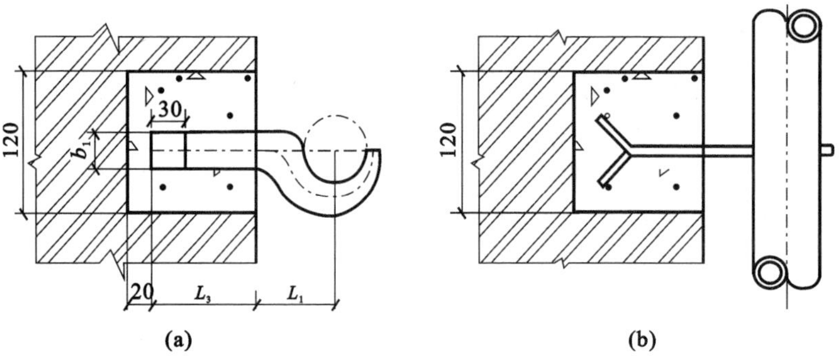


**图 2.20 沿墙托钩式支架安装示意图**

(a)立面;(b)平面

**表 2.10 砖墙上托钩支架及质量表**

| 公称直径(mm) | 15 | 20 | 25 | 32 | 40 | 50 | 70 | 80 |
|---|---|---|---|---|---|---|---|---|
| 规格 $b_1\times\delta$(mm) | 15×5 | 15×5 | 15×5 | 20×6 | 20×6 | 20×6 | 25×8 | 25×8 |
| 全长 $L$(mm) | 198 | 208 | 217 | 234 | 245 | 264 | 293 | 315 |
| 质量(kg) | 0.12 | 0.12 | 0.13 | 0.22 | 0.23 | 0.25 | 0.46 | 0.49 |

② 混凝土墙、砖墙上的单管立式支架

图 2.21 所示为单管立式支架(一)标准图。其中,Ⅰ型用于钢筋混凝土墙,Ⅱ型用于砖墙,可用于承受不大于 3m 长的管道质量。安装在混凝土墙、砖墙上的单管立式支架(一)主材规格及质量详见表 2.11 所示。

图 2.22 所示为单管立式支架(二),它适用于固定立管的安装。支架规格、质量详见表 2.12 所示。

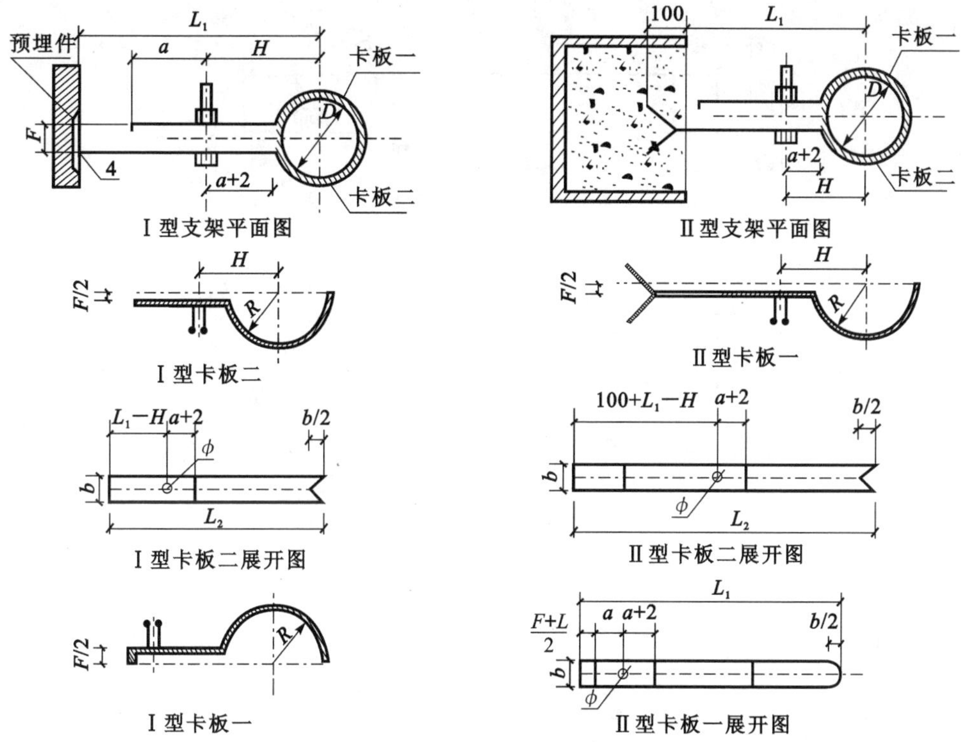


图 2.21　单管立式支架(一)安装示意图

表 2.11　单管立式支架(一)主材规格及质量表

| 公称直径 | 扁　钢 | | | | | 六角带帽螺栓带垫 | | 单个支架的质量(kg) | |
|---|---|---|---|---|---|---|---|---|---|
| 保温 | 规格 | 展开(mm) | | 质量(kg) | | | | | |
| 不保温 | | Ⅰ型 | Ⅱ型 | Ⅰ型 | Ⅱ型 | 规格(套) | 质量(kg) | Ⅰ型 | Ⅱ型 |
| 15 | 30×3 | 237 | 337 | 0.17 | 0.24 | M8×40 | 0.03 | 0.20 | 0.27 |
| 15 | 25×3 | 195 | 295 | 0.12 | 0.17 | M8×40 | 0.03 | 0.15 | 0.20 |
| 20 | 30×3 | 251 | 351 | 0.18 | 0.25 | M8×40 | 0.03 | 0.21 | 0.28 |
| 20 | 25×3 | 219 | 319 | 0.13 | 0.19 | M8×40 | 0.03 | 0.16 | 0.22 |
| 25 | 35×3 | 282 | 382 | 0.23 | 0.31 | M8×40 | 0.03 | 0.26 | 0.34 |
| 25 | 25×3 | 237 | 337 | 0.14 | 0.20 | M8×40 | 0.03 | 0.17 | 0.23 |
| 32 | 35×3 | 316 | 416 | 0.35 | 0.46 | M10×45 | 0.05 | 0.40 | 0.51 |
| 32 | 25×3 | 270 | 370 | 0.16 | 0.22 | M8×40 | 0.03 | 0.19 | 0.25 |
| 40 | 35×4 | 342 | 442 | 0.38 | 0.49 | M10×45 | 0.05 | 0.43 | 0.54 |
| 40 | 25×3 | 296 | 396 | 0.17 | 0.23 | M8×40 | 0.03 | 0.20 | 0.26 |
| 50 | 35×4 | 374 | 474 | 0.41 | 0.52 | M10×45 | 0.05 | 0.46 | 0.57 |
| 50 | 25×3 | 327 | 427 | 0.19 | 0.25 | M8×40 | 0.03 | 0.22 | 0.28 |
| 70 | 40×4 | 430 | 530 | 0.54 | 0.66 | M10×45 | 0.05 | 0.59 | 0.71 |
| 70 | 25×3 | 379 | 479 | 0.22 | 0.28 | M8×40 | 0.03 | 0.25 | 0.31 |
| 80 | 45×4 | 475 | 575 | 0.67 | 0.81 | M10×45 | 0.05 | 0.72 | 0.86 |
| 80 | 30×3 | 436 | 536 | 0.31 | 0.38 | M8×40 | 0.03 | 0.34 | 0.41 |

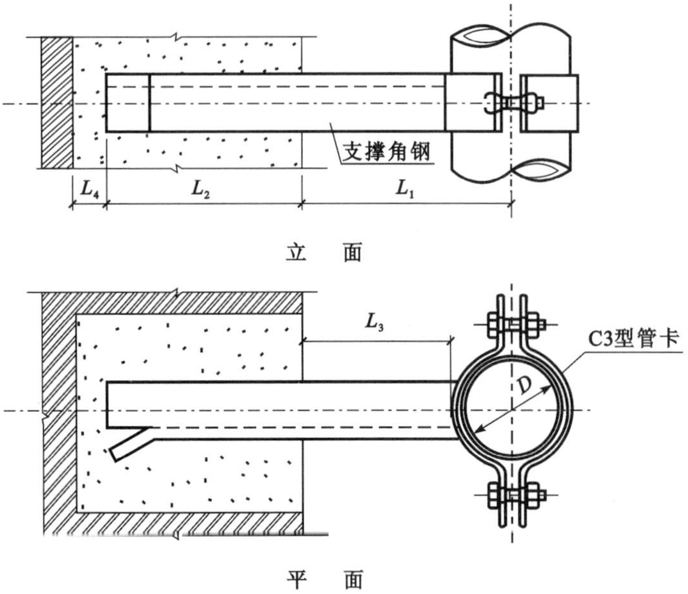


图 2.22　单管立式支架(二)安装示意图

表 2.12　单管立式支架(二)主材规格及质量表

| 公称直径 DN (mm) | 支撑角钢 | | | 扁钢管卡 | | | 六角带帽螺栓带垫 | | | 单个支架的质量 (kg) |
|---|---|---|---|---|---|---|---|---|---|---|
| | 规格 | 长度 (mm) | 质量 (kg) | 规格 | 长度 (mm) | 质量 (kg) | 规格 | 数量 (套) | 质量 (kg) | |
| 50 | 30×4 | 184 | 0.33 | 30×4 | 394 | 0.38 | M10×45 | 2 | 0.11 | 0.82 |
| 70 | 30×4 | 186 | 0.33 | 40×4 | 480 | 0.60 | M12×50 | 2 | 0.16 | 1.09 |
| 80 | 36×4 | 200 | 0.43 | 40×4 | 520 | 0.66 | M12×50 | 2 | 0.16 | 1.25 |
| 100 | 36×4 | 227 | 0.49 | 40×4 | 600 | 0.76 | M12×50 | 2 | 0.16 | 1.41 |
| 125 | 40×4 | 234 | 0.57 | 50×6 | 768 | 1.80 | M16×60 | 2 | 0.34 | 2.71 |
| 150 | 40×4 | 321 | 0.78 | 50×6 | 846 | 2.00 | M16×60 | 2 | 0.34 | 3.12 |
| 200 | 40×4 | 324 | 0.79 | 50×6 | 1008 | 2.38 | M16×60 | 2 | 0.34 | 3.51 |

③ 沿墙安装的单管托架

图 2.23 所示为沿墙安装的单管托架，它适用于水平的固定支架。支架规格、质量详见表 2.13 所示。

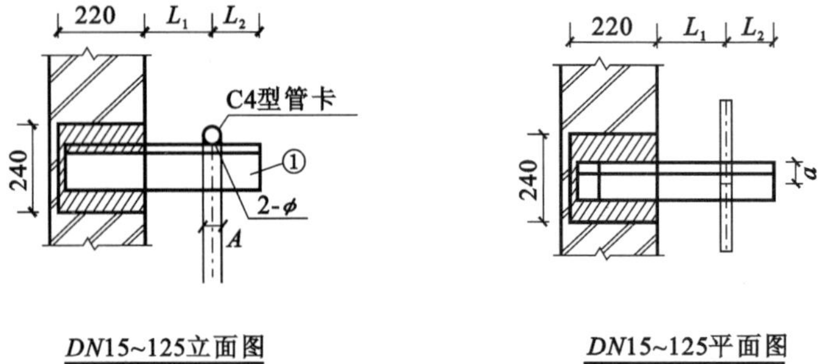


图 2.23　沿墙安装的单管托架安装示意图

**表 2.13　沿墙安装的单管托架主材规格及质量表**

| 公称直径 DN | 托架间距 | 支撑角钢 | | | 圆钢管卡 | | | 螺母、垫圈 | | 单个支架的质量(kg) |
|---|---|---|---|---|---|---|---|---|---|---|
| | 保温<br>不保温 | 规格 | 长度(mm) | 质量(kg) | 规格 | 长度(mm) | 质量(kg) | 规格 | 质量(kg) | |
| 15 | 1.5 | 40×4 | 370 | 0.90 | 8 | 152 | 0.06 | M8 | 0.02 | 0.98 |
| | 1.5 | 40×4 | 330 | 0.80 | | | | | | 0.88 |
| 20 | 1.5 | 40×4 | 370 | 0.90 | 8 | 160 | 0.06 | M8 | 0.02 | 0.98 |
| | ≤3.0 | 40×4 | 340 | 0.82 | | | | | | 0.90 |
| 25 | 1.5 | 40×4 | 390 | 0.94 | 8 | 181 | 0.07 | M8 | 0.02 | 1.03 |
| | ≤3.0 | 40×4 | 350 | 0.85 | | | | | | 0.94 |
| 32 | 1.5 | 40×4 | 390 | 0.94 | 8 | 205 | 0.08 | M8 | 0.02 | 1.04 |
| | ≤3.0 | 40×4 | 360 | 0.87 | | | | | | 0.97 |
| 40 | ≤3.0 | 40×4 | 400 | 0.97 | 8 | 224 | 0.09 | M8 | 0.02 | 1.08 |
| | ≤3.0 | 40×4 | 370 | 0.90 | | | | | | 1.01 |
| 50 | ≤3.0 | 40×4 | 410 | 0.99 | 8 | 253 | 0.10 | M8 | 0.02 | 1.11 |
| | ≤3.0 | 40×4 | 380 | 0.92 | | | | | | 1.04 |
| 70 | ≤3.0 | 40×4 | 430 | 1.04 | 10 | 301 | 0.19 | M10 | 0.03 | 1.26 |
| | ≤3.0 | 40×4 | 400 | 0.97 | | | | | | 1.19 |
| 80 | ≤3.0 | 40×4 | 450 | 1.09 | 10 | 342 | 0.21 | M10 | 0.03 | 1.33 |
| | ≤3.0 | 40×4 | 430 | 1.04 | | | | | | 1.28 |
| 100 | ≤3.0 | 50×5 | 480 | 1.81 | 10 | 403 | 0.25 | M10 | 0.03 | 2.09 |
| | ≤3.0 | 50×5 | 450 | 1.70 | | | | | | 1.98 |
| 125 | ≤3.0 | 50×5 | 510 | 1.92 | 12 | 477 | 0.42 | M12 | 0.04 | 2.38 |
| | ≤3.0 | 50×5 | 490 | 1.85 | | | | | | 2.31 |

(2) 成品管卡、阻火圈安装，成品防火套管安装，按工作介质、管道直径，区分不同规格以“个”为计量单位。

(3) 管道保护管制作与安装，分钢制和塑料两种材质，区分不同规格，按设计图示管道中心线长度以“10 m”为计量单位。

(4) 预留孔洞、堵洞项目，按工作介质、管道直径，分规格以“10 个”为计量单位。

(5) 管道水压试验、消毒冲洗，按设计图示管道长度，分规格以“100 m”为计量单位。

(6) 一般穿墙套管按介质管道的公称直径，分规格以“个”为计量单位。

(7) 刚性防水套管和柔性防水套管按介质管道公称直径，分规格以“个”为计量单位。

(8) 成品表箱安装按箱体半周长以“个”为计量单位。

(9) 机械钻孔项目，区分混凝土楼板钻孔及混凝土墙体钻孔，按钻孔直径以“10 个”为计量单位。

(10) 剔堵沟槽项目，区分砖结构及混凝土结构，按截面尺寸以“10 m”为计量单位。

2. 定额说明

(1) 管道支架制作安装项目，适用于室内外管道的管架制作与安装。如单件质量大于 100 kg，应执行设备支架制作安装相应项目。

(2) 成品管卡安装项目适用于与各类管道配套的立、支管成品管卡的安装。

(3) 一般钢套管制作安装项目,均未包括预留孔洞工作,发生时另行计算;刚性防水套管和柔性防水套管应执行《工业管道工程》定额相应项目。

(4) 套管制作安装中已包括堵洞工作内容,堵洞项目适用于不安装套管时的洞口封堵。

(5) 保温管道穿墙板采用套管时,按保温层外径区分规格。

(6) 水压试验项目仅适用于因工程需要而额外发生且非正常情况的管道水压试验。

(7) 因工程需要再次发生管道冲洗时,可执行管道消毒冲洗项目,同时扣减漂白粉消耗量,其他消耗量乘以相应系数 0.6。

(8) 成品表箱安装适用于水表、热量表、燃气表的安装。

(9) 机械钻孔项目按混凝土墙体及楼板考虑,厚度系综合取定,如实际不同时,可调整。

### 2.2.5　防腐及绝热工程量计算及定额说明

金属管道、设备及支架的除锈、刷油、防腐及绝热工程量计算及定额说明参见本书单元 3 相关内容。

## 2.3　室内给排水工程施工图预算编制实例

本节以某单位住宅楼为例,介绍室内给排水施工图预算的编制。

### 2.3.1　某单位职工住宅楼施工图

1. 设计依据

(1)《建筑给排水设计规范》(GB 50015—2003);

(2)《建筑给水排水及采暖工程施工质量验收规范》(GB 50140—2005);

(3) 建筑和有关工种提供的作业图及有关资料。

2. 给水

(1) 给水由室外干管引入,入口压力不低于 0.3 MPa,给水采用下行上给式。

(2) 管材采用镀锌钢管,螺纹连接,阀门 $DN>50$ mm 时采用闸阀,$DN\leqslant 50$ mm 时采用截止阀。

(3) 穿墙或穿楼板的管道应设置套管,厕所间套管应高出地面 50 mm。

(4) 管道安装压力试验为 0.6 MPa,10 min 压力降为 0.05 MPa,再降至工作压力,做外观检查,以不渗漏为合格。

(5) 管道标高指管中心标高。

3. 排水

(1) 排水管为 PVC 管,粘结连接;室外埋地管采用铸铁管,石棉水泥接口承插连接。

(2) 卫生器具安装按标准图集 91SB2 执行。

(3) 管道安装完毕应做通水试验,以不渗漏为合格。

(4) 管道标高指管底标高。

4. 埋地管涂热沥青漆两道,镀锌钢管刷两道银粉漆,支架刷两道红丹防锈漆和两道银粉漆。

5. 图中尺寸以 mm 为单位,标高以 m 为单位。

给排水施工图如图 2.24～图 2.27 所示。

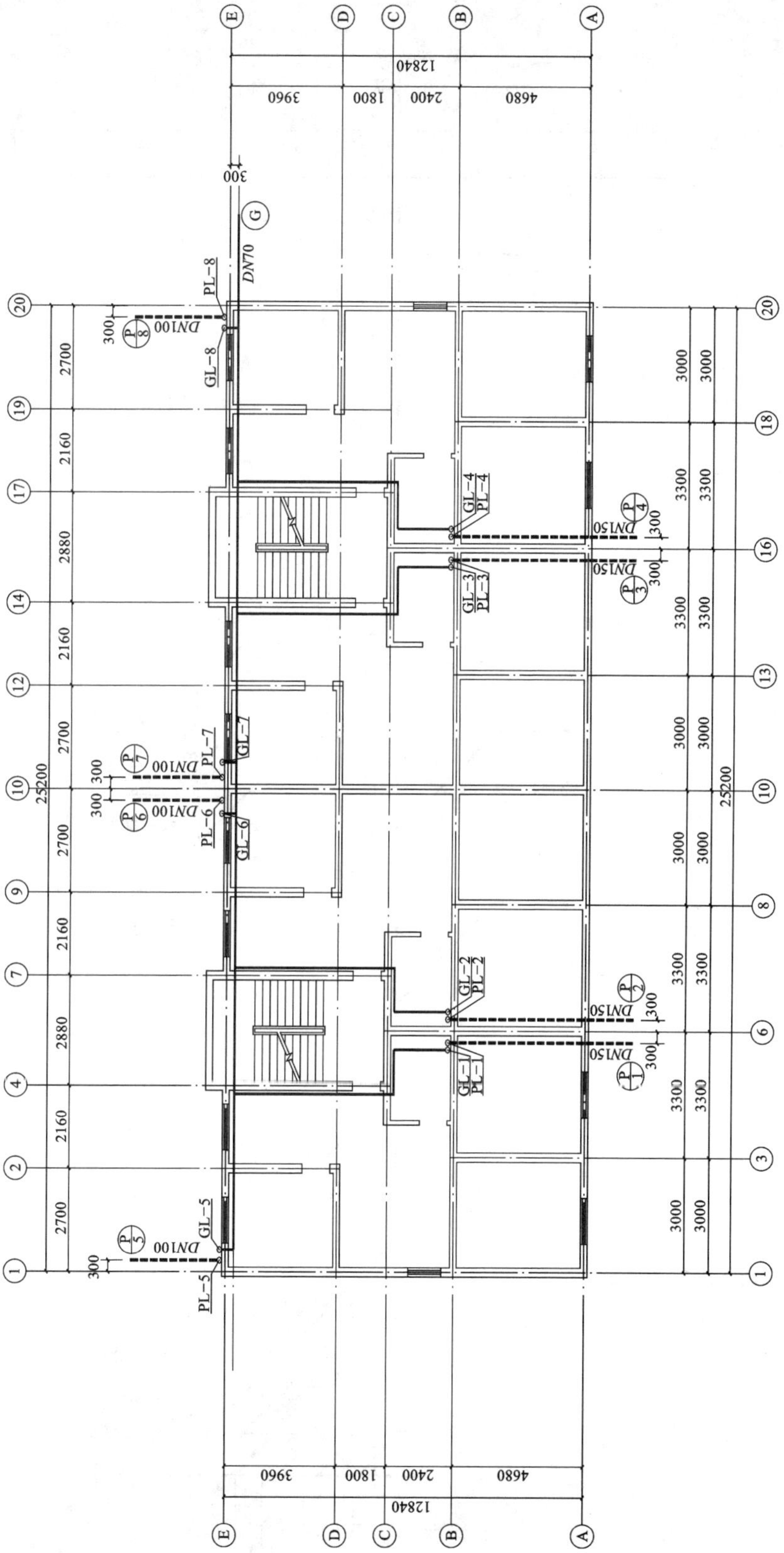


图 2.24　地下室给排水平面图（1 : 100）

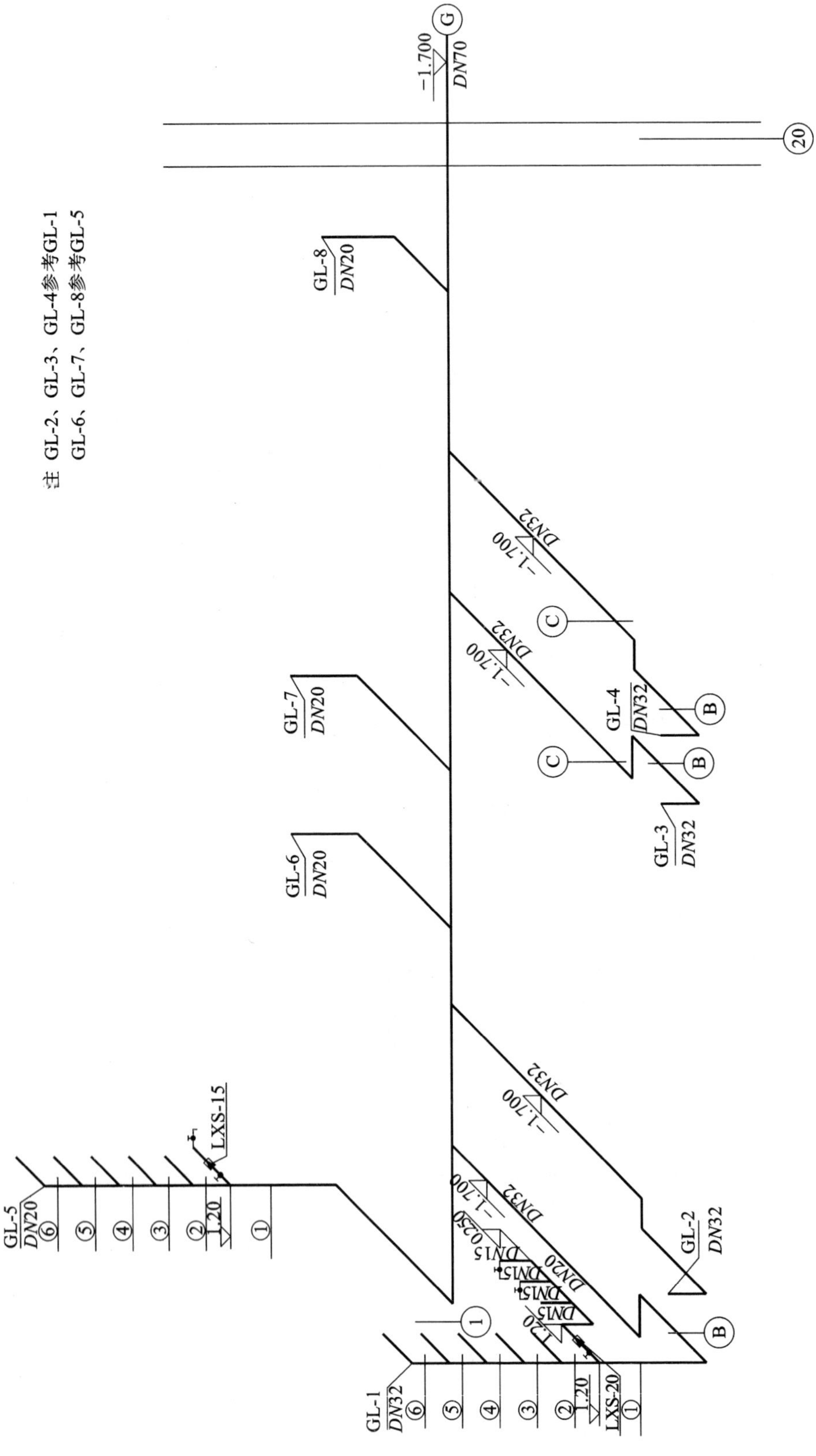


注 GL-2、GL-3、GL-4参考GL-1
GL-6、GL-7、GL-8参考GL-5

图 2.25 给水系统图

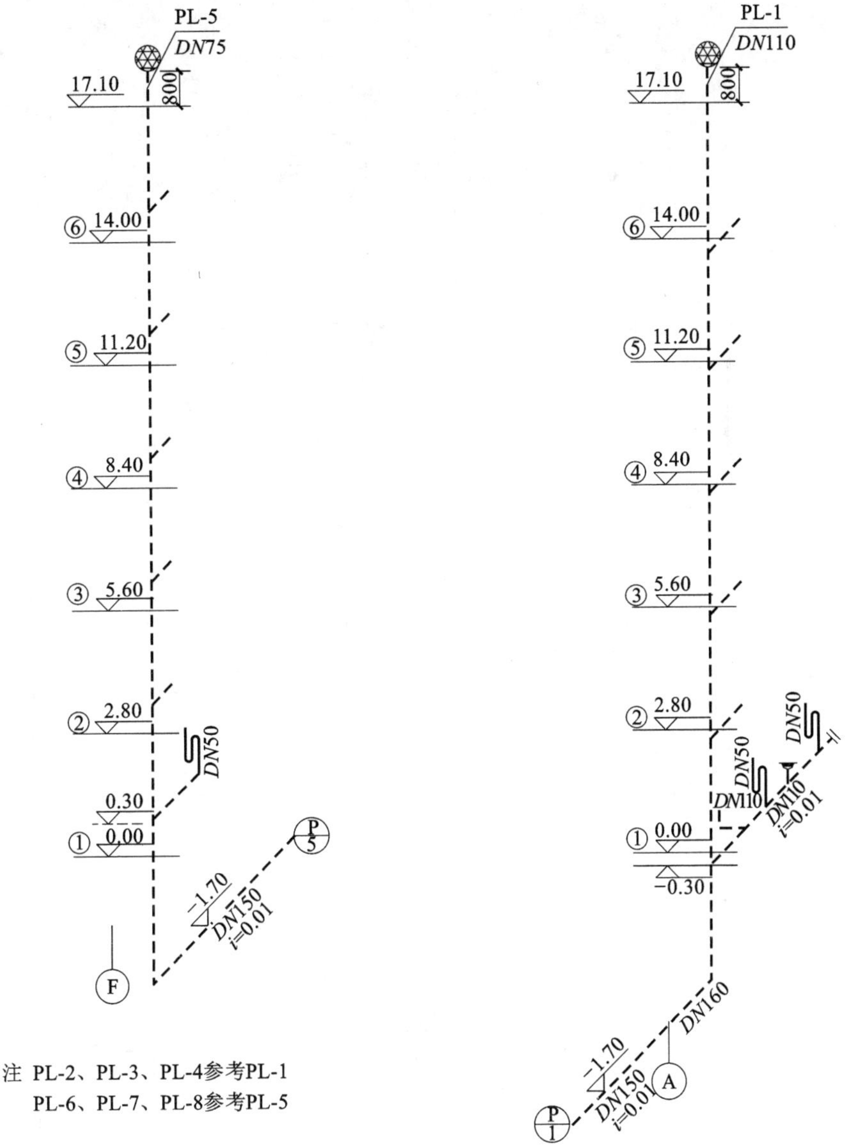


**图 2.26　排水系统图**

### 2.3.2　编制依据及有关说明

1. 编制依据

(1) 本施工图预算按某单位职工住宅楼给排水施工图计算工程量。

(2) 定额采用 2018 年《××省建设工程计价依据——安装工程预算定额》及《××省建设工程费用定额》。

(3) 材料价格按 2018 年《××省建设工程材料预算价格》取定。

2. 有关说明

工程量计算表、安装工程预算表、建筑(安装)工程价差计算表、安装工程预算总值表分别如表 2.14、表 2.15、表 2.16、表 2.17 所示。

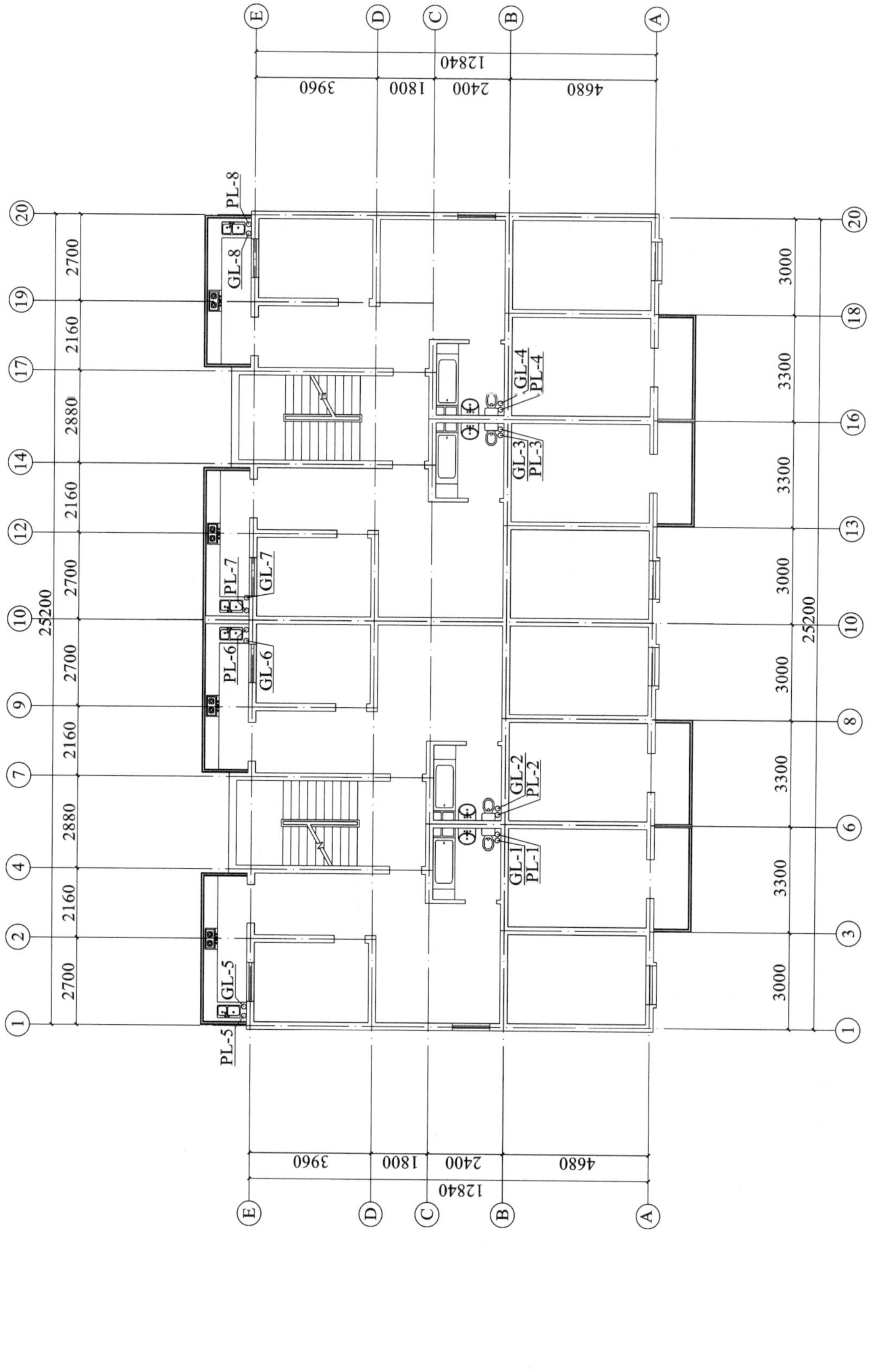


图 2.27　标准层给排水平面图(1∶100)

**表 2.14 给排水工程量计算表**

| 序号 | 设计部位和图号 | 项目名称 | 单位 | 计 算 式 | 数量 |
|---|---|---|---|---|---|
| （一） | | 卫生器具统计 | | | |
| | | 坐便器 | 10 套 | 1×24 户 | 2.4 |
| | | 浴盆 | 10 套 | 1×24 户 | 2.4 |
| | | 洗脸盆 | 10 套 | 1×24 户 | 2.4 |
| | | 洗涤盆 | 10 套 | 1×24 户 | 2.4 |
| | | 地漏 *DN*50 | 10 个 | 1×24 户 | 2.4 |
| | | 清扫口 *DN*100 | 10 个 | 4 | 0.4 |
| （二） | | 给水管道安装<br>镀锌钢管螺纹连接 | | | |
| 1 | | 干管安装 | 10m | | |
| | 室外 | *DN*70 | | 1.5+0.26<br>1.5—室外到外墙皮管长<br>0.26—外墙皮到轴线的距离 | 0.176 |
| | 地下室内 | *DN*70 | | 25.2+0.13−0.13−0.1<br>0.13—轴线到内墙皮的距离<br>0.1—管中心到内墙皮的距离 | 2.51 |
| | 地下室内 | *DN*32 | | (3.96−0.13−0.1+1.8+1.44−0.13−0.1+2.4−0.13−0.1)×4 根 | 3.564 |
| 2 | | 立管安装 | 10m | | |
| | GL-1～GL-4 | *DN*32 | | [2.8×5+1.2−(−1.7)]×4 根 | 6.76 |
| | GL-5～GL-8 | *DN*20 | | [0.38+0.1×2+2.8×5+1.2−(−1.7)]×4 根 | 6.992 |
| 3 | | 横管安装 | 10m | | |
| | 至卫生间 | *DN*20 | | [1.74+(1.2−0.25)]×24 户<br>1.74—横管水平长度 | 6.456 |
| | 至厨房 | *DN*15 | | (0.7−0.1)×24 户 | 1.44 |
| 4 | | 给水管道汇总 | 10m | | |
| | | *DN*15 | | 1.44 | 1.44 |
| | | *DN*20 | | 6.992+6.456 | 13.448 |
| | | *DN*32 | | 3.564+6.76 | 10.324 |
| | | *DN*70 | | 0.176+2.51 | 2.686 |
| （三） | | 套管安装 | | | |
| 1 | 刚性防水套管 | *DN*70 | 个 | 1 | 1 |
| | | *DN*100 | | 4 | 4 |
| | | *DN*150 | | 4 | 4 |
| 2 | 地下室干管穿墙 | *DN*20 | 个 | 4 | 4 |
| | | *DN*32 | | 4 | 4 |
| | | *DN*70 | | 10 | 10 |

**续表 2.14**

| 序号 | 设计部位和图号 | 项目名称 | 单位 | 计　算　式 | 数量 |
|---|---|---|---|---|---|
| 3 | 立管穿楼板钢套管 | *DN*32<br>*DN*20 | 个 | GL-1～GL-4　6×4<br>GL-5～GL-8　6×4 | 24<br>24 |
| （四） | | 给水管道冲洗消毒 | | | |
| | | *DN*15<br>*DN*20<br>*DN*32<br>*DN*70 | 100m | 14.4<br>69.92＋64.56<br>35.64＋67.6<br>1.76＋25.1 | 0.144<br>1.3448<br>1.0324<br>0.2686 |
| （五） | | 给水管道支架的制作与安装 | 100kg | 14.4÷1.5×0.2＋134.48÷3×0.22＋103.24÷3×0.25＋26.86÷3×1.19 | 0.3103 |
| （六） | | 阀门 | 个 | | |
| | GL-1～GL-4<br>GL-5～GL-8<br>给水干管 | 截止阀 *DN*32<br>截止阀 *DN*20<br>闸阀 *DN*70 | | 1×4<br>1×4<br>1 | 4<br>4<br>1 |
| （七） | | 水表安装 | | | |
| | 厨房<br>卫生间 | 水表 LXS—15<br>水表 LXS—20 | 个 | 1×24 户<br>1×24 户 | 24<br>24 |
| （八） | | 排水管安装 | | | |
| 1 | P1～P4<br>P5～P8 | 室外铸铁管安装<br>承插连接<br>*DN*150<br>*DN*100 | 10m<br>10m | (3＋0.26)×4<br>(3－0.1)×4<br>3—室外至建筑物外墙皮的长度 | 1.304<br>1.16 |
| 2 | | 室内 PVC 管 粘结连接 | | | |
| (1) | P1～P4 | 干管安装<br>*DN*160 | 10m | (4.68＋0.26＋0.1＋0.13)×4<br>0.26—外墙轴线至外墙皮的距离<br>0.13—墙中心至内墙皮的距离 | 2.068 |
| (2) | PL-1～PL-4<br>PL-5～PL-8 | 立管安装<br>*DN*110<br>*DN*75 | 10m | [17.1＋0.8－(－1.7)]×4<br>[17.1＋0.8－(－1.7)]×4 | 7.84<br>7.84 |
| (3) | 厨房<br>卫生间 | 横管安装<br>*DN*50<br>*DN*110 | 10m | (0.7－0.1)×6×4<br>(1.74＋0.2)×6×4<br>0.2—清扫口增加长度 | 1.44<br>4.656 |
| (4) | 厨房<br>卫生间 | 支管安装<br>*DN*50<br>*DN*110<br>*DN*50 | 10m | 0.5×6×4<br>0.5×3×6×4<br>0.5×6×4<br>0.5—卫生器具排水支管的长度 | 1.2<br>1.2<br>3.6 |

**续表 2.14**

| 序号 | 设计部位和图号 | 项目名称 | 单位 | 计　算　式 | 数量 |
|---|---|---|---|---|---|
| 3 | | 排水管道汇总 | | | |
| | | 铸铁管 *DN*100 | 10m | 11.6 | 1.16 |
| | | 铸铁管 *DN*150 | 10m | 13.04 | 1.304 |
| | | PVC 管 *DN*50 | 10m | 14.4+12+36 | 6.24 |
| | | PVC 管 *DN*75 | 10m | 78.4 | 7.84 |
| | | PVC 管 *DN*110 | 10m | 78.4+46.56+12 | 13.7 |
| | | PVC 管 DN160 | 10m | 20.68 | 2.068 |
| （九） | | 排水管道管卡 | 个 | | |
| | | *DN*75 | 个 | 6×4 | 24 |
| | | *DN*110 | 个 | 6×4 | 24 |
| （十） | | 除锈、刷油 | | | |
| 1 | | 镀锌管道刷银粉漆两遍 | $10m^2$ | 除锈、每遍刷油的面积＝$\sum$（某规格管道每米的外表面积×该规格管道的安装长度）<br>0.067×14.4+0.084×134.48<br>+0.105×103.24+0.237×26.86 | 2.944 |
| 2 | | 埋地铸铁管道除锈、刷热沥青漆两遍 | $10m^2$ | 0.518×13.04×1.2+0.358×11.6×1.2 | 1.31 |
| 3 | | 支架除锈、刷红丹底漆两遍、银粉漆两遍 | 100kg | 31.03 | 0.3103 |
| （十一） | 预留孔洞 | | | | |
| | | *DN*150 | 10 个 | 4 | 0.4 |
| | | *DN*100 | 10 个 | 56 | 5.6 |
| | | *DN*70 | 10 个 | 29 | 2.9 |
| | | *DN*50 | 10 个 | 96 | 9.6 |
| | | *DN*32 | 10 个 | 4 | 0.4 |
| | | *DN*20 | 10 个 | 4 | 0.4 |
| （十二） | 堵洞 | | | | |
| | | DN150 | 10 个 | 4 | 0.4 |
| | | DN100 | 10 个 | 56 | 5.6 |
| | | DN70 | 10 个 | 28 | 2.8 |
| | | DN50 | 10 个 | 96 | 9.6 |

表 2.15　给排水工程预算价格分析表

工程名称:某单位职工住宅楼给排水工程

| 序号 | 定额号 | 工程及费用名称 | 单位 | 数量 | 预算价格 | | 总价分析 | | | | | | | |
|---|---|---|---|---|---|---|---|---|---|---|---|---|---|---|
| | | | | | 单价 | 总价 | 主材费 | | 人工费 | | 材料费 | | 机械费 | |
| | | | | | | | 单价 | 总价 | 单价 | 总价 | 单价 | 总价 | 单价 | 总价 |
| | | 第十册:给排水、采暖、燃气工程 | | | | | | | | | | | | |
| 1 | C10—12 | 室内镀锌钢管(螺纹连接)*DN*15 | 10m | 1.44 | 215.18 | 309.86 | | | 207.5 | 298.80 | 4.88 | 7.03 | 2.8 | 4.03 |
| | | 镀锌钢管 *DN*15 | m | 14.27 | | | 6.58 | 93.90 | | | | | | |
| | | 给水室内镀锌钢管螺纹管件 | 个 | 20.86 | | | 1.46 | 30.46 | | | | | | |
| 2 | C10—13 | 室内镀锌钢管(螺纹连接)*DN*20 | 10m | 13.45 | 226.07 | 3040.64 | | | 217.5 | 2925.38 | 5.53 | 74.38 | 3.04 | 40.89 |
| | | 镀锌钢管 *DN*20 | m | 133.29 | | | 9.22 | 1228.93 | | | | | | |
| | | 给水室内镀锌钢管螺纹管件 | 个 | 162.75 | | | 1.46 | 237.62 | | | | | | |
| 3 | C10—15 | 室内镀锌钢管(螺纹连接)*DN*32 | 10m | 10.32 | 298.92 | 3084.85 | | | 282.5 | 2915.40 | 7.95 | 82.04 | 8.47 | 87.41 |
| | | 镀锌钢管 *DN*32 | m | 102.27 | | | 9.22 | 942.93 | | | | | | |
| | | 给水室内镀锌钢管螺纹管件 | 个 | 101.45 | | | 1.46 | 148.12 | | | | | | |
| 4 | C10—19 | 室内镀锌钢管(螺纹连接)*DN*80 | 10m | 2.69 | 368.72 | 991.86 | | | 342.5 | 921.33 | 9.87 | 26.55 | 16.35 | 43.98 |
| | | 镀锌钢管 *DN*70 | m | 26.95 | | | 9.22 | 248.48 | | | | | | |
| | | 给水室内镀锌钢管螺纹管件 | 个 | 12.45 | | | 1.46 | 18.18 | | | | | | |
| 5 | C10—217 | 室内铸铁排水管(石棉水泥接口)*DN*100 | 10m | 1.16 | 493.26 | 572.18 | | | 411.25 | 477.05 | 35.53 | 41.21 | 46.48 | 53.92 |
| | | 铸铁排水管 *DN*100 | m | 10.5 | | | 87.89 | 922.85 | | | | | | |
| | | 室内承插铸铁排水管件 | 个 | 11.18 | | | 2.42 | 27.06 | | | | | | |
| 6 | C10—218 | 室内铸铁排水管(石棉水泥接口)*DN*150 | 10m | 1.3 | 535.29 | 695.88 | | | 436.25 | 567.13 | 36.24 | 47.11 | 62.8 | 81.64 |
| | | 铸铁排水管 *DN*150 | m | 12.28 | | | 146.11 | 1794.23 | | | | | | |
| | | 室内承插铸铁排水管件 | 个 | 5.8 | | | 2.42 | 14.04 | | | | | | |
| 7 | C10—365 | 室内塑料排水管(粘接)*DN*50 | 10m | 6.24 | 160.6 | 1002.14 | | | 156.25 | 975.00 | 4.31 | 26.89 | 0.04 | 0.25 |

**续表 2.15**

| 序号 | 定额号 | 工程及费用名称 | 单位 | 数量 | 预算价格 | | 总价分析 | | | | | | | |
|---|---|---|---|---|---|---|---|---|---|---|---|---|---|---|
| | | | | | 单价 | 总价 | 主材费 | | 人工费 | | 材料费 | | 机械费 | |
| | | | | | | | 单价 | 总价 | 单价 | 总价 | 单价 | 总价 | 单价 | 总价 |
| | | *DN*50 硬聚氯乙烯 UPVC 排水管 | m | 63.15 | | | 4.9 | 309.44 | | | | | | |
| | | 室内塑料排水管粘接管件 | 个 | 43.06 | | | 0.61 | 26.27 | | | | | | |
| 8 | C10—366 | 室内塑料排水管(粘接)*DN*75 | 10m | 7.48 | 218 | 1630.64 | | | 210 | 1570.80 | 7.96 | 59.54 | 0.04 | 0.30 |
| | | *DN*75 硬聚氯乙烯 UPVC 排水管 | m | 73.3 | | | 8.54 | 625.98 | | | | | | |
| | | 室内塑料排水管粘接管件 | 个 | 66.2 | | | 0.61 | 40.38 | | | | | | |
| 9 | C10—367 | 室内塑料排水管(粘接)*DN*110 | 10m | 13.7 | 245.55 | 3364.04 | | | 233.75 | 3202.38 | 11.73 | 160.70 | 0.07 | 0.96 |
| | | *DN*110 硬聚氯乙烯 UPVC 排水管 | m | 130.15 | | | 14.03 | 1826.00 | | | | | | |
| | | 室内塑料排水管粘接管件 | 个 | 158.37 | | | 0.61 | 96.61 | | | | | | |
| 10 | C10—368 | 室内塑料排水管(粘接)*DN*160 | 10m | 2.07 | 358.11 | 741.29 | | | 330 | 683.10 | 14.56 | 30.14 | 13.55 | 28.05 |
| | | *DN*160 硬聚氯乙烯 UPVC 排水管 | m | 19.67 | | | 28.63 | 563.15 | | | | | | |
| | | 室内塑料排水管粘接管件 | 个 | 12.32 | | | 0.61 | 7.52 | | | | | | |
| 11 | C10—1850 | 一般钢套管制作安装 *DN*20 | 个 | 28 | 14.24 | 398.72 | | | 11.25 | 315.00 | 2.05 | 57.40 | 0.94 | 26.32 |
| | | 焊接钢管 *DN*32 | m | 8.96 | | | 14 | 125.44 | | | | | | |
| 12 | C10—1851 | 一般钢套管制作安装 *DN*32 | 个 | 28 | 16.48 | 461.44 | | | 12.5 | 350.00 | 2.91 | 81.48 | 1.07 | 29.96 |
| | | 焊接钢管 *DN*50 | m | 8.96 | | | 18.03 | 161.55 | | | | | | |
| 13 | C10—1854 | 一般钢套管制作安装 *DN*70 | 个 | 10 | 51.94 | 519.40 | | | 31.25 | 312.50 | 19.62 | 196.20 | 1.07 | 10.70 |
| | | 焊接钢管 *DN*100 | m | 3.3 | | | 41.23 | 136.06 | | | | | | |
| 14 | C10—1826 | 管道支架制作 5kg 以内 | 100kg | 0.301 | 969.1 | 291.70 | | | 702.5 | 211.45 | 47.82 | 14.39 | 218.78 | 65.85 |
| | | 型钢 | kg | 31.61 | | | 3.681 | 116.36 | | | | | | |
| 15 | C10—1831 | 管道支架安装 5kg 以内 | 100kg | 0.301 | 651.48 | 196.10 | | | 378.75 | 114.00 | 127.33 | 38.33 | 145.4 | 43.77 |
| 16 | C10—1840 | 成品管卡安装 *DN*80 以内 | 个 | 24 | 3.23 | 77.52 | | | 2.5 | 60.00 | 0.73 | 17.52 | | |
| | | 管卡 *DN*75 | 套 | 25.2 | | | 5 | 126.00 | | | | | | |

**续表 2.15**

| 序号 | 定额号 | 工程及费用名称 | 单位 | 数量 | 预算价格 | | 总价分析 | | | | | | | |
|---|---|---|---|---|---|---|---|---|---|---|---|---|---|---|
| | | | | | | | 主材费 | | 人工费 | | 材料费 | | 机械费 | |
| | | | | | 单价 | 总价 | 单价 | 总价 | 单价 | 总价 | 单价 | 总价 | 单价 | 总价 |
| 17 | C10—1842 | 成品管卡安装 *DN*125 以内 | 个 | 24 | 4.45 | 106.80 | | | 2.5 | 60.00 | 1.95 | 46.80 | | |
| | | 管卡 *DN*110 | 套 | 25.2 | | | 7 | 176.40 | | | | | | |
| 18 | C10—1913 | 管道冲洗、消毒 *DN*15 | 100m | 0.144 | 46.77 | 6.73 | | | 46.25 | 6.66 | 0.52 | 0.07 | | |
| 19 | C10—1914 | 管道冲洗、消毒 *DN*20 | 100m | 1.3448 | 50.94 | 68.50 | | | 50 | 67.24 | 0.94 | 1.26 | | |
| 20 | C10—1916 | 管道冲洗、消毒 *DN*32 | 100m | 1.0324 | 60.12 | 62.07 | | | 57.5 | 59.36 | 2.62 | 2.70 | | |
| 21 | C10—1920 | 管道冲洗、消毒 *DN*80 以内 | 100m | 0.27 | 94.35 | 25.47 | | | 81.25 | 21.94 | 13.1 | 3.54 | | |
| 22 | C10—842 | 螺纹阀 *DN*20 以内 | 个 | 4 | 18.02 | 72.08 | | | 12.5 | 50.00 | 4.23 | 16.92 | 1.29 | 5.16 |
| | | 螺纹截止阀 J11T—16 *DN*20 | 个 | 4.04 | | | 16.58 | 66.98 | | | | | | |
| 23 | C10—844 | 螺纹阀 *DN*32 以内 | 个 | 4 | 26.52 | 106.08 | | | 17.5 | 70.00 | 7.43 | 29.72 | 1.59 | 6.36 |
| | | 螺纹截止阀 J11T—16 *DN*32 | 个 | 4.04 | | | 38.68 | 156.27 | | | | | | |
| 24 | C10—848 | 螺纹阀 *DN*80 以内 | 个 | 1 | 98.17 | 98.17 | | | 62.5 | 62.50 | 31.98 | 31.98 | 3.69 | 3.69 |
| | | 螺纹截止阀 J11T—16 *DN*70 | 个 | 1.01 | | | 85.14 | 85.99 | | | | | | |
| 25 | C10—1127 | 普通水表安装(螺纹连接)*DN*15 | 个 | 24 | 21.17 | 508.08 | | | 20 | 480.00 | 0.94 | 22.56 | 0.23 | 5.52 |
| | | 螺纹水表 *DN*15 | 个 | 24 | | | 59 | 1416.00 | | | | | | |
| 26 | C10—1128 | 普通水表安装(螺纹连接)*DN*20 | 个 | 24 | 24.03 | 576.72 | | | 22.5 | 540.00 | 1.3 | 31.20 | 0.23 | 5.52 |
| | | 螺纹水表 *DN*20 | 个 | 24 | | | 78 | 1872.00 | | | | | | |
| 27 | C10—1311 | 搪瓷浴盆(冷热水) | 10 组 | 2.4 | 1087.78 | 2610.67 | | | 1015 | 2436.00 | 72.78 | 174.67 | | |
| | | 搪瓷浴盆 | 件 | 24.24 | | | 1200 | 29088.00 | | | | | | |
| | | 浴盆排水附件 | 套 | 24.24 | | | 38.79 | 940.27 | | | | | | |
| | | 混合冷热水龙头 | 个 | 24.24 | | | 68.97 | 1671.83 | | | | | | |
| | | 螺纹管件 15mm | 个 | 48.48 | | | 2.11 | 102.29 | | | | | | |

**续表 2.15**

| 序号 | 定额号 | 工程及费用名称 | 单位 | 数量 | 预算价格 | | 总价分析 | | | | | | | |
|---|---|---|---|---|---|---|---|---|---|---|---|---|---|---|
| | | | | | 单价 | 总价 | 主材费 | | 人工费 | | 材料费 | | 机械费 | |
| | | | | | | | 单价 | 总价 | 单价 | 总价 | 单价 | 总价 | 单价 | 总价 |
| 28 | C10—1330 | 台下式冷热水洗脸盆 | 10 组 | 2.4 | 1269.02 | 3045.65 | | | 766.25 | 1839.00 | 502.77 | 1206.65 | | |
| | | 洗脸盆 | 个 | 24.24 | | | 318.1 | 7710.74 | | | | | | |
| | | 洗脸盆排水附件 | 套 | 24.24 | | | 38.79 | 940.27 | | | | | | |
| | | 螺纹管件 15mm | 个 | 48.48 | | | 2.11 | 102.29 | | | | | | |
| | | 混合冷热水龙头 | 个 | 24.24 | | | 68.97 | 1671.83 | | | | | | |
| | | 洗脸盆托架 | 副 | 24.24 | | | 7.54 | 182.77 | | | | | | |
| 29 | C10—1332 | 洗涤盆(单嘴) | 10 组 | 2.4 | 739.91 | 1775.78 | | | 246.81 | 592.34 | 493.1 | 1183.44 | | |
| | | 洗涤盆 | 个 | 24.24 | | | 318.1 | 7710.74 | | | | | | |
| | | 洗涤盆排水附件 | 套 | 24.24 | | | 38.79 | 940.27 | | | | | | |
| | | 长颈水嘴 | 个 | 24.24 | | | 68.79 | 1667.47 | | | | | | |
| | | 螺纹管件 15mm | 个 | 24.24 | | | 2.11 | 51.15 | | | | | | |
| 30 | C10—1351 | 坐式大便器 自闭阀 | 10 套 | 2.4 | 946.89 | 2272.54 | | | 792.5 | 1902.00 | 154.39 | 370.54 | | |
| | | 落地式坐便器 | 个 | 24.24 | | | 1250 | 30300.00 | | | | | | |
| | | 冲水连接管(含防污器)32mm | 套 | 24.24 | | | 25.86 | 626.85 | | | | | | |
| | | 坐便器桶盖 | 套 | 24.24 | | | 51.72 | 1253.69 | | | | | | |
| | | 延时自闭冲洗阀 铜 25mm | 套 | 24.24 | | | 89.22 | 2162.69 | | | | | | |
| 31 | C10—1399 | 地漏 *DN*50 | 10 个 | 2.4 | 189.5 | 454.80 | | | 188.75 | 453.00 | 0.75 | 1.80 | | |
| | | 地漏 *DN*50 | 个 | 24.24 | | | 21.01 | 509.28 | | | | | | |
| 32 | C10—1405 | 地面清扫口 *DN*100 | 10 个 | 2.4 | 56.74 | 136.18 | | 0.00 | 55.29 | 132.70 | 1.45 | 3.48 | | |
| | | 地面清扫口 *DN*100 | 个 | 24.24 | | | 32.76 | 794.10 | | | | | | |
| 33 | C10—1959 | 预留孔洞 混凝土楼板 *DN*150 | 10 个 | 0.4 | 99.72 | 39.89 | | 0.00 | 83.75 | 33.50 | 14.27 | 5.71 | 1.7 | 0.68 |
| | | 焊接钢管 | kg | 2.11 | | | 4.19 | 8.84 | | | | | | |

续表 2.15

| 序号 | 定额号 | 工程及费用名称 | 单位 | 数量 | 预算价格 | | 总价分析 | | | | | | | |
|---|---|---|---|---|---|---|---|---|---|---|---|---|---|---|
| | | | | | | | 主材费 | | 人工费 | | 材料费 | | 机械费 | |
| | | | | | 单价 | 总价 | 单价 | 总价 | 单价 | 总价 | 单价 | 总价 | 单价 | 总价 |
| 34 | C10—1957 | 预留孔洞 混凝土楼板 *DN*100 | 10 个 | 5.6 | 84.37 | 472.47 | | | 73.75 | 413.00 | 9.77 | 54.71 | 0.85 | 4.76 |
| | | 焊接钢管 | kg | 13.61 | | | 4.19 | 57.03 | | | | | | |
| 35 | C10—1956 | 预留孔洞 混凝土楼板 *DN*80 | 10 个 | 2.9 | 74.73 | 216.72 | | | 68.75 | 199.38 | 5.13 | 14.88 | 0.85 | 2.47 |
| | | 焊接钢管 | kg | 5.22 | | | 4.19 | 21 87 | | | | | | |
| 36 | C10—1954 | 预留孔洞 混凝土楼板 *DN*50 | 10 个 | 9.6 | 58.78 | 564.29 | | | 53.75 | 516.00 | 4.18 | 40.13 | 0.85 | 8.16 |
| | | 焊接钢管 | kg | 11.71 | | | 4.19 | 49 06 | | | | | | |
| 37 | C10—1954 | 预留孔洞 混凝土楼板 *DN*50 | 10 个 | 0.8 | 58.78 | 47.02 | | | 53.75 | 43.00 | 4.18 | 3.34 | 0.85 | 0.68 |
| | | 焊接钢管 | kg | 0.976 | | | 4.14 | 4.04 | | | | | | |
| 38 | C10—1976 | 堵洞 *DN*50 | 10 个 | 9.6 | 101.57 | 975.07 | | | 31.25 | 300.00 | 70.32 | 675.07 | | |
| 39 | C10—1978 | 堵洞 *DN*80 | 10 个 | 2.8 | 147.46 | 412.89 | | | 38.75 | 108.50 | 108.71 | 304.39 | | |
| 40 | C10—1979 | 堵洞 *DN*100 | 10 个 | 5.6 | 170.09 | 952.50 | | | 45 | 252.00 | 125.09 | 700.50 | | |
| 41 | C10—1981 | 堵洞 *DN*150 | 10 个 | 0.4 | 282.7 | 113.08 | | | 56.25 | 22.50 | 226.45 | 90.58 | | |
| | | 第十二册:刷油、防腐油、绝热工程 | | | | | | | | | | | | |
| 42 | C12—1 | 管道手工除轻锈 | $10m^2$ | 1.31 | 38.96 | 51.04 | | | 37.5 | 49.13 | 1.46 | 1.91 | | |
| 43 | C12—5 | 一般钢结构手工除轻锈 | 100kg | 0.301 | 47.37 | 14.26 | | | 37.5 | 11.29 | 1.09 | 0.33 | 8.78 | 2.64 |
| 44 | C12—75 | 管道刷油、银粉漆 第一遍 | $10m^2$ | 2.94 | 29.95 | 88.05 | | | 26.25 | 77.18 | 3.7 | 10.88 | | |
| | | 银粉漆 | kg | 1.97 | | | 14.2 | 27.97 | | | | | | |
| 45 | C12—76 | 管道刷油、银粉漆 每增一遍 | $10m^2$ | 2.94 | 27.46 | 80.73 | | | 25 | 73.50 | 2.46 | 7.23 | | |
| | | 银粉漆 | kg | 1.85 | | | 14.2 | 26.27 | | | | | | |
| 46 | C12—98 | 一般钢结构刷油、防锈漆 第一遍 | 100kg | 0.301 | 34.44 | 10.37 | | | 23.75 | 7.15 | 1.91 | 0.57 | 8.78 | 2.64 |
| | | 酚醛防锈漆 铁红 | kg | 0.28 | | | 9.5 | 2.36 | | | | | | |
| 47 | C12—99 | 一般钢结构刷油、防锈漆 每增一遍 | $10m^2$ | 0.301 | 32.98 | 9.93 | | | 22.5 | 6.77 | 1.7 | 0.51 | 8.78 | 2.64 |

**续表 2.15**

| 序号 | 定额号 | 工程及费用名称 | 单位 | 数量 | 预算价格 | | 总价分析 | | | | | | | |
|---|---|---|---|---|---|---|---|---|---|---|---|---|---|---|
| | | | | | 单价 | 总价 | 主材费 | | 人工费 | | 材料费 | | 机械费 | |
| | | | | | | | 单价 | 总价 | 单价 | 总价 | 单价 | 总价 | 单价 | 总价 |
| | | 酚醛防锈漆 铁红 | kg | 0.23 | | | 9.5 | 2.19 | | | | | | |
| 48 | C12—101 | 一般钢结构刷油、银粉漆 第一遍 | 100kg | 0.301 | 34.84 | 10.49 | | | 22.5 | 6.77 | 3.56 | 1.07 | 8.78 | 2.64 |
| | | 银粉漆 | kg | 0.1 | | | 14.2 | 1.42 | | | | | | |
| 49 | C12—102 | 一般钢结构刷油、银粉漆 每增一遍 | 100kg | 0.301 | 34.48 | 10.38 | | | 22.5 | 6.77 | 3.2 | 0.96 | 8.78 | 2.64 |
| | | 银粉漆 | kg | 0.09 | | | 14.2 | 1.28 | | | | | | |
| 50 | C12—159 | 铸铁管热沥青 第一遍 | $10m^2$ | 1.31 | 42.68 | 55.91 | | | 37.5 | 49.13 | 5.18 | 6.79 | | |
| | | 环氧沥青防腐漆 黑 | kg | 3.77 | | | 9.5 | 35.82 | | | | | | |
| 51 | C12—160 | 铸铁管热沥青 每增一遍 | $10m^2$ | 1.31 | 40.87 | 53.54 | | | 36.25 | 47.49 | 4.62 | 6.05 | | |
| | | 环氧沥青防腐漆 黑 | kg | 3.59 | | | 9.5 | 34.11 | | | | | | |
| | | 第八册 工业管道工程 | | | | | | | | | | | | |
| 52 | C8—3202 | 刚性防水套管制作 *DN*80 | 个 | 1 | 136.23 | 136.23 | | | 85 | 85.00 | 33.17 | 33.17 | 18.06 | 18.06 |
| | | 焊接钢管 | kg | 4.02 | | | 4.19 | 16.84 | | | | | | |
| 53 | C8—3203 | 刚性防水套管制作 *DN*100 | 个 | 4 | 175.32 | 701.28 | | | 110 | 440.00 | 38.24 | 152.96 | 27.08 | 108.32 |
| | | 焊接钢管 | kg | 20.56 | | | 4.19 | 86.15 | | | | | | |
| 54 | C8—3205 | 刚性防水套管制作 *DN*150 | 个 | 4 | 224.39 | 897.56 | | | 141.25 | 565.00 | 51.27 | 205.08 | 31.87 | 127.48 |
| | | 焊接钢管 | kg | 37.84 | | | 4.19 | 158.55 | | | | | | |
| 55 | C8—3219 | 刚性防水套管安装 *DN*150 | 个 | 9 | 123.73 | 1113.57 | | | 91.25 | 821.25 | 32.48 | 292.32 | | |
| | | 总计 | | | | 36331.84 | | 102601.80 | | 28806.34 | | 6697.41 | | 828.09 |
| | | 技术措施项目工程 | | | | | | | | | | | | |
| | | 脚手架搭拆费 安装工程 | 元 | 26571.20 | 0.046 | 1222.28 | | | 0.35 | 427.80 | | | | |
| | | 脚手架打拆费 刷油工程 | 元 | 274.76 | 0.064 | 17.58 | | | 0.35 | 6.15 | | | | |
| | | 总计 | 元 | | | 1239.86 | | | | 433.95 | | | | |

表 2.16　给排水工程材料价差计算表(略)

| 序号 | 材料名称 | 单位 | 数量 | 单价 | | 差价 | | 备注 |
|---|---|---|---|---|---|---|---|---|
| | | | | 定额价 | 市场价 | 价格差 | 合计 | |
| | | | | | | | | |
| | | | | | | | | |
| | | | | | | | | |
| | | | | | | | | |
| | | | | | | | | |
| | | | | | | | | |
| | | | | | | | | |

表 2.17　给排水安装工程预算总值表

工程名称:某单位职工住宅楼给排水

| 序号 | 工程或费用名称 | 计算公式或基数 | 费率(%) | 金额(元) |
|---|---|---|---|---|
| 1 | 定额工料机费(包含施工技术措施费) | 按《计价依据》预算定额计算 | | 37571.70 |
| 2 | 其中:人工费 | 按《计价依据》预算定额计算 | | 29240.29 |
| 3 | 施工组织措施费 | 2×相应费率 | 6.03 | 1763.2 |
| 4 | 企业管理费 | 2×相应费率 | 19.80 | 5789.58 |
| 5 | 利润 | 2×相应利润率 | 18.50 | 5409.45 |
| 6 | 动态调整 | 按规定计算 | | |
| 7 | 主材费 | | | 102601.8 |
| 8 | 税金 | (1+3+4+5+6+7)×税率 | 10 | 15313.57 |
| 9 | 工程造价 | 1+3+4+5+6+7+8 | | 197689.59 |

## 单元小结

室内给水工程主要由引入管、水表节点、室内给水干管、立管、支管所形成的室内给水管网,管道附件,用水设备和贮存升压设备组成。室内排水工程主要由收集污废水的卫生器具、排水横管、立管、干管形成的排水管网,排出管,通气管和检查清通设施组成。

室内给排水工程常用的管材有钢管、铸铁管、塑料管、复合管等,其连接方式有螺纹连接、焊接、法兰连接、承插连接和胶粘连接等。

室内给排水施工图的识读应先看设计说明,然后再将平面图和系统图对照阅读,通过识读施工图,了解管道在空间的走向和卫生器具在建筑物内的位置及数量。

给排水工程量的计算重点是管道安装长度的计算,其计算方法有按图示安装位置和尺寸进行计算、按图示用比例尺度量两种。在计算过程中,应注意区分各种管道的分界线，管道与卫生器具的分界线。卫生器具、管道连接件及附件主要是用统计的方法确定，但应注意其包含的安装内容及其与管道的分界线。

## 复习思考题

2.1 室内给排水系统各由哪几部分组成？各部分的作用是什么？

2.2 什么是水表节点？它的安装包括哪些内容？

2.3 室内给排水工程中常用的管材有哪几种？其连接方式各有哪些？

2.4 室内给排水管道与室外给排水管道的分界线如何划分？

2.5 管道安装工程量的计算方法有哪几种？各有何特点？

2.6 室内排水管道的检查清通设施有哪些？在工程量计算时如何考虑？

2.7 如何识读给排水施工图？

2.8 管道安装主材的消耗量如何确定？

# 单元 3　室内采暖工程施工图预算

**知识目标**　了解室内采暖工程系统的组成、工程中常用的管材及设备、施工图的识读；掌握采暖工程工程量的计算规则。

**能力目标**　能够识读采暖施工图，结合工程量的计算规则进行采暖管道、供暖器具、除锈、刷油、防腐、绝热等的工程量计算；掌握采暖施工图预算编制的方法和步骤。

## 3.1　采暖工程基础知识及其施工图识读

### 3.1.1　采暖系统的分类

为了保证人们在建筑物内正常从事生产和生活，在冬季要求室内具有一定的温度，采暖工程就是将热源（锅炉房）所产生的热量通过室外供热管网输送到建筑物内的室内采暖系统。采暖工程根据热介质的不同一般分为两大类。

（1）热水采暖系统

热水采暖系统是以水为“热媒”的采暖系统。其特点是节省燃料，效果较好，温度变化小，热惰性大，通常适用于一般民用建筑。

按系统供水温度的不同，热水采暖系统分为一般热水采暖系统（供水温度为 95 ℃，回水温度为 70 ℃）和高温热水采暖系统（供水温度为 96～130 ℃，回水温度为 70 ℃）。

按系统循环动力的不同，热水采暖系统分为自然循环热水采暖系统（靠供、回水在不同温度下的重度差形成压力进行循环）和机械循环热水采暖系统（靠水泵将机械能转化为液体的动能和压能）。

（2）蒸汽采暖系统

蒸汽采暖系统是以水蒸气为“热媒”的采暖系统。其特点是温度变化大，热惰性小，室内易干燥，卫生效果差，适用于需要集中而短暂采暖的公共建筑。

按系统使用压力的不同，蒸汽采暖系统分为低压蒸汽采暖（蒸汽工作压力不大于 0.07 MPa）和高压蒸汽采暖（蒸汽工作压力大于 0.07 MPa）。

按凝结水的回水方式不同，蒸汽采暖系统分为重力回水式蒸汽采暖系统（凝结水靠重力直接回到锅炉）和机械回水式蒸汽采暖系统（凝结水靠重力先流到锅炉房的凝结水箱，再用泵抽送到锅炉内）。

### 3.1.2　热水采暖系统简介

#### 3.1.2.1　热水采暖系统的组成

如图 3.1 所示，热水采暖系统一般由热源、室外管网及室内管网三部分组成。

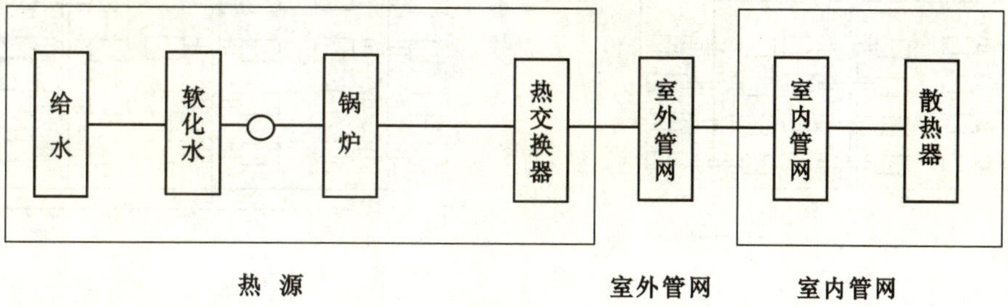


**图 3.1　热水采暖系统组成示意图**

(1) 热源

热源是指能够提供热量的设备，常见的热源有热水锅炉、蒸汽锅炉、工业余热等。

锅炉一般由锅炉本体及附属设备组成。

① 锅炉本体是将热媒通过燃料的燃烧加热，使其温度升高的设备。常见的设备有立式锅炉、快装锅炉、火管锅炉等。

② 软化水设备是将普通水经处理变为软水的设备。

③ 烟气净化设备是将燃烧过程中产生的烟尘经处理后达到排放标准的设备。

④ 除灰(渣)、上煤设备，风机，热交换器和装料等设备。

(2) 室外热力管网

室外热力管网是指由锅炉房外墙皮 1.5 m 以外至各采暖点之间(入口装置以外)的管道。

(3) 室内采暖系统

室内采暖系统是指由入口装置以内的管道、散热器、排气装置等设施所组成的供热系统。

### 3.1.2.2　室内采暖系统的形式

室内采暖系统的形式指室内采暖系统输送热媒的干管、立管的设计布置形式。在采暖工程中，管道的布置形式较多，常用的有以下几种：

(1) 双管上行下给式

这种布置方式又称为上分式供热系统。供热干管是由室外直接引入建筑物顶层的顶棚下或吊顶中，然后由顶层设置立管分别送给以下各层的散热器。回水干管敷设在建筑物的底层，如图 3.2 所示。

(2) 单管上行下给式

单管上行下给式系统是指连接散热器的立管只有一根，供热干管和回水干管同双管的敷设方式。这种方式能够保证进入各层散热器的热媒流量相同，不会出现垂直失调现象。

(3) 下行上给式

这种布置方式又称为下分式供热系统，如图 3.3 所示。供热干管是由室外直接引入建筑物室内底层，再通过立管送到以上各层散热器。它一般适用于建筑物顶层不宜布置管道的情况。

(4) 水平串联式

水平串联式采暖系统(图 3.4)的特点是构造简单，节省管材，减少穿越楼板的次数，但每一串联环路连接的散热器组数不宜太多。

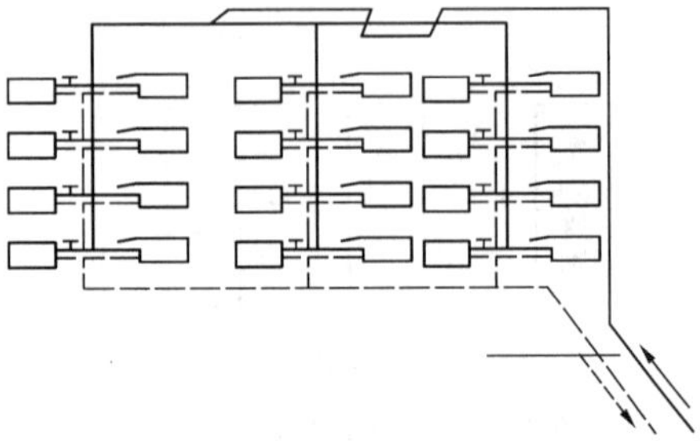

图 3.2　双管上行下给式采暖系统

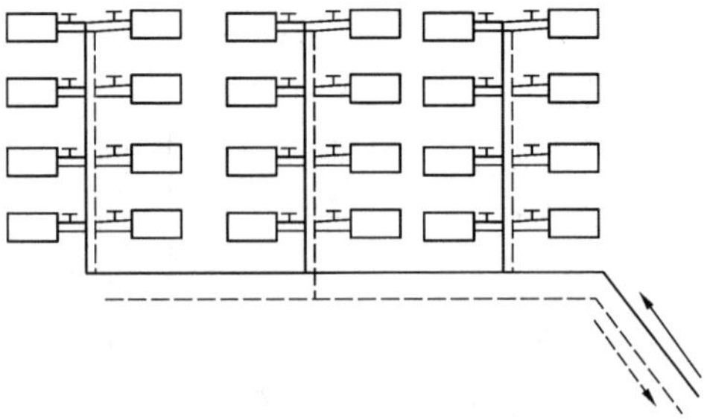

图 3.3　下行上给式采暖系统

(5) 高层建筑分层式

因高层建筑供暖系统产生的静压大，我国高层建筑热水供暖系统常采用分层式系统，如图 3.5所示。该系统在垂直方向上分成两个或两个以上的系统，其下层系统可与外网直接连接，而上层系统通过热交换器与外网间接连接。

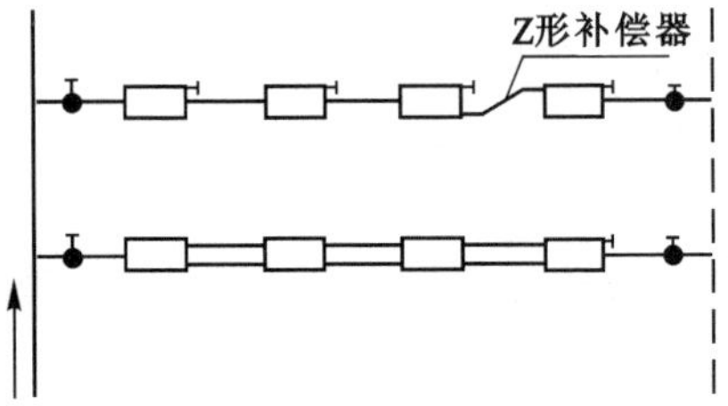


图 3.4　水平串联式采暖系统

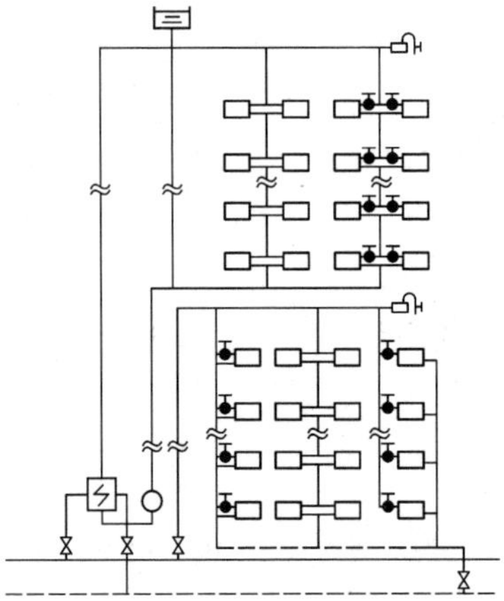

图 3.5　分层式采暖系统

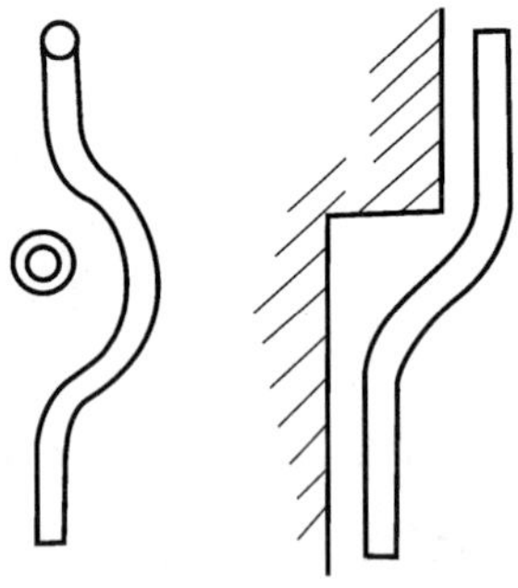


图 3.6　揻弯形式示意图

(a) 元宝弯；(b) 来回弯

### 3.1.2.3　采暖管道的敷设

室内采暖管道除有特殊的要求外，一般都采用明装敷设。常用的管材为焊接钢管。供水立管与散热器支管的连接，当管道直径不大于 32 mm 时采用活接头、弯头、三通等管件丝扣连接；当管道直径大于 32 mm 时可采用焊接连接。

焊接安装钢管管件一般在施工现场用揻弯、挖眼接管等方法制作。立管与支管在同一平面交叉，立管应揻制成"元宝弯"的形式绕开，如图 3.6(a)所示。水平管与散热器连接，因不在同一条直线上，需要揻制成"来回弯（灯叉弯）"进行连接，如图 3.6(b)所示。

### 3.1.2.4　散热器

散热器的功能是将热介质所携带的热能散发到建筑物的室内空间。工程中，散热器的型号、每组的片数都是由设计确定的。散热器的安装包括散热器的现场组对、活接头的连接以及与其配套的阀门、放风门的连接。散热器一般设置于建筑物室内窗台下。

3.1.2.5 集气罐、自动排气阀

一般供热管路的室内干管末端设置集气罐、排气阀，用以收集和排除系统中的空气。集气罐一般采用 DN100～250 的钢管焊接而成，有立式和卧式两种。自动排气阀常用的规格有 DN15、DN20、DN25 等，与末端管道的直径相同。

3.1.2.6 分户热水计量装置

集中供热的住宅，室内采暖系统采用分户热水计量，分户分室可采取温度调节的形式。一般采用双立管系统，每户设置一套热水计量表，安装在楼梯间专设的管道井内，如图 3.7 所示。

3.1.2.7 引入装置

室外采暖管道进入室内采暖系统需设置引入装置（采暖系统入口装置），用来控制（接通或切断）热媒，以及减压、观察热媒的参数。如图 3.8 所示，引入装置通常由温度计、压力表、过滤器、平衡阀、泄水阀等组成。

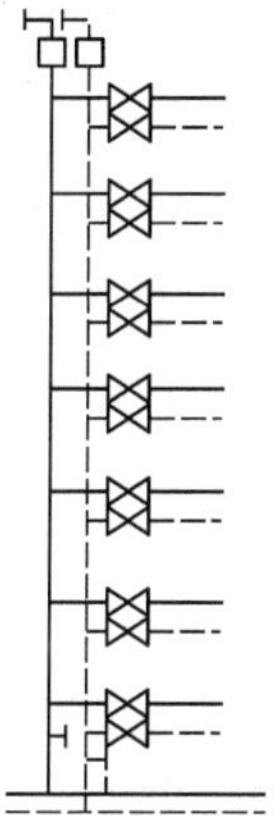

**图 3.7 分户计量双立管采暖系统**

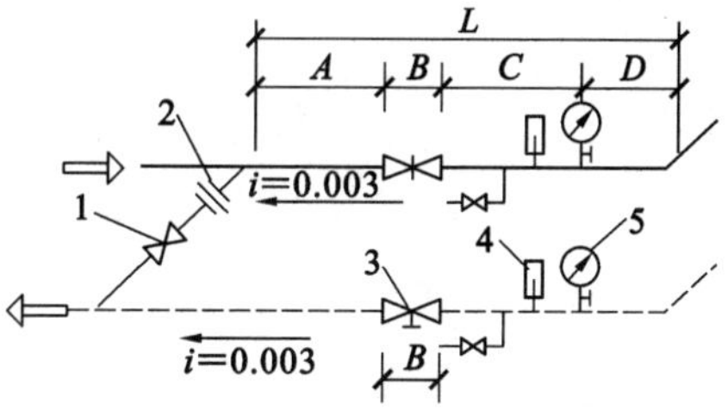


**图 3.8 采暖系统引入装置示意图**

1—闸阀；2—活接头；3—平衡阀；4—温度计；5—压力表

### 3.1.3 采暖系统常用的材料

3.1.3.1 管材

采暖工程中的管材基本与给排水工程所用的管材相似，如表 2.1 所示。

3.1.3.2 散热器

由于采暖对象的不同，设计中所采用的散热器也不尽相同。按照散热器所用的材料不同，可分为铸铁散热器、钢制散热器、复合型散热器和铝制散热器等。

1. 铸铁散热器

如图 3.9 所示，铸铁散热器有柱型、翼型和柱翼型等。柱型散热器有 M132 型、四柱 813 型、四柱 760 型和五柱 700 型等。翼型散热器有长翼型、圆翼型等。柱翼型散热器是目前广泛使用的散热器，其中定向对流灰铸铁散热器可以较好地解决建筑物室内高级装修中散热器被封闭在内影响采暖效果的问题。各类铸铁散热器的技术参数如表 3.1 所示。

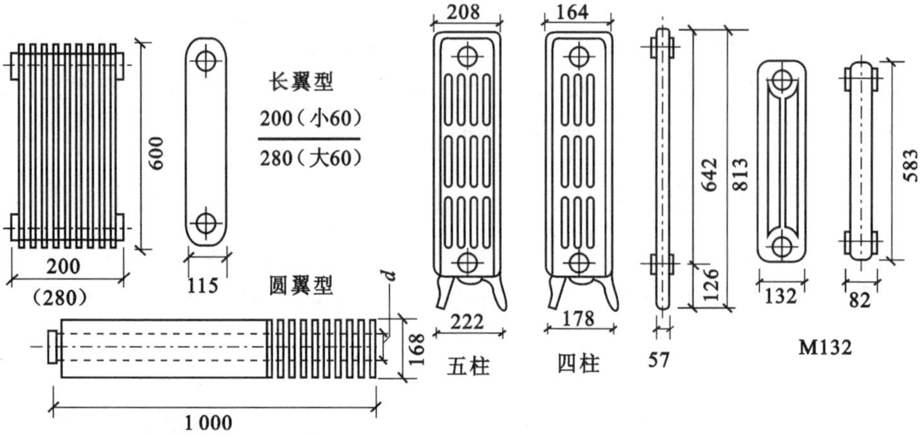


图 3.9 铸铁散热器

表 3.1 铸铁散热器技术参数

| 名称 | 高度(mm) | | 上、下孔中心距离(mm) | 厚度(mm) | 宽度(mm) | 散热面积($m^2$/片) | 质量(kg/片) |
|---|---|---|---|---|---|---|---|
| | 带腿 | 中片 | | | | | |
| 四柱 760 | 760 | 696 | 614 | 51 | 166 | 0.235 | 8(7.3) |
| 四柱 813 | 813 | 732 | 642 | 57 | 164 | 0.28 | 7.99(7.55) |
| 五柱 700 | 700 | 626 | 544 | 50 | 215 | 0.28 | 10.1(9.2) |
| 五柱 800 | 800 | 766 | 644 | 50 | 215 | 0.33 | 11.1(10.2) |
| M132 | | 583 | 500 | 82 | 132 | 0.24 | 7 |
| 长翼型(大 60) | | 600 | 505 | 280 | 115 | 1.175 | 28 |
| 长翼型(小 60) | | 600 | 505 | 200 | 115 | 0.860 | 20 |

柱翼型定向对流灰铸铁散热器的安装工艺:采用 *DN*40 铸铁散热器通用的对丝、丝堵、补心连接,前后位置不能互换。柱翼型定向对流灰铸铁散热器的上、下水口不在同一垂直面上,施工时应先用标准乙字弯管与散热器连接好,再将上、下水口中心调整到同一垂直面上,然后按施工规范要求与进出水管相连接。散热器安装固定,以散热器上、下水口中心垂直面距墙 50 mm 为基准,允许散热器背面顶翼距墙 0~20 mm。

灰铸铁柱翼型散热器主要技术参数如表 3.2 所示。

表 3.2 灰铸铁柱翼型散热器(定向)单片技术参数

| 名称 | 高度(mm) | | 上、下孔中心距离(mm) | 厚度(mm) | 宽度(mm) | 散热面积($m^2$/片) | 质量(kg/片) |
|---|---|---|---|---|---|---|---|
| | 带腿 | 中片 | | | | | |
| JZ600(TDD1—6—5) | 750 | 670 | 600 | 60 | 150 | 0.43 | 6.2 |
| JZ500(TDD1—5—5) | 650 | 570 | 500 | 60 | 150 | 0.40 | 5.2 |
| JZ400(TDD1—4—5) | 550 | 470 | 400 | 60 | 150 | 0.37 | 4.2 |

2. 钢制散热器

钢制散热器品种较多,一般有光排管式、闭式、板式、壁板式、柱式等,如图 3.10 所示。

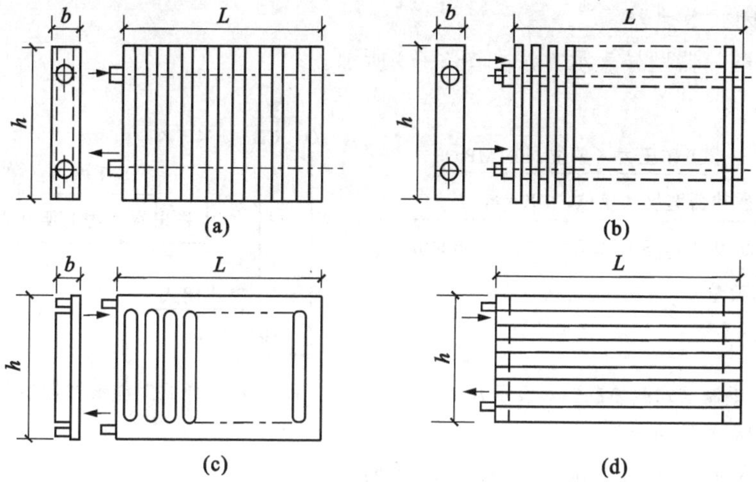


图 3.10　钢制散热器

(a) 闭式钢串片散热器；(b) 钢串片式散热器；(c) 钢制板式散热器；(d) 扁管单板式散热器

(1) 钢制柱式散热器

钢制柱式散热器如图 3.11 所示；型号表示方法如图 3.12 所示；技术性能如表 3.3 所示。

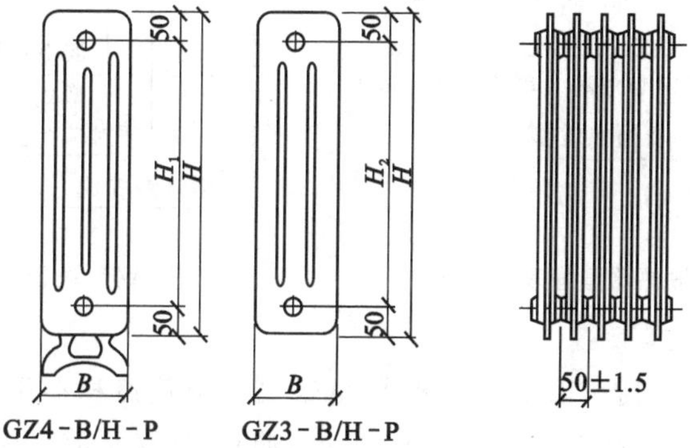


图 3.11　钢制柱式散热器

表 3.3　钢制柱式散热器技术性能表

| 名　　称 | 高度 H(mm)<br>中片 | 上、下孔中心距离(mm) | 厚度(mm) | 宽度 B(mm) | 质量(kg/片) |
|---|---|---|---|---|---|
| GZ4-B/H-P | 600 | 500 | 50 | 120<br>140<br>160 | 1.26<br>1.48<br>1.70 |
| | 400 | 300 | 50 | 120<br>140<br>160 | 2.00<br>2.33<br>2.66 |
| GZ3-B/H-P | 700 | 600 | 50 | 120<br>140<br>160 | 2.33<br>2.74<br>3.08 |
| | 1000 | 900 | 50 | 120<br>140<br>160 | 3.40<br>4.50<br>5.60 |

(2) 钢制闭式散热器

闭式对流散热器型号表示方法如图 3.13 所示。

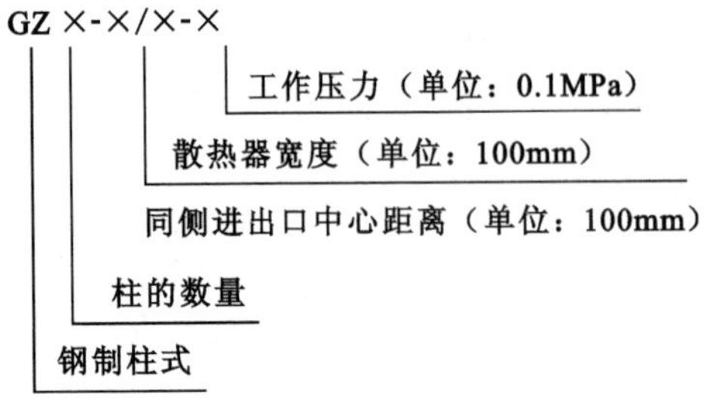


图 3.12　钢制柱式散热器型号表示方法

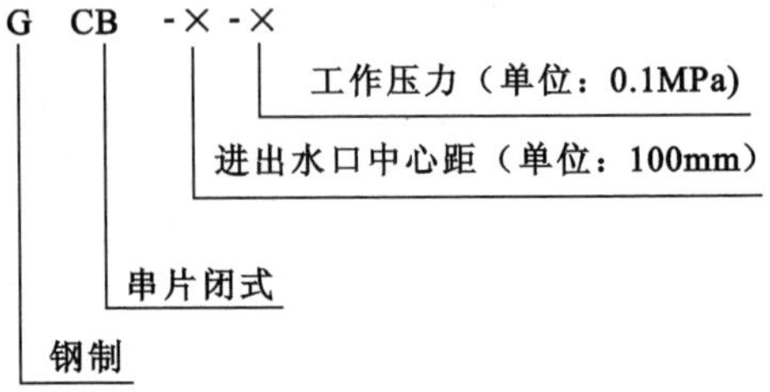


图 3.13　闭式对流散热器型号表示方法

(3) 钢制板式散热器

钢制板式散热器型号表示方法如图 3.14 所示。

(4) 钢制扁管式散热器

钢制扁管式散热器型号表示方法如图 3.15 所示。

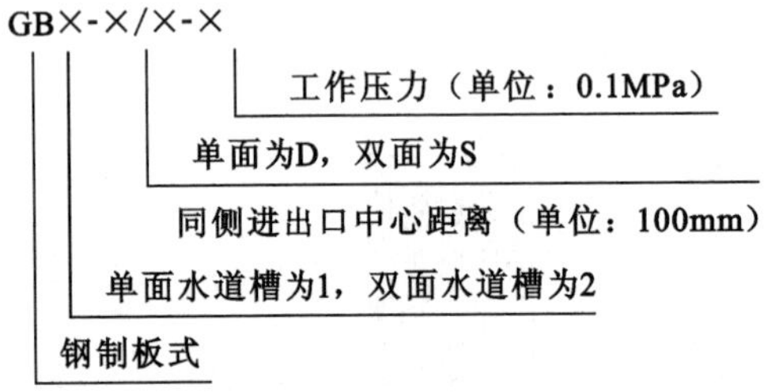


图 3.14　钢制板式散热器型号表示方法

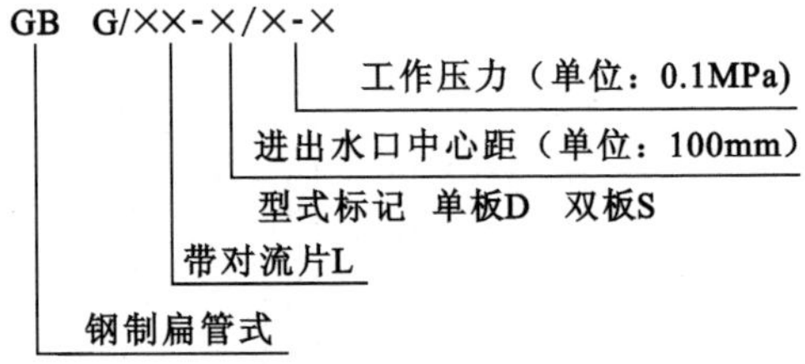


图 3.15　钢制扁管式散热器型号表示方法

3. 复合型散热器

复合型散热器主要包括铜铝复合散热器、钢铝复合散热器和不锈钢复合散热器。其特点是外观、色彩、款式多样化，高度为 300～1800 mm，质量也较轻，散热快，耐腐蚀性强。

4. 铝制散热器

铝制散热器包括高压铸铝散热器和铝型材焊接散热器。其特点是质量较轻，热效果好，承压能力高，安装方便，外形尺寸选择余地较大。

### 3.1.3.3　集气罐

集气罐一般用直径为 100～250 mm 的钢管制成，分立式和卧立式两种。在上供式系统中需在其顶部的干管末端设置集气罐，用以聚集和排除系统中的空气。集气罐的规格尺寸如表 3.4 所示。

表 3.4　集气罐规格尺寸表

| 规格 | 1 | 2 | 3 | 4 |
|---|---|---|---|---|
| $D$(mm) | 100 | 150 | 200 | 250 |
| $H(L)$(mm) | 300 | 300 | 320 | 430 |
| 质量(kg) | 4.39 | 6.95 | 13.76 | 29.29 |

### 3.1.4　低温地板辐射采暖系统

近几年，低温地板辐射采暖应用日益广泛，采暖系统供水、回水温度不超过 60 ℃，系统工作压力不大于 0.8 MPa。

1. 地暖系统组成

地暖系统组成如图 3.16 所示。

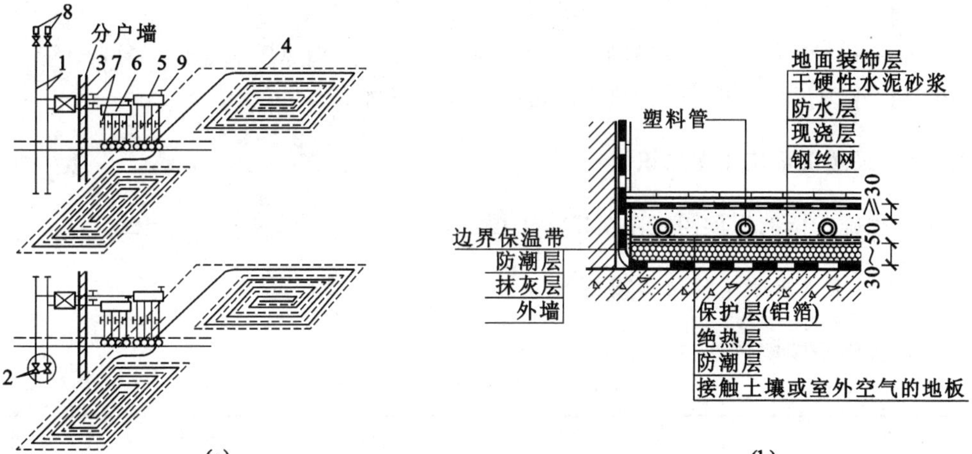


(a)　　　　(b)

**图 3.16　地暖系统组成**

1—供暖立管；2—立管调节装置；3—入户装置；4—加热盘管；5—分水器；6—集水器；7—球阀；8—自动排气阀；9—放气阀

(1) 热水管网　室内输送热媒的供、回水干管、立管。

(2) 分水器　热水系统中，用于连接各路加热管供水管的配水装置(图 3.17)。

(3) 加热管　通过热水循环加热地板的管道。

(4) 集水器　热水系统中，用于连接各路加热管回水管的汇水装置(图 3.17)。

(5) 绝热层　用以阻挡热量传递、减少无效热耗的构造层。

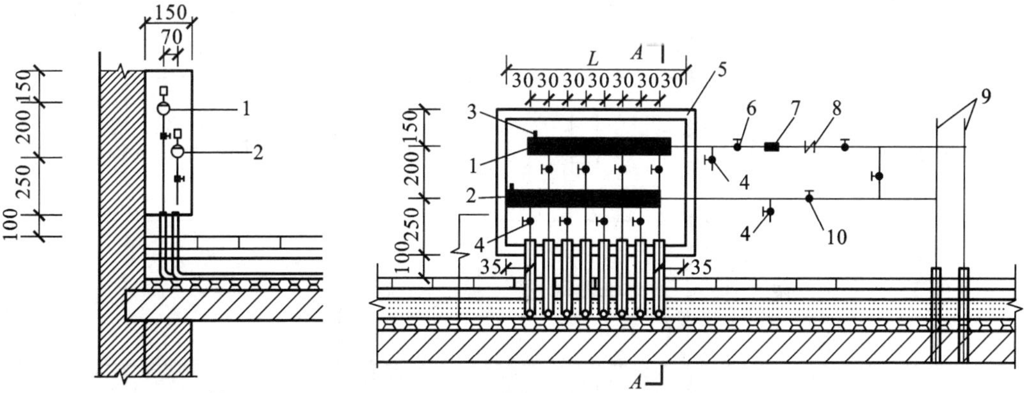


(a)　　　　(b)

**图 3.17　分水器、集水器安装示意图**

(a) A—A 剖面图；(b) 正视图

1—分水器；2—集水器；3—放气阀；4—泄水阀；5—箱体；6—阀门；7—热计量装置；8—过滤器；9—供暖立管；10—调节阀(或平衡阀)

(6) 填充层　在绝热层或楼板基面上设置加热管用的找平层，用以保护加热设备并使地面温度均匀。

(7) 隔离层　防止建筑地面上各种液体或地下水、潮气通过地面的构造层。一般仅在潮湿房间使用。

(8) 找平层　在垫层或楼面上进行抹平找坡的构造层。

(9) 面层　建筑地面直接承受物理和化学作用的表面层，一般是室内地板的装饰面。

2. 管材

低温地板辐射采暖常用的塑料加热管有交联铝塑复合(XPAP)管、聚丁烯(PB)管、交联聚乙烯(PE)管、聚丙烯(PP-R)管、耐热聚乙烯(PT-RT)管等。

### 3.1.5　采暖工程施工图的识读

采暖工程施工图的识读同室内给排水工程。

#### 3.1.5.1　室内采暖工程施工图图例

采暖系统施工图图例如表 3.5 所示。

**表 3.5　采暖系统施工图图例**

| 图例 | 名称 | 图例 | 名称 | 图例 | 名称 |
|---|---|---|---|---|---|
| 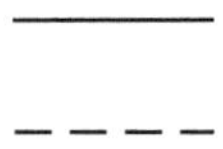 | 采暖供水(汽)管<br>采暖回(凝结)水管 | 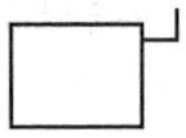 | 散热器放风门 |  | 方形伸缩器 |
| 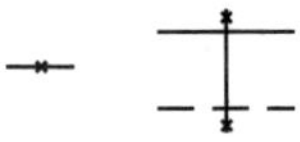 | 固定支架 | 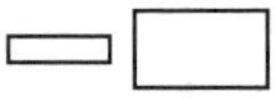 | 散热器 |  | 散热器三通阀 |
| 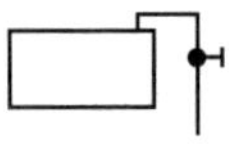 | 集气罐 |  | 闸阀 |  | 管道泵 |
| 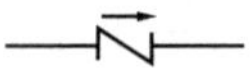 | 止回阀 |  | 温度计 |  | 安全阀 |
|  | 压力表 |  | 保温管 |  | 丝堵 |
| 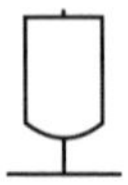 | 自动排气阀 |  | 流向 | 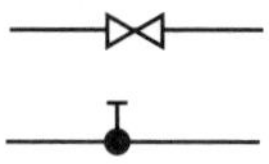 | 截止阀 |

#### 3.1.5.2 室内采暖系统施工图的组成

室内采暖系统施工图由施工说明、施工平面图、采暖系统图和采暖施工详图组成。详情请参考给排水施工图说明。

#### 3.1.5.3 室内采暖系统施工图的识读

(1) 先看施工说明

从文字说明中可以了解以下几方面信息：

① 散热器的型号；

② 管道的材料及管道的连接方式；

③ 管道、支架、设备的刷油和保温做法；

④ 施工图中使用的标准图和通用图。

(2) 再看室内采暖施工平面图(要与系统图对照着看)

采暖平面图是室内采暖系统最基本和最重要的图，主要表明采暖管道和散热器等的平面布置和平面位置。识读平面图时，应注意以下几点：

① 散热器的位置和片数；

② 供、回水干管的布置方式及干管上的阀门、固定支架、伸缩器的平面位置；

③ 膨胀水箱、集气罐等设施的位置；

④ 管子在哪些地方走地沟。

采暖系统图主要表示采暖系统管道的空间走向，识读采暖管道系统图时，要注意以下几点：

① 弄清采暖管道的来龙去脉，包括管道的空间走向和空间位置，管道直径及管道变径点的位置；

② 管道上阀门的位置、规格；

③ 散热器与管道的连接方式；

④ 与平面图对照，看哪些管道是明装，哪些管道是暗装。

(3)最后看采暖施工图详图及大样图

采暖平面图和系统图中表示不清楚又无法用文字说明的地方，一般可用详图表示。采暖系统施工图的详图有：

① 地沟内支架的安装大样图；

② 地沟入口处详图，即热力入口详图；

③ 膨胀水箱间安装详图等。

## 3.2 采暖安装工程量计算及定额应用

### 3.2.1 采暖管道工程量计算及定额说明

1. 计算规则

(1) 各类管道安装按室内外、材质、连接形式、规格分别列项，以“10m”为计量单位，按设计管道中心线长度计算,不扣除阀门、管件、附件所占长度。定额中塑料管按公称外径表示,其他管道均按公称直径表示。

(2) 方形补偿器所占长度计入管道安装工程量;方形补偿器制作安装应执行“管道附件”相应项目。

(3) 与分集水器进出口连接的管道工程量,应计算至分集水器中心线位置。

(4) 直埋保温管保温层补口分管径,以“个”为计量单位。

(5) 与原有采暖热源管道碰头,区分带介质与不带介质,按新接支管公称直径列项,以“处”为计量单位。每处含有供、回水两条管道碰头连接。

2. 计算方法

(1) 入户管长度从主立干管中心计算至室内外管道分界点。

(2) 主立干管长度以供、回水干管标高差计算。

(3) 水平干管长度以图示两变径点之间水平长度计算,水平干管上有方形伸缩器时应加上伸缩器两臂长度。

(4) 连接散热器立管工程量

如图 3.18、图 3.19 所示,连接散热器立管道的长度等于上、下干管的标高差,加上上部干管、立管与墙面的距离差,减去散热器上、下孔之间的间距,再加上立管与下部干管连接时规范规定的增加长度。

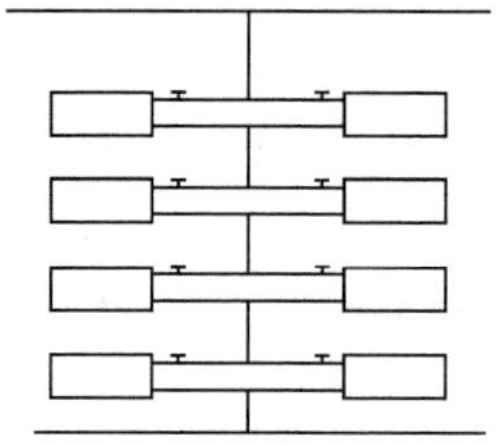

**图 3.18　连接散热器立、支管示意图**

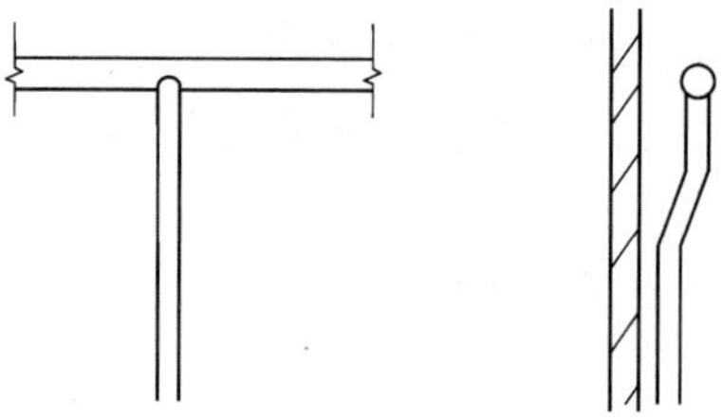

**图 3.19　干管与立管连接示意图**

(5) 连接散热器支管的工程量

如图 3.18 所示,连接散热器支管的长度等于立管中心到散热器中心的距离,减去散热器长度的 1/2,再加上支管与散热器连接时的增加长度。

3. 定额说明

(1) 管道界限划分

① 室内外管道以建筑物外墙皮 1.5 m 为界;建筑物入口处设阀门者以阀门为界;室外设有采暖入口装置者以入口装置循环管三通为界。

② 与工业管道以锅炉房或热力站外墙皮 1.5 m 为界。

③ 与设在建筑物内的换热站管道以站房外墙皮为界。

(2) 管道安装项目中,均包括相应管件安装、水压试验及水冲洗工作内容。

(3) 钢管焊接安装项目中均综合考虑了成品管件和现场摵制弯管、摔制大小头、挖眼三通。

(4) 采暖室内直埋塑料管道是指敷设于室内地坪下或墙内的、由采暖分集水器连接散热器及管井内立管的塑料采暖管道,不适用于地板辐射采暖管道。地板辐射采暖管道执行“供暖器具”相应项目。

(5) 室内直埋塑料管包括充压隐蔽、水压试验、水冲洗以及地面画线标识工作内容。

(6) 室内外采暖管道在过路口或跨绕梁、柱等障碍时，发生类似于方形补偿器的管道安装形式，执行方形补偿器安装项目。

(7) 采暖塑铝稳态复合管按相应塑料管安装项目，人工乘以相应系数1.1。

(8) 塑套钢预制直埋保温管安装项目中已包括管件安装，但不包括接口保温，发生时应另行套用接口保温安装项目。

(9) 安装带保温层的管道时，可执行相应材质及连接形式的管道安装项目，人工乘以相应系数1.1；管道接头保温执行《刷油、防腐蚀、绝热工程》相关子目，其人工、机械乘以相应系数2.0。

(10) 室外管道碰头项目适用于新建管道与已有热源的管道碰头连接，如已有热源管道已做预留接口则不执行相应安装项目。

(11) 与原有管道碰头安装项目不包括与供热部门的配合协调工作以及通水试验的用水量，发生时应另行计算。

### 3.2.2　管道附件工程量计算及定额说明

采暖系统管道附件的安装工程量计算可参考给排水系统管道附件工程量的计算方法，计算规则详见本书第2单元。

### 3.2.3　采暖器具工程量计算及定额说明

1. 计算规则

(1) 铸铁散热器安装分落地安装、挂式安装。铸铁散热器组对安装以“10片”为计量单位；成组铸铁散热器安装按每组片数以“组”为计量单位。

(2) 钢制柱式散热器安装按每组片数，以“组”为计量单位；闭式散热器安装以“片”为计量单位；其他成品散热器安装以“组”为计量单位。

(3) 光排管散热器制作分为A型、B型，区分排管公称直径，按设计图示散热器长度计算排管长度，以“10 m”为计量单位，其中联管、支撑管不计入排管工程量；光排管散热器安装不分A型、B型，区分排管公称直径，按光排管散热器长度以“组”为计量单位。

(4) 暖风机安装按设备重量，以“台”为计量单位。

(5) 地板辐射采暖管道区分管道外径，按设计图示中心线长度计算，以“10 m”为计量单位。保护层(铝箔)、隔热板、钢丝网按设计图示尺寸计算实际铺设面积，以“10 $m^2$”为计量单位。边界保温带按设计图示长度以“10 m”为计量单位。

(6) 热媒集配装置安装区分带箱、不带箱，按分支管环路数以“组”为计量单位。

2. 定额说明

(1) 散热器安装项目除另有说明外，均包括成品支托架(钩、卡)安装和安装前的水压试验以及系统水压试验，各成品支托架安装是按采用膨胀螺栓固定编制的，如实际不同时，可做调整。

(2) 各型散热器不分明、暗装，均按材质类型执行同一子目。

(3) 铸铁散热器按柱型(柱翼型)编制，区分带足、不带足两种安装方式。成组铸铁散热器、光排管散热器发生现场除锈、刷油时，执行《刷油、防腐蚀、绝热工程》相应项目。

(4) 钢制板式散热器安装不论是否带对流片，均按安装形式和规格执行同一项目。钢制卫浴散热器执行钢制单板板式散热器安装项目。钢制扁管散热器分别执行单板、双板钢制板式散热器安装定额项目，其定额人工乘以相应系数 1.2。

(5) 光排管散热器安装不分 A 型、B 型，均执行同一定额子目。光排管散热器制作项目已包括联管、支撑管所用人工与材料。

(6) 手动放气阀的安装执行“管道附件”相应项目。如随散热器已配套安装就位，不得重复计算。

(7) 地板辐射采暖塑料管道敷设项目包括了固定管道的塑料卡钉(关卡)安装、局部套管敷设及地面浇筑的配合用工。工程要求固定管道的方式与定额不同时，固定管道的材料可按设计要求进行调整，其他不变。

(8) 地板辐射采暖隔热板厚度设计与定额不同时可以调整，其余不变。

(9) 成组热媒集配装置包括成品分集水器和配套供应的固定支架及与分支管连接的部件。固定支架如不随分集水器配套供应，需现场加工制作时，按照“支架及其他”相应项目另行计算。

### 3.2.4 采暖设备工程量计算及定额说明

1. 计算规则

(1) 太阳能集热装置区分平板、玻璃真空管型式，以“$m^2$”为计量单位。

(2) 地源热泵机组按设备重量列项，以“组”为计量单位。

其他采暖设备工程量计算规则同给排水设备工程量计算规则，可参考本书单元 2 相关内容。

2. 定额说明

(1) 给水设备、地源热泵机组均按整体组成安装编制。

(2) 太阳能集热器是按集中成批安装编制的，如发生 4 $m^2$ 以下工程量，人工、机械乘以相应系数 1.1。

其他采暖设备工程定额说明同给排水设备工程定额说明，可参考本书单元 2 相关内容。

### 3.2.5 除锈工程量计算及定额说明

1. 计算规则

(1)大型钢板、管道外壁、H 型钢钢结构(包括任何一边大于 300 mm 以上的型钢)除锈均以“10 $m^2$”为计量单位。

(2)一般钢结构、管廊钢结构除锈以“100 kg”为计量单位。

2. 计算方法

(1)管道除锈工程量计算

①钢管：按管道外表面展开面积计算工程量，展开面积可用下式进行计算，也可参考《刷油、防腐蚀、绝热工程》定额附录计算。

$$S = L\pi D$$

式中　$L$——管道的长度(m)；

$D$——管道的外径(m)。

②铸铁管:按管道表面展开面积计算工程量,表面展开面积可用下式进行计算,也可参考《刷油、防腐蚀、绝热工程》定额附录计算。

$$S = L\pi D + \text{承口展开面积}$$

$$S = 1.2L\pi D$$

(2)散热器除锈工程量计算

按散热器片的表面积计算,铸铁散热器散热面积见表3.6所示。

**表3.6　铸铁散热器片表面积**

| 铸铁散热器片 | 面积 $S$($m^2$/片) | 铸铁散热器片 | 面积 $S$($m^2$/片) |
|---|---|---|---|
| 长翼型(大60) | 1.2 | 二柱型 | 0.24 |
| 长翼型(小60) | 0.9 | 四柱型813 | 0.28 |
| 圆翼型 $DN80$ | 1.8 | 四柱型760 | 0.24 |
| 圆翼型 $DN50$ | 1.5 | 四柱型640 | 0.20 |
| | | M132 | 0.24 |

(3)金属结构除锈工程量的计算

一般钢结构、管廊钢结构除锈以"100kg"为计量单位;H型钢钢结构(包括任何一边大于300mm以上的型钢)除锈均以"10$m^2$"为计量单位。

3.定额说明

(1)金属表面除锈包括手工除锈、动力工具除锈、喷射除锈、化学除锈等工程。

(2)各种管件、阀门及设备上的人孔、管口凹凸部分的除锈已综合考虑在定额内,不另行计算。

(3)手工和动力工具除锈按St2标准确定,若变更级别标准为St3标准,定额乘以系数1.1。

(4)喷射除锈按Sa2.5标准确定,若变更级别标准,Sa3级按定额乘以系数1.1,Sa2级按定额乘以系数0.9。

(5)除锈级别如为微锈时,其工程量执行轻锈定额乘以系数0.2。

(6)喷砂除锈定额中不含烘砂内容,发生时按批准的施工方案或现场签证另行计算。

### 3.2.6　刷油工程量计算及定额说明

1.计算规则

(1)刷油工程中设备、管道、H型钢钢结构(包括任何一边大于300 mm以上的型钢)均以"10 $m^2$"为计量单位。

(2)一般钢结构、管廊钢结构以"100 kg"为计量单位。

2.计算方法

管道、散热器、金属结构刷油工程量计算方法同除锈工程量计算。

管道保温层外表面的刷油,应根据保温层厚度形成的表面积计算刷油的工程量。其计算公式如下:

$$S = L\pi(D + 2\delta + 2\delta \times 5\% + 2d_1 + 3d_2)$$
$$= L\pi(D + 2.1\delta + 2d_1 + 3d_2)$$

式中　$L$——管道的长度;

$D$——管道的外径；

$\delta$——绝热保温层的厚度；

5%——保温材料允许超厚系数；

$d_1$——绑扎保温层的金属线直径或钢带厚度，一般按16#线 $2d_1=0.0032$ m取定；

$d_2$——防潮层的厚度，一般按350 g油毡 $3d_2=0.005$ m取定。

管道保温层的外表面积也可参考《刷油、防腐蚀、绝热工程》定额附录进行计算。

3. 定额说明

(1)金属表面刷油不包括除锈工作内容。

(2)各种管件、阀件和设备上的人孔、管口凹凸部分的刷油已综合考虑在定额内，不另行计算。

(3)刷油定额主材与稀干料可以换算，但人工与材料消耗量不变。

(4)标志色环等零星刷油，执行相应项目，其人工乘以相应系数。

(5)刷油定额按安装地点就地刷(喷)油漆考虑，如安装前管道集中刷油，人工乘以系数0.7(暖气片除外)。

### 3.2.7 绝热工程量计算及定额说明

1. 计算规则

(1)绝热工程中绝热层以"$m^3$"为计量单位，防潮层、保护层以"10 $m^2$"为计量单位。

(2)防火涂料施工，管道、设备及各类金属结构以"10 $m^2$"为计量单位。

2. 计算方法

(1)管道设备绝热层工程量计算

管道绝热层计算公式如下：

$$V=L\pi(D+\delta+\delta\times3.3\%)\times(\delta+\delta\times3.3\%)$$
$$=L\pi(D+1.033\delta)\times1.033\delta$$

式中 $L$——管道的长度；

$D$——管道的外径；

$\delta$——绝热保温层的厚度；

3.3%——保温材料允许超厚系数。

伴热管道绝热层计算公式如下：

$$V=L\pi(D+\delta+\delta\times3.3\%)\times(\delta+\delta\times3.3\%)$$
$$=L\pi(D+1.033\delta)\times1.033\delta$$

其中

$$D=D_{主}+d_{伴}+(10\sim20\text{mm})$$

也可以参考《刷油、防腐蚀、绝热工程》定额附录进行计算。

(2)管道保护层工程量计算

保护层工程量计算方法与绝热保温层外表面刷油相同。

(3)法兰、阀门绝热层和保护层工程量计算

可参考《刷油、防腐蚀、绝热工程》定额附录进行计算。

3. 定额说明

(1)设备和管道绝热按现场安装后绝热施工考虑，若先绝热后安装，其人工乘以系数0.9。

(2)如绝热层厚度较厚分两层安装时，其工程量可按两层计算并分别套用定额子目。

(3)管道绝热工程，除法兰、阀门外，其他管件已综合考虑在内；设备绝热工程，除法兰、人孔外，其封头已综合考虑在内。

(4)保护层

①铝皮保护层执行镀锌铁皮保护层安装项目，主材可以换算，厚度大于 1 mm 时，其人工乘以系数 1.2；镀锌铁皮保护层厚度按 0.8 mm 以下考虑，厚度大于 0.8 mm 时，人工乘以系数 1.2。

②采用不锈钢薄板保护层安装时，其人工乘以系数 1.25，钻头用量乘以系数 2.0，机械乘以系数 1.15。

③玻璃丝布也适用于沥青玻璃丝布，其中人工乘以系数 1.05。

(5)复合成品材料安装应执行相同材质瓦块或管壳安装项目，分层安装时应分别计算。

(6)防火涂料设计厚度与定额不同时，防火涂料消耗量可按产品说明调整，其余不变。

(7)地暖隔热层按《给排水、采暖、燃气工程》相应项目计算。

### 3.2.8　采暖系统调试

采暖工程系统调试费按采暖系统工程人工费的 9.2%计算，其中人工费占 35%。

## 3.3　采暖工程施工图预算编制实例

本节以某单位办公楼为例，按定额计价方法介绍室内采暖工程施工图预算的编制。

### 3.3.1　某单位办公楼施工图

1. 设计说明

(1) 该工程采暖热源来自锅炉房，供水 95 ℃，回水 70 ℃，系统入口 $Q$=65 kW。

(2) 系统采用上行下给单管同程式系统，供水管设在二层梁下，回水管设在暖沟里。

(3) 采暖管道选用普通焊接钢管，$DN\leqslant32$ mm 时，采用螺纹连接；$DN>32$ mm 时，采用焊接连接。

(4) 除图中注明外，本工程中水管标高均指管中心标高。

(5) 管道穿越墙壁、楼板时，应设置钢套管；入户供回水干管采用 $DN$80 柔性防水套管进行处理。

(6) 管道防腐：明装非保温管道，在正常相对湿度、无腐蚀性气体的房间内刷一遍红丹防锈漆，两遍快干磁漆；在卫生间内刷一遍红丹防锈漆，一遍耐酸漆，两遍快干磁漆。暗装管道表面刷两遍红丹防锈漆。

(7) 散热器表面刷一遍红丹防锈漆，两遍银粉漆；支架刷一遍红丹防锈漆，两遍快干磁漆。

(8) 管道保温：应在防腐、水压试验合格后进行。不采暖房间的管道刷两遍红丹防锈漆后用 40 mm 厚岩棉管壳保温，用玻璃纤维布做保护层，保护层表面刷一遍沥青漆。

(9) 系统以 0.6 MPa 进行水压试验，5 min 内不渗漏者为合格。

(10) 管道经试压合格投入使用前必须进行反复冲洗，至出水水色不浑浊时为合格。

(11) 未叙之处参见有关规范。

(12) 施工详图如图 3.20～图 3.22 所示。主要设备材料见表 3.7 所示。

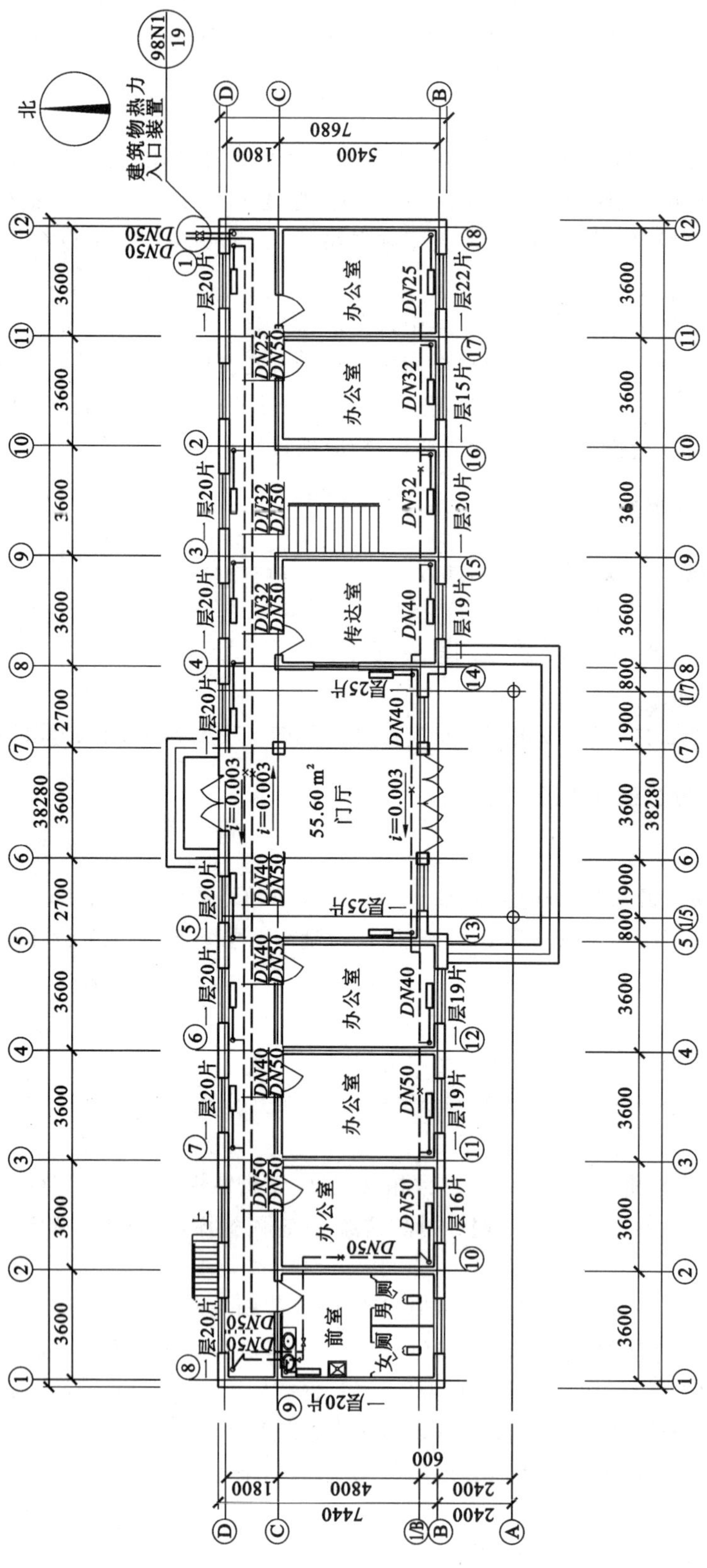


图 3.20　一层采暖平面图(1∶100)

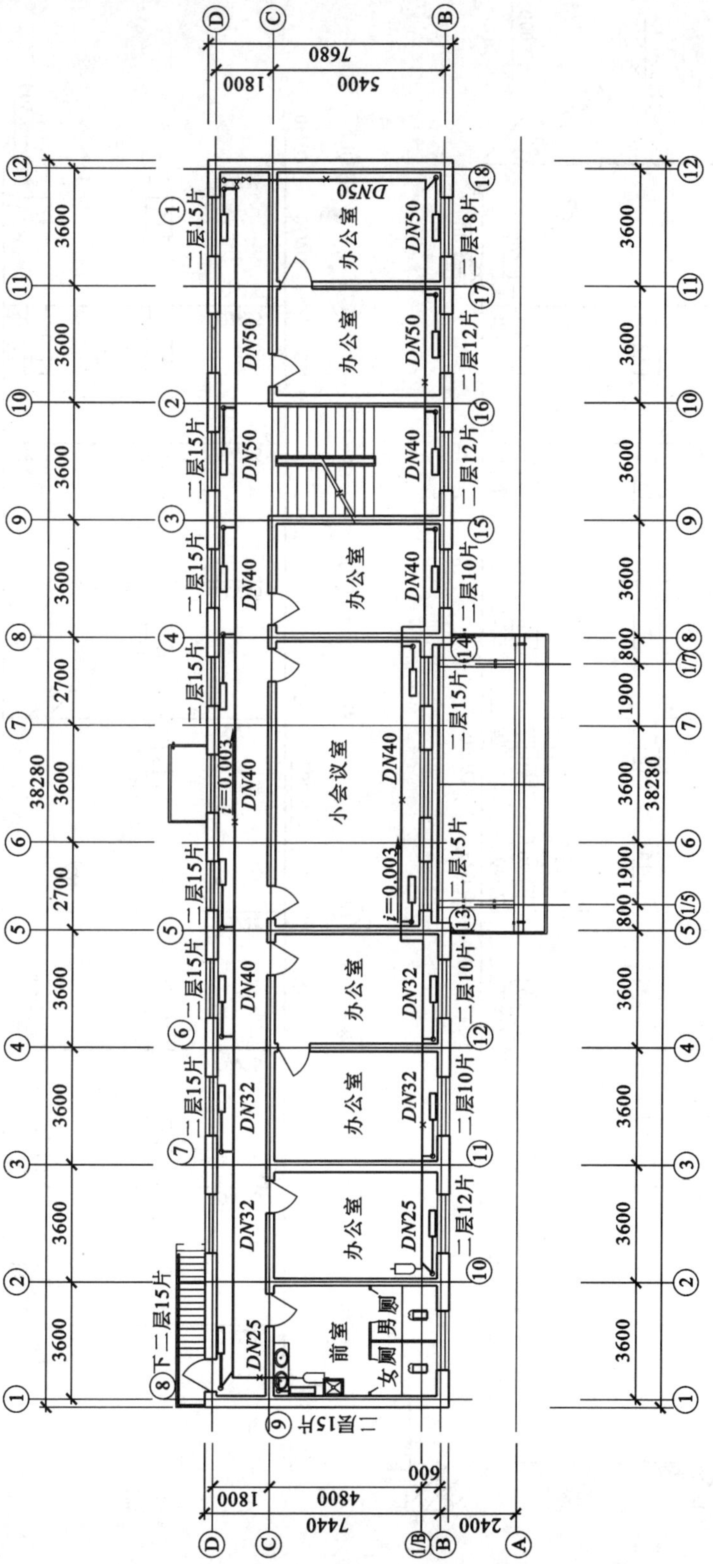


图3.21　二层采暖平面图(1:100)

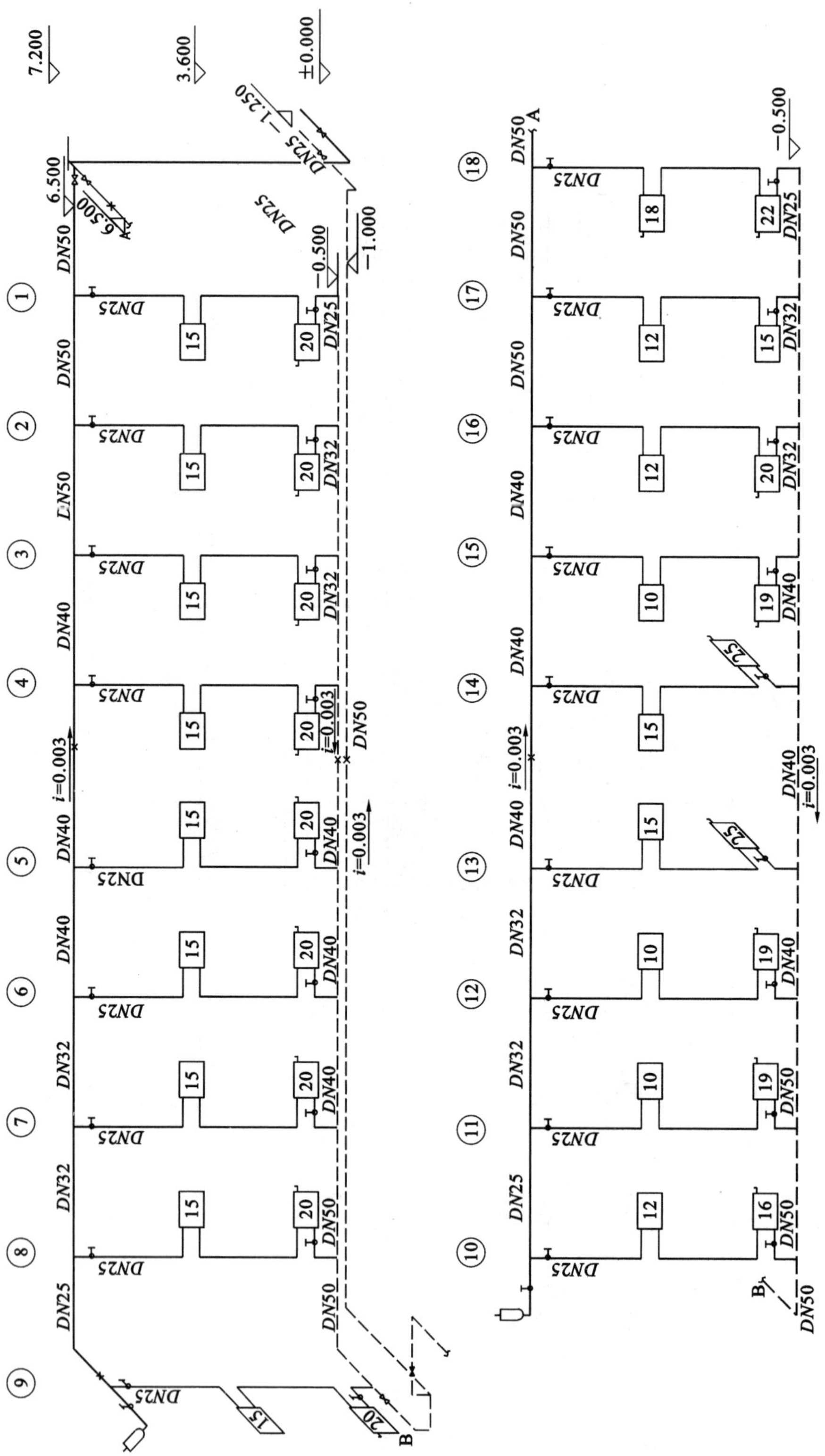

7.200
3.600
±0.000
6.500
−1.250
−0.500
−1.000
DN25
DN32
DN40
DN50
i=0.003
A
B
①
②
③
④
⑤
⑥
⑦
⑧
⑨
⑩
⑪
⑫
⑬
⑭
⑮
⑯
⑰
⑱


图 3.22　采暖系统图

表 3.7 主要设备材料表

| 序号 | 设备名称 | 型号及规格 | 单位 | 数量 | 备注 |
|---|---|---|---|---|---|
| 1 | 散热器 | TFD1(Ⅱ)-0.9/6-5 辐射对流 | 片 | 609 | |
| 2 | 截止阀 | J11T—16 *DN*25 | 个 | 38 | |
| 3 | 截止阀 | J11T—16 *DN*50 | 个 | 6 | |
| 4 | 自动排气阀 | ZP-Ⅱ *DN*20 | 个 | 2 | |

### 3.3.2 编制依据及有关说明

1. 编制依据

(1) 本施工图预算按照某单位办公楼采暖工程施工图计算工程量。

(2) 定额采用 2018 年《××省建设工程计价依据——安装工程预算定额》及《××省建设工程费用定额》。

(3) 材料价格按 2018 年《××地区建设工程材料预算价格》取定。

2. 有关说明

热力入口装置本预算暂未考虑。

### 3.3.3 定额计价预算编制

采暖工程量计算表如表 3.8 所示；安装工程预算表如表 3.9 所示；安装工程预算总值表如表 3.10 所示。

表 3.8 采暖工程量计算表

工程名称：某单位办公楼采暖工程

| 序号 | 设计部位和图号 | 项目名称 | 单位 | 计算式 | 数量 |
|---|---|---|---|---|---|
| (一) | **供回水管道** | | | | |
| 1 | 供水干管 | 焊接钢管 焊接 *DN*50<br>焊接钢管 焊接 *DN*40<br>焊接钢管 螺纹连接 *DN*32<br>焊接钢管 螺纹连接 *DN*25 | 10m | 34.65<br>31.9<br>17.8<br>5.6 | 3.465<br>3.19<br>1.78<br>0.56 |
| 2 | 供水立管 | 焊接钢管 螺纹连接 *DN*25 | 10m | 112.95 | 11.295 |
| 3 | 供水支管 | 焊接钢管 螺纹连接 *DN*25 | 10m | 82.93 | 8.293 |
| 4 | 回水干管 | 焊接钢管 螺纹连接 *DN*25<br>焊接钢管 螺纹连接 *DN*32<br>焊接钢管 焊接 *DN*40<br>焊接钢管 焊接 *DN*50 | 10m | 10<br>14.6<br>32.2<br>65.1 | 1<br>1.46<br>3.22<br>6.51 |
| 5 | 供回水管道汇总 | 焊接钢管 螺纹连接 *DN*25<br>焊接钢管 螺纹连接 *DN*32<br>焊接钢管 焊接 *DN*40<br>焊接钢管 焊接 *DN*50 | 10m | 5.6+112.95+82.93+10<br>17.8+14.6<br>31.9+32.2<br>34.65+65.1 | 21.148<br>3.24<br>6.41<br>9.975 |

续表 3.8

| 序号 | 设计部位和图号 | 项目名称 | 单位 | 计算式 | 数量 |
| --- | --- | --- | --- | --- | --- |
| (二) | **套管** | | | | |
| 1 | 柔性防水套管 | *DN*50 | 个 | 2 | 2 |
| 2 | 钢套管 | *DN*50<br>*DN*40<br>*DN*32<br>*DN*25 | 个 | 5<br>2<br>2<br>38 | 5<br>2<br>2<br>38 |
| (三) | **管道支架** | | | | |
| 1 | 供水干管托架 | *DN*50<br>*DN*40<br>*DN*32<br>*DN*25 | kg | 34.65/3=11.55≈12×1.04<br>31.9/3=10.63≈11×1.01<br>17.8/3=5.9≈6×0.97<br>5.6/3=1.9≈2×0.94 | 12.48<br>11.11<br>5.82<br>1.88 |
| 2 | 供水立管管卡 | *DN*25 | kg | 36×0.23 | 8.28 |
| 3 | 供水支管管卡 | *DN*25 | kg | 2×0.23 | 0.46 |
| 4 | 回水干管托架 | *DN*25<br>*DN*32<br>*DN*40<br>*DN*50 | kg | 10/1.5=6.67≈7×1.03<br>14.6/1.5=9.73≈10×1.04<br>32.2/3=10.7≈11×1.08<br>65.1/3=21.7≈22×1.11 | 7.21<br>10.4<br>11.88<br>24.42 |
| 5 | 支架汇总 | | 100kg | 12.48+11.11+5.82+1.88+8.28+0.46+7.21+10.4+11.88+24.42 | 0.9394 |
| (四) | **阀门** | 截止阀 J11T-16 *DN*25<br>截止阀 J11T-16 *DN*50<br>自动排气阀 *DN*20 ZP-Ⅱ<br>手动跑风门 | 个 | 38<br>6<br>2<br>19 | 38<br>6<br>2<br>19 |
| (五) | **散热器** | TFD1(Ⅱ)−0.9/6−5<br>辐射对流型 | 片 | 609 | 609 |
| | | 12 片以内<br>16 片以内<br>20 片以内<br>20 片以上 | 组 | 6<br>13<br>14<br>3 | 6<br>13<br>14<br>3 |
| (六) | **除锈工程量** | | | | |
| 1 | | 管道除锈 *DN*25<br>*DN*32<br>*DN*40<br>*DN*50 | $m^2$ | 1.05×21.15<br>1.33×3.24<br>1.51×6.41<br>1.89×9.98 | 22.71<br>4.31<br>9.68<br>18.86 |
| 2 | | 支架除锈 | 100kg | 93.43 | 0.9343 |

续表 3.8

| 序号 | 设计部位和图号 | 项目名称 | 单位 | 计算式 | 数量 |
|---|---|---|---|---|---|
| 3 | | 散热器除锈 | $10m^2$ | 0.235×609 | 14.312 |
| 4 | | 管道除锈汇总 | $10m^2$ | 22.71+4.31+9.68+18.86 | 5.556 |
| （七） | **刷油工程量** | | | | |
| 1 | 明装非保温管道<br>卫生间<br>非卫生间 | *DN*25 | $m^2$ | 0.96<br>55.06−0.96−20.15=34.45 | 0.96<br>33.95 |
| 2 | 暗装保温管道 | *DN*25<br>*DN*32<br>*DN*40<br>*DN*50 | $m^2$ | 10×0.1×1.05<br>14.6×0.1×1.33<br>32.2×0.1×1.51<br>65.1×0.1×1.89 | 1.05<br>1.94<br>4.86<br>12.3 |
| 3 | 保温层外表面 | *DN*25<br>*DN*32<br>*DN*40<br>*DN*50 | $m^2$ | 10×0.1×3.949<br>14.6×0.1×4.226<br>32.2×0.1×4.405<br>65.1×0.1×4.782 | 3.949<br>6.169<br>14.184<br>31.131 |
| 4 | 暗装保温管道面积汇总<br>保温层外表面积汇总 | | $10m^2$ | 1.05+1.94+4.86+12.3<br>3.949+6.169+14.184+31.131 | 2.015<br>5.543 |
| 5 | 散热器刷油 | | $10m^2$ | 609×0.235 | 14.312 |
| 6 | 支架刷油 | | 100kg | 93.43 | 0.9343 |
| （八） | **保温工程量** | *DN*25<br>*DN*32<br>*DN*40<br>*DN*50<br>汇总 | $m^3$ | 10×0.1×0.097<br>14.6×0.1×0.109<br>32.2×0.1×0.116<br>65.1×0.1×0.132<br>0.097+0.159+0.374+0.859 | 0.097<br>0.159<br>0.374<br>0.859<br>1.489 |
| （九） | **预留孔洞** | | | | |
| | | *DN*50<br>*DN*40<br>*DN*32<br>*DN*25 | 10 个 | 7<br>2<br>2<br>38 | 0.7<br>0.2<br>0.2<br>3.8 |

**表 3.9　采暖工程预算价格分析表**

工程名称：某单位办公楼采暖工程

| 定额号 | 工程及费用名称 | 单位 | 数量 | 预算价格 | | 总价分析 | | | | | | | |
|---|---|---|---|---|---|---|---|---|---|---|---|---|---|
| | | | | | | 主材费 | | 人工费 | | 材料费 | | 机械费 | |
| | | | | 单价 | 总价 | 单价 | 总价 | 单价 | 总价 | 单价 | 总价 | 单价 | 总价 |
| C10—511 | 室内钢管焊接 *DN*40 | 10m | 6.41 | 256.61 | 1644.87 | | | 223.75 | 1434.24 | 7.99 | 51.22 | 24.87 | 159.42 |
| | 焊接钢管 *DN*40 | m | 65.06 | | | 16 | 1040.96 | | | | | | |
| | 采暖室内钢管焊接管件 | 个 | 5.45 | | | 2.32 | 12.64 | | | | | | |
| C10—512 | 室内钢管焊接 *DN*50 | 10m | 9.98 | 312.65 | 3120.25 | | | 261.25 | 2607.28 | 13.43 | 134.03 | 37.97 | 378.94 |
| | 焊接钢管 *DN*50 | m | 101.3 | | | 18.03 | 1826.44 | | | | | | |
| | 采暖室内钢管焊接管件 | 个 | 12.97 | | | 2.32 | 30.09 | | | | | | |
| C10—488 | 室内焊接钢管螺纹连接 *DN*25 | 10m | 21.15 | 270.24 | 5715.58 | | | 258.75 | 5472.56 | 5.05 | 106.81 | 6.44 | 136.21 |
| | 焊接钢管 *DN*25 | m | 206.13 | | | 9.11 | 1877.84 | | | | | | |
| | 采暖室内钢管螺纹管件 | 个 | 260.36 | | | 2.32 | 604.04 | | | | | | |
| C10—489 | 室内焊接钢管螺纹连接 *DN*32 | 10m | 3.24 | 288.47 | 934.64 | | | 273.75 | 886.95 | 5.79 | 18.76 | 8.93 | 28.93 |
| | 焊接钢管 *DN*32 | m | 32.3 | | | 14 | 452.20 | | | | | | |
| | 采暖室内钢管螺纹管件 | 个 | 35.41 | | | 2.32 | 82.15 | | | | | | |
| C10—1852 | 一般钢套管制作安装 *DN*50 | 个 | 5 | 25.32 | 126.60 | | | 17.5 | 87.50 | 6.75 | 33.75 | 1.07 | 5.35 |
| | 焊接钢管 *DN*80 | m | 1.6 | | | 31.69 | 50.70 | | | | | | |
| C10—1852 | 一般钢套管制作安装 *DN*50 | 个 | 2 | 25.32 | 50.64 | | | 17.5 | 35.00 | 6.75 | 13.50 | 1.07 | 2.14 |
| | 焊接钢管 *DN*70 | m | 0.64 | | | 25.23 | 16.15 | | | | | | |
| C10—1851 | 一般钢套管制作安装 *DN*32 | 个 | 2 | 16.48 | 32.96 | | | 12.5 | 25.00 | 2.91 | 5.82 | 1.07 | 2.14 |
| | 焊接钢管 *DN*50 | m | 0.64 | | | 18.03 | 11.54 | | | | | | |
| C10—1851 | 一般钢套管制作安装 *DN*32 | 个 | 38 | 16.48 | 626.24 | | | 12.5 | 475.00 | 2.91 | 110.58 | 1.07 | 40.66 |
| | 焊接钢管 *DN*40 | m | 12.16 | | | 16 | 194.56 | | | | | | |

**续表 3.9**

| 定额号 | 工程及费用名称 | 单位 | 数量 | 预算价格 | | 总价分析 | | | | | | | |
|---|---|---|---|---|---|---|---|---|---|---|---|---|---|
| | | | | | | 主材费 | | 人工费 | | 材料费 | | 机械费 | |
| | | | | 单价 | 总价 | 单价 | 总价 | 单价 | 总价 | 单价 | 总价 | 单价 | 总价 |
| C8—3175 | 柔性防水套管制作 *DN*50 | 个 | 2 | 275.43 | 550.86 | | | 165 | 330.00 | 74.82 | 149.64 | 35.61 | 71.22 |
| | 焊接钢管 *DN*50 | kg | 8.8 | | | 4.14 | 36.43 | | | | | | |
| C8—3192 | 柔性防水套管安装 *DN*50 | 个 | 2 | 49.63 | 99.26 | | | 48.75 | 97.50 | 0.88 | 1.76 | | |
| C10—1862 | 管道支架制作 5kg 以内 | 100kg | 0.94 | 969.1 | 910.95 | | | 702.5 | 660.35 | 47.82 | 44.95 | 218.78 | 205.65 |
| | 型钢综合 | kg | 98.7 | | | 3.681 | 363.31 | | | | | | |
| C10—1831 | 管道支架安装 5kg 以内 | 100kg | 0.94 | 651.48 | 612.39 | | | 378.75 | 356.03 | 127.33 | 119.69 | 145.4 | 136.68 |
| C10—843 | 螺纹阀门安装 *DN*25 | 个 | 38 | 20.52 | 779.76 | | | 13.75 | 522.50 | 5.23 | 198.74 | 1.54 | 58.52 |
| | 截止阀 J11T—16*DN*25 | 个 | 38.38 | | | 45.57 | 1748.98 | | | | | | |
| C10—879 | 法兰阀门安装 *DN*50 | 个 | 6 | 43.59 | 261.54 | | | 31.25 | 187.50 | 10.26 | 61.56 | 2.08 | 12.48 |
| | 截止阀 J11T—16*DN*50 | 个 | 6 | | | 46.03 | 276.18 | | | | | | |
| C10—869 | 自动排气阀安装 *DN*20 | 个 | 2 | 19.08 | 38.16 | | | 16.25 | 32.50 | 2.72 | 5.44 | 0.11 | 0.22 |
| | 自动排气阀 *DN*20 | 个 | 2 | | | 41.71 | 83.42 | | | | | | |
| C10—871 | 手动放风阀安装 $\phi$10 | 个 | 19 | 3.77 | 71.63 | | | 3.75 | 71.25 | 0.02 | 0.38 | | |
| | 手动放风阀 $\phi$10 | 个 | 19.19 | | | 5 | 95.95 | | | | | | |
| C10—1434 | 成组铸铁散热器落地安装 12 片以内 | 组 | 6 | 39.06 | 234.36 | | | 37.5 | 225.00 | 1.37 | 8.22 | 0.19 | 1.14 |
| | 成组铸铁散热器带足 | 组 | 6 | | | 328.92 | 1973.52 | | | | | | |
| C10—1435 | 成组铸铁散热器落地安装 16 片以内 | 组 | 13 | 52.9 | 687.70 | | | 50 | 650.00 | 2.71 | 35.23 | 0.19 | 2.47 |
| | 成组铸铁散热器带足 | 组 | 13 | | | 438.56 | 5701.28 | | | | | | |
| C10—1436 | 成组铸铁散热器落地安装 20 片以内 | 组 | 14 | 66.75 | 934.50 | | | 63.75 | 892.50 | 2.81 | 39.34 | 0.19 | 2.66 |
| | 成组铸铁散热器带足 | 组 | 14 | | | 548.2 | 7674.80 | | | | | | |
| C10—1437 | 成组铸铁散热器落地安装 20 片以内 | 组 | 3 | 78.05 | 234.15 | | | 75 | 225.00 | 2.86 | 8.58 | 0.19 | 0.57 |
| | 成组铸铁散热器带足 | 组 | 3 | | | 630.43 | 1891.29 | | | | | | |

**续表 3.9**

| 定额号 | 工程及费用名称 | 单位 | 数量 | 预算价格 | | 总价分析 | | | | | | | |
|---|---|---|---|---|---|---|---|---|---|---|---|---|---|
| | | | | | | 主材费 | | 人工费 | | 材料费 | | 机械费 | |
| | | | | 单价 | 总价 | 单价 | 总价 | 单价 | 总价 | 单价 | 总价 | 单价 | 总价 |
| C10—1954 | 预留孔洞混凝土楼板 *DN*50 以内 | 10 个 | 4.9 | 58.78 | 288.02 | | | 53.75 | 263.38 | 4.18 | 20.48 | 0.85 | 4.17 |
| | 焊接钢管 | kg | 5.98 | | | 4.19 | 25.05 | | | | | | |
| C12—1 | 管道手工除轻锈 | 10m² | 5.556 | 38.96 | 216.46 | | | 37.5 | 208.35 | 1.46 | 8.11 | | |
| C12—5 | 一般钢结构除轻锈 | 100kg | 0.939 | 47.37 | 44.48 | | | 37.5 | 35.21 | 1.09 | 1.02 | 8.78 | 8.24 |
| C12—3 | 散热器除轻锈 | 10m² | 14.31 | 41.46 | 593.29 | | | 40 | 572.40 | 1.46 | 20.89 | | |
| C12—58 | 管道刷防锈漆第一遍 | 10m² | 5.466 | 30.15 | 164.80 | | | 27.5 | 150.32 | 2.65 | 14.48 | | |
| | 酚醛防锈漆 铁红 | kg | 7.16 | | | 9.5 | 68.02 | | | | | | |
| C12—59 | 管道刷防锈漆每增一遍 | 10m² | 5.466 | 29.91 | 163.49 | | | 27.5 | 150.32 | 2.41 | 13.17 | | |
| | 酚醛防锈漆 铁红 | kg | 6.22 | | | 9.5 | 59.09 | | | | | | |
| C12—65 | 管道刷耐酸漆第一遍 | 10m² | 0.096 | 30.06 | 2.89 | | | 28.75 | 2.76 | 1.31 | 0.13 | | |
| | 酚醛耐酸漆 | kg | 0.07 | | | 9.5 | 0.67 | | | | | | |
| C12—69 | 管道刷醇酸磁漆第一遍 | 10m² | 3.451 | 32.12 | 110.85 | | | 28.75 | 99.22 | 3.37 | 11.63 | | |
| | 醇酸磁漆 | kg | 4.14 | | | 9.5 | 39.33 | | | | | | |
| C12—70 | 管道刷醇酸磁漆每增一遍 | 10m² | 3.451 | 30.21 | 104.25 | | | 27.5 | 94.90 | 2.71 | 9.35 | | |
| | 醇酸磁漆 | kg | 3.87 | | | 9.5 | 36.77 | | | | | | |
| C12—98 | 一般钢结构刷防锈漆第一遍 | 100kg | 0.939 | 34.44 | 32.34 | | | 23.75 | 22.30 | 1.91 | 1.79 | 8.78 | 8.24 |
| | 酚醛防锈漆 铁红 | kg | 0.864 | | | 9.5 | 8.21 | | | | | | |
| C12—105 | 一般钢结构刷醇酸磁漆第一遍 | 100kg | 0.939 | 35.9 | 33.71 | | | 22.5 | 21.13 | 4.62 | 4.34 | 8.78 | 8.24 |
| | 醇酸磁漆 | kg | 0.68 | | | 9.5 | 6.46 | | | | | | |
| C12—106 | 一般钢结构刷醇酸磁漆每增一遍 | 100kg | 0.939 | 34.35 | 32.25 | | | 22.5 | 21.13 | 3.07 | 2.88 | 8.78 | 8.24 |
| | 醇酸磁漆 | kg | 0.64 | | | 9.5 | 6.08 | | | | | | |

续表 3.9

| 定额号 | 工程及费用名称 | 单位 | 数量 | 预算价格 | | 总价分析 | | | | | | | |
|---|---|---|---|---|---|---|---|---|---|---|---|---|---|
| | | | | 单价 | 总价 | 主材费 | | 人工费 | | 材料费 | | 机械费 | |
| | | | | | | 单价 | 总价 | 单价 | 总价 | 单价 | 总价 | 单价 | 总价 |
| C12—155 | 暖气片刷防锈漆一遍 | $10m^2$ | 14.31 | 36.55 | 523.03 | | | 33.75 | 482.96 | 2.8 | 40.07 | | |
| | 酚醛防锈漆 铁红 | kg | 15.03 | | | 9.5 | 142.79 | | | | | | |
| C12—157 | 暖气片刷银粉漆第一遍 | $10m^2$ | 14.31 | 41.16 | 589.00 | | | 35 | 500.85 | 6.16 | 88.15 | | |
| | 银粉漆 | kg | 7.73 | | | 9.5 | 73.44 | | | | | | |
| C12—158 | 暖气片刷银粉漆每增一遍 | $10m^2$ | 14.31 | 39.16 | 560.38 | | | 33.75 | 482.96 | 5.41 | 77.42 | | |
| | 银粉漆 | kg | 7.01 | | | 9.5 | 66.60 | | | | | | |
| C12—165 | 管道布面刷沥青漆第一遍 | $10m^2$ | 5.543 | 64.14 | 355.53 | | | 56.25 | 311.79 | 7.89 | 43.73 | | |
| | 沥青防腐漆 黑 | kg | 19.51 | | | 9.5 | 185.35 | | | | | | |
| C12—829 | 管道 $\phi$57mm 以下厚度 40mm | | | | | | | | | | | | |
| | 矿岩棉管壳保温层 | $m^3$ | 0.63 | 616.8 | 388.58 | | | 577.5 | 363.83 | 18.55 | 11.69 | 20.75 | 13.07 |
| | 矿岩棉保温管壳≤70kg/$m^3$ | $m^3$ | 0.65 | | 0.00 | 259.05 | 168.38 | | | | | | |
| C12—837 | 管道 $\phi$133mm 以下厚度 40mm | | | | | | | | | | | | |
| | 矿岩棉管壳保温层 | $m^3$ | 0.859 | 314.66 | 270.29 | | | 281.25 | 241.59 | 12.66 | 10.87 | 20.75 | 17.82 |
| | 矿岩棉保温管壳≤70kg/$m^3$ | $m^3$ | 0.885 | | | 259.05 | 229.26 | | | | | | |
| C12—1243 | 管道表面做玻璃丝布保护层 | $10^2$ | 5.543 | 48.88 | 270.94 | | | 48.75 | 270.22 | 0.13 | 0.72 | | |
| | 玻璃丝布 | $m^2$ | 77.6 | | | 2.16 | 167.62 | | | | | | |
| | 第一次汇总 | | | | 22411.63 | | 27327.57 | | 19569.261 | | 1528.94 | | 1313.44 |
| | 采暖工程系统调整费 | 元 | 9390.36 | 9.20% | 863.91 | | | 35.0% | 302.37 | | | | |
| | 第二次汇总 | | | | 23275.55 | | 27327.57 | | 19871.631 | | | | |
| | 脚手架搭拆费 安装工程 | 元 | 15273.65 | 4.6% | 702.59 | | | 35.0% | 245.91 | | | | |
| | 脚手架搭拆费 刷油工程 | 元 | 2340.63 | 6.4% | 149.80 | | | 35.0% | 52.43 | | | | |
| | 脚手架搭拆费 保温工程 | 元 | 875.64 | 9.1% | 79.68 | | | 35.0% | 27.89 | | | | |

**表 3.10　采暖安装工程预算总值表**

工程名称：某单位办公楼采暖工程

| 序号 | 工程或费用名称 | 计算公式或基数 | 费率(%) | 金额 |
|---|---|---|---|---|
| 1 | 定额工料机费(包含施工技术措施费) | 按《计价依据》预算定额计算 | | 24207.62 |
| 2 | 其中：人工费 | 按《计价依据》预算定额计算 | | 20197.86 |
| 3 | 施工组织措施费 | 2×相应费率 | 6.03 | 1217.93 |
| 4 | 企业管理费 | 2×相应费率 | 19.80 | 3999.18 |
| 5 | 利润 | 2×相应利润率 | 18.50 | 3736.60 |
| 6 | 动态调整 | 按规定计算 | | |
| 7 | 主材费 | | | 27327.57 |
| 8 | 税金 | (1+3+4+5+6+7)×税率 | 10 | 6048.89 |
| 9 | 工程造价 | 1+3+4+5+6+7+8 | | 66537.79 |

## 单元小结

室内采暖工程主要由引入管、热力节点、室内采暖干管、立管、支管所形成的室内采暖管网、散热器、管道附件、贮存升压设备组成。

室内采暖施工图的识读应先看设计说明，然后再将平面图和系统图对照看，通过识读施工图，了解管道在空间的走向和散热器在建筑物内的位置和数量。

采暖工程量的计算重点是管道安装长度计算，其计算方法有按图示安装位置和尺寸进行计算、按图示位置用比例尺度量两种。在计算过程中，应注意区分各种管道的分界线，干管的变径点，立管、支管乙字弯的计算。散热器、管道连接件采用统计的方法计算。管道的除锈、刷油、保温工程量的计算根据设计来确定。

### 复习思考题

3.1　室内采暖系统由哪几部分组成？各部分的作用是什么？

3.2　连接散热器的采暖供水立管工程量如何计算？

3.3　管道除锈工程量如何计算？

3.4　简述保温工程量计算方法，写出计算公式，并说明各部分的含义。

# 单元4　建筑照明电气施工图预算

**知识目标**　了解建筑电气照明工程的组成；熟悉常用的材料及设备的基本知识和表示方法；了解电气施工图中图例符号和文字符号的含义；了解建筑电气工程安装施工的基本知识；熟悉安装定额的应用；掌握工程量计算规则。

**能力目标**　能够识读建筑电气照明和防雷接地系统的施工图；结合工程量计算规则，能进行建筑电气的低压电器与控制设备、配管配线、防雷接地的工程量计算；掌握建筑电气施工图预算编制的方法和步骤。

## 4.1　建筑电气照明基本知识

建筑电气照明工程是建筑工程的重要组成部分。建筑电气照明是指在缺乏天然光或天然光不足的情况下，为在建筑物内创造一个明亮的环境，以满足生产、工作和生活的需要，利用电气设备将电能转换成光能以达到建筑人工照明的目的。

### 4.1.1　建筑电气系统的组成

建筑电气照明系统一般是由变配电设施通过导线连接各用电器具组成一个完整的照明供电系统，主要由进户装置、室内配电箱(盘)、电缆敷设、配管配线、灯具、小电器(开关、插座、电扇等)、防雷接地等项目组成。

#### 4.1.1.1　进户装置

室内供电系统的电源是从室外低压配电装置上接线入户的，接入电源按进线方式有三相四线制、三相五线制和单相二线制等形式。按线路的敷设方式有：进户横担架空敷设和电缆埋地加保护管敷设等。

#### 4.1.1.2　配电箱(盘)

进户线进至室内后，先经总配电箱，再到供电干线，然后到分配电箱，最终送到各用电设备回路。配电箱(盘)的作用是对各回路电能进行分配、控制，同时对各回路用电进行计量与保护。

进线总开关、分支开关、熔断器及接线装置等控制设备安装在一起称为配电箱。配电箱是控制室内电源的主要设备。进户后设置的配电箱为总配电箱，它主要控制各分支电路的配电箱；各分支电路的配电箱为分配电箱。分配电箱除装有控制设备外，还经常装有电度表，记载耗电数量。

配电箱(盘)根据用途不同可分为动力配电箱(盘)和照明配电箱(盘)两种。根据安装方式可分为落地安装、沿墙柱明装(悬挂式)、暗装(嵌入式)和半明半暗装等。根据制作材质可分为铁制、木制及塑料制品配电箱。

#### 4.1.1.3 管线敷设(配管配线)

照明供电电气线路正常运行需要构成回路,为此,每个用电器具的配线都是由相线和零线构成一个闭合回路。

管线敷设是指在建筑电气照明工程中,电力进户线路及配电设备之间相互连接的一种方式。电力进户线路中,电缆的敷设通常采用直埋敷设、穿管敷设、电缆沟敷设、桥架敷设等方式;配电设备之间相互连接时,电缆的敷设通常采用穿管敷设、竖井敷设等方式。

配管是指配电设备之间、配电设备到各用电器具的供电和控制线路的保护管道。常见的形式有钢管、电线管、PVC 塑料阻燃管、扣压紧定式钢管等。

导线是电气工程中的主要材料。常用的导线有电缆、裸导线、绝缘导线。

#### 4.1.1.4 用电设备

在供电系统中,灯具和小电器是建筑电气照明工程的用电设备。

灯具的安装方式有线吊灯、链吊灯、管吊灯、吸顶灯、壁灯等。照明按用途分为一般照明、事故照明、装饰照明、局部照明、市政道路桥梁照明、专业专用照明等。

一般照明采用电压为 220V 交流电,事故应急照明采用电压为 36V 直流电。

开关是指对灯具进行控制的小电器。常见的开关有拉线开关、扳把开关、按钮开关等。开关的安装方式有明装和暗装两种。

插座是移动电器设备的电源装置,其安装方式也有明装、暗装及地面插座;插座按其电源分为单相和三相两种。

#### 4.1.1.5 防雷接地

防雷接地装置一般由接闪器、引下线和接地极组成。按工作接地和保护接地的方式不同,接地系统分为 TN、TT、IT 三种形式。

(1) 接地极

工程中常见的接地有人工接地和自然接地。人工接地由接地极和接地母线组成。

接地极由钢管、角钢、圆钢、铜板或钢板制作而成,一般长度为 2.5 m ,每组 3～ 6 根不等,直接打入地下,与室外接地母线连接。

接地母线分为户内和户外。户内接地母线一般沿墙用卡子固定敷设。户外接地母线一般埋设在地下,沟的挖填土方按上口宽 0.5 m,下底宽 0.4 m ,深 0.75 m ,每米沟长 0.34 $m^3$ 土方量计算。接地母线多采用扁钢或圆钢作为接地材料。

自然接地极是将基础内主筋沿建筑物外圈焊接成环形 ,并将主轴线上的基础梁主筋相互焊接构成密闭通路的基础接地体。

(2) 避雷引下线

避雷引下线是从接闪器向下沿建筑物、构筑物和金属构件引下的导线。一般采用扁钢或圆钢作为引下线。目前,大多数建筑物是利用柱内主筋作为引下线。利用构造柱内主筋作为引下线时,要自下而上通长焊接,上面与避雷网连接,下面与基础钢筋网连接。

(3) 接闪器

常见的接闪器有避雷针、避雷网和均压环等。

避雷针是接收建筑物和构筑物顶部雷电荷的装置，安装在建筑物和构筑物的最高点。一些重要场所如变电站等则安装独立避雷针。避雷针由钢管和圆钢制成。

避雷网通常设置于建筑物顶部，一般采用镀锌圆钢架设在建筑物的女儿墙及凸出部位作为避雷网(线、带)。

均压环是接收建筑物和构筑物侧面雷电荷的装置。高层建筑中，每隔 6 m 设置均压环。均压环可利用圈梁内两条主筋焊接成闭合圈或另设一根扁钢或圆钢于圈梁内作为均压环，此闭合圈必须与所有的引下线连接。

(4) 接地跨接线

接地跨接线是指接地母线遇有障碍物(如建筑物伸缩缝、沉降缝)需跨越时的连接线，或是利用金属构件作为接地线时需要焊接的连接线。

(5) 等电位

等电位是设置于室内的接地装置，由接地母线、等电位盒(箱)组成，并与建筑物引下线连接形成接地。常见的有总等电位、辅助等电位、局部等电位。

总等电位一般设在地下室，通过等电位箱中的总等电位联结端子板(接地母排)将进入建筑物的金属管道(如上下水、热力、煤气、强弱电进线保护等管道)、进出建筑物的金属结构通过室内接地母线互相连通，并与接地极连接。

辅助等电位一般设在浴室、游泳池、医院手术室等场所，将两导电部分用导线直接做等电位联结，并与接地系统连接。

当需在某一局部场所范围内做多个辅助等电位联结时，可通过局部等电位联结端子板将其互相连通，实现该局部范围内的多个辅助等电位联结为局部等电位联结。

### 4.1.2 建筑电气常用材料

建筑电气工程常用的材料有导线、变配电控制设备、灯具、小型电器等。

#### 4.1.2.1 导线材料

(1) 裸导线

无绝缘层的导线称为裸导线，裸导线主要由铝、铜、钢等制成。它可以分为圆线、绞线、软绞线、型材等系列产品。

圆单线：圆单线由可以导电的材料加工制成，它可单独使用做架空导线或防雷接地连接线，也可做成绞线。它是构成各种电线、电缆线芯的单体材料。

裸绞线：裸绞线由多根圆单线或型线绞合而成，广泛用于电缆线芯和架空输配电电路中。绞线的品种较多，主要有铝绞线、钢芯铝绞线、铝合金绞线、钢芯铝合金绞线、硬铜绞线等。

型材：型材有矩形、梯形及其他几何形状的导体，可以独立使用，如电车线、各种母线等；也可用于制造电缆及电气设备的元件，如变压器、电抗器、电机的线圈等。

(2) 绝缘导线

具有绝缘包层的电线称为绝缘导线。绝缘导线按线芯材料分为铜芯和铝芯；按线芯股数分为单股和多股；按结构分为单芯、双芯、多芯等；按绝缘材料分为橡皮绝缘导线和塑料绝缘导线。常用绝缘导线的型号、名称和用途如表 4.1 所示。

绝缘导线符号的含义：B 表示绝缘导线；V、X 分别表示绝缘材料塑料和橡皮；L 表示线芯为铝芯。例如，BVV 表示护套线，BVV3×2.5 表示一根三芯 2.5 $mm^2$ 的护套线；BV3×2.5 表示三根 2.5 $mm^2$ 聚氯乙烯绝缘导线。

绝缘导线一般用于建筑照明工程的室内外导线，其敷设方式有穿管敷设、桥架敷设、线槽板敷设、绝缘子配线等。

**表 4.1　常用绝缘导线的型号、名称和用途**

| 型　号 | 名　　称 | 用　　途 |
|---|---|---|
| BX(BLX)<br>BXF(BLXF)<br>BXR | 铜(铝)芯橡皮绝缘导线<br>铜(铝)芯氯丁橡皮绝缘导线<br>铜芯橡皮绝缘软导线 | 适用于交流 500 V 以下、直流 1000 V 以下的电气设备及照明装置 |
| BV(BLV)<br>BVV(BLVV)<br>BVVB(BLVVB)<br>BVR<br>ZR-BV<br>NH-BV | 铜(铝)芯聚氯乙烯绝缘导线<br>铜(铝)芯聚氯乙烯绝缘聚氯乙烯护套圆型导线<br>铜(铝)芯聚氯乙烯绝缘聚氯乙烯护套平型导线<br>铜芯聚氯乙烯绝缘软导线<br>阻燃铜芯聚氯乙烯绝缘导线<br>耐火铜芯聚氯乙烯绝缘导线 | 适用于交流 500 V 以下、直流 1000 V 以下的各种电气装置，电工仪表、仪器、电信设备，动力照明线路固定敷设 |
| BBX<br>BBLV | 铜芯橡皮绝缘玻璃丝纺织线<br>铝芯橡皮绝缘玻璃丝纺织线 | 适应于室内外明装固定敷设或穿管敷设 |

穿管敷设的方式有明配管和暗配管两种。明配管是用固定卡子将管子固定在墙、柱、梁、顶板等结构上。暗配管是将管子预敷设在墙、顶板、梁、柱内。管材主要有钢管、电线管、PVC 塑料阻燃管、扣压紧定式钢管等。电气暗配管宜沿最近线路敷设，并应尽量减少弯曲。埋设于地下的管道不得采用对接焊接，宜穿套管焊接，套管的长度为管径的 1.5～3 倍；明配管不允许焊接，只能采用丝接。在砌体上开槽时，砂浆抹面保护层厚度不应小于 15 mm。多根导线穿管敷设时，导线截面积(包括绝缘层)的总和应不超过管内面积的 40%。

(3)电缆

电缆是一种多芯导线，即在一个绝缘软套内裹有多根相互绝缘的线芯。电缆的基本结构由缆芯、绝缘层、保护层三部分组成。

电缆按导线材质可分为铜芯电缆、铝芯电缆；按用途可分为电力电缆、控制电缆、通信电缆、其他电缆；按绝缘可分为橡皮绝缘、油浸纸绝缘、塑料绝缘；按芯数可分为单芯、双芯、三芯及多芯。电缆型号的组成和含义如表 4.2 所示。

**表 4.2　电缆型号的组成和含义**

| 性能 | 类别 | 电缆种类 | 线芯材料 | 内护层 | 其他特征 | 外护层 | |
|---|---|---|---|---|---|---|---|
| | | | | | | 第一数字 | 第二数字 |
| ZR 阻燃<br>NH 耐火 | K 控制电缆<br>Y 移动式软电缆<br>P 信号电缆<br>H 电话电缆 | Z 纸绝缘<br>X 橡皮<br>V 聚氯乙烯<br>Y 聚乙烯<br>YJ 交联聚乙烯 | T 铜<br>L 铝 | Q 铅护套<br>L 铝护套<br>V 聚氯乙烯护套<br>H 橡皮护套<br>Y 聚乙烯护套 | P 屏蔽<br>C 重型<br>F 分相铅包 | 2 双钢带<br>3 细圆钢丝<br>4 粗圆钢丝 | 1 纤维护套<br>2 聚氯乙烯护套<br>3 聚乙烯护套 |

① 电力电缆

电力电缆是用来输送和分配大功率电能的导线。无铠装的电缆适用于室内、电缆沟内、电缆桥架内和穿管敷设;钢带铠装电缆适用于直埋敷设。常用电力电缆型号及名称如表 4.3 所示。

**表 4.3　常用电力电缆型号及名称**

| 型号 | | 名称 |
|---|---|---|
| 铜芯 | 铝芯 | |
| VV | VLV | 聚氯乙烯绝缘聚氯乙烯护套电力电缆 |
| VV22 | VLV22 | 聚氯乙烯绝缘钢带铠装聚氯乙烯护套电力电缆 |
| ZR-VV | ZR-VLV | 阻燃聚氯乙烯绝缘聚氯乙烯护套电力电缆 |
| NH-VV | NH-VLV | 耐火聚氯乙烯绝缘聚氯乙烯护套电力电缆 |
| NH-VV22 | NH-VLV22 | 耐火聚氯乙烯绝缘钢带铠装聚氯乙烯护套电力电缆 |
| YJV | YJLV | 交联聚氯乙烯绝缘聚氯乙烯护套电力电缆 |
| YJV22 | YJLV22 | 交联聚氯乙烯绝缘钢带铠装聚氯乙烯护套电力电缆 |

电缆的敷设方式有埋地敷设、电缆沿支架敷设、穿保护管敷设、沿桥架敷设等方式。

埋地敷设必须使用铠装及防腐层保护的电缆,裸钢带铠装电缆不允许埋地敷设。一般电缆沟深度不超过 900 mm,埋地敷设还需要铺砂及在砂上盖砖或保护板。

埋地敷设的程序为:

测量画线→开挖电缆沟→铺砂→敷设电缆→铺砂→盖砖或保护板→回填土→设置标桩

电缆沿支架敷设是在安装的支架上用卡子将电缆固定。电力电缆支架之间的水平距离为 1 m,控制电缆为 0.8 m,电力电缆和控制电缆一般可同沟敷设。电缆垂直敷设一般有卡设和桥架敷设。

电缆穿保护管敷设是将保护管预先敷设好,再将电缆穿入管内。管道内径不应小于电缆外径的 1.5 倍,一般用钢管作为保护管,单芯电缆不允许穿钢管敷设。

电缆桥架敷设时,电缆桥架分为槽式、托盘式和梯架式等结构,由支架、托臂和安装附件等组成。

梯级式桥架具有良好的通风性能,但不防尘、不防干扰。槽式、托盘式桥架具有防尘、防干扰性能。组合式电缆桥架不需生产弯通、三通等配件就可以根据现场安装情况任意转向、变宽、分引上和引下;在任意部位,不需要打孔、焊接就可用管引出。

桥架系统应具有可靠的电气连接并接地。沿桥架全长另敷设接地干线时,每段(包括非直线段)桥架应至少有一点与接地干线可靠连接。

电缆桥架内缆线垂直敷设时,在缆线的上端和每间隔 1.5 m 处应固定在桥架的支架上;水平敷设时,在缆线的首、尾、转弯及每间隔 3～5 m 处进行固定。

桥架水平敷设时,支撑间距一般为 1.5～3 m;垂直敷设时,固定在建筑物构件上的间距宜小于 2 m。

桥架在穿越不同的防火分区时,需要采取防火措施。阻火封堵的设置,可采用防火堵料、填料或阻火包、耐火隔板等;电缆进入柜、屏、台、箱等的孔洞宜采用有机和无机防火堵料相互结合充填,有机堵料宜在电缆周围充填,洞口两侧的非耐燃或难燃型电缆宜采用自粘性防火包或刷防火涂料。凡穿越楼板、防火分区的电缆孔、洞都应采用无(有)机防火堵料,洞口两侧用防火板覆盖，用膨胀螺栓固定，在出线处用有机堵料做成几何图形线脚。防火隔板宜每边大于洞口 100 mm 为宜。

② 预制分支电缆

预制分支电缆不用在现场加工制作电缆分支接头和电缆绝缘穿刺线夹分支，是由生产厂家按照电缆用户要求的主、分支电缆型号、规格、截面、长度及分支位置等指标，在制造电缆时直接从主干电缆上加工制作出带分支的电缆。预制分支电缆可以广泛应用在住宅楼、办公楼、写字楼、商贸楼、教学楼、科研楼等各种建筑中，作为供、配电的主、干线电缆使用。

例如，预分支电缆型号：YFD-ZR-VV-4×185＋1×95 / 4×35 ＋ 1×16，表示主干电缆为 4 芯 185 $mm^2$ 和 1 芯 95 $mm^2$ 的铜芯阻燃聚氯乙烯绝缘聚氯乙烯护套电力电缆，分支电缆为 4 芯 35 $mm^2$ 和 1 芯 16 $mm^2$ 的铜芯阻燃聚氯乙烯绝缘聚氯乙烯护套电力电缆。

预制分支电缆的附件：在预制分支电缆的安装施工中，以中、高层建筑在缆井或电缆通道中安装时所需附件最多。

吊头：是预制分支电缆垂直安装时，在主电缆顶端作为安装起吊用的附件。用户在选型确定预制分支电缆主电缆截面后，只需在图纸上注明配备“吊头”，制造商即会按照相应的主电缆截面予以制作。

吊挂横梁：是在预制分支电缆垂直安装场合下，预制分支电缆直吊后，通过挂钩和吊头挂于该横梁上。建筑设计部门和建筑施工部门在确定采用预制分支电缆后，在主体建筑的吊挂横梁部位，应充分考虑其承重强度，尤其是高层建筑和大截面电缆时。

挂钩：垂直安装场合下使用。安装于吊挂横梁上，预制分支电缆起吊后挂在挂钩上。

支架：在预制分支电缆起吊敷设后，对主电缆进行紧固、夹持的附件。

缆夹：将主电缆夹持、紧固在支架上。

绝缘穿刺线夹主要由绝缘壳体、穿刺刀片、防水胶垫、力矩螺栓组成。当要做电缆分支连接时，将分支电缆插入支线帽内并确定好主线分支位置，主线有两层绝缘皮的则要在连接位置剥除一定长度的外层绝缘皮。用套筒扳手拧紧线夹上的力矩螺母时，随着力矩螺母的拧紧，线夹上、下两块暗藏有穿刺刀片的绝缘体逐渐合龙，同时，包裹在穿刺刀片周围的弧形密封胶垫逐步紧贴电缆绝缘层，穿刺刀片亦开始穿刺电缆绝缘层及金属导体。当密封胶垫、绝缘油脂的密封程度和穿刺刀片与金属体的接触达到最佳效果时，力矩螺母自动脱落，此时，安装完成且接触点密封和电气效果达到最佳。

#### 4.1.2.2　常用低压控制和保护电器

低压电器指电压在 500 V 以下的各种控制设备、继电器及保护设备等。工程中常用的低压电器设备有刀开关、熔断器、低压断路器、接触器、磁力启动器及各种继电器等。

(1) 刀开关

刀开关是最简单的手动控制设备，常用于不频繁地接通的电路中。根据闸刀的构造，可分为胶盖刀开关和铁壳刀开关两种。如果按极数分有单极、双极、三极，每种又有单投和双投之分。

胶盖刀开关的型号有 HK1、HK2 系列。额定电流有 15 A、30 A，最高可达 60 A；没有灭弧能力，容易损伤刀片，只用于普通配电工程不频繁操作的场所。

铁壳刀开关常用型号有 HH3、HH4、HH10、HH11 等系列。铁壳刀开关有灭弧能力；有铁壳保护和联锁装置(即带电时不能开门)，操作安全；有短路保护能力；只用在不频繁操作的场合。铁壳刀开关容量选择一般为电动机额定电流的 3 倍。

(2) 熔断器

熔断器用来防止电路和设备长期通过过载电流和短路电流，是有断路功能的保护元件。它由金属熔件(熔体、熔丝)、支持熔件的接触结构组成。

瓷插式熔断器:其构造简单，国产熔体规格有 0.5～100 A 等多种型号。

螺旋式熔断器:其构造简单，型号为 RLI 型。当熔丝熔断时，色片被弹落，需要更换熔丝管，常用于配电柜中。

封闭式熔断器:其构造简单，采用耐高温的密封保护管，内装熔丝或熔片。当熔丝熔化时，管内气压很高，能起到灭弧的作用，还能避免相间短路。这种熔断器常用在容量较大的负载上作短路保护。最大容量能达到 1 kA 。

填充料式熔断器:在填充料式熔断器中，有两个冲成栅状的铜片，其间用低熔点的锡桥联结，围成筒形卧入瓷管中。发生短路时，锡桥迅速熔化，铜片的作用是增大和石英砂的接触面积，让熔化时电弧的热量尽快散去。此种熔断器灭弧能力强，断电所需时间短。

自复熔断器:近代低压电器容量逐渐增大，低压配电线路的短路电流也越来越大，要求用于系统保护开关元件的分断能力也不断提高，为此出现了一些新型限流元件，如自复熔断器等。应用时，自复熔断器与外电路的低压断路器配合工作，效果很好。选择自复熔断器熔丝时，应区别负载情况分别考虑。对于照明等冲击电流很小的负载，熔体的额定电流应等于或稍大于电路的实际工作电流，熔体额定电流为电路实际工作电流的 1.1～1.5 倍。对于启动电流较大的负载，如电动机等，熔体额定电流为电路实际工作电流的 1.5～2.5 倍。

(3) 低压断路器

低压断路器是工程中应用最广泛的一种控制设备，曾称自动开关或空气开关。它除具有全负荷分断能力外，还具有短路保护、过载保护和失欠电压保护等功能，并且具有很好的灭弧能力，常用作配电箱中的总开关或分路开关。

常用的低压断路器有 DZ 系列、DW 系列等，新型号有 C 系列、S 系列、K 系列等。

(4) 接触器

接触器也称电磁开关，它是利用电磁铁的吸力来控制触头动作的。接触器按其电流可分为直流接触器和交流接触器两类，工程中常用交流接触器。

接触器多用于接通、分断线路或需要频繁控制的线路。

(5) 继电器

热继电器主要用于电动机和电气设备的过负荷保护。它的主要组成部分有热元件、双金属片构成的动触头、静触头及调节元件。

时间继电器是用在电路中控制动作时间的继电器。它利用电磁原理或机械动作原理来延时触点的闭合或断开。时间继电器种类繁多，有电磁式、电动式、空气阻尼式、晶体管式等。

中间继电器是将一个输入信号变成一个或多个输出信号的继电器，它的输入信号是通电和断电，输出信号是接点的接通或断开，用以控制各个电路。

(6) 漏电保护器

漏电保护器又称漏电保护开关，是为防止人身误触带电体漏电而造成人身触电事故的一种保护装置，它还可以防止由漏电而引起的电气火灾和电气设备损坏事故。

其名称上有“触电保护器”、“漏电开关”、“漏电继电器”等之分。凡称“保护器”、“漏电器”、“开关”者均带有自动脱扣器。凡称“继电器”者,则需要与接触器或低压断路器配套使用,间接动作。

漏电保护器安装在进户线的配电盘上或照明配电箱内,安装在电度表之后熔断器(或胶盖刀开关)之前。

#### 4.1.2.3 常用灯具

照明灯具按光源可分为热辐射光源和气体光源。热辐射光源包括白炽灯、卤钨灯、LED灯等;气体光源包括日光灯、钠灯、氙灯等。

(1) 白炽灯

白炽灯是靠钨丝白炽体的高温热辐射发光,它结构简单,使用方便,显色性好。白炽灯具一般由圆台和灯口组成。

(2) 荧光灯

荧光灯具由镇流器、灯管、启动(辉)器和灯座等组成。灯内抽真空后封入汞,并充入少量氩、氮、氖等气体,是一种低压的汞蒸气弧光放电灯。

(3) 其他类灯具

常用的灯具还有卤钨灯、高压水银灯、高压钠灯、金属卤化物灯、氙灯等。这些灯具多用于一些特殊的场合,安装时需要有专门的支架、灯座。

#### 4.1.2.4 开关柜、照明和动力配电箱

(1) 低压开关柜

低压开关柜也称低压配电屏或柜,常直接设置在配电变压器低压侧,作为配电主盘,有时也用作较重要负荷的配电分盘,一般要求安装在专用电气房间(配电室)或被相对隔离开的专门场地内。按结构形式的不同,又分为固定开启式和抽屉式两种。

(2) 动力配电箱和照明配电箱

动力配电箱就近设置于工厂车间和其他负载场地,直接向 500 V 以下的交流用电设备供电。由于具体使用条件的差异和新产品的不断出现,使之具有多种系列, XL 型是最常见的。各系列按其一次接线方案的要求,在箱内装设熔断器、自动开关、组合开关和磁力启动器等。

成套照明配电箱适用于工业与民用建筑在交流 50 Hz、额定电压 500 V 以下的照明和小动力控制回路中作线路的过载、短路保护以及线路正常转换用。进户线进户后,先经总开关,然后再分支供给分路负荷。总开关、分支开关和熔断器、漏电保护器等均装在配电箱内。

### 4.1.3 室内电气照明工程施工图识读

建筑电气照明施工图是建筑物电气照明设计方案的集中表现,也是电气照明工程安装施工、工程造价计算的主要依据。建筑电气照明施工图又是建筑工程施工图的重要组成部分,不仅电气安装施工过程中要使用,而且土建、装饰施工过程中也要用到。识读建筑电气照明施工图有利于对整个施工安装过程进行有条不紊的控制及工程量全面完整的计算。

#### 4.1.3.1 室内电气照明工程施工图的基本内容

室内电气照明工程施工图包括:首页、电气系统图、平面图、安装接线图、大样图和标准图等。

① 首页内容包括:目录、设计说明、设备明细表和图例等。

② 电气系统图：主要表示整个工程或其中一项的供电方案和供电方式。它一般是用单线把整个工程的供电线路示意性地连接起来，可以集中反映整个工程的规模，还可以表示某一装置各主要组成部分的关系。

③ 平面图：表现各种电气设备与供电线路在平面上的布置，它是进行电气安装的重要依据，客观反映了电气设备在平面上的相对位置关系。

电气施工平面图一般都绘制在简化了的土建平面图上，为了突出重点，土建部分用细实线表示，电气管线用粗实线表示。

导线的文字标注形式为：

$$a—b(c \times d)e—f$$

其中　$a$——线路的编号；

$b$——导线的型号；

$c$——导线的根数；

$d$——导线的截面积（$mm^2$）；

$e$——敷设方式；

$f$——线路的敷设部位。

照明灯具的表示形式为：

$$a—b\frac{c \times d \times l}{e}f$$

其中　$a$——本幅图中该灯具的数量；

$b$——灯具的型号；

$c$——每盏灯具上灯泡或灯管的数量；

$d$——灯的容量（W）；

$l$——光源的种类；

$e$——安装高度；

$f$——安装方式。

④ 装接线图：它是表现某一设备内部各种电气元件之间位置及连线的，是用来指导电气安装接线和查线，如配电箱接线图。

⑤ 大样图和标准图：它是表示电气工程中某一部分或某一部件的安装要求和做法的，一般在没有标准图可用而又有特殊要求的情况下才绘制大样图。

#### 4.1.3.2　常见的图例符号

识读建筑电气工程施工图时，要熟悉电气图的表达形式、通用画法、图例符号、文字符号和建筑电气工程图的特点等。

(1)常见线路敷设部位的文字符号如表 4.4 所示。

**表 4.4　线路敷设部位的文字符号**

| 序号 | 中文名称 | 英文名称 | 旧符号 | 新符号 | 备注 |
| --- | --- | --- | --- | --- | --- |
| 1 | 沿梁或跨梁敷设 | Along or across beam | L | B(AB) | |
| 2 | 沿柱或跨柱敷设 | Along or across column | Z | A(AC) | |

**续表 4.4**

| 序号 | 中文名称 | 英文名称 | 旧符号 | 新符号 | 备注 |
|---|---|---|---|---|---|
| 3 | 沿墙面敷设 | On wall surface | Q | W(WC) | |
| 4 | 沿天棚或顶面板敷设 | | P | CE | |
| 5 | 吊顶内敷设 | | R | SCE | |
| 6 | 暗敷在梁内 | Concealed in beam | | BC | |
| 7 | 暗敷在柱内 | | | CLC | |
| 8 | 墙内敷设 | In wall | | W | |
| 9 | 地板或地面下敷设 | In floor ground | D | F(FR) | |
| 10 | 暗敷在屋面或顶板内 | Concealed in ceiling or slab | | CC | |

(2)线路敷设方式的文字符号如表 4.5 所示。

**表 4.5　线路敷设方式的文字符号**

| 序号 | 中文名称 | 英文名称 | 旧符号 | 新符号 | 备注 |
|---|---|---|---|---|---|
| 1 | 暗敷 | Concealed | A | C | |
| 2 | 明敷 | Exposed | M | E | |
| 3 | 铝皮线卡 | Aluminum clip | QD | AL | |
| 4 | 电缆桥架 | Cable tray | | CT | |
| 5 | 金属软管 | Flexible metallic conduit | | F | |
| 6 | 水煤气管 | Gas tube(pipe) | | G | |
| 7 | 瓷绝缘子 | Porcelain insulator (knob) | G | G | |
| 8 | 钢索敷设 | Supported messenger wire | S | M | |
| 9 | 金属线槽 | Metallic raceway | | MR | |
| 10 | 电线管 | Electrical metallic tubing | DG | T(MT) | |
| 11 | 塑料管 | Plastic conduit | SG | P(PC) | |
| 12 | 塑料线卡 | Plastic clip | | PL(PCL) | 含尼龙线卡 |
| 13 | 塑料线槽 | Plastic raceway | | PR | |
| 14 | 钢管 | Steel conduit | GG | S(SC) | |
| 15 | 半硬塑料管 | Semi flexible P. V. C. conduit | | FPC | |
| 16 | 直接埋设 | Directs burial | | DB | |

(3)照明灯具安装方式标注文字符号如表 4.6 所示。

**表 4.6　照明灯具安装方式标注文字符号**

| 序号 | 中文名称 | 英文名称 | 符号 | 备注 |
| --- | --- | --- | --- | --- |
| 1 | 链吊 | Catenary suspension | CS(Ch) | |
| 2 | 管吊 | Pipe (conduit suspension) | DS(P) | |
| 3 | 线吊 | Wire suspension | WP | |
| 4 | 吸顶 | Ceiling mounted | C | 在高度处绘线 |
| 5 | 嵌入 | Recessed in | R | |
| 6 | 壁装 | Wall mounted | W | |

例如，某办公楼电气照明施工图，管线敷设方式 BV3×6+1×2.5—SC20—FC，它表示铜芯塑料绝缘线截面为 6 $mm^2$ 的 3 根，加截面为 2.5 $mm^2$ 的 1 根，穿在 *DN*20 焊接钢管内暗敷设在地面。

灯具 $12\frac{2\times 40}{2.8}S$，表示 12 套灯具，每套灯具 2 根 40 W 日光灯管，安装高度离地面 2.8 m，吸顶安装。

BVV3×2.5—PR—CE，表示 3 根 2.5 $mm^2$ 的铜芯塑料护套线用塑料线槽沿顶明敷设。

HLX 3×1.5—SC15—WC，表示 3 根 1.5 $mm^2$ 的铝芯橡皮绝缘导线，穿 *DN*15 的钢管沿墙暗敷设。

$10—YG_{2-2}\frac{2\times 40}{2.5}Ch$，表示 10 盏型号为 $YG_{2-2}$ 的双管荧光灯，采用链吊式安装方式，高度为 2.5 m。

#### 4.1.3.3　施工图识读

(1) 看设计说明

通过设计说明，了解工程总体概况、设计依据、要求，使用材料、设备的规格、施工安装要求及工程施工质量验收规范等；供电电源的来源、电压等级、线路敷设方法、设备安装高度及安装方式、补充使用的非国标图形符号、施工时应注意的事项等。

(2) 看系统图

通过系统图的阅读，了解配电方式、回路及各回路装置间的关系；了解系统的基本组成、接线情况，主要电气设备、元件等连接关系及它们的规格、型号和参数等。

系统图的阅读一般从进线开始，读至室内各配电箱及各用电回路的接线关系，各配电箱中需要安装的电气设备及器具的规格、型号，这是电气施工图的基础。读懂系统图，对整个电气工程就有了一个总体的认识，可初步了解工程全貌。

(3) 看平面布置图

通过识读施工平面图，要求了解电气设备安装的水平位置、线路敷设部位、敷设方法及所用配管、导线的型号、规格、数量等；结合施工说明，弄清其空间位置关系，必要时还应查对建筑施工图。

根据平面图标示的内容，识读平面图要沿着电源、引入线、配电箱、引出线、用电器具的"线"来读。一般可按进线→总配电箱→干线→支线→分配电箱→用电设备的顺序阅读。

在阅读过程中，应弄清每条线路的根数、导线截面、敷设方式、各电气设备的安装位置以及预埋件位置等。看图时，应依据功能关系顺序，按图纸从上至下或从左至右一个回路、一个回路地阅读。从电气平面图，可以了解电气工程的全貌和局部细节，了解电气设备在平面上的具体位置。

(4) 看安装大样图

电气设备安装大样图详细表示了设备的安装方法，是安装施工和编制工程材料计划的重要参考图纸。安装大样图多采用全国通用电气装置标准图集。

(5) 看设备材料表

设备材料表反映了该工程所使用的设备、材料的型号、规格，是安装施工和编制施工图预算的依据之一。但是，应注意其上标注的数量只可以参考，而不能作为编制施工图预算的依据。

识读建筑电气施工图纸的顺序没有统一的规定，可根据需要自行掌握，并应有所侧重，有时一张图纸需反复识读多遍。为了更好地利用图纸指导施工，使安装质量符合要求，识读图纸时，还应配合识读有关施工质量验收规范、质量评定标准以及全国通用电气装置标准图集，详细了解安装技术及具体安装方法。

## 4.2 建筑电气照明工程量计算及定额应用

建筑电气照明工程主要采用山西省建设工程计价依据《安装工程预算定额》(以下简称安装工程定额)第四册《 电气设备安装工程 》，其适用于工业与民用新建、扩建工程中10kV 以下的变配电设备及线路安装工程，车间动力电气设备及电气照明器具、防雷及接地装置、配管配线、电梯电气装置、电气调整试验等的安装工程。

对于电机设备的安装可执行安装工程定额第一册《 机械设备安装工程 》。

### 4.2.1 定额计价总说明

#### 4.2.1.1 定额不包括的内容

(1) 10 kV 以上及专业专用项目的电气设备安装。

(2) 电气设备(如电动机等)配合机械设备进行单体试运转和联合试运转工作。

#### 4.2.1.2 关于各项费用

(1) 脚手架搭拆费按定额人工费(不包括“电气调整试验”中的人工费)的 4.6%计算，其中人工工资占 35%(包括地下室部分)。10 kV 以下架空输电线路工程、直埋敷设电缆工程不单独计算脚手架费用。计算时，脚手架搭拆费是一项技术措施费。

(2) 操作高度增加费(已考虑了超高因素的定额项目除外)：操作物高度离楼地面 5 m 时，超过部分工程量按定额人工费乘以系数 1.1 计算。10 kV 以下架空输电线路工程、敷设电缆工程不计算此项费用。

计算时，工程超高增加费应计入分部分项工程费中。

(3) 高层建筑增加费(指高度在 6 层或 20 m 以上的工业与民用建筑)可参照表 4.7 计算。

计算时，高层建筑增加费按垂直运输费计，是一项技术措施费。

表 4.7　高层建筑增加费

| 建筑高度(m) | ≤40 | ≤60 | ≤80 | ≤100 | ≤120 | ≤140 | ≤160 | ≤180 | ≤200 |
|---|---|---|---|---|---|---|---|---|---|
| 建筑层数(层) | ≤12 | ≤18 | ≤24 | ≤30 | ≤36 | ≤42 | ≤48 | ≤54 | ≤60 |
| 按人工费(%) | 1.9 | 4.8 | 8.6 | 13.3 | 19 | 24.7 | 30.4 | 36.1 | 41.8 |

### 4.2.2　低压配电设备安装

#### 4.2.2.1　定额说明

(1) 配电设备安装定额不包括端子箱安装、设备支架制作安装、绝缘油过滤、基础槽(角)钢制作安装等工作内容，需执行安装工程定额第四册相应定额。

(2) 配电设备安装所需的地脚螺栓按土建预埋考虑，不包括二次灌浆。

(3) 互感器安装定额是按单相考虑的，不包括抽芯及绝缘油过滤，特殊情况另作计算。

(4) 电抗器安装定额是按三相叠放、三相平放和二叠一平的安装方式综合考虑的。干式电抗器安装定额适用于混凝土电抗器、铁芯干式电抗器和空心电抗器等干式电抗器的安装。

(5) 高压成套配电柜安装定额不分容量大小，也不包括母线配置及设备干燥。

(6) 组合型成套箱式变电站是指 10 kV 以下的箱式变电站，集装箱式低压箱式配电室，执行安装工程定额第四册“控制设备及低压电器”相关项目。

#### 4.2.2.2　工程量计算规则

(1) 断路器、电流互感器、电压互感器、电抗器、电容器及电容器柜的安装以“台(个)”为计量单位。

(2) 隔离开关、负荷开关、熔断器、避雷器、干式电抗器的安装以“组”为计量单位，每组按三相计算。

(3) 交流滤波装置的安装以“台”为计量单位，每套滤波装置包括三台组架安装，不包括设备本身及铜母线的安装，其工程量另行计算。

(4) 高压设备安装定额内均不包括绝缘台的安装，其工程量应按施工图设计执行相应子目。

(5) 高压成套配电柜和箱式变电站的安装系综合考虑的，不分容量大小以“台”为计量单位，均未包括基础槽钢、母线及引下线的配置安装。

(6) 配电设备安装的支架、抱箍及延长轴、轴套、间隔板等，按施工图设计的需要量计算，执行安装工程定额第四册的构件制作安装子目(或按成品价)。

(7) 绝缘油、六氟化硫气体、液压油等均按设备带有考虑；电气设备以外的加压设备和附属管道的安装应另行计算。

(8) 配电设备安装子目中，未包括设备外部接线，应执行安装工程定额第四册的端子板外部接线有关子目。

(9) 设备安装所需要的地脚螺栓，是按土建预埋考虑的，不包括设备基础二次灌浆。

(10) 互感器安装是按单相考虑的，不包括抽芯及绝缘油的过滤。

### 4.2.3 控制设备及低压电器

#### 4.2.3.1 定额说明

(1) 控制设备及低压电器定额包括电气控制设备、低压电器的安装,盘、柜配线,焊(压)接线端子,穿通板制作、安装,基础槽钢、角钢及各种铁构件、支架制作、安装。

(2) 控制设备安装,除限位开关及水位电气信号装置外,其他均未包括支架制作、安装。发生时可执行安装工程定额第四册相应定额。

(3) 控制设备安装未包括的工作内容有二次喷漆及喷字、电器及设备干燥、焊(压)接线端子及端子板外部接线等。

(4) 屏上辅助设备安装,包括标签框、光字牌、信号灯、附加电阻、连接片等,但不包括屏上开孔工作。

(5) 设备的补充油按设备考虑。

(6) 各种铁构件制作,均不包括镀锌、镀锡、镀铬、喷塑等其他金属防护费用。发生时,应另行计算。

(7) 铁构件制作、安装定额适用于本册范围内的各种支架、构件的制作与安装。单件质量大于 100kg 铁构件制作安装执行安装工程定额第三册《静置设备与工艺金属结构制作安装工程》相应项目。

#### 4.2.3.2 工程量计算规则

(1) 控制设备及低压电器根据供电系统图以"台"为计量单位。定额在安装条件成熟的情况下考虑的,计算时应区分落地式安装和悬挂嵌入式安装、箱体半周长划分项目。

控制设备安装均未包括槽钢、角钢的制作安装,也不包括其柜顶母线安装及外部接线,应按相应项目另行计算。

槽钢、角钢的制作安装以"m"为计量单位。

嵌入式安装需要计算预埋配电箱木盒制作、安装、拆除,定额已包括所需木材,按木盒半周长划分项目,以"个"为计量单位。木盒需要填充木屑、泡沫并用胶带固定封闭,定额乘以系数 1.1。

(2) 铁构件的制作安装,按施工图设计尺寸,以成品质量 "kg"为计量单位。

(3) 盘、柜配线仅适用于盘上小设备元件的少量现场配线,不适用于工厂的设备修、配、改工程,按导线截面不同以"m"为计量单位,导线和接线端子价格另行计算。

(4) 配电板制作安装及包铁皮,按配电板图示外形尺寸计算,以"$m^2$"为计量单位。

(5) 焊(压)接线端子以"个"为计量单位,根据配电箱的进出导线数确定;定额只适用于导线,电缆终端头制作安装定额中已包括压接线端子,不得重复计算。

焊(压)接线端子是指截面 6 $mm^2$ 以上多股单芯导线与设备或电源连接时为保证可靠连接加装的接线端子,工程量计算应区分导线及接线端子材质。一般铜导线应选用铜接线端子,铝导线则应选用铝接线端子。铜接线端子有焊接和压接之分,铝接线端子则只有压接,均以导线截面等级划分,以"个"为计量单位。接线端子(俗称接线鼻子)已包括在定额之内,不得另行计算。铝母线与铜导线连接或铜母线与铝导线连接时,都必须选配铜铝过渡端子连接。对于铜铝过渡端子安装，可套用压铜接线端子定额。

电力电缆终端头制作、安装定额中已包括了焊(压)接线端子，不得再套用焊(压)接线端子的有关定额。

(6) 端子板外部接线是按盘、箱、柜、台的外部接线图计算，以“个”为计量单位。计算工程量时，按实际施工有无端子划分项目。

端子板外部接线是指截面 6 $mm^2$ 以下导线引进或引出配电箱时与箱内端子板的连接，按“有端子外部接线”和“无端子外部接线”，并区分导线截面规格，以“个”为计量单位计算工程量，但不得另计主材费。注意，电缆头进入配电箱、盘、柜时，只计算电缆头的制作安装费用，不得再计算端子板外部接线的安装费用。

端子是指用来连接导线的断头金属导体，它可以使导线更好地与其他构件连接。端子板是指接线端子的安装板面。端子板安装工作包括与盘内导线的连接，工程量计算按 10 个头为一组，以“组”为计量单位，端子板系未计价材料，主材费另行计算。成套配电箱不得另计端子板的安装费用。

端子箱是指用于保护诸多接线端子而设置的箱体。箱体内只设有接线端子板，而无开关、熔断器、电能表等器件，端子箱安装应区分户内式和户外式，以“台”为计量单位计算工程量，主材费另行计算。

(7) 网门、保护网制作安装，按网门、保护网设计图示的框外围尺寸，以“$m^2$”为计量单位。

(8) 开关、按钮安装工程量，应区别开关、按钮安装形式，开关、按钮种类，开关极数及单控与双控，以“套”为计量单位。

(9) 插座安装工程量，应区别电源相数、额定电流、插座安装形式、插座插孔个数，以“套”为计量单位。

(10) 安全变压器安装工程量，应区别安全变压器容量，以“台”为计量单位。

(11) 电铃、电铃号牌箱安装工程量，应区别电铃直径、电铃号牌箱规格(号)，以“套”为计量单位。

(12) 门铃安装工程量，应区别门铃安装形式，以“个”为计量单位。

(13) 风扇安装工程量，应区别风扇种类，以“台”为计量单位。

(14) 风机盘管三速开关、“请勿打扰”灯、钥匙取电器安装工程量，以“套”为计量单位。

(15) 卫生间吹风、自动干手装置不分型号，以“台”为计量单位。

(16) 红外线浴霸以“光源数”为计量单位计算。

### 4.2.4　电缆敷设

#### 4.2.4.1　定额说明

(1) 电缆敷设定额适用于 10 kV 以下的电力电缆和控制电缆敷设。定额系按平原地区和厂内电缆敷设工程的施工条件编制的，未考虑在积水区、水底、井下等特殊条件下的电缆敷设，厂外电缆(包括进厂部分)敷设工程按本册“10 kV 以下架空配电线路”有关项目另计工地运输。

(2) 电缆在一般山区、丘陵地区敷设时，其定额人工乘以系数 1.3。该地段所需的施工材料如固定桩、夹具等按实另计。

（3）电缆敷设定额未考虑因波形敷设增加长度、弧度增加长度、电缆绕梁（柱）增加长度以及电缆与设备连接、电缆接头等必要的预留长度，该增加长度应计入工程量之内。

（4）电力电缆头制作定额均按铜芯考虑，铝芯电力电缆头按同截面电缆头定额乘以系数0.83；双屏蔽电缆头制作、安装按人工乘以系数1.05；户内干包头按1 kV考虑，10 kV户内干包头按1 kV相应子目人工乘以系数1.2。

（5）电力电缆敷设定额均按铜芯考虑，铝芯电力电缆敷设按同截面积电缆敷设定额乘以系数0.83。铜包铝芯电力电缆敷设按同截面积电缆敷设定额乘以系数0.9。截面400 $m^2$以上至800 $m^2$的单芯电力电缆敷设按400 $m^2$电力电缆定额执行。截面240 $m^2$以上电缆头的接线端子为异型端子，需要单独加工，应按实际加工价计算。小截面二芯或三芯电缆敷设可参照六芯以内的控制电缆敷设项目。

（6）电缆沟挖填土方定额亦适用于电气管道沟等的挖填土方。

（7）桥架安装

① 桥架安装包括运输、组合、螺栓或焊接固定，弯头制作，附件安装，切割口防腐，桥式或托板式开孔，上管件隔板安装，盖板及钢制梯式桥架盖板安装。

② 桥架支撑架定额适用于立柱、托臂及其他各种支撑架的安装。定额已综合考虑了采用螺栓、焊接和膨胀螺栓三种固定方式，实际施工中，不论采用何种固定方式，定额均不做调整。

③ 玻璃钢梯式桥架和铝合金梯式桥架定额均按不带盖考虑，如这两种桥架带盖，分别执行玻璃钢槽式桥架定额和铝合金槽式桥架定额。

（8）电缆敷设系综合定额，已将裸包电缆、铠装电缆、屏蔽电缆等因素考虑在内，凡10 kV以下的电力电缆和控制电缆均不分结构形式和型号，按相应的电缆截面和芯数执行定额。

电缆敷设定额及其配套的定额均未包括主材，需按设计和工程量计算规则加上定额规定的损耗率计算主材。

（9）电缆沟挖填土方项目中“含建筑垃圾土”是指建筑物及施工道路区域内的土质中含有建筑碎块或含有建筑留下的砂浆等。开挖路面不包括恢复路面。

移动或揭或盖定额均按一次考虑，如又揭又盖，则按两次计算。

（10）干包电缆终端头定额按四芯考虑，五芯电缆终端头乘以系数1.05，六芯电缆终端头乘以系数1.10。

（11）电缆敷设定额未包括下列工作内容：

① 隔热层、保护层的制作与安装。

② 电缆冬季施工的加温工作及在其他特殊施工条件下的施工措施费和施工降效增加费。

#### 4.2.4.2　工程量计算规则

（1）直埋电缆的挖、填土（石）方，应区分土质的种类，以“$m^3$”为计量单位，按设计图计算。

没有设计图纸时，1～2根电缆按上口宽0.6 m，下口宽0.4 m，深0.9 m考虑，即每米沟长挖土（石）方量0.45 $m^3$。每增加一根电缆时，按沟槽宽度增加170 mm，土（石）方量也随着增加0.153 $m^3$计算。

（2）人工开挖路面按混凝土路面、沥青路面、砂石路面三种，以路面面积“$m^2$”为计量单位。

（3）电缆沟铺砂盖砖，以“m”为计量单位。盖板揭、盖定额，按每揭或每盖一次计算，如又揭又盖，则按两次计算。

(4) 电缆保护管长度，以“m”为计量单位。除按设计规定长度计算外，遇有下列情况，应按规定增加保护管长度。

① 横穿道路，按路基宽度两端各增加 2 m；

② 垂直敷设时，管口距地面增加 2 m；

③ 穿过建筑物，按基础外缘以外增加 1 m 。

④ 穿过排水沟时，按沟壁外缘以外增加 1 m 。

电缆保护管埋地敷设，其土方量凡有施工图注明的，按施工图计算；无施工图的，一般按沟深 0.9 m、沟宽按最外边的保护管两侧边缘外各增加 0.3 m 工作面计算。

直径 *DN*100 以下的电缆保护管敷设执行配管配线定额中相应项目，主材电缆保护管价格另计。

(5) 电缆敷设按单根以“m”为计量单位。如一个沟内(或架上)敷设三根各长 100 m 的电缆，则应按 300 m 计算，以此类推。

电缆敷设长度应根据敷设路径的水平和垂直敷设长度，按表 4.8 的规定增加附加长度。

**表 4.8　电缆预留长度表**

| 序号 | 项　　目 | 预留长度 | 说　明 |
|---|---|---|---|
| 1 | 电缆敷设弧度、波形弯度、交叉 | 2.5% | 按电缆全长计算 |
| 2 | 电缆进入建筑物 | 2.0 m | 规范规定最小值 |
| 3 | 电缆进入沟内或吊架时引上(下)预留 | 1.5 m | 规范规定最小值 |
| 4 | 变电所进出线 | 1.5 m | 规范规定最小值 |
| 5 | 电力电缆终端头 | 1.5 m | 检修余量最小值 |
| 6 | 电力电缆中间头 | 两端各留 2.0 m | 检修余量最小值 |
| 7 | 电缆进控制箱、保护屏、模拟盘等 | 高+宽 | 按盘面尺寸 |
| 8 | 高压开关柜及低压配电盘、箱 | 2.0 m | 盘下进出线 |
| 9 | 电缆至电动机 | 0.5 m | 从电机接线盒算起 |
| 10 | 厂用变压器 | 3.0 m | 从地坪算起 |
| 11 | 电缆绕过梁、柱等增加长度 | 按实计算 | 按梁、柱断面计算 |
| 12 | 电梯电缆与电缆架固定点 | 0.5 m | 规范规定最小值 |

注：电缆附加及预留的长度是电缆敷设长度的组成部分，应计入电缆长度工程量之内。

每条电缆由始端到终端视为一根电缆，将每根电缆的水平长度加垂直长度，再加上预留长度即为该电缆的全长。其计算方法可用公式表示为

$$L = (L_1 + L_2 + L_3)(1 + 2.5\%)$$

式中　$L$——电缆总长，m 或 km；

$L_1$——电缆水平长度，m；

$L_2$——电缆垂直长度，m；

$L_3$——电缆预留长度，m；

2.5 %——曲折弯余量系数。

(6) 电缆头制作安装以“个”为计量单位。电力电缆和控制电缆均按一根电缆有两个终端头考虑。中间电缆头设计有图示的，按设计确定；设计没有规定的，按实际情况计算(或按平均250 m一个中间头考虑)。

(7) 穿刺线夹定额适用于电缆中间引出线，按电缆线芯的规格设置项目，以“个”为计量单位，定额中已包含了剥保护层的工作内容。计算时，每个线芯计算一个穿刺线夹。

(8) 电缆桥架安装分为钢制、玻璃钢、铝合金和组合桥架，按桥架宽加高之和列项，以“m”为计量单位，桥架支撑以“kg”为计量单位。

利用型钢作支撑架而不用托臂的电缆桥架，支撑架的质量应按设计计算，但整套桥架仍按总质量执行电缆桥架安装项目。定额中已综合了各种连接方式，与实际不同也不允许调整换算。

(9) 竖直通道电缆敷设，适用于铁塔或高层建筑中设有专用全封闭电缆井的电缆敷设工程，按电缆截面积划分项目，以“m”为计量单位。

(10) 预分支电缆适用于高层建筑中封闭缆井的电缆敷设，主电缆和分支电缆按截面规格分别选用定额项目。

(11) 钢索的计算长度以两端固定点的距离为准，不扣除拉紧装置的长度。

(12) 电缆防火阻燃槽盒，按槽盒的“宽加高”区分，以“m”为计量单位。

电缆防火堵洞：隔板按洞口每边(靠墙或顶的边除外)加100 mm，以“$m^2$”为计量单位。防火堵料按洞口的面积减去桥架所占面积，计算出堵料的体积，根据密度计算出质量，以“t”为计量单位。桥架内电缆周围按填充防火包考虑，计算时，不扣除电缆所占体积，根据密度计算出质量，以“t”为计量单位。

### 4.2.5 防雷及接地装置

#### 4.2.5.1 定额说明

(1) 定额适用于建筑物、构筑物的防雷接地，变配电系统接地，设备接地以及避雷针的接地装置。

(2) 户外接地母线敷设定额系按自然地坪和一般土质综合考虑的，包括地沟的挖填土和夯实工作，执行定额时不应再计算土方量。如遇有石方、矿渣、积水、障碍物等情况时可另行计算。

(3) 定额不适于采用爆破法施工敷设接地线、安装接地极，也不包括高土壤电阻率地区采用换土或化学处理的接地装置及接地电阻的测定工作。

(4) 避雷针的安装已考虑了高空作业的因素。

(5) 独立避雷针的加工制作执行“一般铁构件”制作定额。

(6) 防雷均压环安装定额是利用建筑物圈梁内主筋作防雷接地连接线考虑的，如果采用单独扁钢或圆钢明敷设作均压环时，可执行“户内接地母线敷设”定额。

(7) 利用钢绞线作接地引下线时，配管、穿钢绞线执行“配管配线”定额中同规格的相应项目。

#### 4.2.5.2 工程量计算规则

(1) 接地极制作安装，按材质分为钢管、角钢、圆钢、铜(钢)板，按土质分为普通土和坚土，以“根”为计量单位，设计无规定时，每根接地极长度按 2.5m 计算。若设计有管帽时，管帽量按加工件计算。

(2) 避雷针制作安装分为钢管和圆钢，按针长以“根”为计量单位来计算工程量。独立避雷针安装以“基”为计量单位。长度、高度、数量均按设计规定。其制作应执行“一般铁构件”制作项目或按成品件计算。

(3) 接地母线、避雷线敷设，以“m”为计量单位，其长度按施工图设计水平和垂直长度另加 3.9%的附加长度(包括转弯、上下波动、避绕障碍物、搭接头所占长度等)计算。计算主材费时应另增加规定的损耗率。

(4) 接地跨接线以“处”为计量单位，按规程规定凡需做接地跨接线的工程内容，每跨接一次按一处计算，户外配电装置构架均需接地，每副构架按一处计算。接地母线在跨越建筑物的沉降缝、伸缩缝等时也应按一处计算。

(5) 利用建筑物内柱主筋作引下线，按“m”为计量单位计算工程量，每一柱子内按焊接两根主筋考虑，如果焊接主筋数量超过两根时，可按比例调整。

(6) 断接卡子制作安装以“套”为计量单位，按设计规定装设数量计算，接地检查井内的断接卡子安装按每井一套计算。

(7) 高层建筑物屋顶的防雷接地装置应执行“避雷网安装”项目。电缆支架的接地线安装应执行“户内接地母线敷设”项目。

(8) 均压环敷设以“m”为计量单位计算，主要考虑利用圈梁内主筋作均压环接地连线，按焊接两根主筋考虑，超过两根时，可按比例调整。长度按设计需要作均压环接地的圈梁中心线长度计算。如果采用明敷设圆钢或扁钢作建筑物均压环时，应执行户内接地母线项目。

(9) 钢、铝窗接地以“处”为计量单位，按设计规定接地的金属窗数进行计算。高层建筑(六层或 20 m 以上)的金属门窗设计一般要求接地。

(10) 柱子主筋与圈梁连接以“处”为计量单位，每处按两根主筋与两根圈梁钢筋分别焊接连接考虑。如果焊接主筋和圈梁钢筋超过两根时，可按比例调整，需要连接的柱子主筋和圈梁钢筋处数按设计规定计算。

(11) 室内等电位以扁钢或其他导体作为接地时，可执行户内接地母线项目。

(12) 基础钢筋套管跨接、混凝土底板钢筋焊接均以“处”为计量单位。基础钢筋套管跨接定额中钢筋是按照 8 mm 考虑，与实际不同时可换算。

### 4.2.6 配管、配线

#### 4.2.6.1 定额说明

(1) 配管工程均未包括接线箱、盒及支架的制作安装。钢索架设及拉紧装置制作、安装，插接式母线槽支架、槽架制作及配管支架应执行铁构件制作定额。

(2) 沟槽内配管定额不包括开槽，应执行混凝土墙、地面切割沟槽项目。

(3) 带筋接线盒定额钢筋按照 300 mm 长考虑，与实际不同时进行调整。

#### 4.2.6.2 工程量计算规则

(1) 各种配管应区别不同敷设方式、敷设位置、管材材质、规格，以“m”为计量单位，不扣除管路中间的接线箱(盒)、灯头盒、开关盒所占长度,但应扣除各种配电柜、箱、屏所占长度。

配管工程量计算时,应熟悉各层之间的供电关系,注意引上和引下管,可以按照回路编号依次计算,同规格管道还应按导线的根数分别计算。

配管工程量计算时,线路有分支、接头应在接线盒内完成。在插座回路计算时,其竖直管段的数量应按分支数计算。

(2) 管内穿线的工程量,应区别线路性质(动力、照明)、导线材质、导线截面,以单根线路"m"为计量单位。线路分支接头的长度已综合考虑在定额中,不得另行计算。

照明线路中的导线截面大于或等于 6 $mm^2$时,应执行动力线路穿线相应项目。

计算管内穿线工程量,可以按配管的长度加上配线进入各种配电箱、柜、屏等的预留长度乘以穿线的根数计算。配线的预留长度详见表 4.9 所示。

**表 4.9　配线进入开关箱、柜、板的预留长度(一根线)**

| 序号 | 项目 | 预留长度(m) | 说明 |
|---|---|---|---|
| 1 | 各种盘、箱、柜、板、盒 | 高+宽 | 盘面尺寸 |
| 2 | 单独安装(无箱、盘)的铁壳开关、闸刀开关、启动器、线槽进出线盒等 | 0.3 | 从安装对象中心计算 |
| 3 | 由地面管子出口至动力接线箱 | 1.0 | 从管口计算 |
| 4 | 电源与管内导线连接(管内穿线与软硬母线接头) | 1.5 | 从管口计算 |
| 5 | 出户线 | 1.5 | 从管口计算 |

灯具、开关、插座等线路分支接头虽然施工要求有预留的长度,但在定额中已综合考虑,不得另行计算。

(3) 铜包铝电线执行本定额同截面项目乘 0.90 系数。

(4) 绝缘子配线工程量,应区别绝缘子形式(针式、鼓式、蝶式)、绝缘子配线位置(沿屋架、梁、柱、墙,跨屋架、梁、柱,木结构、顶棚内,砖、混凝土结构,沿钢支架及钢索等)以及导线截面,以线路"m"为计量单位计算。

(5) 槽板配线工程量,应区别槽板材质(木质、塑料)、配线位置(木、砖、混凝土)、导线截面和线式(二线、三线),以线路"m"为计量单位计算。

(6) 塑料护套线明敷设工程量,应区别导线截面、导线芯数(二芯、三芯)、敷设位置(砖混结构、沿钢索),以单根线路"m"为计量单位计算。

(7) 线槽配线工程量,应区别导线截面,以单根线路"m"为计量单位计算。

(8) 钢索架设工程量,按图示墙(柱)内缘距离计算,不扣除拉紧装置所占长度。

(9) 母线拉紧装置及钢索拉紧装置制作安装工程量,应区别母线截面、花篮螺栓直径(12 mm、16 mm、18 mm),以"套"为计量单位计算。

(10) 车间带形母线安装工程量,应区别母线材质(铝、钢)、母线截面、安装位置(沿屋架、梁、柱、墙,跨屋架、梁、柱),以"m"为计量单位计算。

(11) 电力配管混凝土地面刨沟、墙面剔堵沟槽工程量,应区别管子直径,以"m"为计量单位计算。

(12) 接线箱安装工程量,应区别安装形式(明装、暗装)以及接线箱半周长,以"个"为计量单位。

(13) 接线盒安装工程量，应区别安装形式（明装、暗装、钢索上）以及接线盒类型，以“个”为计量单位计算。

线路在有接头、分支和与用电设备连接处应设接线盒。接线盒工程量计算，当管长超过 30 m 无弯、20 m 有一个弯、12 m 有两个弯、8 m 有三个弯时，其管子中间必须增设接线盒，以利于穿线。

### 4.2.7　照明器具

#### 4.2.7.1　定额说明

(1) 各种灯具的引导线，均已综合考虑在定额内。

(2) 厂区、小区路灯、投光灯、碘钨灯、氙气灯、烟囱或水塔指示灯，均已考虑了一般工程的高空作业因素，其他灯具安装高度如超过 5 m，按定额说明中规定的超高系数另行计算。

(3) 定额中，装饰灯具项目均已考虑了一般工程的超高作业因素。

(4)定额内已包括利用摇表测量绝缘及一般灯具的试亮工作（但不包括特殊灯具的调试工作）。

#### 4.2.7.2　工程量计算规则

(1) 普通灯具安装工程量，应区别灯具的种类、型号、规格，以“套”为计量单位计算。普通灯具安装定额适用范围见表 4.10 所示。

**表 4.10　普通灯具安装定额适用范围**

| 定额名称 | 灯具种类 |
|---|---|
| 圆球吸顶灯 | 材质为玻璃的螺口、卡口圆球独立吸顶灯 |
| 半圆球吸顶灯 | 材质为玻璃的独立的半圆球吸顶灯、扁圆罩吸顶灯、平圆形吸顶灯 |
| 方形吸顶灯 | 材质为玻璃的独立的矩形罩吸顶灯、大口方罩吸顶灯 |
| 软线吊灯 | 利用软线垂吊材料，独立的材质为玻璃、塑料、搪瓷，形状如碗、伞、平盘灯罩组成的各式软线吊灯 |
| 吊链灯 | 利用吊链为辅助悬吊材料，材质为玻璃、塑料罩的各式吊链灯 |
| 防水吊灯 | 一般防水吊灯 |
| 一般弯脖灯 | 圆球弯脖灯、风雨壁灯 |
| 一般墙壁灯 | 各种材质的，一般壁灯、镜前灯 |
| 软线吊灯头 | 一般吊灯头 |
| 声光控座灯头 | 一般声控、光控座灯头 |
| 座灯头 | 一般塑胶、瓷质座灯头 |

(2) 吊式艺术装饰灯具安装工程量，应区别不同装饰物以及灯体直径和灯体垂吊长度，以“套”为计量单位。灯体直径为装饰物的最大外缘直径，灯体垂吊长度为灯座底部到灯梢之间的总长度。

(3) 吸顶式艺术装饰灯具安装工程量，应区别不同装饰物、吸盘的几何形状、灯体直径、灯体周长和灯体垂吊长度，以“套”为计量单位。灯体直径为吸盘最大外缘直径；灯体半周长为矩形吸盘的半周长。

(4) 荧光艺术装饰灯具安装工程量，应区别不同安装形式和计量单位计算。

① 组合荧光灯带安装工程量，应区别安装形式、灯管数量，以“m”为计量单位。灯具的设计数量与定额不符时，可以按设计数量加损耗量调整主材。

② 内藏组合式灯安装工程量，应区别灯具组合形式，以“m”为计量单位。灯具的设计数量与定额不符时，可根据设计数量加损耗量调整主材。

③ 发光棚安装工程量，以“$m^2$”为计量单位，发光棚灯具按设计数量加损耗量计算。

④ 立体广告灯箱、荧光灯安装工程量，应根据装饰灯具示意图集所示，以“m”为计量单位。灯具的设计数量与定额不符时，可根据设计数量加损耗量调整主材。

(5) 几何形状组合艺术灯具安装工程量，应区别不同安装形式及灯具的不同形式，以“套”为计量单位。

(6) 标志、诱导装饰灯具安装工程量，应区别不同安装形式，以“套”为计量单位。

(7) 水下艺术装饰灯具安装工程量，应区别不同安装形式，以“套”为计量单位。

(8) 点光源艺术装饰灯具安装工程量，应区别不同安装形式、不同灯具直径，以“套”为计量单位。

(9) 草坪灯具安装工程量，应区别不同安装形式，以“套”为计量单位。

(10) 歌舞厅灯具安装工程量，应区别不同灯具形式，以“套”“m”为计量单位。

装饰灯具安装定额适用范围见表 4.11 所示。

**表 4.11　装饰灯具安装定额适用范围**

| 定额名称 | 灯具种类(形式) |
|---|---|
| 吊式艺术装饰灯具 | 不同材质、不同灯体垂吊长度、不同灯体直径(半周长)的蜡烛灯、挂片灯、串珠(穗)灯、串棒灯、吊杆式组合灯、玻璃罩(带装饰)灯 |
| 吸顶式艺术装饰灯具 | 不同材质、不同灯体垂吊长度、不同灯体几何形状的挂片灯、串珠(穗)灯、串棒灯、挂碗灯、挂碟灯、玻璃罩(带装饰)灯 |
| 荧光艺术装饰灯具 | 不同安装形式、不同灯管数量的组合荧光灯光带，不同几何形式的内藏组合式荧光灯，不同几何尺寸、不同灯具形式的发光棚，不同形式的立体广告灯箱、荧光灯光沿 |
| 几何形状组合艺术灯具 | 不同固定形式、不同灯具形式的繁星灯、钻石星灯、礼花灯、玻璃罩钢架组合灯、凸片灯、反射柱灯、筒形钢架灯、U 形组合灯、弧形管组合灯 |
| 标志、诱导装饰灯具 | 不同安装形式的标志、诱导灯 |
| 水下艺术装饰灯具 | 简易型彩灯、密封型彩灯、喷水池灯、幻光型灯 |
| 点光源艺术装饰灯具 | 不同安装形式、不同灯体直径的筒灯、牛眼灯、射灯、轨道射灯 |
| 草坪灯具 | 各种立柱式、墙壁式的草坪灯 |
| 歌舞厅灯具 | 各种安装形式的变色转盘灯、激光灯、幻影旋转彩灯、维纳斯旋转彩灯、卫星旋转效果灯、飞碟旋转效果灯、多头旋转灯、滚筒灯、频闪灯、太阳灯、雨灯、歌星灯、边界灯、射灯、泡泡发生器、迷你满天星彩灯、多头宇宙灯、镜面球灯、蛇光管 |

(11) 荧光灯具安装工程量，应区别灯具安装形式、灯具种类、灯管数量，以“套”为计量单位计算。荧光灯具安装定额适用范围见表 4.12 所示。

**表 4.12　荧光灯具安装定额适用范围**

| 定额名称 | 灯具种类(形式) |
|---|---|
| 荧光灯 | 单管、双管、三管、吊链式、吊管式、吸顶式、嵌入式荧光灯 |

(12) 工厂灯及防水防尘灯安装工程量，应区别不同安装形式，以“套”为计量单位。工厂灯及防水防尘灯安装定额适用范围见表 4.13 所示。

**表 4.13　工厂灯及防水防尘灯安装定额适用范围**

| 定额名称 | 灯具种类 |
|---|---|
| 直杆工厂吊灯 | 配照(GC1-A)、广照(GC3-A)、深照(GC5-A)、斜照(GC7-A)、圆球(GC17-A)、双罩(GC19-A ) |
| 吊链式工厂灯 | 配照(GC1-B)、广照(GC19- B)、深照(GC3-B)、斜照(GC5-B)、圆球(GC7-B)、双罩(GC19-A) |
| 吸顶式工厂灯 | 配照(GC1-C)、广照(GC3-C)、深照(GC5-C)、斜照(GC7-C)、双罩( GC19-C ) |
| 弯杆式工厂灯 | 配照(GC1-D/E)、广照(GC3-D/E)、深照(GC5-D/E)、斜照(GC7-D/E)、双罩(GC19-C)、局部深罩(GC26-F/H ) |
| 悬挂式工厂灯 | 配照(GC21-2 )、深照( GC23-2) |
| 防水防尘灯 | 广照(GC 9-A,B,C)、广照有保护(GC11-A,B,C)、散照(GC15-A,B,C,D,E,F,G ) |

(13) 工厂其他灯具安装工程量，应区别不同灯具类型、安装形式、安装高度，以“套”“个”“m”为计量单位计算。工厂其他灯具安装定额适用范围见表 4.14 所示。

**表 4.14　工厂其他灯具安装定额适用范围**

| 定额名称 | 灯具种类 |
|---|---|
| 防潮灯 | 扁形防潮灯(GC-31)、防潮灯(CC-33) |
| 腰形舱顶灯 | 腰形舱顶灯 (CCD-1) |
| 管形氙气灯 | 自然冷却式 220 V / 380 V ，20 kW 以内 |
| 碘钨灯 | DW 型，220V/380 V ,1000 W 以内 |
| 投光灯 | TC 型室外投光灯 |
| 高压水银灯镇流器 | 外附式镇流器 125 ～ 450W |
| 安全灯 | (AOB-1,2,3)、(AOC-1,2)型安全灯 |
| 防爆灯 | CB C—200 型防爆灯 |
| 高压水银防爆灯 | CB C—125/250 型高压水银防爆灯 |

(14) 医院灯具安装工程量，应区别灯具种类，以“套”为计量单位计算。医院灯具安装定额适用范围见表 4.15 所示 。

表 4.15　医院灯具安装定额适用范围

| 定额名称 | 灯具种类 |
|---|---|
| 病房指示灯 | 病房指示灯、影剧院太平灯 |
| 病房暗脚灯 | 病房暗脚灯、建筑物暗脚灯 |
| 无影灯 | 3～12 孔管式无影灯 |

(15) 路灯安装工程量，应区别不同臂长、不同灯数以“套”为计量单位。工厂厂区内、住宅小区内路灯安装执行本定额，城市道桥的路灯安装应选用市政定额相应项目。路灯安装定额适用范围见表 4.16 所示 。

表 4.16　路灯安装定额适用范围

| 定额名称 | 灯具种类 |
|---|---|
| 大马路弯 | 灯臂长 1200 mm 以下，臂长 1200 mm 以上 |
| 庭院路灯 | 三火以下，七火以下 |

### 4.2.8　电气调整试验

#### 4.2.8.1　定额说明

(1) 电气调整试验包括电气设备的本体试验和主要设备的分系统调试。成套设备的整套启动调试按专业定额另行计算。主要设备的分系统内所含的电气设备元件的本体试验已包括在该分系统调试定额之内，如变压器系统调试中已包括该系统中的变压器、互感器、开关、仪表和继电器等一次、二次设备的本体调试和回路试验。绝缘子和电缆等单体试验，适用于单独试验时使用，不得重复计算。

(2) 送配电设备调试中的 1 kV 以下定额适用于所有低压供电回路，如从低压配电装置至分配电箱的供电回路；但从配电箱直接至电动机的供电回路已包括在电动机的系统调试定额内。送配电设备系统调试包括系统内的电缆试验、瓷瓶耐压等全套调试工作。供电桥回路中的断路器、母线分段断路器皆应作为独立的供电系统计算。定额是按一个系统一侧配一台断路器考虑的。若两侧都有断路器时，则按两个系统计算。如果分配电箱内只有刀开关、熔断器及空气开关等不需要调试的供电回路，则不作为调试系统计算。

(3) 定额不包括设备的烘干处理和设备本身缺陷造成的元件更换修理和修改，亦未考虑因设备元件质量低劣对调试工作造成的影响。定额系按新的合格设备考虑的，如遇以上情况时，应另行计算。经修、配、改或拆迁的旧设备调试，定额乘以系数 1.1。

(4) 定额只限电气设备自身系统的调整试验，未包括电气设备带动机械设备的试运行工作，发生时应另行计算。

(5) 调试定额不包括试验设备、仪器仪表的场外转移费用。发生时另行计算。

#### 4.2.8.2　工程量计算规则

(1) 电气调试系统的划分以电气系统图为依据。电气设备元件的本体试验均包括在相应项目的系统调试之内。绝缘子和电缆等单体试验，只在单独试验时使用。

(2) 送配电设备系统调试，是按一侧有一台断路器考虑的，若两侧都有断路器时，则按两个系统计算。

(3) 送配电设备系统调试，适用于各种供电回路(包括有特殊要求的照明供电回路)的系统调试，凡供电回路中带有仪表、继电器、电磁开关等需要施工现场调试的元件，均按调试系统计算。移动式电器和以插座连接的家电设备不计算调试费。

(4) 一般住宅、学校、办公室、旅馆、商店等民用电器工程，其供电系统调试应按下列规定：

① 配电室带有调试元件的盘、箱、柜和带有调试元件的主配电箱，应按供电方式执行相应的“送配电设备系统调试”项目。

② 每个用户房间的配电箱(板)上虽装有电磁开关等调试元件，如果生产厂家已按固定的常规参数调整好，不需要安装单位进行调试可直接投入使用，不得计取调试费用。

③ 民用电度表的核验属于供电部门的专业管理，一般皆由用户向供电局订购调试完毕的电度表，不得另外计算调试费用。

(5) 接地网的调试：

① 接地网接地电阻的测定。连为一体的母网，按一个系统计算；自成母网不与厂区母网相连的独立接地网，另按一个系统计算；大型建筑群各接地网(接地电阻设计有要求)，虽然最后也将各接地网连在一起，但应按各自的接地网计算，不能作为一个网。

② 避雷针接地电阻的测定。每一避雷针均有独立接地网(包括独立避雷针、烟囱避雷针)时，均按一组计算。

③ 独立的接地装置按组计算。

## 4.3 建筑照明施工图预算编制实例

以某单位职工宿舍楼为例，介绍建筑照明施工图预算编制。

### 4.3.1 设计说明

① 本工程为×××单位职工宿舍楼电气照明施工图。起点由室内 JI 接线箱开始。

② 电源由室外采用 VV22 型电缆直埋引入地下室 JI 接线箱。JI 接线箱设在地下室楼梯间，挂墙安装，箱顶距顶板 0.2m。

③ 本工程所有设备均由供电局提供。住宅内照明灯具暂按线吊考虑，实际型号由甲方在装修时确定。厨房、餐厅采用带盖插座，安装高度为 1.8 m；卫生间采用带盖插座，安装高度为 1.6 m；空调插座安装高度 2.0 m；其他未说明的一律距地 0.3 m。

④ 导线敷设：照明线路采用 BV-500V 铜芯电线。支线的穿管原则：BV2.5 $mm^2$ 的 2 根、3 根穿管 SC15；4 根、5 根穿管 SC20。

⑤ 接地保护：本工程采用 TN-S 系统。室内除照明的用电设备均做接零保护。PE 线接地体在电缆进户处与电缆铠装外金属皮连接，即电缆进户后利用电缆外皮作 PE 线。

⑥ 防雷装置：本工程属三类防雷达建筑，防雷措施为：采用 $\phi10$ 镀锌圆钢安装在屋顶女儿墙上，支架间距 1 m。利用构造柱内主筋做引下线。基础钢筋做自然接地体。引下线的构造柱在室外地面以上 0.5 m 处应向室外方向预留测试卡子。安装完毕后应实测接地电阻，若接地电阻大于 10Ω 应增设人工接地体。

⑦ 设计图例及设备材料如表 4.17 所示。

**表 4.17　设计图例及设备材料表**

| 序号 | 符号 | 名　　称 | 规格型号(宽×高×厚) | 单位 | 数量 | 安装方式及高度 |
|---|---|---|---|---|---|---|
| 1 |  | 电缆 JI 接线箱 | 供电局提供 |  |  | 明装 上边距顶 0.2 m |
| 2 | □ | 电缆 T 接线箱 | 供电局提供 |  |  | 暗装 电度表箱旁 |
| 3 |  | 电度表箱 | SFBX-q/2 460×540×18G |  |  | 暗装 底边距地 1.4 m |
| 4 |  | 电度表箱 | SFBX-q/3 500×500×160 |  |  | 暗装 底边距地 1.4 m |
| 5 | ▬ | 住户配电箱 | XMR23-1-07-01A(210×290×92) |  |  | 暗装 底边距地 1.4 m |
| 6 | ⊗ | 白炽灯 | 60 W |  |  | 住户室内线吊 距地 2.5 m |
| 7 |  | 扁圆吸顶灯 | 25 W |  |  | 走道与地下室吸顶装 |
| 8 |  | 卫生间荧光壁灯 | 25 W 自带开关 |  |  | 距地 2.0 m |
| 9 | × | 天棚灯座 | 裸灯座 |  |  | 吸顶装 |
| 10 |  | 一位跷板式暗开关 | 250 V 10 A 鸿雁 86 型 |  |  | 暗装 底边距地 1.3 m |
| 11 |  | 二位跷板式暗开关 | 250 V 10 A 鸿雁 86 型 |  |  | 暗装 底边距地 1.3 m |
| 12 |  | 三位跷板式暗开关 | 250 V 10 A 鸿雁 86 型 |  |  | 暗装 底边距地 1.3 m |
| 13 |  | 声光控延时开关 | 250 V 4 A 鸿雁 86 型 |  |  | 随灯具吸顶装 |
| 14 |  | 单极拉线开关 | 250 V 4 A 鸿雁 86 型 |  |  | 明装 底边距顶 0.3 m |
| 15 |  | 单相五孔暗插座 | 250 V 16 A 鸿雁 86 型 |  |  | 暗装 见设计说明 |
| 16 |  | 空调电源插座 | 250 V 16 A |  |  | 暗装 底边距地 2.0 m |
| 17 | ⊖ | 排风扇 | 250 V/40 W 200 mm |  |  | 与土建配合安装 |
| 18 |  | 电视插座 | 电视主管部门提供 |  |  | 暗装 底边距地 0.3 m |
| 19 |  | 双联电话插座 | 86 型 |  |  | 暗装 底边距地 0.3 m |
| 20 |  | 电话组线箱 | ST0-30 对(650×400×160) |  |  | 暗装 底边距地 2.2 m |
| 21 | ▭ | 电视分线盒 | 依照电视主管部门要求定做 |  |  | 电视分线,上边距顶 200 暗 |
| 22 | ▭ | 电话分线盒 | 300×200×160 |  |  | 电话分线,上边距顶 200 暗 |

### 4.3.2　设计图纸

设计图纸如图 4.1～图 4.7 所示。

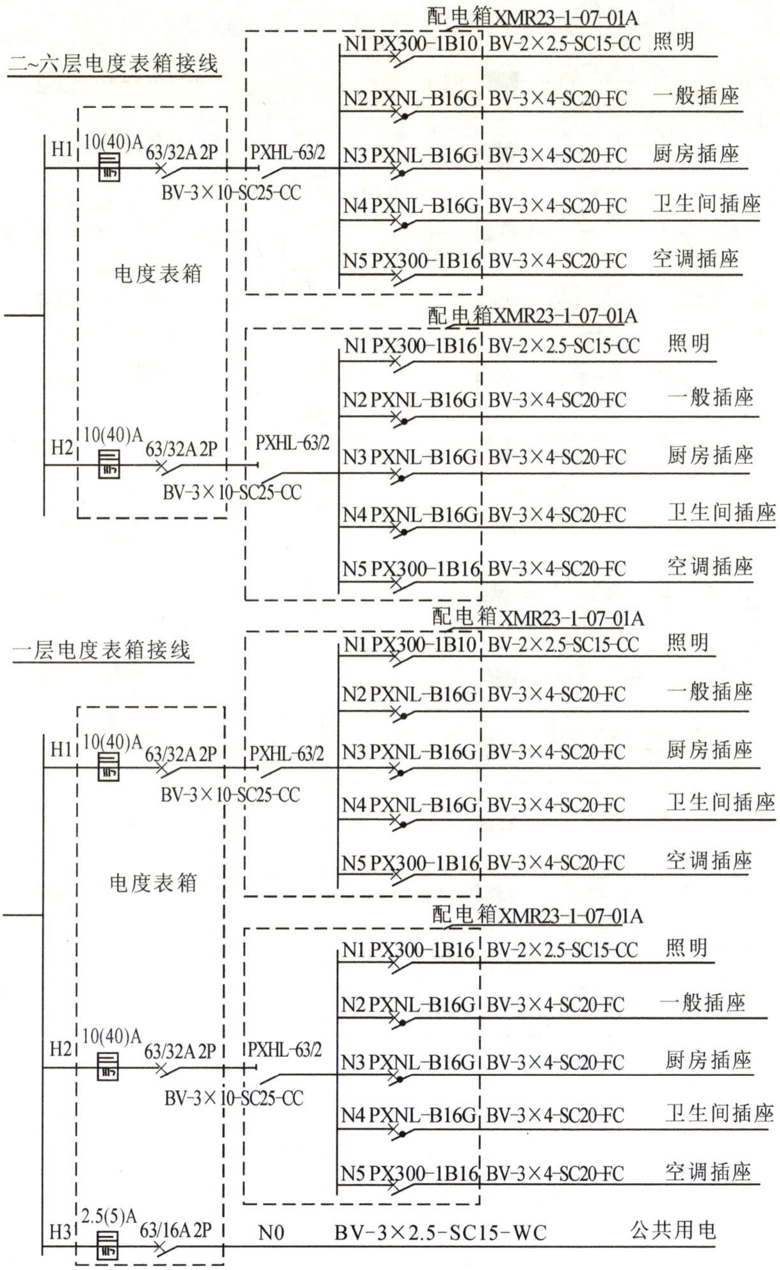
二~六层电度表箱接线
配电箱XMR23-1-07-01A
H1
10(40)A
63/32A 2P
PXHL-63/2
BV-3×10-SC25-CC
N1 PX300-1B10 BV-2×2.5-SC15-CC 照明
N2 PXNL-B16G BV-3×4-SC20-FC 一般插座
N3 PXNL-B16G BV-3×4-SC20-FC 厨房插座
N4 PXNL-B16G BV-3×4-SC20-FC 卫生间插座
N5 PX300-1B16 BV-3×4-SC20-FC 空调插座
电度表箱
配电箱XMR23-1-07-01A
H2
10(40)A
63/32A 2P
PXHL-63/2
BV-3×10-SC25-CC
N1 PX300-1B16 BV-2×2.5-SC15-CC 照明
N2 PXNL-B16G BV-3×4-SC20-FC 一般插座
N3 PXNL-B16G BV-3×4-SC20-FC 厨房插座
N4 PXNL-B16G BV-3×4-SC20-FC 卫生间插座
N5 PX300-1B16 BV-3×4-SC20-FC 空调插座
一层电度表箱接线
配电箱XMR23-1-07-01A
H1
10(40)A
63/32A 2P
PXHL-63/2
BV-3×10-SC25-CC
N1 PX300-1B10 BV-2×2.5-SC15-CC 照明
N2 PXNL-B16G BV-3×4-SC20-FC 一般插座
N3 PXNL-B16G BV-3×4-SC20-FC 厨房插座
N4 PXNL-B16G BV-3×4-SC20-FC 卫生间插座
N5 PX300-1B16 BV-3×4-SC20-FC 空调插座
电度表箱
配电箱XMR23-1-07-01A
H2
10(40)A
63/32A 2P
PXHL-63/2
BV-3×10-SC25-CC
N1 PX300-1B16 BV-2×2.5-SC15-CC 照明
N2 PXNL-B16G BV-3×4-SC20-FC 一般插座
N3 PXNL-B16G BV-3×4-SC20-FC 厨房插座
N4 PXNL-B16G BV-3×4-SC20-FC 卫生间插座
N5 PX300-1B16 BV-3×4-SC20-FC 空调插座
H3
2.5(5)A
63/16A 2P
N0 BV-3×2.5-SC15-WC 公共用电

**图 4.1　配电箱接线图**

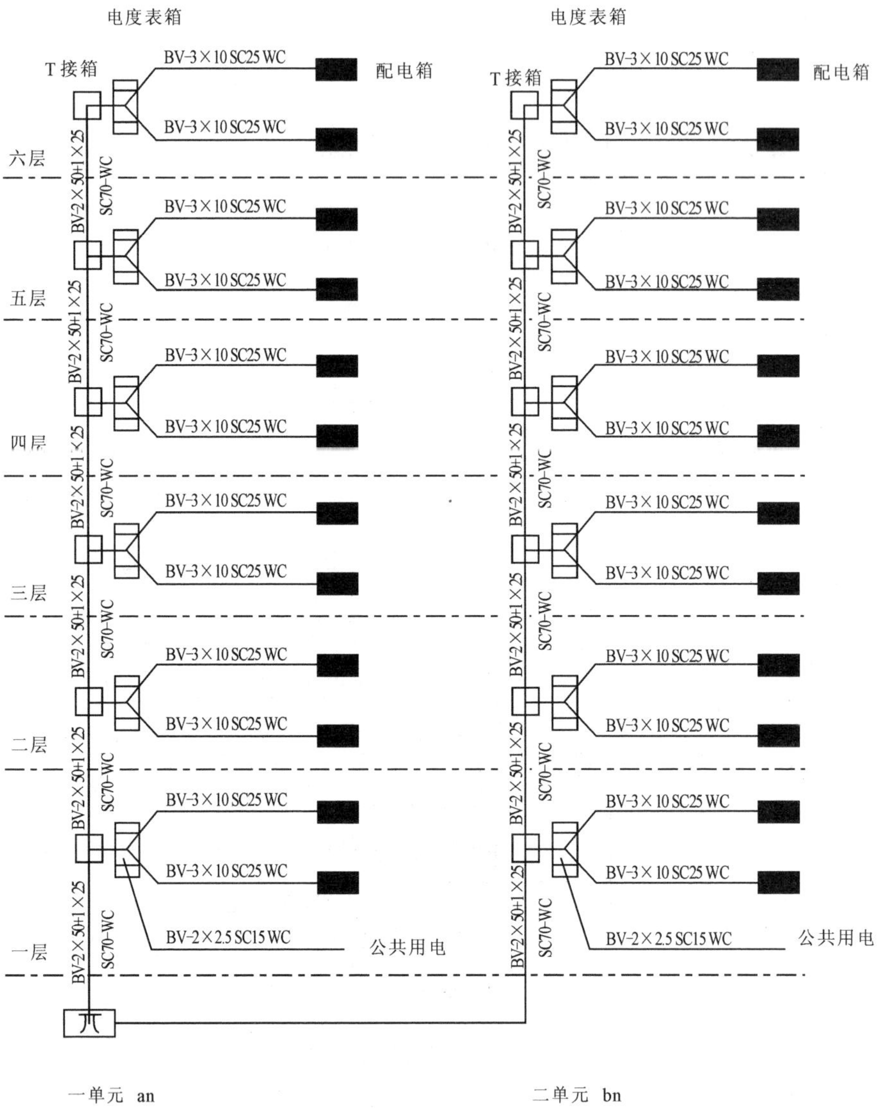
电度表箱
电度表箱
T接箱
配电箱
T接箱
配电箱
BV-3×10 SC25 WC
BV-2×50+1×25
SC70-WC
六层
五层
四层
三层
二层
一层
BV-2×2.5 SC15 WC
公共用电
一单元 an
二单元 bn

图 4.2 照明供电系统图

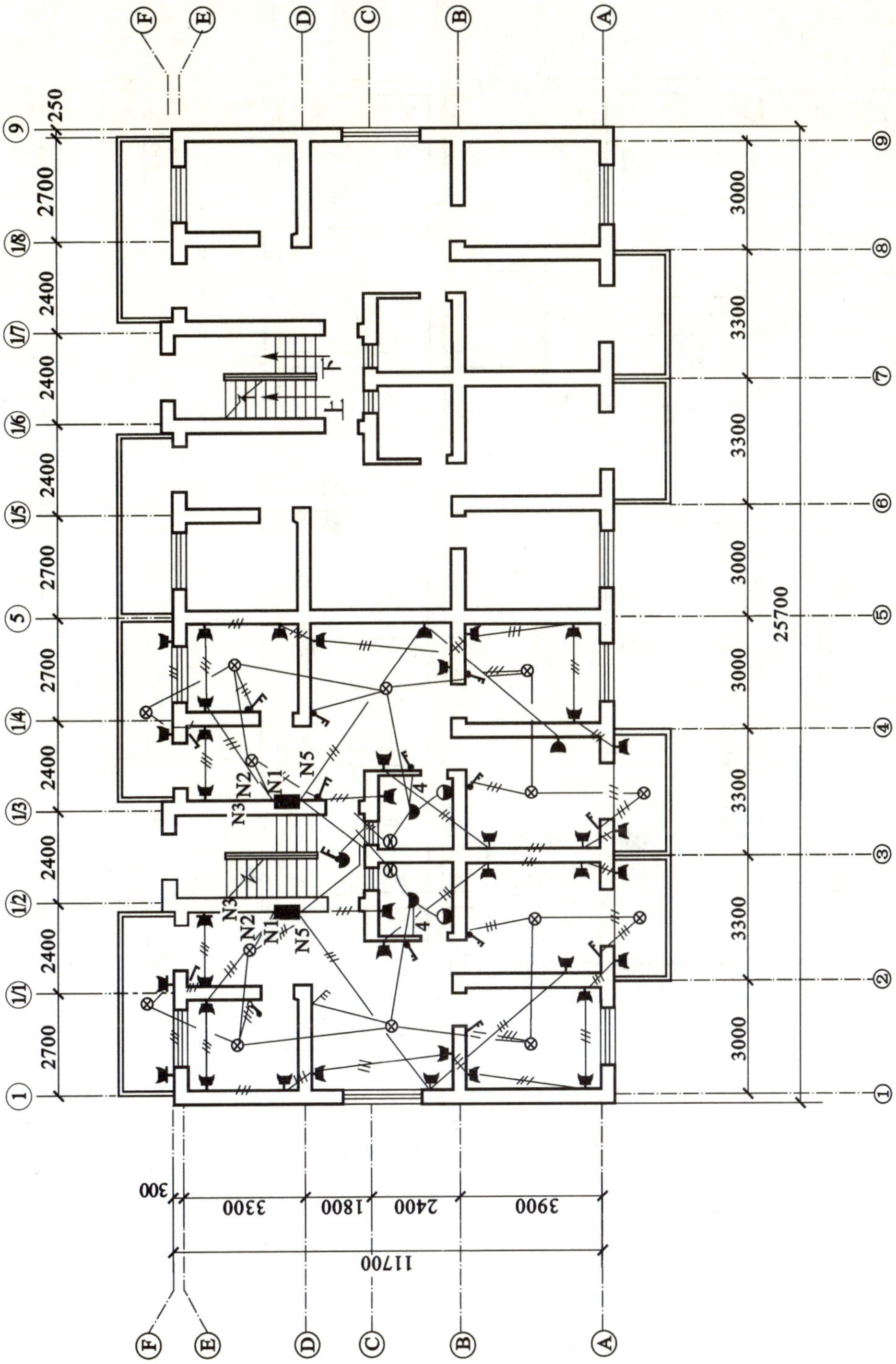


图 4.3　首层单元电气平面图

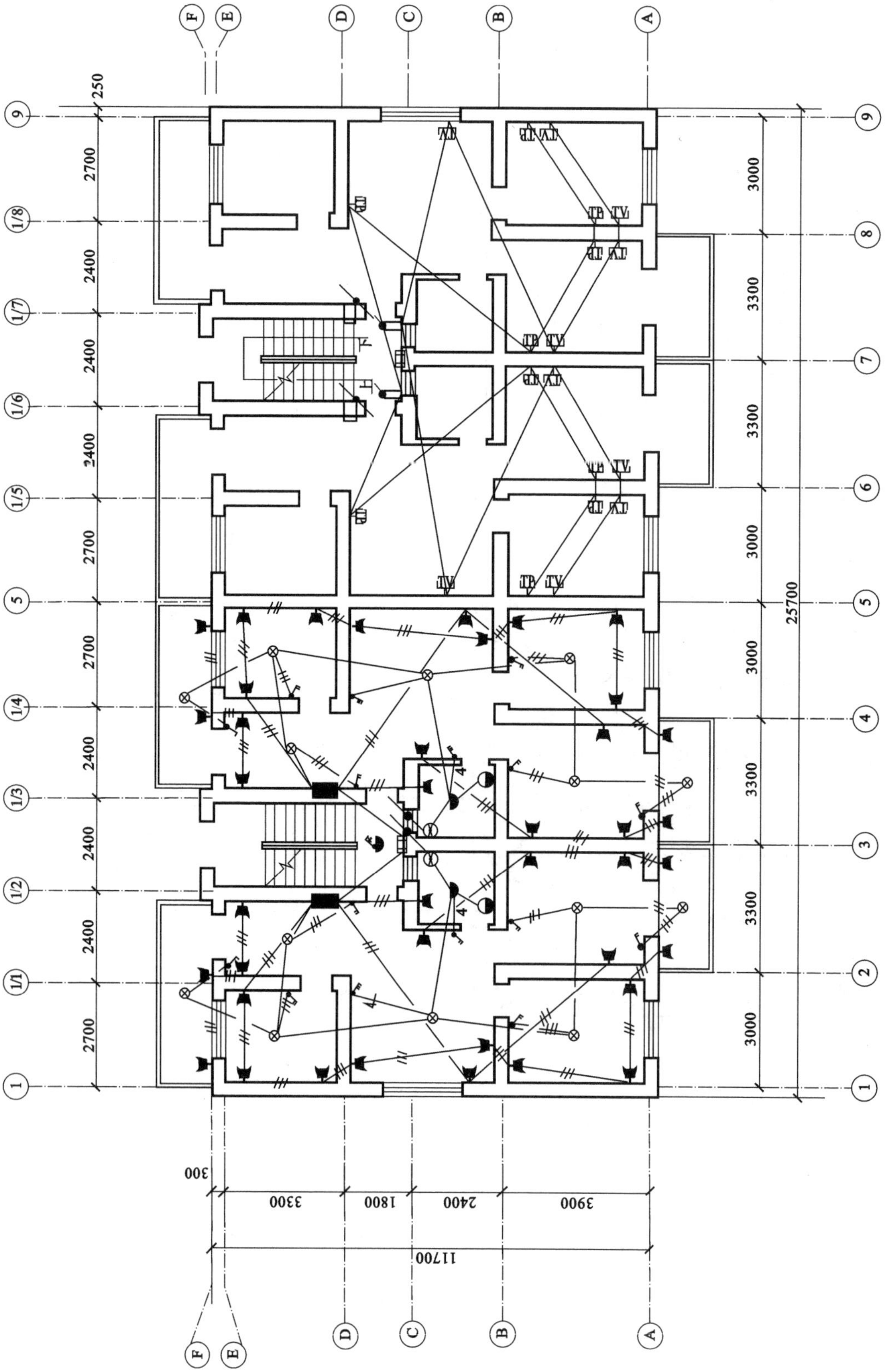


图 4.4 标准层单元电气平面图

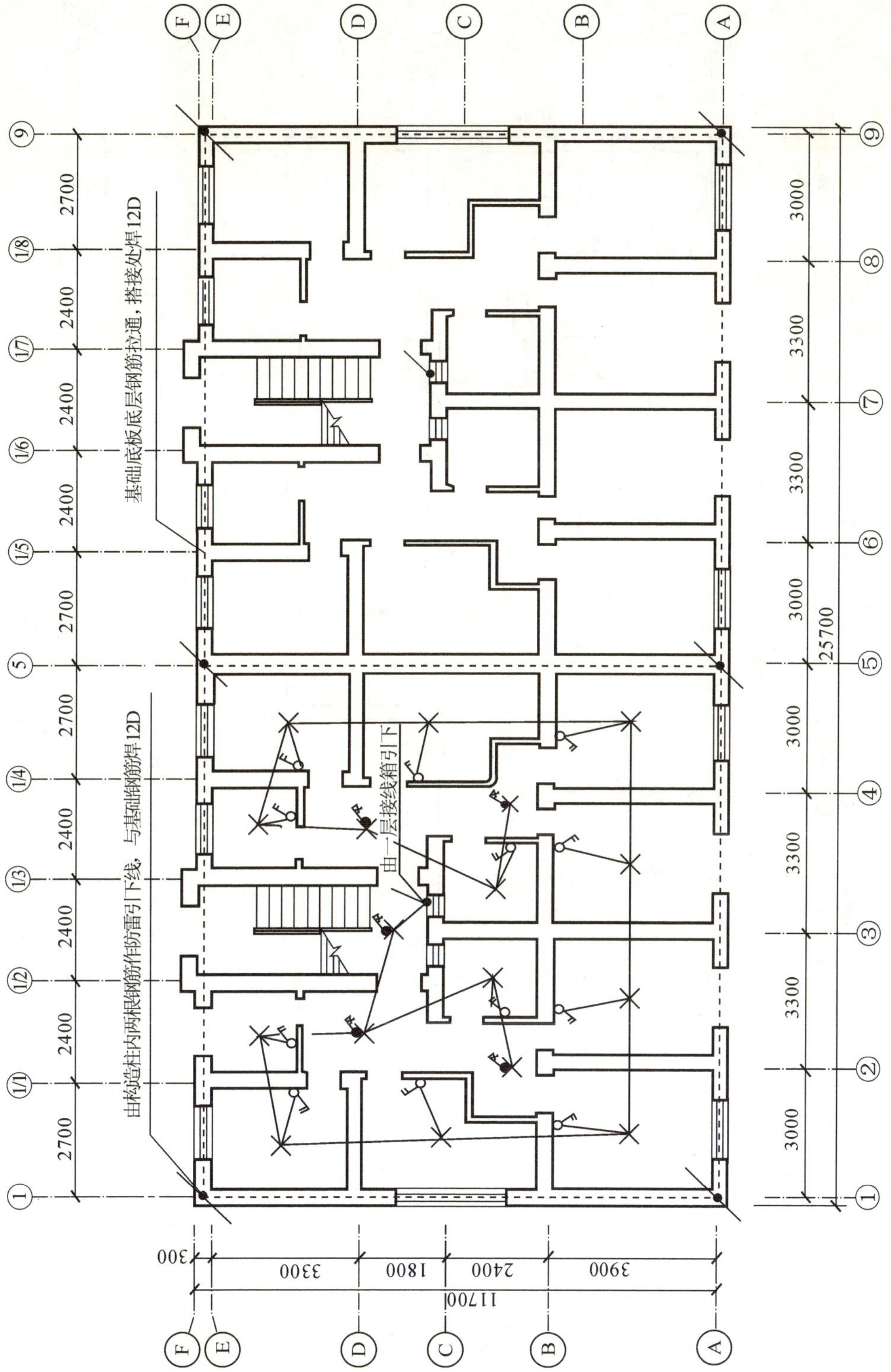


图 4.5　地下室单元照明平面图、接地基础平面图

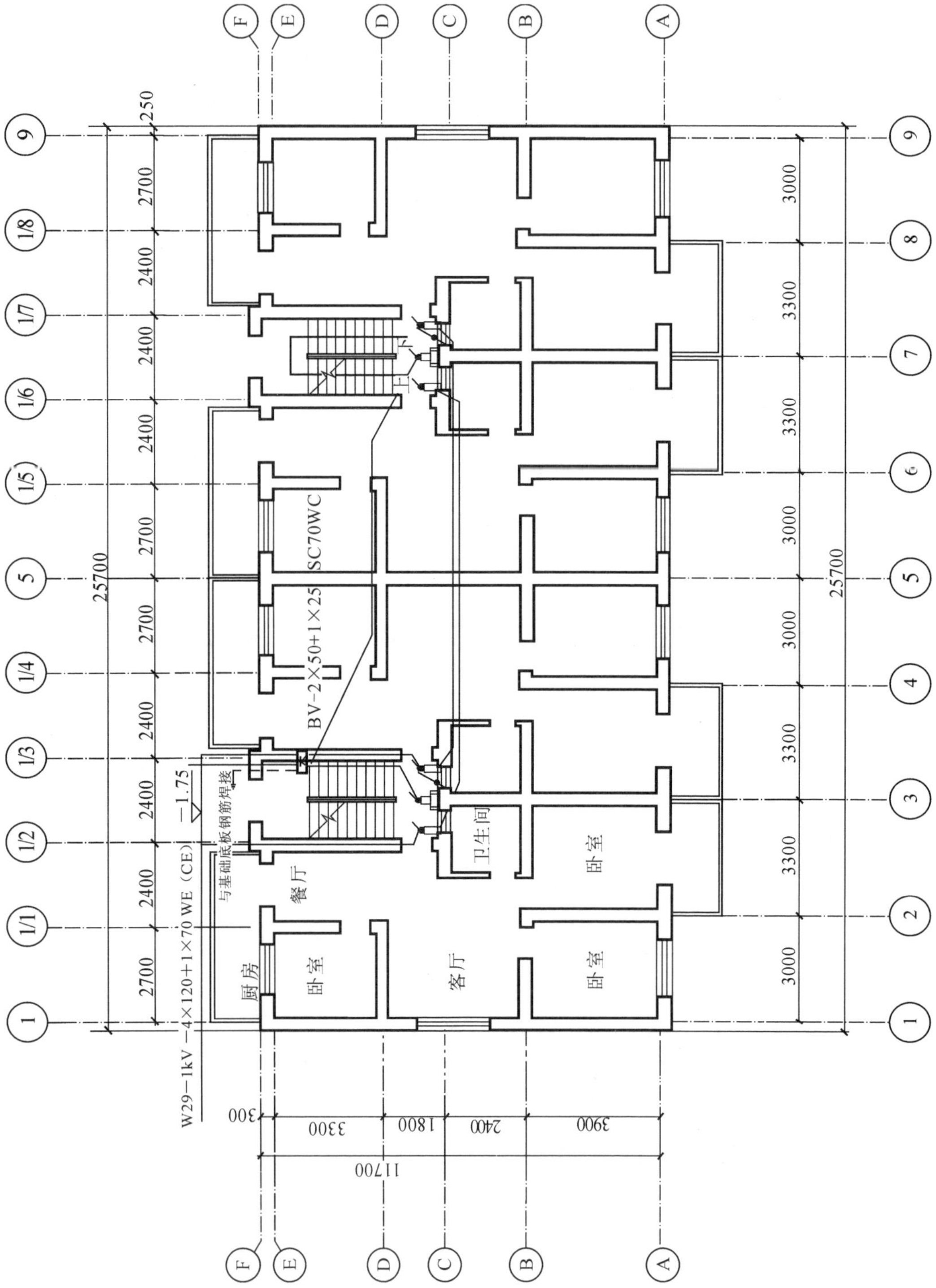
W29−1kV −4×120+1×70 WE（CE）
与基础底板钢筋焊接
−1.75
BV−2×50+1×25　SC70WC
厨房
卧室
餐厅
客厅
卫生间
卧室
卧室
25700
11700
3300
1800
2400
3900
300
250
2700
2400
3000
3300

图4.6　一层干线平面图

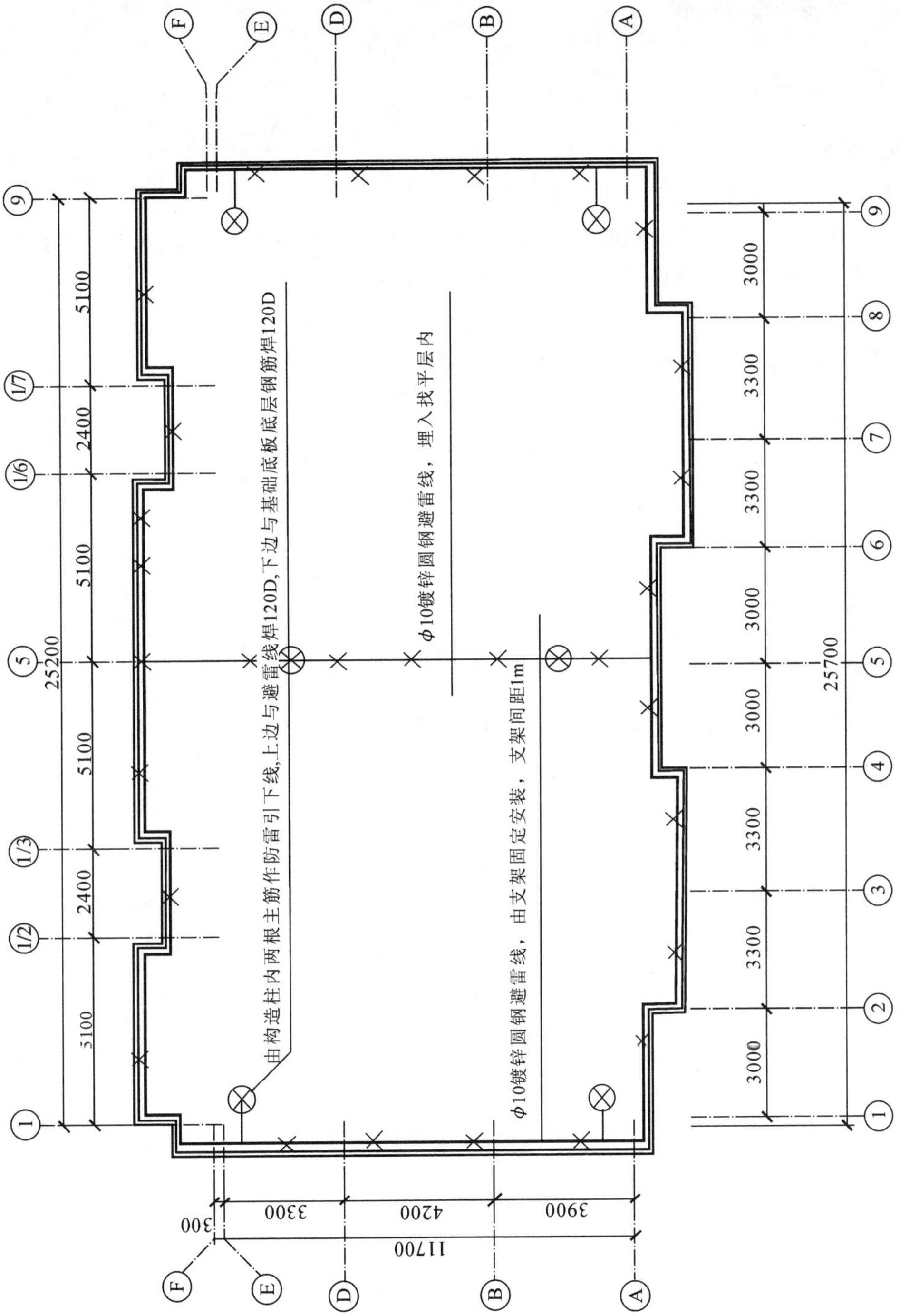


图 4.7　层顶避雷线平面图(1：100)

### 4.3.3 工程的预算编制

#### 4.3.3.1 编制说明

1.编制依据

(1)本预算根据设计图纸图 4.1～图 4.7 编制；

(2)本工程套用山西建设工程计价依据《安装工程预算定额》(2018)及相关费用定额计算；

(3)市场价选用×××地区 2018 年 11～12 月市场价文件。

2.其他事项说明

分部工程材料市场价(考虑 13%增值税后的材料价格)见表 4.18 所示。

**表 4.18 主要材料价格**

| 名　　称 | 单位 | 单价(元) | 名　　称 | 单位 | 单价(元) |
|---|---|---|---|---|---|
| JI 接线箱 | 台 | 950.00 | T 接线箱 | 台 | 750.00 |
| 磁卡式电度表箱(三表) | 台 | 850.00 | 磁卡式电度表箱(二表) | 台 | 660.00 |
| 配电箱 | 台 | 320.00 | 焊接钢管 *DN*15 | m | 5.88 |
| 焊接钢管 *DN*20 | m | 7.66 | 焊接钢管 *DN*25 | m | 11.13 |
| 焊接钢管 *DN*70 | m | 31.21 | BV 绝缘电线 2.5 $mm^2$ | m | 2.12 |
| BV 绝缘电线 4 $mm^2$ | m | 3.34 | BV 绝缘电线 10 $mm^2$ | m | 8.29 |
| BV 绝缘电线 25 $mm^2$ | m | 20.63 | BV 绝缘电线 50 $mm^2$ | m | 38.70 |
| 半圆球吸顶灯 | 套 | 40.00 | 软线吊灯 | 套 | 3.50 |
| 一般壁灯 | 套 | 56.00 | 座灯头 | 套 | 3.50 |
| 拉线开关 | 套 | 3.50 | 扳式单联开关 | 套 | 9.90 |
| 扳式双联开关 | 套 | 10.85 | 扳式三联开关 | 套 | 11.55 |
| 声光控延时开关 | 套 | 38.00 | 单相插座 5 孔 | 套 | 10.20 |
| 单相插座 5 孔(带盖) | 套 | 10.20 | 轴流排气扇 | 套 | 54.00 |
| 接线盒 | 个 | 0.70 | 圆钢 10mm | m | 2.57 |

#### 4.3.3.2 工程量计算

根据设计图纸和工程量计算规则计算工程量,计算结果如表 4.19、表 4.20 所示。

**表 4.19　工程量计算表**

| 序号 | 计算部位 | 项目名称 | 单位 | 计算公式 | 数量 | 备注 |
|---|---|---|---|---|---|---|
| 1 | | 配电箱 | | | | |
| | 引入线 | 明装 л 接线箱 | 台 | 1 | 1 | |
| | | 压铜端子 50 $mm^2$ | 个 | 4 | 4 | |
| | | 压铜端子 25 $mm^2$ | 个 | 2 | 2 | |
| | 各楼层 | 暗装 T 接线箱半周长 1.0 m | 台 | 12 | 12 | |
| | | 压铜端子 50 $mm^2$ | 个 | 72 | 72 | |
| | | 压铜端子 25 $mm^2$ | 个 | 36 | 36 | |
| | 一层 | 三表箱半周长 1.0 m | 台 | 2 | 2 | |
| | | 压铜端子 50 $mm^2$ | 个 | 4 | 4 | |
| | | 压铜端子 25 $mm^2$ | 个 | 2 | 2 | |
| | | 压铜端子 10 $mm^2$ | 个 | 12 | 12 | |
| | | 无端子外部接线 2.5 $mm^2$ | 个 | 4 | 4 | |
| | 2—6 层 | 二表箱半周长 1.0 m | 台 | 10 | 10 | |
| | | 压铜端子 50 $mm^2$ | 个 | 20 | 20 | |
| | | 压铜端子 25 $mm^2$ | 个 | 4 | 4 | |
| | | 压铜端子 10 $mm^2$ | 个 | 60 | 60 | |
| | T 接线箱表箱 | 预埋配电箱木盒的制作、安装、拆除，半周长 1.0 m | 台 | 24 | 24 | |
| | 各住户 | 配电箱嵌入式安装半周长 0.5 m | 台 | 24 | 24 | |
| | | 压铜端子 10 $mm^2$ | 个 | 72 | 72 | |
| | | 无端子外部接线 4 $mm^2$ | 个 | 12×24 | 288 | |
| | | 无端子外部接线 2.5 $mm^2$ | 个 | 2×24 | 48 | |
| | 住户配电箱 | 预埋配电箱木盒的制作、安装、拆除，半周长 0.5 m | 台 | 台 | 24 | 24 |
| 2 | | 干线配管配线 | | | | |
| | л 接箱至一层 | 钢管砖混结构暗配 *DN*70 | m | 0.2＋4.8＋1.4＋0.2＋13.4＋1.4 | 21.4 | |
| | 一层至六层 | 钢管砖混结构暗配 *DN*70 | m | 2.8×5×2 | 28 | |
| | | 砖混墙剔堵沟槽 *DN*70 | m | 1.4＋28 | 29.4 | |
| | л 接箱至表箱 | 管内穿线 BV50 $mm^2$ | m | [(21.4＋28)＋1×49]×2 | 196.8 | л 接箱，T 接箱半周长按 1 m 计 |
| | | 管内穿线 BV25 $mm^2$ | m | [(21.4＋28)＋1×49]×1 | 98.4 | |
| | | 电表箱至各户配电箱 | | | | |
| | | 钢管砖混结构暗配 *DN*25 | m | (1.4＋3＋1.4)×24 | 139.2 | |
| | | 砖混墙剔堵沟槽 *DN*25 | m | 2.8×24 | 67.2 | |
| | | 管内穿线 BV10 $mm^2$ | m | [(1.4＋3＋1.4)＋1＋0.5]×3×24 | 525.6 | |

**续表 4.19**

| 序号 | 计算部位 | 项目名称 | 单位 | 计算公式 | 数量 | 备注 |
|---|---|---|---|---|---|---|
| 3 | 户内 $N_1$ 回路 | | | 工程量乘以 24 即为总工程量 | | |
| | | 钢管砖混结构暗配 *DN*15 | m | (2.8−1.4−0.29)+1.66+2.64+3.1+1.65+(2.8−1.3)+4.1+3.3+1.3+(2.8−2)+1.3+0.5+4.1+3.4+2.8+(2.8−1.3) | 34.76 | 两根线 |
| | | 钢管砖混结构暗配 *DN*15 | m | 2.3+(2.8−1.3)+1.65+(2.8−1.3)+1.8+(2.8−1.3)+2+(2.8−1.3)+1.8+(2.8−1.3) | 17.05 | 三根线 |
| | | 钢管砖混结构暗配 *DN*20 | m | 2.3+(2.8−1.3)+1+(2.8−1.3) | 6.3 | |
| | | 砖混墙剔堵沟槽 *DN*15 | m | 1.11+1.5×7+0.8+0.5 | 12.91 | |
| | | 砖混墙剔堵沟槽 *DN*20 | m | 1.5×2 | 3 | |
| | | 管内穿线 BV2.5 $mm^2$ | m | (35.05+0.5)×2+17.05×3+6.3×4 | 146.9 | |
| | | 用电器具 | | | | |
| | | 线吊灯 | 套 | 7 | 7 | |
| | | 扁圆吸顶灯 | 套 | 1 | 1 | |
| | | 暗装带筋灯口盒 | 个 | 8 | 8 | |
| | | 壁灯 | 套 | 1 | 1 | |
| | | 排风扇 | 台 | 1 | 1 | |
| | | 单联板式暗装开关 | 套 | 2 | 2 | |
| | | 双联板式暗装开关 | 套 | 4 | 4 | |
| | | 三联板式暗装开关 | 套 | 2 | 2 | |
| | | 暗装灯口盒,开关盒 | 个 | 10 | 10 | |
| 4 | 户内 $N_2$ 回路 | | | 工程量乘以 24 即为总工程量 | | |
| | | 钢管砖混结构暗配 *DN*20 | m | 1.4+32.9+0.3×(2×13−1) | 41.8 | |
| | | 砖混墙剔堵沟槽 *DN*20 | m | 1.4+0.3×(2×13−1) | 8.9 | |
| | | 管内穿线 BV4mm² | m | (41.8+0.5)×3 | 126.9 | |
| | | 单相五孔暗插座 | 套 | 13 | 13 | |
| | | 暗装插座盒 | 个 | 13 | 13 | |
| | 户内 $N_3$ 回路 | | | 工程量乘以 24 即为总工程量 | | |
| | | 钢管砖混结构暗配 *DN*20 | m | 1.4+8.7+1.8×(2×4−1) | 22.7 | |
| | | 砖混墙剔堵沟槽 *DN*20 | m | 1.4+1.8×7 | 14 | |
| | | 管内穿线 BV4 $mm^2$ | m | (22.7+0.5)×3 | 69.6 | |
| | | 单相五孔暗插座(防溅) | 套 | 4 | 4 | |
| | | 暗装插座盒 | 个 | 4 | 4 | |

**续表 4.19**

| 序号 | 计算部位 | 项目名称 | 单位 | 计算公式 | 数量 | 备注 |
|---|---|---|---|---|---|---|
| 4 | 户内 $N_4$ 回路 | | | 工程量乘以 24 即为总工程量 | | |
| | | 钢管砖混结构暗配 *DN*20 | m | 1.4＋3.0＋1.6 | 6 | |
| | | 砖混墙剔堵沟槽 *DN*20 | m | 1.4＋1.6 | 3 | |
| | | 管内穿线 BV4$mm^2$ | m | (6＋0.5)×3 | 19.5 | |
| | | 单相五孔暗插座(防溅) | 套 | 1 | 1 | |
| | | 暗装插座盒 | 个 | 1 | 1 | |
| | 户内 $N_5$ 回路 | | | 工程量乘以 24 即为总工程量 | | |
| | | 钢管砖混结构暗配 *DN*20 | m | 1.4＋12＋2×(2×2－1) | 19.4 | |
| | | 管内穿线 BV2.5 $mm^2$ | m | (19.4＋0.5)×3 | 59.7 | |
| | | 砖混墙剔堵沟槽 *DN*20 | m | 1.4＋2×(2×2－1) | 7.4 | |
| | | 单相五孔暗插座 | 套 | 2 | 2 | |
| | | 暗装插座盒 | 个 | 2 | 2 | |
| 5 | 公共用电(楼梯间照明) | | | 工程量乘以 2 即为总工程量 | | |
| | | 钢管砖混结构暗配 *DN*15 | m | (2.8－1.4－0.5)＋2.8×5＋(0.3＋1.65)×6 | 26.6 | |
| | | 每层距顶 0.3 m 处设暗装接线盒 | 个 | 6 | 6 | |
| | | 砖混墙剔堵沟槽 *DN*15 | m | 0.9＋2.8×5＋0.3×6 | 16.7 | |
| | | 管内穿线 BV2.5 $mm^2$ | m | (26.6＋1)×2 | 55.2 | |
| | | 扁圆吸顶灯 | 套 | 6 | 6 | |
| | | 暗装带筋灯口盒 | 个 | 6 | 6 | |
| | | 声光控延时开关 | 套 | 6 | 6 | |
| 6 | 地下室照明 | | | 工程量乘以 2 即为总工程量 | | |
| | 由一层接线盒引下 | 钢管砖混结构暗配 *DN*15 | m | (2.8－0.3)＋1.2＋2.64＋2.5＋0.8＋2.8＋1.5＋3.6＋1.65＋4.3＋1.82＋3.15＋1.82＋3.3＋1.82＋3.15＋1.82＋4.3＋1.65＋2.8＋1.5＋2.5＋0.8＋2.64＋0.8＋2.5＋3＋1.2＋3＋2.5＋1.2＋0.3×12 | 73.36 | |
| | | 砖混墙剔堵沟槽 *DN*15 | m | (2.8－0.3)＋0.3×12 | 6.1 | |
| | | 管内穿线 BV2.5 $mm^2$ | m | 73.36×2 | 146.7 | |
| | | 座灯头 | 套 | 17 | 17 | |
| | | 暗装带筋灯口盒 | 个 | 17 | 17 | |
| | | 拉线开关 | 套 | 12 | 12 | |
| | | 暗装开关盒 | 个 | 12 | 12 | |
| | | 声光控延时开关 | 套 | 5 | 5 | |

**续表 4.19**

| 序号 | 计算部位 | 项目名称 | 单位 | 计算公式 | 数量 | 备注 |
|---|---|---|---|---|---|---|
| 7 | 防雷接地系统 | | | | | |
| | | $\phi$10 避雷线沿墙板支架敷设 | m | 25.7×2+11.7×2+1.2×4+1.2×10 | 94.6 | |
| | | $\phi$10 避雷线屋顶埋设 | m | 11.7+1.2×2+0.6×2+(0.6+1.2)×4 | 22.5 | |
| | | 利用柱内主筋引下线 | | (2.2+2.8×6+0.5)×6 | 117 | |
| | | 断接卡子 | 套 | 6 | 6 | |
| | | 基础钢筋焊接接地 | m | 25.7×2+11.7×3 | 86.5 | |

**表 4.20　工程量汇总表**

| 序号 | 项目名称 | 单位 | 数量 | 备　　注 |
|---|---|---|---|---|
| 1 | 明装 л 接线箱 | 台 | 1 | |
| 2 | 暗装 T 接线箱半周长 1.0m | 台 | 12 | |
| 3 | 三表箱半周长 1.0m | 台 | 2 | |
| 4 | 二表箱半周长 1.0m | 台 | 10 | |
| | 预埋配电箱木盒的制作、安装、拆除，半周长 1.0m | 台 | 24 | |
| 5 | 配电箱嵌入式安装半周长 0.5m | 台 | 24 | |
| 6 | 压铜端子 50 $mm^2$ | 个 | 100 | |
| 7 | 压铜端子 25 $mm^2$ | 个 | 50 | |
| 8 | 压铜端子 10 $mm^2$ | 个 | 144 | |
| 9 | 无端子外部接线 2.5 $mm^2$ | 个 | 52 | |
| 10 | 无端子外部接线 4 $mm^2$ | 个 | 288 | |
| | 预埋配电箱木盒的制作、安装、拆除，半周长 0.5 m | 台 | 24 | |
| 11 | 钢管砖混结构暗配 *DN*70 | m | 49.4 | |
| 12 | 砖混墙剔堵沟槽 *DN*70 | m | 29.4 | |
| 13 | 钢管砖混结构暗配 *DN*25 | m | 139.2 | |
| 14 | 砖混墙剔堵沟槽 *DN*25 | m | 67.2 | |
| 15 | 钢管砖混结构暗配 *DN*20 | m | 2308.8 | |
| 16 | 砖混墙剔堵沟槽 *DN*20 | m | 871.2 | |
| 17 | 钢管砖混结构暗配 *DN*15 | m | 1443.36 | |

续表 4.20

| 序号 | 项目名称 | 单位 | 数量 | 备　注 |
|---|---|---|---|---|
| 18 | 砖混墙剔堵沟槽 *DN*15 | m | 355.44 | |
| 19 | 管内穿线 BV50 $mm^2$ | m | 196.8 | |
| 20 | 管内穿线 BV25 $mm^2$ | m | 98.4 | |
| 21 | 管内穿线 BV10 $mm^2$ | m | 525.6 | |
| 22 | 管内穿线 BV4 $mm^2$ | m | 6616.8 | |
| 23 | 管内穿线 BV2.5 $mm^2$ | m | 3928.72 | |
| 24 | 线吊灯 | 套 | 168 | |
| 25 | 扁圆吸顶灯 | 套 | 36 | |
| 26 | 座灯头 | 套 | 34 | |
| 27 | 暗装带筋灯口盒 | 个 | 238 | |
| 28 | 壁灯 | 套 | 24 | |
| 29 | 排风扇 | 台 | 24 | |
| 30 | 单联板式暗装开关 | 套 | 48 | |
| 31 | 双联板式暗装开关 | 套 | 96 | |
| 32 | 三联板式暗装开关 | 套 | 48 | |
| 33 | 声光控延时开关 | 套 | 22 | |
| 34 | 拉线开关 | 套 | 24 | |
| 35 | 单相五孔暗插座 | 套 | 480 | |
| 36 | 单相五孔暗插座(防溅) | 套 | 120 | |
| 37 | 暗装灯口,插座,开关盒 | 个 | 864 | |
| 38 | $\phi$10 避雷线沿墙板支架敷设 | m | 94.6 | |
| 39 | $\phi$10 避雷线屋顶埋设 | m | 22.5 | |
| 40 | 利用柱内主筋引下线 | | 117 | |
| 41 | 断接卡子 | 套 | 6 | |
| 42 | 基础钢筋焊接接地 | m | 86.5 | |

#### 4.3.3.3 单位工程预算

本工程单位工程费用表、措施项目计价表、单位工程预算表分别如表 4.21、表 4.22 和表 4.23 所示。

表 4.21　单位工程费用表

| 序号 | 费用名称 | 取费说明 | 费率(%) | 费用金额 | 备注 |
|---|---|---|---|---|---|
| 1 | 安装工料机费(包括施工技术措施费) | 按《计价依据》计价定额计算 | | 113137.96 | |
| 2 | 其中:人工费 | 按《计价依据》计价定额计算 | | 96874.94 | |
| 3 | 施工组织措施费 | 2×相应费率 | 6.03 | 5841.55 | |
| 4 | 企业管理费 | 2×相应费率 | 19.8 | 19181.24 | |
| 5 | 利润 | 2×相应利润率 | 18.5 | 17821.87 | |
| 6 | 动态调整费 | 按规定计算 | | | |
| 7 | 主材费 | | | 107108.36 | |
| 8 | 税金 | (1+3+4+5+6+7)×税率 | 9 | 23678.19 | |
| 9 | 工程造价 | 1+3+4+5+6+7+8 | | 286769.20 | |

表 4.22　措施项目计价表

| 序号 | 项目名称 | 费率 | 费用金额 | 备注 |
|---|---|---|---|---|
| 1 | 通用项目 | | 96874.94 | |
| 1.1 | 安全文明施工费 | 1.86 | 1801.87 | |
| 1.2 | 临时设施费 | 2.12 | 2053.75 | |
| 1.3 | 夜间施工增加费 | 0.36 | 348.75 | |
| 1.4 | 冬雨季施工增加费 | 0.43 | 416.56 | |
| 1.5 | 材料二次搬运费 | 0.77 | 745.94 | |
| 1.6 | 工程定位复测、工程点交、场地清理费 | 0.18 | 174.37 | |
| 1.7 | 检测试验费 | 0.31 | 300.31 | |
| | 合计 | | 5841.55 | |

**表 4.23 单位工程预(结)算表**

| 序号 | 编号 | 名称 | 工程量 | | 价值(元) | | 其中(元) | | | | | | | |
|---|---|---|---|---|---|---|---|---|---|---|---|---|---|---|
| | | | 单位 | 数量 | 单价 | 合价 | 人工费 | | 材料费 | | 机械费 | | 主材设备费 | |
| | | | | | | | 单价 | 合价 | 单价 | 合价 | 单价 | 合价 | 单价 | 合价 |
| 1 | C4—507 | JI接箱 | 台 | 1 | 260.77 | 260.77 | 207.50 | 207.50 | 53.27 | 53.27 | | | | |
| | | 接线箱 | 个 | 1 | | | | | | | | | 950.00 | 950.00 |
| 2 | C4—1385 | 接线箱安装 暗装接线箱半周长 1500 mm 以内 | 10 个 | 1.2 | 1675.90 | 2011.08 | 1660.00 | 1992.00 | 15.90 | 19.08 | | | | |
| | | 接线箱 | 个 | 12 | | | | | | | | | 750.00 | 9000.00 |
| 3 | C4—344 | 磁卡式电度表 3～4 块表 | 台 | 2 | 260.92 | 521.84 | 180.00 | 360.00 | 80.92 | 161.84 | | | | |
| | | 磁卡式电度表箱 | 台 | 2 | | | | | | | | | 850 | 1700 |
| 4 | C4—343 | 磁卡式电度表 2 块表 | 台 | 10 | 226.11 | 2261.10 | 146.25 | 1462.50 | 79.86 | 798.60 | | | | |
| | | 磁卡式电度表箱 | 台 | 10 | | | | | | | | | 660 | 6600 |
| 5 | C4—503 | 预埋配电箱木盒的制作、安装、拆除，半周长 1.0 m | 个 | 24 | 143.04 | 3432.96 | 111.25 | 2670.00 | 31.79 | 762.96 | | | | |
| 6 | C4—302 | 嵌入式配电箱半周长 0.5 m | 台 | 24 | 140.34 | 3368.16 | 85.5 | 2052 | 54.84 | 1316.16 | | | | |
| | | 配电箱 | 台 | 24 | | | | | | | | | 320 | 7680 |
| 7 | C4—501 | 预埋配电箱木盒的制作、安装、拆除，半周长 0.6 m | 个 | 24 | 80.92 | 1942.08 | 65.00 | 1560.00 | 15.92 | 382.08 | | | | |
| 8 | C4—465 | 压铜接线端子 导线截面 16 $mm^2$ 以内 | 10 个 | 14.4 | 69.96 | 1007.42 | 45.00 | 648.00 | 24.96 | 359.42 | | | | |
| 9 | C4—466 | 压铜接线端子 导线截面 35 $mm^2$ 以内 | 10 个 | 5 | 105.22 | 526.10 | 67.50 | 337.50 | 37.72 | 188.60 | | | | |

**续表 4.23**

| 序号 | 编号 | 名称 | 工程量 | | 价值(元) | | 其中(元) | | | | | | | |
|---|---|---|---|---|---|---|---|---|---|---|---|---|---|---|
| | | | | | | | 人工费 | | 材料费 | | 机械费 | | 主材设备费 | |
| | | | 单位 | 数量 | 单价 | 合价 | 单价 | 合价 | 单价 | 合价 | 单价 | 合价 | 单价 | 合价 |
| 10 | C4—467 | 压铜接线端子 导线截面 70 $mm^2$ 以内 | 10 个 | 10 | 199.92 | 1999.20 | 135.00 | 1350.00 | 64.92 | 649.20 | | | | |
| 11 | C4—456 | 无端子外部接线 6 $mm^2$ | 10 个 | 28.8 | 36.96 | 1064.45 | 31.25 | 900.00 | 5.71 | 164.45 | | | | |
| 12 | C4—455 | 无端子外部接线 2.5 $mm^2$ | 10 个 | 5.2 | 28.21 | 146.69 | 22.50 | 117.00 | 5.71 | 29.69 | | | | |
| 13 | C4—1118 | 钢管敷设 砖、混凝土结构暗配 钢管公称口径 15 mm 以内 | 100 m | 14.43 | 698.88 | 10084.84 | 646.25 | 9325.39 | 29.60 | 427.13 | 23.03 | 332.32 | | |
| | | 焊接钢管 | m | 1486.29 | | | | | | | | | 5.88 | 8739.39 |
| 14 | C4—1119 | 钢管敷设 砖、混凝土结构暗配 钢管公称口径 20 mm 以内 | 100 m | 8.71 | 751.09 | 6541.99 | 692.50 | 6031.67 | 35.56 | 309.73 | 23.03 | 200.59 | | |
| | | 焊接钢管 | m | 897.13 | | | | | | | | | 7.66 | 6872.02 |
| 15 | C4—1120 | 钢管敷设 砖、混凝土结构暗配 钢管公称口径 25 mm 以内 | 100 m | 1.39 | 921.28 | 1280.58 | 833.75 | 1158.91 | 52.44 | 72.89 | 35.09 | 48.78 | | |
| | | 焊接钢管 | m | 143.17 | | | | | | | | | 11.13 | 1593.48 |
| 16 | C4—1124 | 钢管敷设 砖、混凝土结构暗配 钢管公称口径 70 mm 以内 | 100 m | 0.49 | 2549.12 | 1249.07 | 2273.75 | 1114.14 | 207.79 | 101.82 | 67.58 | 33.11 | | |
| | | 焊接钢管 | m | 50.47 | | | | | | | | | 31.21 | 1575.17 |
| 17 | C4—1364 | 混凝土墙、地面切割沟槽管径 15 mm 以内 | 10 m | 35.54 | 208.46 | 7408.67 | 206.25 | 7330.13 | 2.21 | 78.54 | | | | |

**续表 4.23**

| 序号 | 编号 | 名称 | 工程量 | | 价值(元) | | 其中(元) | | | | | | | |
|---|---|---|---|---|---|---|---|---|---|---|---|---|---|---|
| | | | | | | | 人工费 | | 材料费 | | 机械费 | | 主材设备费 | |
| | | | 单位 | 数量 | 单价 | 合价 | 单价 | 合价 | 单价 | 合价 | 单价 | 合价 | 单价 | 合价 |
| 18 | C4—1365 | 混凝土墙、地面切割沟槽管径 20 mm 以内 | 10 m | 87.12 | 235.67 | 20531.57 | 232.50 | 20255.4 | 3.17 | 276.17 | | | | |
| 19 | C4—1366 | 混凝土墙、地面切割沟槽管径 25 mm 以内 | 10 m | 6.72 | 268.42 | 1803.78 | 262.50 | 1764.00 | 5.92 | 39.78 | | | | |
| 20 | C4—1370 | 混凝土墙、地面切割沟槽管径 70 mm 以内 | 10 m | 2.94 | 534.28 | 1570.78 | 517.50 | 1521.45 | 16.78 | 49.33 | | | | |
| 21 | C4—1251 | 管内穿铜芯导线 照明线路 导线截面 2.5 $mm^2$ 以内 | 100 m/单线 | 39.29 | 123.48 | 4851.53 | 102.50 | 4027.23 | 20.98 | 824.30 | | | | |
| | | 铜芯聚氯乙烯绝缘电线 | m | 4557.64 | | | | | | | | | 2.12 | 9662.2 |
| 22 | C4—1252 | 管内穿铜芯导线 照明线路 导线截面 4 $mm^2$ 以内 | 100 m/单线 | 66.17 | 92.31 | 6108.15 | 71.25 | 4714.61 | 21.06 | 1393.54 | | | | |
| | | 铜芯聚氯乙烯绝缘电线 | m | 7675.72 | | | | | | | | | 3.34 | 25636.9 |
| 23 | C4—1256 | 管内穿铜芯导线 动力线路 导线截面 10 $mm^2$ 以内 | 100 m/单线 | 5.26 | 115.36 | 606.79 | 97.50 | 512.85 | 17.86 | 93.94 | | | | |
| | | 铜芯聚氯乙烯绝缘电线 | m | 552.3 | | | | | | | | | 8.29 | 4578.57 |
| 24 | C4—1258 | 管内穿铜芯导线 动力线路 导线截面 25 $mm^2$ 以内 | 100 m/单线 | 0.98 | 160.40 | 157.19 | 140.00 | 137.2 | 20.40 | 19.99 | | | | |
| | | 铜芯聚氯乙烯绝缘电线 | m | 102.9 | | | | | | | | | 20.63 | 2122.83 |
| 25 | C4—1260 | 管内穿铜芯导线 动力线路 导线截面 50 $mm^2$ 以内 | 100 m/单线 | 1.97 | 315.53 | 621.59 | 291.25 | 573.76 | 24.28 | 47.83 | | | | |
| | | 铜芯聚氯乙烯绝缘电线 | m | 206.85 | | | | | | | | | 38.7 | 8005.1 |

**续表 4.23**

| 序号 | 编号 | 名称 | 工程量 | | 价值(元) | | 其中(元) | | | | | | | |
|---|---|---|---|---|---|---|---|---|---|---|---|---|---|---|
| | | | 单位 | 数量 | 单价 | 合价 | 人工费 | | 材料费 | | 机械费 | | 主材设备费 | |
| | | | | | | | 单价 | 合价 | 单价 | 合价 | 单价 | 合价 | 单价 | 合价 |
| 26 | C4—1397 | 普通灯具安装 半圆球吸顶灯 灯罩直径 350 mm 以内 | 10 套 | 3.6 | 284.69 | 1024.88 | 221.25 | 796.50 | 63.44 | 228.38 | | | | |
| | | 成套灯具 | 套 | 36.36 | | | | | | | | | 40.00 | 1451.40 |
| 27 | C4—1399 | 普通灯具安装,软线吊灯 | 10 套 | 16.8 | 124.38 | 2089.58 | 96.25 | 1617.00 | 28.13 | 472.58 | | | | |
| | | 成套灯具 | 套 | 169.68 | | | | | | | | | 3.50 | 593.88 |
| 28 | C4—1403 | 普通灯具安装,一般壁灯 | 10 套 | 2.4 | 249.09 | 597.82 | 207.5 | 498.00 | 41.59 | 99.82 | | | | |
| | | 成套灯具 | 套 | 24.24 | | | | | | | | | 56.00 | 1357.44 |
| 29 | C4—1405 | 普通灯具安装,普通座灯头 | 10 套 | 3.4 | 111.29 | 378.39 | 96.25 | 327.25 | 15.04 | 51.14 | | | | |
| | | 成套灯具 | 套 | 34.34 | | | | | | | | | 3.50 | 120.19 |
| 30 | C4—402 | 拉线开关 | 10 套 | 2.4 | 103.28 | 247.87 | 85.00 | 204.00 | 18.28 | 43.87 | | | | |
| | | 成套开关 | 套 | 24.48 | | | | | | | | | 3.5 | 85.68 |
| 31 | C4—403 | 扳式暗开关(单控),单双联 | 10 套 | 4.8 | 95.50 | 458.40 | 88.75 | 426.00 | 6.75 | 32.40 | | | | |
| | | 成套开关 | 套 | 48.96 | | | | | | | | | 9.90 | 484.70 |
| 32 | C4—403 | 扳式暗开关(单控),单双联 | 10 套 | 9.6 | 95.50 | 916.80 | 88.75 | 852.00 | 6.75 | 64.80 | | | | |
| | | 成套开关 | 套 | 97.92 | | | | | | | | | 10.85 | 1062.43 |
| 33 | C4—404 | 扳式暗开关(单控),三联 | 10 套 | 4.8 | 104.67 | 502.42 | 95.00 | 456.00 | 9.67 | 46.42 | | | | |
| | | 成套开关 | 套 | 48.96 | | | | | | | | | 11.55 | 565.49 |

**续表 4.23**

| 序号 | 编号 | 名称 | 工程量 | | 价值(元) | | 其中(元) | | | | | | | |
|---|---|---|---|---|---|---|---|---|---|---|---|---|---|---|
| | | | 单位 | 数量 | 单价 | 合价 | 人工费 | | 材料费 | | 机械费 | | 主材设备费 | |
| | | | | | | | 单价 | 合价 | 单价 | 合价 | 单价 | 合价 | 单价 | 合价 |
| 34 | C4—406 | 声光节能延时开关 | 10 套 | 2.2 | 97.94 | 215.47 | 91.25 | 200.75 | 6.69 | 14.72 | | | | |
| | | 成套开关 | 套 | 22.44 | | | | | | | | | 38.00 | 852.72 |
| 35 | C4—416 | 单相暗插座,15A,5 孔 | 10 套 | 48 | 124.11 | 5957.28 | 112.50 | 5400.00 | 11.61 | 557.28 | | | | |
| | | 成套插座 | 套 | 489.6 | | | | | | | | | 10.20 | 4993.92 |
| 36 | C4—416 | 单相暗插座,15 A,5 孔 | 10 套 | 12 | 124.11 | 1489.32 | 112.50 | 1350.00 | 11.61 | 139.32 | | | | |
| | | 成套插座 | 套 | 122.4 | | | | | | | | | 11.35 | 1389.24 |
| 37 | C4—440 | 轴流排气扇 | 台 | 24 | 64.26 | 1542.24 | 62.50 | 1500 | 1.76 | 42.24 | | | | |
| | | 轴流排气扇 | 台 | 24 | | | | | | | | | 54.00 | 1296.00 |
| 38 | C4—1386 | 暗装钢制盒 | 10 个 | 86.4 | 56.70 | 4898.88 | 48.75 | 4212.00 | 7.95 | 686.88 | | | | |
| | | 接线、开关、灯头盒 | 个 | 881.28 | | | | | | | | | 0.7 | 616.90 |
| 39 | C4—1390 | 接线盒安装,带筋接线盒 | 10 个 | 23.8 | 77.59 | 1846.64 | 55.00 | 1309.00 | 13.72 | 326.54 | 8.87 | 211.10 | | |
| | | 接线盒 | 个 | 242.76 | | | | | | | | | 0.70 | 169.93 |
| 40 | C4—980 | 避雷网安装沿墙板支架敷设 | 10 m | 9.46 | 285.17 | 2697.71 | 246.25 | 2329.53 | 21.81 | 206.32 | 17.11 | 161.86 | | |
| | 补充主材 | 圆钢 | m | 96.78 | | | | | | | | | 2.57 | 248.72 |
| 41 | C4—979 | 避雷网安装沿混凝土块敷设 | 10 m | 2.25 | 97.39 | 219.13 | 77.50 | 174.38 | 11.34 | 25.51 | 8.55 | 19.24 | | |
| | 补充主材 | 圆钢 | m | 23.02 | | | | | | | | | 2.57 | 59.16 |
| 42 | C4—977 | 避雷引下线敷设,利用建筑物主筋引下 | 10 m | 11.7 | 131.03 | 1533.05 | 83.75 | 979.88 | 5.83 | 68.21 | 41.45 | 484.96 | | |

**续表 4.23**

| 序号 | 编号 | 名称 | 工程量 | | 价值(元) | | 其中(元) | | | | | | | |
|---|---|---|---|---|---|---|---|---|---|---|---|---|---|---|
| | | | | | | | 人工费 | | 材料费 | | 机械费 | | 主材设备费 | |
| | | | 单位 | 数量 | 单价 | 合价 | 单价 | 合价 | 单价 | 合价 | 单价 | 合价 | 单价 | 合价 |
| 43 | C4—982 | 避雷网安装,均压环敷设利用圈梁钢筋 | 10 m | 8.65 | 31.78 | 274.90 | 18.75 | 162.19 | 1.19 | 10.29 | 11.84 | 102.42 | | |
| 44 | C4—978 | 避雷引下线敷设,断接卡子制作安装 | 10套 | 0.6 | 399.37 | 239.62 | 367.50 | 220.50 | 31.78 | 19.07 | 0.09 | 0.05 | | |
| 45 | C4—1652 | 送配电系统装置调试,1kV以下交流供电(综合) | 系统 | 1 | 272.82 | 272.82 | 205.00 | 205.00 | 0 | 0 | 67.82 | 67.82 | | |
| 46 | | 技术措施费,脚手架搭拆费 | 项 | 95138.22 | 4.6% | 4376.36 | | 1531.72 | | 2844.64 | | | | |
| | | | | | | | | | | | | | | |
| | | | | | | | | | | | | | | |
| | | 合计 | | | | 113137.96 | | 96874.94 | | 14600.77 | | 1662.25 | | 107108.36 |

## 单元小结

电气照明工程是建设工程的重要组成部分。随着电气化、自动化事业的不断发展，每平方米建筑面积的平均用电量不断提高，在整个建设过程中，电气照明工程造价所占的比重也越来越大。因此，深入了解电气照明工程，合理确定工程造价，具有十分重要的意义。

常用的电气设备有变压器、断路器、开关、互感器、电抗器、电容器、高低压配电柜等。

电气照明工程是由变配电设施通过线路连接各用电器组成的一个完整的照明系统，主要有进户装置、配电箱(盘)、配管配线、灯具、开关、插座、防雷接地及调试等项目。

电线是电气工程中的主要材料。绝缘电线按照绝缘材料不同分为橡皮绝缘电线、聚氯乙烯绝缘电线、丁氰聚氯乙烯复合绝缘电线等。

室内电气施工图的内容包括首页、平面布置图、电气系统图以及安装大样图等。首页内容包括目录、设计说明、设备明细表、图例等。电气施工图表明了电气设备和线路工程的型号、规格、安装和管线敷设方法及具体位置，可以按照一定的比例计算管线长度及在施工图中电气设备和器具的数量。

电气照明工程量的计算，主要是按照电气施工图电气安装预算定额和工程量规则规定的内容进行计算。只有熟悉定额和工程量计算规则，才能正确列项并计算工程量。

### 复习思考题

4.1　照明电气工程施工图由哪几部分组成，各部分的作用有哪些?

4.2　电气工程配管有哪几种形式，各有何要求?

4.3　简要说明电气工程配管的工程量计算规则，电气工程配线的工程量计算规则，它们有何区别? ——

4.4　解释“$YJV_{22}$—1kV—3×(3×120+2—1×70)—CT200×100—板下0.3m”的含义。

4.5　简述电缆工程量计算规则

4.6　结合实际，绘制出一间教室的照明电气工程简图，并进行工程量计算。

4.7　在什么情况下要设置接线盒?

4.8　在什么情况下要设置接线端子? 它如何计算?

4.9　在照明电气工程中，电缆的敷设方式有哪几种?

4.10　防雷接地工程由哪几部分组成?

4.11　简述接地母线的工程量计算规则?

# 单元5 消防及建筑智能化工程施工图预算

**知识目标** 了解火灾自动报警系统、室内消防给水系统和给水方式及安装技术要求；理解消防给水系统工程施工图的主要内容及其识读方法；掌握消防工程施工图预算编制的步骤、方法、内容、计算规则及其格式。

**能力目标** 能熟练识读消防给水系统和火灾自动报警系统工程施工图；比较熟练依据合同、设计资料及目标进行消防工程计量与计价；能根据计量计价结果进行消防工程工料分析，总结、整理各项造价指标。

智能建筑是信息时代的必然产物，是计算机技术和通信技术、控制技术与建筑技术密切结合的结晶。建筑智能化工程包括通信网络系统、信息网络系统、建筑设备监控系统、火灾报警及消防联动系统、安全防范系统、综合布线系统、智能化集成系统、电源与接地、环境和住宅(小区)智能化系统等。

随着时代的发展和建筑设计规范的提高，各种高层建筑对火灾报警与自动灭火系统提出了较高的要求，消防工程已成为工业厂房、宾馆、图书馆、科研楼、商场及地下工程等建筑物的重要组成部分。消防工程主要包括火灾自动报警控制系统、灭火系统、消防排烟系统及消防调试系统。

## 5.1 消防及建筑智能化工程基本知识及施工图识读

### 5.1.1 消防工程基本知识

#### 5.1.1.1 火灾自动报警系统

火灾自动报警系统的功能是自动捕捉火灾、检测区域内火灾发生时的烟雾或热气，从而能够发出声光报警，并联动其他设备的输出接点，能够控制自动灭火系统、事故广播、事故照明、消防给水和排烟系统，实现检测、报警和灭火的自动化。

1.火灾报警系统专业术语

(1) 火灾自动报警系统 指人们为了及早发现和通报火灾，并及时采取有效措施控制和扑灭火灾而设置在建筑物中或其他场所的一种自动消防设施。该系统由触发器、火灾自动报警装置及其他具有辅助功能的装置所组成。一般将控制器、集中报警、声光装置、打印和显示装置成套设计组装在一起，称为火灾自动报警系统。

(2) 点型感烟探测器 指对警戒范围中某一点周围的烟密度升高响应的火灾探测器。分为离子感烟探测器和光电感烟探测器。

(3) 点型感温探测器 指对警戒范围中某一点周围的温度升高响应的探测器。分为定温探测器和差温探测器。

(4) 按钮　指用手动方式发出火灾报警信号且可确认火灾的发生以及启动灭火装置的器件。

(5) 控制接口　指在总线制消防联动系统中用于现场消防设备与联动控制器间传递动作信号和动作命令的器件。

(6) 报警接口　指在总线制消防联动系统中配接于探测器与报警控制器间,向报警控制器传递火警信号的器件。

(7) 报警控制器　指能为火灾探测器供电,接收、显示和传递火灾报警信号的报警装置。

(8) 联动控制器　指能接收由报警控制器传来的报警信号,并对自动消防等装置发出控制信号的装置。

(9) 报警联动一体机　指既能为火灾探测器供电,接收、显示和传递火灾报警信号,又能为自动消防等装置发出控制信号的装置。

(10) 重复显示器　指在多区域多楼层报警控制系统中,用于某区域某楼层接收探测器发出的火灾报警信号,显示报警探测器位置,发出声光警报信号的控制器。

(11) 声光报警装置　又称为火警声光报警器或火警声光讯响器,是一种以音响方式和闪光方式发出火灾报警信号的装置。

(12) 远程控制器　指可接收传送控制器发出的信号,对消防执行设备实行远距离控制的装置。

(13) 消防广播控制柜　指在火灾报警系统中集播放音源、功率放大器、输入混合分配器等于一体,可实现对现场扬声器控制,发出火灾报警语音信号的装置。

(14) 消防系统调试　指一个单位工程的消防工程全系统安装完毕,为检验其达到消防验收规范、标准所进行的全系统的检测、调试和试验。其主要内容是:检查系统的各线路设备安装是否符合要求,对系统各单元的设备进行单独检验;进行线路接口试验,并对设备进行功能确认;断开消防系统,进行加烟、加温、加光及标准校验气体模拟试验;按照设计要求进行报警与联动试验、整体试验及自动灭火试验。

(15) 自动报警控制装置　指报警系统中用以接收、显示和传递火灾报警信号,由火灾探测器、手动报警按钮、报警控制器、自动报警线路等组成的报警控制系统的器件、设备。

(16) 灭火系统控制装置　指能对自动消防设备发出控制信号,由联动控制器、报警阀、喷头、消防灭火水和气体管网等组成的灭火系统的联动器件、设备。

(17) 防火卷帘　指在一定时间内,连同框架能满足耐火稳定性、完整性和隔热要求的卷帘。

2.火灾自动报警系统的组成

火灾自动报警系统由火灾探测系统、火灾自动报警系统及消防联动系统和自动灭火系统、电源、导线等部分组成,以实现建筑物的火灾自动报警及消防联动。

火灾探测系统将现场火灾信息(烟、温度、光)转换成电气信号,传送至自动报警控制系统;火灾报警控制器将接收到的火灾信号,经过逻辑运算处理后认定火灾,输出指令信号,一方面启动火灾报警装置,如声光报警等,另一方面启动灭火联动装置,用以驱动各种灭火设备,同时也启动连锁减灾系统,用以驱动各种减灾设备。

自动灭火系统是在火灾报警控制器的联动下执行灭火的自动系统,如自动喷水、自动洒水等。通常有两种方式,一种是湿式消防系统(即水灭火系统);另一种是干式消防系统。高层建筑常用的为湿式消防系统,主要包括消火栓、消防自喷水系统等。

消防工程中的电源一般称为不间断电源，是向火灾探测器、火灾自动报警装置、联动装置等提供电能的设备。电源有交流电和直流电两种。集中报警系统如图 5.1 所示。

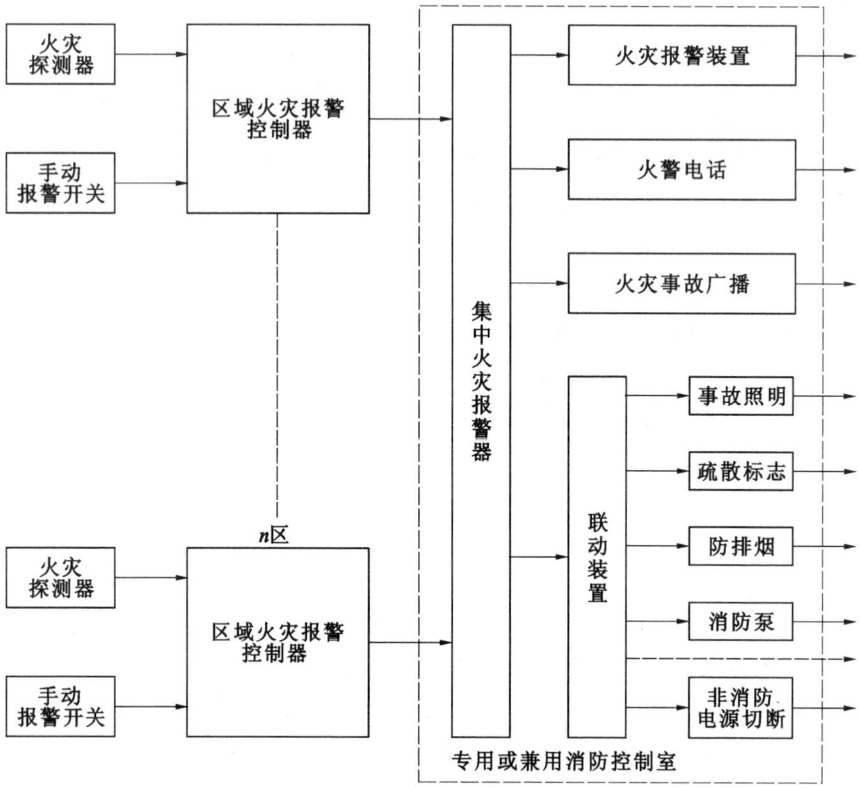


图 5.1　集中报警系统组成示意图

3. 火灾自动报警的形式

(1)区域报警系统

规定采用区域报警系统时，为限制区域系统的规模和便于管理，一般设置火灾报警控制器不超过两台。区域报警系统比较简单，在民用公共建筑中采用较多。集中报警系统和控制中心报警系统中，区域报警是必不可少的子系统。

(2)集中报警系统

建筑物中设置的区域报警控制器超过两台时，采用集中报警系统。该系统设备安装在消访值班室或消防总控室，由专人负责。

(3)控制中心报警系统

在大型公共建筑中，该系统是由火灾探测器、区域报警控制器、集中报警控制器、自动报警装置、手动报警按钮、火警电话、应急广播等组成。

4. 火灾自动报警系统的线制

火灾自动报警系统的布线方式，一般分为总线制和多线制。总线制是系统间信号采用四总线或二总线进行传输的布线方式。多线制是系统间信号按照各自的回路进行传输的布线方式，由于连线较多，仅适用于小型火灾报警系统，因此，设计均采用总线制。总线制有两种系统：

(1) 四总线制　四条总线中，P 线为探测器的电源编号选址信号线，T 线为自检信号线，S

线为信号线，G 为公共地线。

(2) 二总线制　是一种最简单的接线方式，用线量少。其中，G 为公共地线，P 线则完成电源、选址、自检信号等功能。二总线制应用较广，有树枝型和环型两种系统。

① 树枝型。该接线方式如发生断线，可以报出故障点，断点之后的探测器不能工作。

② 环型。该接线方式输出的两根总线再返回控制器另两个输出端子构成环型。如发生断线，将不影响系统正常工作。

#### 5.1.1.2　室内消防给水系统

根据设计和使用范围，室内消防水系统分为消火栓给水系统和自动喷水灭火系统。

1. 室内消火栓给水系统

室内消火栓给水系统可分为低层建筑室内消火栓给水系统和高层建筑室内消火栓给水系统。

低层建筑室内消火栓给水系统是指 9 层及以下的住宅(包括底层设置商业网点的住宅)、建筑高度 24 m 以下(从地面算起至檐口或女儿墙的高度)的其他民用建筑，以及高度不超过 24 m 的单层厂房、库房和单层公共建筑的室内消火栓给水系统。

高层建筑室内消火栓给水系统是指 10 层及以上的住宅建筑和建筑高度为 24 m 以上的其他民用和工业建筑的消火栓给水系统。

消火栓给水系统主要是依靠水对燃烧物冷却降温来扑灭火灾，由室内消火栓、消火栓箱、消防水枪、消防水带、消防水泵、消防水池或水箱、水泵接合器、消防水管道、控制阀等组成。

(1)消火栓系统给水方式

1) 低层建筑消火栓给水系统给水方式

① 无水箱、水泵室内消火栓给水系统

当室外给水管网提供的压力和水量随时能满足室内消火栓给水系统的所需水量和水压时，宜优先采用此种方式，如图 5.2 所示。

② 仅设水箱不设水泵的消火栓给水系统

当室外给水管网一日内压力变化较大，但能满足室内消防、生活和生产用水量要求时，可采用这种方式。水箱可以和生产、生活合用，但其生活或生产用水不能动用消防 10 min 贮存的备用水量，如图 5.3 所示。

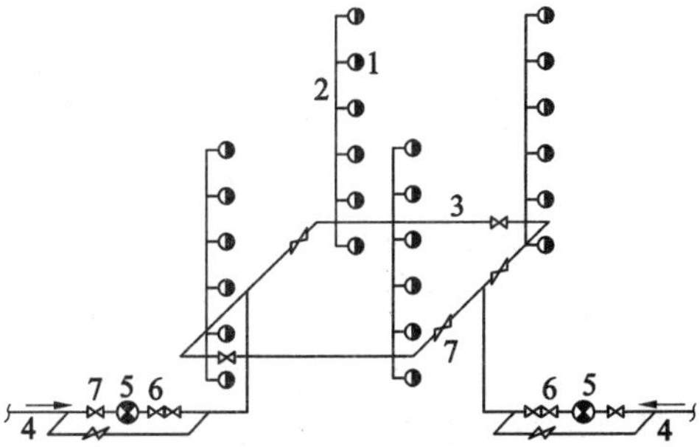


**图 5.2　无水泵、水箱的消火栓给水系统**

1—室内消火栓；2—消防立管；3—消防干管；
4—进户管；5—水表；6—止回阀；7—闸阀

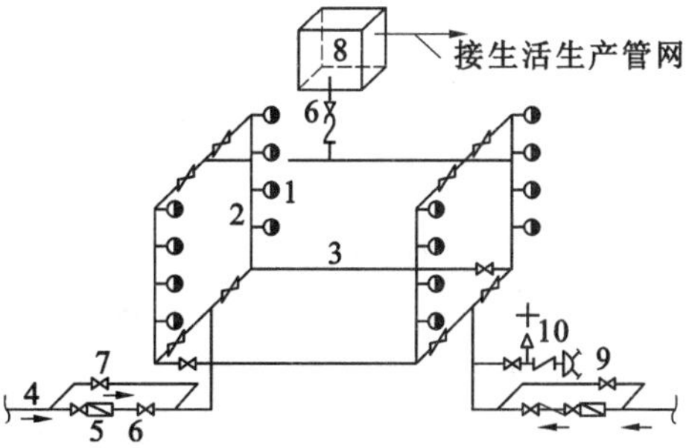


**图 5.3　设水箱的消火栓给水系统**

1—室内消火栓；2—消防立管；3—消防干管；
4—进户管；5—水表；6—止回阀；7—旁通管及阀门；
8—水箱；9—水泵结合器；10—安全阀

③ 设消防泵和消防水箱的给水系统

当室外给水管网的水压不能满足室内消火给水系统所需的压力时，为保证使用消防灭火时有足够的消防水量，设置水箱储备 10 min 的室内消防用水量。水箱补水采用生活用水泵，严禁消防泵补水。为防止消防时消防泵出水进入水箱，需在水箱进入消防管网的出水管上设止回阀，如图 5.4 所示。

2)高层建筑消火栓给水系统给水方式

① 不分区的室内消火栓给水系统

当建筑物高度大于 24 m 但不超过 50 m，建筑物内最低层消火栓口压力不超过 0.8 MPa 时，可以采用不分区的消火栓给水系统，如图 5.5 所示。当发生火灾时，消防车可通过水泵结合器向室内消防系统供水。

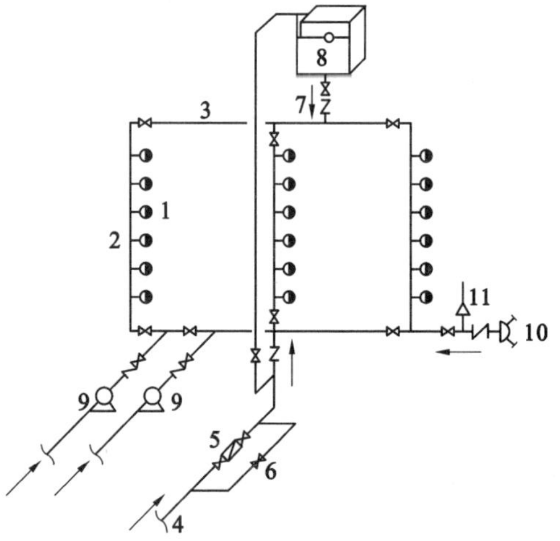


**图 5.4　设水泵和水箱的消火栓给水系统**

1—室内消火栓；2—消防立管；3—消防干管；4—进户管；
5—水表；6—旁通管及阀门；7—止回阀；8—水箱；
9—消防水泵；10—水泵结合器；11—安全阀

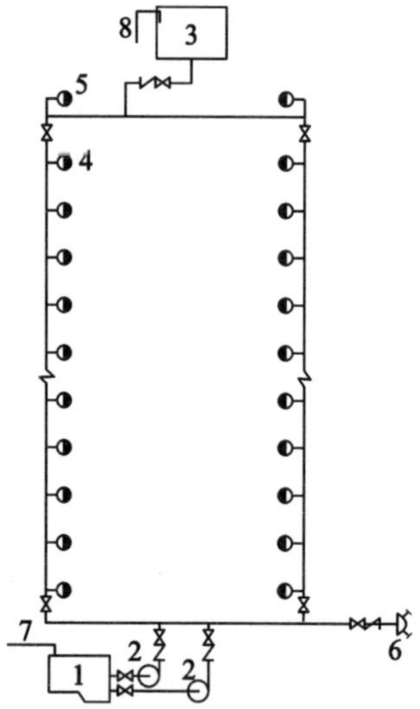


**图 5.5　不分区的消火栓给水系统**

1—水池；2—消防水泵；3—水箱；
4—消火栓；5—试验消火栓；6—水泵结合器；
7—水池进水管；8—水箱进水管

② 分区供水的室内消火栓给水系统

当建筑物高度超过 50 m 或消火栓口静水压力大于 0.8 MPa 时，消防车已难于协助灭火，此外，管材及水带的工作耐压强度也难以保证，因此，为加强供水的安全可靠性，宜采用分区给水系统，如图 5.6 所示。

a. 并联分区供水给水方式。这种给水方式的特点是水泵集中在同一泵房内，便于集中管理，但高区使用的消防泵及水泵出水管需耐高压。由于高区水压高，因此高区水泵结合器必须有高压消防车才能起作用，否则将失去作用。

b. 串联分区供水给水方式。这种给水方式的消防水泵分别设于各区，当高区发生火灾时，下面各区消防泵需要同时工作，从下向上逐区加压供水，其优点是水泵扬程低，管道承受压力小，水泵结合器可以对高区发挥作用；但供水安全性、可靠性较低，一旦低区发生故障，将对后面的供水产生影响。

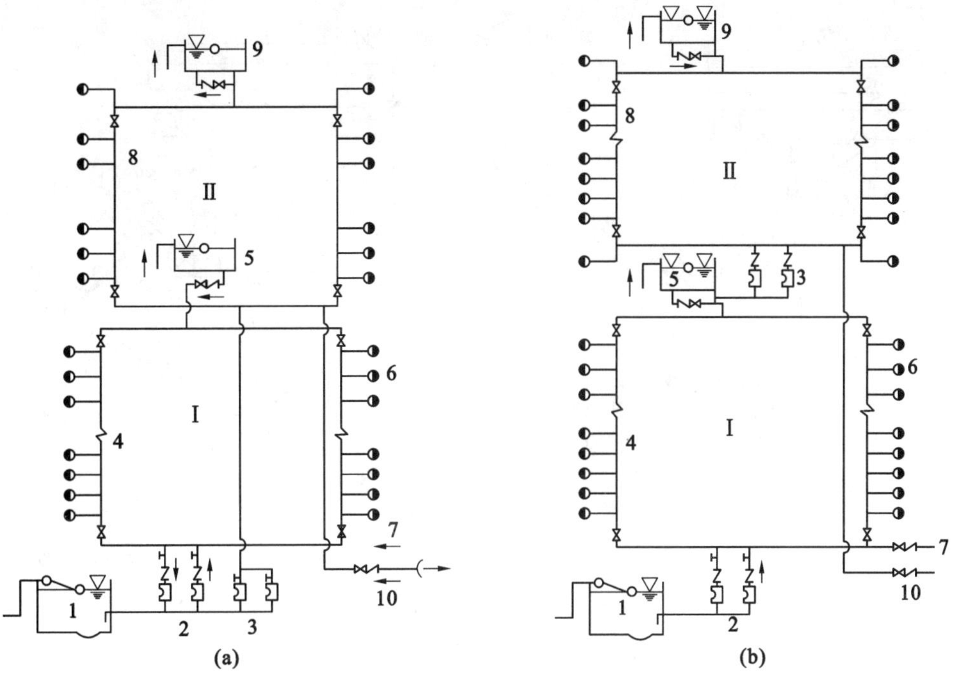


**图 5.6　分区供水的室内消火栓给水系统**

(a)并联分区供水；(b)串联分区供水

1—水池；2—Ⅰ区消防泵；3—Ⅱ区消防泵；4—Ⅰ区管网；5—Ⅰ区水箱；

6—消火栓；7—Ⅰ区水泵结合器；8—Ⅱ区管网；9—Ⅱ区水箱；10—Ⅱ区水泵结合器

(2)消火栓系统主要组件

① 消防管道

室内消防管道应采用镀锌钢管、焊接钢管，由引入管、干管、立管和支管组成。它的作用是将水供给消火栓，并且必须满足消火栓在消防灭火时所需水量和水压要求。消防管道的直径应不小于 50 mm。

② 消火栓

室内消火栓是消防用的龙头，带有内扣式的角阀，进口向下和消防管道相连，出口与水龙带相接。直径规格有 50 mm 和 65 mm 两种，其常用类型为直角单阀单出口型(SN)、45°单阀单出口型(SNA)、单角单阀双出口型(SNS)和单角双阀双出口型(SNSS)，其公称压力为1.6 MPa。

直角单阀单出口型(SN)结构如图 5.7 所示，45°单阀单出口型(SNA)的结构如图 5-8 所示。

屋顶消火栓的作用，是检查消火栓给水系统是否正常运行以及保护本建筑物免受邻近建筑物火灾的波及。室内设有消火栓给水系统的建筑物屋顶应设一个消火栓，有可能结冻的地区，屋顶消火栓应设于水箱间或采取防冻措施。

③ 消防水龙带

消防水龙带一般采用有衬里消防水龙带(包括衬胶水龙带、灌胶水龙带)和无衬里消防水龙带(包括棉水龙带、苎麻水龙带和亚麻水龙带)。其中，无衬里水龙带耐压低，内壁粗糙，阻力大，易漏水，寿命短，成本高，已逐渐被淘汰。

消防水龙带的直径规格有 50 mm 和 65 mm 两种，长度有 10 m、15 m、20 m、25 m 四种。

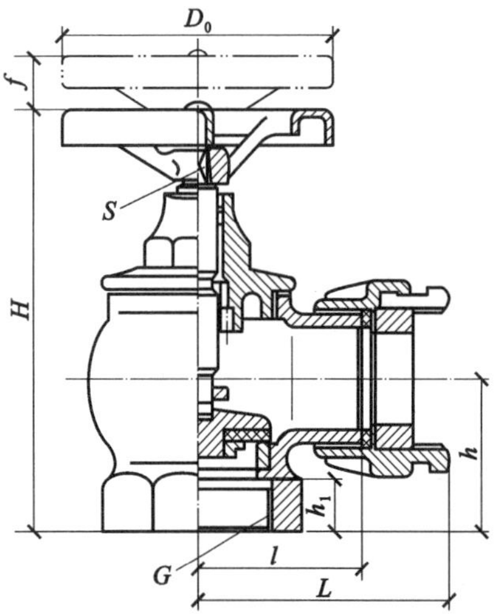


图 5.7　直角单阀单出口型消火栓

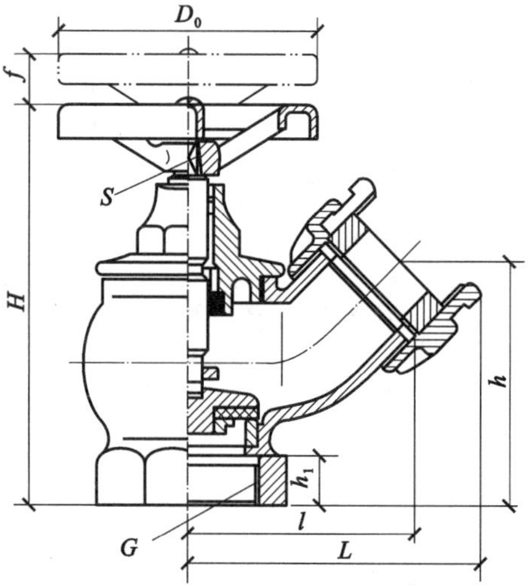


图 5.8　45°单阀单出口型消火栓

消防水龙带是输送消防水的软管，一端通过快速内扣式接口与消火栓、消防车连接，另一端与水枪相连。

④ 水枪

消防水枪是灭火的主要工具，其功能是将消防水带内水流转化成高速水流，直接喷射到火场，达到灭火、冷却或防护的目的。

目前，室内消火栓给水系统中配置的水枪多为直流式水枪，有 QZ 型、QZA 型直流水枪和 QZG 型开关直流水枪，如图 5.9 所示。这种水枪的出水口直径分别为 13 mm、16 mm、19 mm 和 22 mm 等。

⑤ 消防栓箱

消防栓箱是将室内消火栓、消防水龙带、消防水枪及电气设备集装于一体，并明装、暗装或半暗装于建筑物内的具有给水、灭火、控制、报警等功能的箱状固定式消防装置。

消火栓箱按水龙带的安置方式有挂置式、盘卷式、卷置式和托架式四种，如图 5.10 所示。

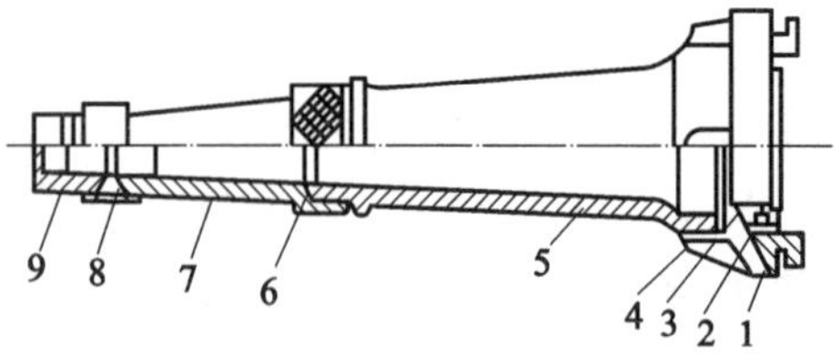


图 5.9　QZ 型直流水枪

1—管牙接口；2，6，8—密封圈；3—密封圈座；
4—平面垫圈；5—枪体；7—喷嘴；9—13 mm 喷嘴

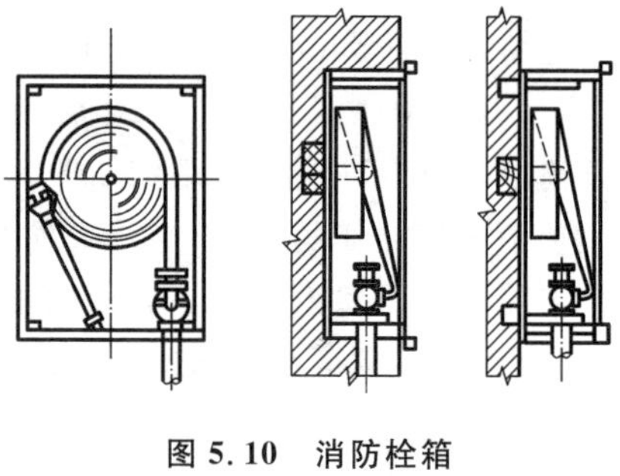

图 5.10　消防栓箱

⑥ 消防水泵接合器

消防水泵接合器是为建筑物配套的自备消防设施，一端由室内消火栓给水管网最低层引至室外，室外另一端可供消火栓或移动水泵站加压向室内消防灭火管网输水，这种设备适用于消火栓给水系统和自动喷淋灭火系统。消防水泵接合器有地上（SQ）、地下（SQX）和墙壁式消防水泵接合器(SQB)三种。地上式和地下式结构如图 5.11、图 5.12 所示。

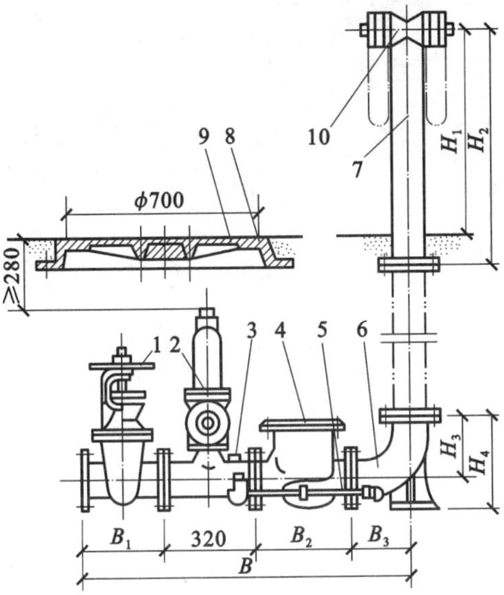


**图 5.11　地上消防水泵接合器**

1—楔式闸阀;2—安全阀;3—放水阀;
4—止回阀;5—放水管;6—弯管;7—本体;
8—井盖座;9—井盖;10—WSK 型固定接口

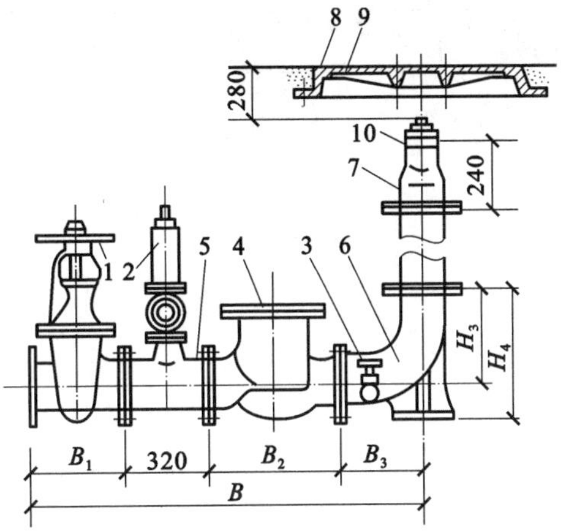


**图 5.12　地下消防水泵接合器**

1—楔式闸阀;2—安全阀;3—放水阀;
4—止回阀;5—丁字管;6—弯管;7—集水器;
8—井盖座;9—井盖;10—WSK 型固定接口

⑦ 减压节流孔板

室内消火栓给水系统中立管上的消火栓由于高度的不同,当上部消火栓口水压满足灭火要求时,则下部消火栓压力过剩。当开启这类消火栓灭火时,其出流量过大,将迅速用完消防贮备水;同时栓口压力过大,会导致灭火人员难以把持水枪。设置减压节流孔板安装在与消火栓出水端相连接的固定接口内,作用同减压阀。

2. 自动喷水灭火系统

(1)自动喷水灭火系统的分类及组成

自动喷水灭火系统除有对燃烧物冷却降温的作用外,细小的水雾还能稀释燃烧物周围的氧气浓度扑灭火灾,能隔离着火区域,防止火灾蔓延,并同时能自动报警,如图 5.13 所示。

工程中,通常根据系统中喷头开闭形式的不同,分为闭式和开式自动喷水灭火系统两大类。闭式自动喷水灭火系统包括湿式系统、干式系统、预作用式系统等;开式自动喷水灭火系统包括雨淋系统、水幕系统和水喷雾系统。在所有自动喷水灭火系统中,以湿式系统应用最为广泛,占 70%以上。

① 湿式自动喷水灭火系统

湿式自动喷水灭火系统由消防供水水源、消防供水设备、消防管道、水流指示器、报警装置、压力开关、喷头等组件和末端试水装置、火灾控制器及火灾探测报警控制系统组成。采用闭式喷头和报警阀组,在准工作状态时,管网中充满用于起动系统的有压水。当建筑物发生火灾,火点温度达到闭式喷头开启温度时,喷头出水,驱动水流指示器、湿式报警阀组上的水力警铃和压力开关报警,并自动起动加压泵供水灭火,如图 5.14 所示。

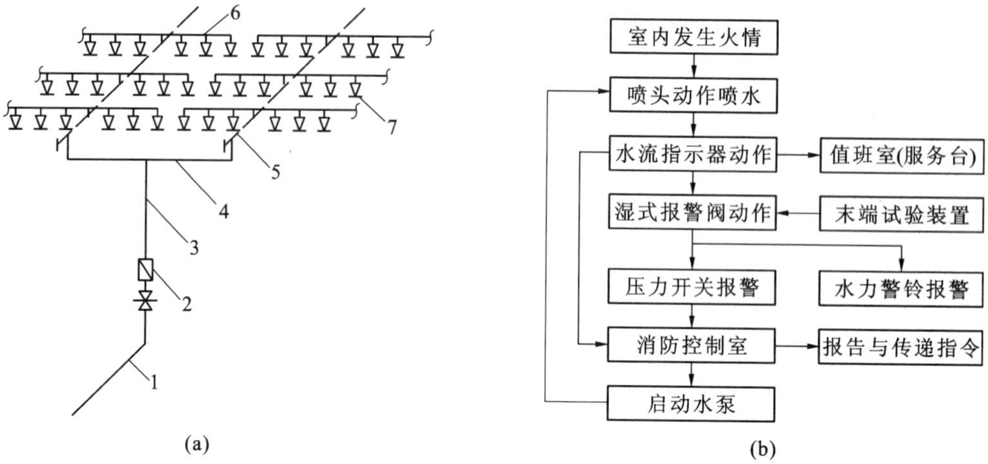


**图 5.13 自动喷水灭火系统**

(a)示意图;(b)工作原理流程图

1—引入管;2—信号阀;3—配水立管;4—配水干管;5—配水支管;6—分布支管;7—闭式洒水喷头

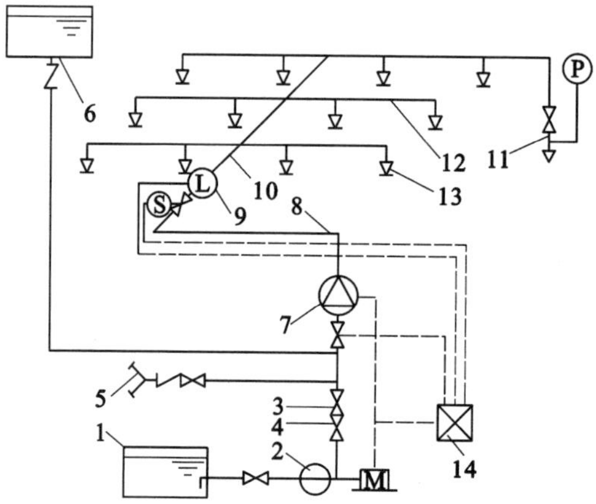


**图 5.14 湿式自动喷水灭火系统**

1—消防水池;2—消防泵;3—闸阀;4—止回阀;5—水泵结合器;6—消防水箱;

7—湿式报警阀;8—配水干管;9—水流指示器;10—配水管;11—末端试水装置;

12—配水支管;13—闭式喷头;14—报警控制器;P—压力表;M—驱动电动机

② 干式自动喷水灭火系统

干式自动喷水灭火系统由闭式喷头、管道系统、干式报警阀、水流指示器、报警装置、充气设备、排气设备和供水设备等组成。与湿式系统一样,为喷头常闭的灭火系统;不同之处在于,报警阀后的配水管道处于准工作状态时不充水而充满用于起动系统的有压空气(或氮气),因此采用干式报警阀组和配置保持管道内气压的补气装置。报警阀组后的管道补气装置多为小型空气压缩机,由检测管道内气压的压力开关控制起停,维持管道内的气压在设定范围内,使报警阀内气压大于水压,将水隔断在报警阀前。当建筑物发生火灾时,闭式喷头受热开启排气,气压下降到设定值,水压大于气压,报警阀打开充水、报警、灭火。为加速系统排气充水,配水管道上设置快速排气阀,排气阀入口处设电动阀,平时电动阀关闭,管道内气体不能排出,火灾时由报警阀的压力开关及时控制电动阀打开排气，如图 5.15 所示。

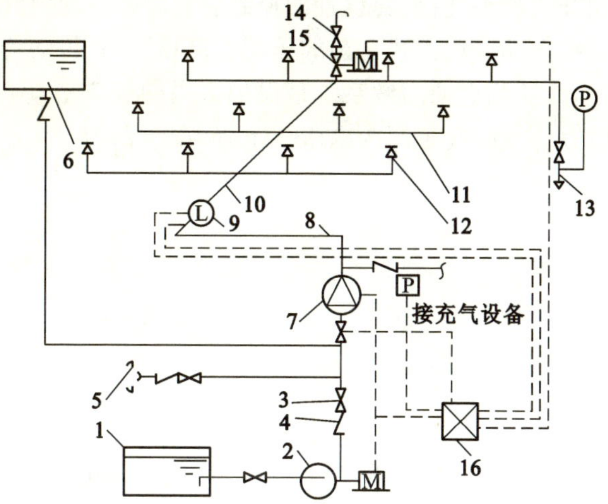


**图 5.15　干式自动喷水灭火系统**

1—水池；2—水泵；3—闸阀；4—止回阀；5—水泵结合器；6—消防水箱；7—干式报警阀组；
8—配水干管；9—水流指示器；10—配水管；11—配水支管；12—闭式喷头；13—末端试水装置；
14—快速排气阀；15—电动阀；16—报警控制器；P—压力表；M—驱动电动机

③ 预作用自动喷水灭火系统

预作用自动喷水灭火系统由闭式喷头、管网系统、雨淋阀、火灾探测器、报警控制装置、充气设备、控制组件和供水设备等组成。与干式系统一样，为喷头常闭的灭火系统，准工作状态时，报警阀组后配水管道中也不充水；其不同之处是由自动启动装置开启报警阀后，系统转换为湿式，预备灭火。平时补气装置维持管道内气压，是为了发现管网和喷头是否漏气，以便及时检修，避免系统误充水时漏水，造成水渍污染，替代干式系统的一般场所如不怕水渍污染，可不设补气装置，如图 5.16 所示。

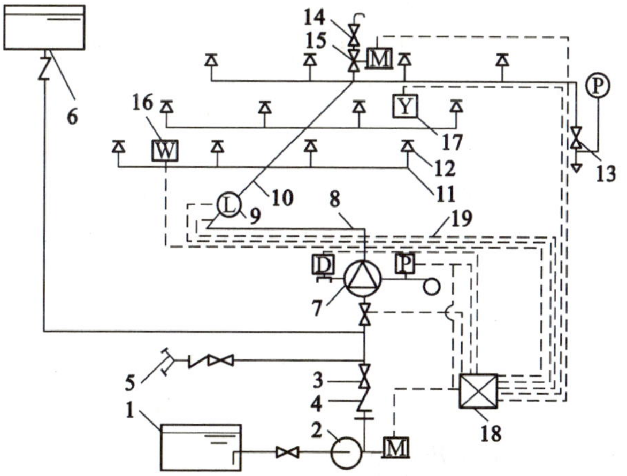


**图 5.16　预作用自动喷水灭火系统**

1—消防水池；2—消防泵；3—闸阀；4—止回阀；5—水泵结合器；6—消防水箱；7—预作用报警阀组；
8—配水干管；9—水流指示器；10—配水管；11—配水支管；12—闭式喷头；13—末端试水装置；14—快速排气阀；
15—电动阀；16—感温探测器；17—感烟探测器；18—报警控制器；19—压力开关；D—电磁阀；M—驱动电动机

④ 雨淋灭火系统

雨淋灭火系统采用开式喷头，由配套设置的控制装置联锁启动雨淋阀，自动控制一组喷头同时喷水灭火。雨淋系统自动启动方式有湿式传动管启动、干式传动管启动、电探测启动和易熔金属拉锁启动。其中，电探测启动雨淋系统是保护区内的火灾自动报警系统探测到火灾后发出信号，打开雨淋阀的电磁阀，阀控制腔内水压下降，雨淋阀打开，压力开关动作，自动启动水泵向系统供水灭火。

⑤ 水幕系统

水幕系统采用开式水幕喷头，不起灭火作用，而起防火分割和对分割物的保护冷却作用，因此在一个防火分区内与其他灭火系统同时使用，水幕系统如图 5.17 所示。

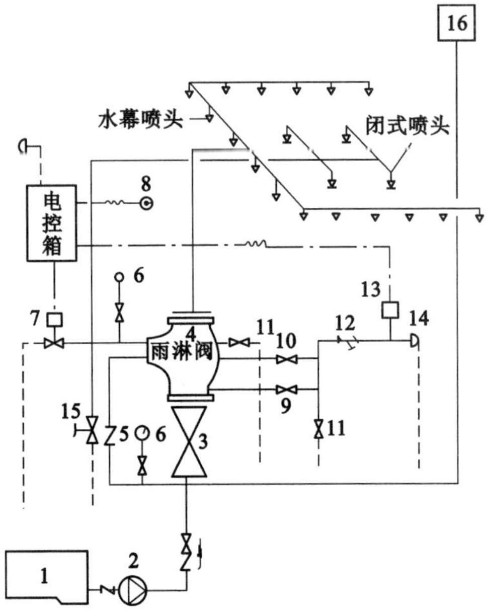


**图 5.17　水幕系统**

1—消防水池；2—消防泵；3—闸阀；4—雨淋阀；5—止回阀；6—压力表；7—电磁阀；8—按钮；9—试警铃阀；10—警铃管网；11—放水阀；12—滤网；13—压力开关；14—警铃；15—手动快开阀；16—水箱

⑥ 水喷雾灭火系统

利用水喷雾喷头把水粉碎成细小的水雾滴之后喷射至正在燃烧的物质表面，通过表面冷却、窒息以及乳化、稀释的同时作用实现灭火。一般由高压给水设备、控制阀、水雾喷头、火灾探测自动控制系统组成为固定式水喷雾灭火系统。

(2) 自动喷水灭火系统主要组件

① 喷头

喷头是自动喷水灭火系统的关键部件，担负着探测火灾、启动系统和喷水灭火的任务。

喷头按其结构分为闭式喷头和开式喷头。

闭式喷头的喷口是由感温元件组成的释放机构封闭型元件，当温度达到喷头的公称动作温度范围时，感温元件动作，释放机构脱落，喷头开启喷水灭火。开式喷头的喷口是敞开的，喷水动作由阀门控制，按用途和洒水形状的特点可分为开式洒水喷头、水幕喷头和喷雾喷头三种，如图 5.18 所示。

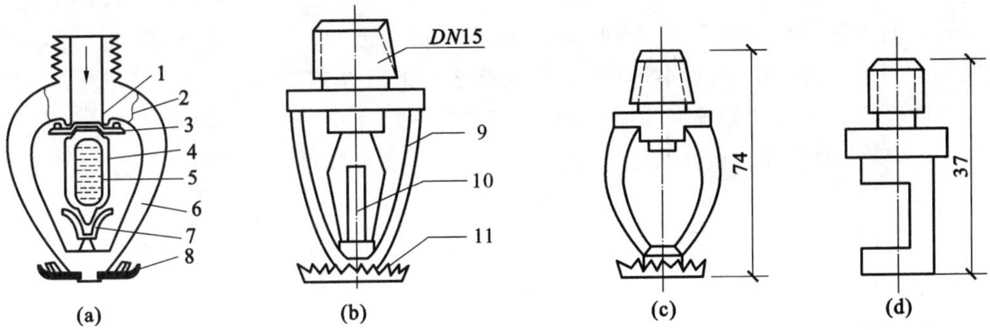


**图 5.18　喷水头**

(a)吊顶型玻璃球闭式喷头；(b)易熔合金闭式喷头；(c)开式喷头；(d)水幕喷头

1—阀座；2—填圈；3—阀片；4—玻璃球；5—色液；6—支架；7—锥套；8,11—溅水盘；9—支架；10—锁片

② 报警阀

报警阀是自动喷水灭火系统中控制水源、启动系统、启动水力警铃等报警设备的专用阀门。

按系统类型和用途不同分为湿式报警、干式报警、干湿两用报警阀，雨淋报警和预作用报警阀。

a. 湿式报警阀

湿式报警阀内设有阀瓣等组件，阀瓣与水接触的上面积大于下面积，在向下的水压合力和自重的作用下，处于关闭状态，闭式喷头喷水时阀瓣上方的水压下降，阀瓣开启通水。公称直径有 *DN*50、*DN*65、*DN*80、*DN*125、*DN*150、*DN*200、*DN*250。

b. 干式报警阀

干式报警阀阀座内部设有橡胶面的阀瓣与水密封、气密封阀座组成阀瓣组件，前后的管道内分别充满压力水和压缩空气，阀瓣将阀腔分成上、下两部分，与喷头相连的管路充满压缩空气，与水源相连的管路充满压力水。平时靠作用于阀瓣两侧的气压与水压的力矩差使阀瓣封闭。发生火灾时，气体一侧的压力下降，作用于水体一侧的力矩使阀瓣开启，向喷头供水。公称直径有 *DN*50、*DN*65、*DN*80、*DN*125、*DN*150。

c. 雨淋报警阀

雨淋报警阀在自动喷淋灭火系统中是除湿式报警阀外应用较多的报警阀，阀腔分为上腔、下腔和控制腔。控制腔与供水主管路和启动管路连通，供水管路上的水压推动控制腔中的膜片和驱动杆顶紧阀片锁定杆，把阀瓣锁定在阀座上，使下腔水不能进入上腔；启动管路自动或手动泄压时，控制腔压力迅速降低，使驱动杆在阀片锁定杆的力矩低于供水压力作用在阀瓣上的力矩，阀瓣开启，水进入管网，开式喷头喷水。

阀体上腔连接自动滴水球阀，平时供水侧渗漏到系统侧的水经滴水球阀自动排出；灭火时，滴水球阀自动关闭，阀体下腔连接排水管，作为系统排空之用，供水主管和控制腔的连接管上装有节流阀，启动管路泄水时，由于节流阀作用，补进的水少于泄出的水，使控制腔水压下降，阀瓣开启。公称直径有 *DN*50、*DN*65、*DN*80、*DN*125、*DN*150、*DN*200、*DN*250。

d. 预作用报警阀

预作用报警阀由湿式阀和雨淋阀上下串接而成，雨淋阀位于供水侧，湿式阀位于系统侧，通过补水漏斗向阀瓣上方加水至阀体接管口后，关闭各球阀，通过空压机维持管网的空气压力。湿式阀的阀瓣靠重力和管网中气压关闭阀瓣，阀瓣上方的存水起密封阀瓣的作用，使上方有压气体不向下泄露。雨淋阀阀瓣和湿式阀阀瓣之间的腔体内为自由空气，渗漏进来的水从滴水阀自由排出。当启动装置动作时，雨淋阀控制腔压力下降，雨淋阀阀瓣打开，下部水压大于上部气压，使水冲开湿式报警阀，进入消防给水管网，成为湿式系统，预备灭火。

③ 水流报警装置

水流报警装置包括水力警铃、压力开关和水流指示器。水力警铃安装在报警阀的报警管路上，是一种水力驱动的机械装置。报警阀阀瓣打开后，水流通过报警连接管冲击水轮，带动铃钟敲击铃盖发出报警声音。

压力开关是自动喷淋灭火系统的自动报警和自动控制部件，安装在水力警铃前报警连接管上。报警阀瓣打开后，受到水压的作用接通电触点，给出电接点信号(水流信号转换为电信号)，发出火警信号并自动启泵。

水流指示器是自动喷水灭火系统中将水流信号转换成电信号的一种报警装置，通常安装于各楼层的配水干管或支管上。当某个喷头开启喷水时，管道中的水产生流动并推动水流指示器的桨片，桨片探测到水流信号并接通延时电路之后，水流指示器将水流信号转换为电信号传至报警控制器或控制中心，告知火灾发生的区域。

④ 延迟器

延迟器是一个罐式容器，属于湿式报警阀的辅件，安装在报警阀和压力开关之间。当湿式报警阀因水源压力波动等短时开启时，少量水进入延迟器，但不进入水力警铃和作用到压力开关，防止误报警。报警阀关闭时，延迟器底部节流孔板可将水自动排空，延迟器前安装过滤器。

⑤ 控制阀

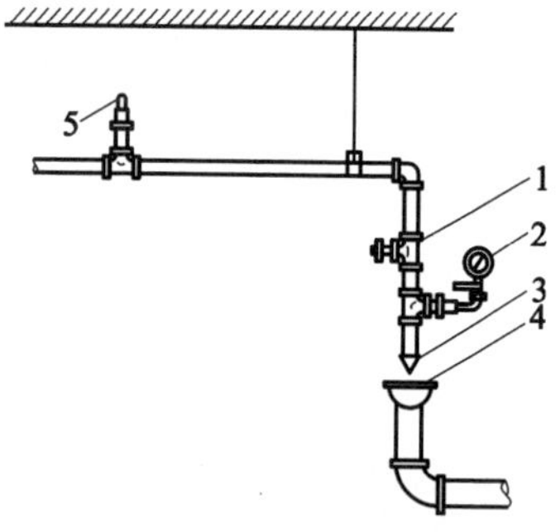


**图 5.19 末端试水装置**

1—试水阀；2—压力表；3—试水接头；4—排水漏斗；5—最不利点处喷头

控制阀安装在报警阀入口处，用以检修时切断供水水源。控制阀处于常开状态，为避免误操作，宜采用信号阀，其开启状态应反应到消防控制室；当不采用信号阀时，应设锁定阀位的锁具。

⑥ 末端试水装置

末端试水装置由试水阀、压力表及试水接头组成，如图 5.19 所示，用于测试系统能否在开放一只喷头的最不利条件下可靠报警并正常启动。在每个报警阀组控制的最不利点喷头处应设末端试水装置，其他防火分区、楼层的最不利点喷头处，均应设直径为 25 mm 的试水阀。打开试水装置喷水，可以作为系统调试时模拟试验用。末端试水装置的出水，应采取孔口出流的方式排入排水管道。

### 5.1.2 建筑智能化工程基本知识

智能建筑是以建筑物为平台，基于对各类智能化信息的综合应用，集架构、系统、应用、管理及优化组合为一体，具有感知、传输、记忆、推理、判断和决策的综合智慧能力，形成以人、建筑、环境互为协调的整合体，为人们提供安全、高效、便利及可持续发展功能环境的建筑。常见系统有：

#### 5.1.2.1 通信网络系统

通信网络系统由通信线路、交换设备等组成。用户创建网络时,需要在每一台PC和服务器安装网络适配器,在大多数网络类型中,每个设备连接到交换机。连接两个或者多个网络时,可以使用路由器(Router)、网桥(Bridge)或者网关(Gateway)。

大多数类型的通信网络系统能够提供的通信速度范围是从每秒2Mb到250Mb。由于电缆必须连接网络上的每一台工作站,网络的距离扩展必然受到限制。一般地,网络必须限制在建筑物或者园区以内。无线网络是网络中的新生代。对于局域连接,无线传输常常用来连接工作站;对于长途连接,需要使用微波传输或者红外传输。

通信网络有电话通信、卫星通信、无线信号覆盖、卫星电视、有线电视、电视会议、背景音响及广播等系统,使建筑物内语音、数据、图像、视频可靠地传输。

(1)电话通信系统(电话网)主要包括用户交换设备、通信线路和用户终端设备三大部分,为建筑物内各类人员提供通信服务。

(2)电视会议系统由摄像机、麦克风、彩色显示器、音箱、控制器、通信网络等组成。

(3)有线电视系统(有线电视网)由信号源装置、前端设备、干线传输系统和用户分配网络组成,为用户提供有线电视信号。

(4)广播音响系统由音源设备、声源处理设备、扩音设备、放音设备和传输线缆等组成。为大楼内的各种场所营造听音环境,广播各种信息和节目,同时兼作紧急广播使用。

#### 5.1.2.2 信息网络系统

信息网络系统是应用计算机技术、通信技术、多媒体技术、信息安全技术和行为科学等先进技术和设备构成的信息网络平台。借助于这一平台,可以实现信息共享、资源共享和信息的传递与处理,是办公自动化系统的主要信息通道,与外部互联网连接,开展各项业务。按照目前的处理技术能达到的功能,信息网络系统包括事务处理层、信息管理层、决策支持层,三个层次的信息网络系统利用通信技术,如局域网、广域网或程控交换机进行数据交换。

(1)事务处理层是系统的最底层,包括文字处理、表格处理、收发文件、电子邮件、文档管理、财务管理等日常例行办公事务等。

(2)信息管理层以较大的数据库作为结构的主体,以实现事务管理和信息管理等功能,是建立在数据库和事务型信息网络系统之间的纽带。

(3)决策支持层是利用数据库和系统实时提供的数据,对各种试验和方案进行比较和方案优化,辅助决策者进行决策。

#### 5.1.2.3 综合布线系统

建筑物与建筑群综合布线系统(generic cabling system for building and campus)是建筑物或建筑群内的传输网络,是建筑物内的"信息高速路"。它既使语音和数据通信设备、交换设备和其他信息管理系统彼此相连,又使这些设备与外界通信网络相连接。它包括建筑物到外部网络或电话局线路上的连接点与工作区的语音和数据终端之间的所有电缆及相关联的布线部件。

综合布线系统是智能化办公室建设数字化信息系统的基础设施,是将所有语音、数据等系统进行统一的规划设计的结构化布线系统,为办公提供信息化、智能化的物质介质,支持将来语音、数据、图文、多媒体等综合应用。

综合布线系统的基本结构是星形的，根据国家标准《综合布线系统工程设计规范》(GB 50311—2016)，综合布线系统可划分成七个子系统：工作区子系统、配线(水平)子系统、干线(垂直)子系统、设备间子系统、进线间子系统、管理子系统、建筑群子系统。

工作区：一个独立的需要设置终端设备(TE)的区域可划分为一个工作区。工作区子系统应由配线子系统的信息插座模块(TO)延伸到终端设备处的连接缆线及适配器组成。

配线子系统：配线子系统应由工作区的信息插座模块、信息插座模块至电信间配线设备(FD)的配线电缆和光缆、电信间的配线设备及设备缆线和跳线组成。

干线子系统：干线子系统应由设备间至电信间的干线电缆和光缆，安装在设备间的建筑物配线设备(BD)及设备缆线和跳线组成。

建筑群子系统：建筑群子系统应由连接多个建筑物之间的主干电缆和光缆，建筑群配线设备(CD)及设备缆线和跳线组成。

设备间：设备间是在每幢建筑物的适当地点进行网络管理和信息交换的场地。

进线间：进线间是建筑物外部通信和信息管线的入口部位，并可作为入口设施和建筑群配线设备的安装场地。

管理：管理应对工作区、电信间、设备间、进线间的配线设备、缆线、信息插座模块等设施按一定的模式进行标识和记录。

#### 5.1.2.4 安全防范系统

建筑物的安全防范系统是为保障人身和财产的安全，运用计算机、电视监控及入侵报警等技术形成的综合安全防范体系。

(1)出入口管理系统

① 对讲门机：普通对讲门机和可视对讲门机。

② 电控锁：钥匙电控锁、磁卡电控锁、IC 卡电控锁、密码电控锁和指纹电控锁等。

(2)入侵报警系统

① 入侵报警探测器有门窗磁性开关、玻璃破碎探测器、被动型红外线探测器和主动型红外线探测器(截断型、反射型)、微波探测器、超声波探测器、双鉴(或三鉴)探测器、线圈传感器和泄漏电缆传感器等。

② 中央报警控制由微处理器组成，配有显示器、打印机等。

③ 报警方式采用有声响报警(电笛、管铃、频闪灯等)和无声报警(向监控中心或公安局"110"发出报警信号)。

(3)电视监控系统

① 模拟式电视监控系统由摄像装置、传输控制线、监控主机、录像设备等组成。

② 数字视频监控系统(DVR)由数字摄像机、计算机或硬盘录像机、图像压缩解压缩系统(MPEG4)、图像记录及功能切换控制装置等组成。

(4)巡更系统

① 离线式巡更系统采用模块化信息钮和信息采集(巡更)棒，信息钮安装在巡更点，巡更人员携带信息采集(巡更)棒，按预定线路巡视采集信息，记录巡更信息。

② 在线式巡更系统利用报警系统和门禁系统的设备(按钮、读卡器等)实现巡更功能。

(5)停车场自动管理系统

停车场自动管理系统主要设备有:自动感应器、读卡器、出票机、自动闸门机、控制器、收费机、车位显示器等。系统可自动或半自动管理。

### 5.1.3　消防及建筑智能化工程施工图识读

#### 5.1.3.1　消防水灭火施工图识读

消防水灭火施工图识读方法同给水工程识读(略)。消防水灭火工程施工常用图例见表 5.1所示。

**表 5.1　消防施工图例**

| 序号 | 名称 | 图例 | 序号 | 名称 | 图例 |
|---|---|---|---|---|---|
| 1 | 消火栓给水管 | ——XH—— | 16 | 雨淋灭火给水管 | ——YL—— |
| 2 | 自动喷水灭火给水管 | ——ZP—— | 17 | 水幕灭火给水管 | ——SM—— |
| 3 | 室外消火栓 |  | 18 | 消防水泵结合器 |  |
| 4 | 室内消火栓(单口) |  | 19 | 室内消火栓(双口) |  |
| 5 | 自动喷洒头(开式) |  | 20 | 干式报警阀 | 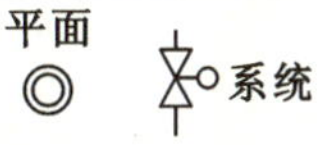 |
| 6 | 自动喷洒头(闭式下喷) | 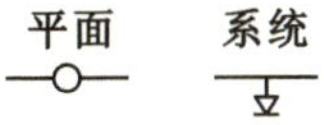 | 21 | 湿式报警阀 | 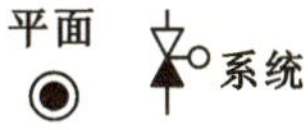 |
| 7 | 自动喷洒头(闭式上喷) |  | 22 | 预作用报警阀 | 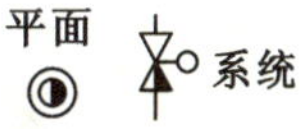 |
| 8 | 水流指示器 |  | 23 | 雨淋阀 |  |
| 9 | 水力警铃 |  | 24 | 末端试水阀 |  |
| 10 | 管道泵 |  | 25 | 减压孔板 | 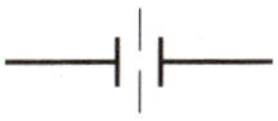 |
| 11 | 管道固定支架 |  | 26 | 管道滑动支架 |  |
| 12 | 刚性防水套管 | 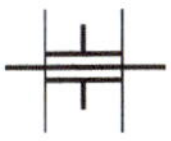 | 27 | 柔性防水套管 |  |
| 13 | 闸阀 |  | 28 | 电动阀 |  |
| 14 | 三通阀 |  | 29 | 信号阀 |  |
| 15 | 止回阀 |  | 30 | 压力调节阀 |  |

5.1.3.2　火灾自动报警系统施工图识读

火灾自动报警系统施工图是现代建筑电气施工图的重要组成部分，包括火灾自动报警系统图和火灾自动报警平面图。火灾自动报警系统图如图 5.20 所示。

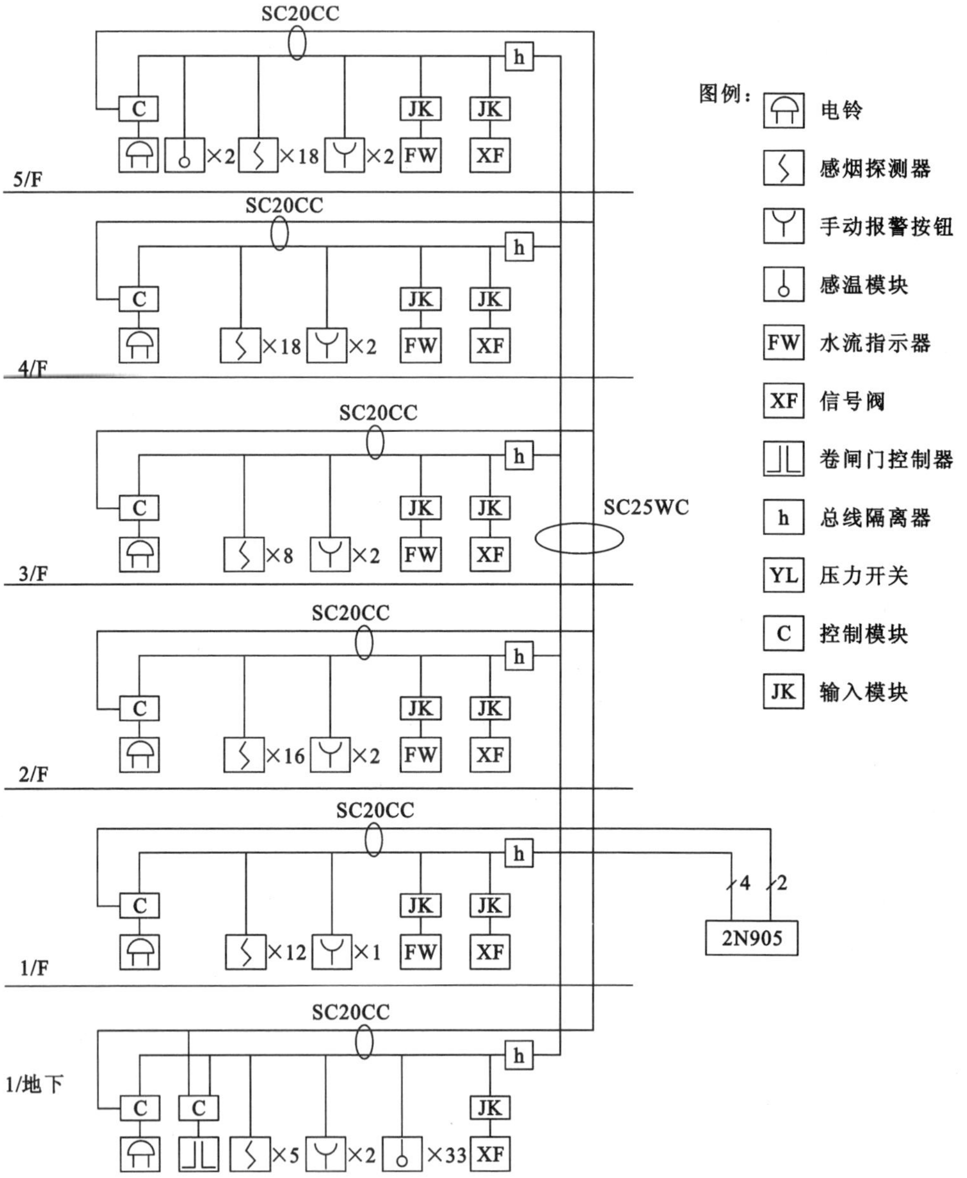


图 5.20　火灾自动报警系统图

火灾自动报警系统图反映系统的基本组成、设备和元件之间的相互关系。由图 5.20 可知，各楼层均装有感烟、感温探测器及手动报警按钮、报警电铃、控制模块、输入模块、水流指示器、信号阀等。一层设有 2N905 型报警控制器，控制方式为联动控制，地下室设有防火卷闸门控制器，每层信号线进线均采用总线隔离器。当火灾发生时，报警控制器接收到感烟、感温探测器或手动报警按钮的报警信号后，联动部分动作，通过电铃报警并启动消防设备灭火。

# 5.2 消防及建筑智能化工程工程量计算及定额应用

## 5.2.1 消防工程

### 5.2.1.1 火灾自动报警系统

包括探测器、空气采样探测器、按钮、消防专用模块、重复显示器、警报装置、区域报警控制箱、联动控制箱、远程控制箱(柜)、火灾报警系统控制主机、联动控制主机、火灾报警控制微机、报警联动控制一体机、火灾事故广播、消防通讯、报警备用电源安装等项目。

(1)自动报警系统和联动控制装置按照安装方式不同分为壁挂式和落地式两种。在不同安装方式中按照点数的不同划分定额项目,以“台”为计量单位。

(2)点型探测器不分线制、规格、型号、安装方式与位置,以“10套”为计量单位。探测器安装包括了探头和底座的安装及本体调试。

(3)红外线探测器以“10套”为计量单位。定额中包括了探头支架安装和探测器的调试、对中。空气采样感烟探测器按采样路数划分定额项目,以“台”为计量单位。

(4)线型探测器的安装方式按环绕、正弦及直线综合考虑,不分线制及保护形式,以“m”为计量单位。定额包括探测器的编址模块和终端。

(5)按钮包括消火栓按钮、手动报警按钮、带电话插孔手动报警按钮、气体灭火启/停按钮,以“个”为计量单位。按照在轻质墙体和硬质墙体上安装两种方式综合考虑,执行时不得因安装方式不同而调整。

(6)控制模块(接口)不分安装方式,按照输出数量以“只”为计量单位。

(7)非编址模块以“只”为计量单位。

(8)报警模块(接口)不分安装方式,以“只”为计量单位。

(9)总线隔离器不分安装方式,以“只”为计量单位。

(10)重复显示器(楼层显示器)不分规格、型号、安装方式,以“台”为计量单位。

(11)警报装置分为声光报警和警铃报警两种形式,均以“个”为计量单位。

(12)火灾事故广播中的功放机、录音机的安装按柜内及台上两种方式综合考虑,分别以“台”为计量单位。

(13)消防广播通讯柜安装按照成品机柜考虑,不分规格、型号,以“台”为计量单位。

(14)火灾事故广播中的扬声器不分规格、型号,按照吸顶式与壁挂式,以“只”为计量单位。

(15)广播分配器是指单独安装的消防广播用分配器(操作盘),以“台”为计量单位。

(16)消防通讯主机按路数划分项目,以“台”为计量单位;通讯分机、插孔是指消防专用电话分机与电话插孔,不分安装方式,分别以“部”“个”为计量单位。

### 5.2.1.2 水灭火系统

(1)管道安装按设计管道中心长度,以“10 m”为计量单位,不扣除阀门、管件及各种组件所占长度。

(2)管件连接分规格以“10个”为计量单位。沟槽管件主材包括卡箍及密封圈,以“套”为计量单位。

(3)报警装置安装按成套产品以“组”为计量单位。其他报警装置适用于雨淋、干湿两用及预作用报警装置，其安装执行湿式报警装置安装定额，人工乘以系数1.2，其余不变。成套产品包括的内容见表5.2所示。

**表5.2　成套产品包括的内容**

| 序号 | 项目名称 | 包括内容 |
|---|---|---|
| 1 | 湿式报警装置 | 湿式阀、供水压力表、装置压力表、试验阀、泄放试验阀、试验管流量计、过滤器、延时器、水力警铃、报警截止阀、漏斗、压力开关 |
| 2 | 干湿两用报警装置 | 两用阀、装置截止阀、加速器、加速器压力表、供水压力表、试验阀、泄放阀、泄放试验阀(湿式)、泄放试验阀(干式)、挠性接头、试验管流量计、排气阀、截止阀、漏斗、过滤器、延时器、水力警铃、压力开关 |
| 3 | 电动雨淋报警装置 | 雨淋阀、压力表、泄放试验阀、流量表、截止阀、注水阀、止回阀、电磁阀、排水阀、应急手动球阀、报警试验阀、漏斗、压力开关、过滤器、水力警铃 |
| 4 | 预作用报警装置 | 干式报警阀、压力表(2块)、流量表、截止阀、排放阀、注水阀、止回阀、泄放阀、报警试验阀、液压切断阀、气压开关(2个)、试压电磁阀、应急手动试压器、漏斗、过滤器、水力警铃 |
| 5 | 室内消火栓 | 消火栓箱、消火栓、水枪、水龙带、水龙带接扣、挂架 |
| 6 | 室外消火栓 | 地下式消火栓、法兰接管、弯管底座或消火栓三通 |
| 7 | 室内消火栓(带自动卷盘) | 消火栓箱、消火栓、水枪、水龙带、水龙带接扣、挂架、消防软管卷盘 |
| 8 | 消防水泵接合器 | 消防接口本体、止回阀、安全阀、闸(蝶)阀、弯管底座、标牌 |
| 9 | 水炮及模拟末端装置 | 水炮和模拟末端装置的本体 |

(4)温感式水幕装置安装，按不同型号和规格以“组”为计量单位。

(5)水流指示器、减压孔板安装，按不同规格均以“个”为计量单位。末端试水装置按照不同规格以“组”为计量单位。

(6)集热板安装均以“个”为计量单位。

(7)室外消火栓安装，区分不同规格、工作压力和覆土深度以“套”为计量单位。

(8)消防水泵接合器安装，区分不同安装方式和规格以“套”为计量单位。

(9)隔膜式气压水罐安装，区分不同规格以“台”为计量单位。出入口法兰和螺栓按设计规定另行计算。

(10)消防水炮安装，不分规格、射程，以“台”为计量单位。

(11)管道支吊架已综合支架、吊架及防晃支架的制作、安装，均以“100kg”为计量单位。

(12)自动喷水灭火系统管网水冲洗，区分不同规格以“100 m”为计量单位。

(13)阀门安装，各种套管的制作、安装，泵房间管道安装及管道系统强度试验、严密性试验等，执行《工业管道工程》相应项目。

(14)室外给水管道安装及水箱制作、安装，执行《给排水、采暖、燃气工程》相应项目。

(15)各种消防泵、稳压泵的安装及二次灌浆，执行《机械设备安装工程》相应项目。

(16)各种仪表的安装，带电讯信号的阀门、水流指示器、压力开关的接线、校线，执行《自动化控制装置及仪表安装工程》相应项目。

(17)各种设备支架的制作、安装等,执行《静置设备与工艺金属结构制作安装工程》相应项目。

(18)管道、设备、支架、法兰焊口除锈、刷油,执行《刷油、防腐蚀、绝热工程》相应项目。

#### 5.2.1.3 消防系统调试

包括自动报警系统调试、水灭火控制装置调试、防火控制装置联动调试、广播及通信系统调试、气体灭火系统调试等项目。自动报警系统装置由各种探测器、手动报警按钮和报警控制器等组成。灭火系统控制装置由消火栓、消防水炮、自动喷淋、七氟丙烷、IG541、SDE、二氧化碳等固定灭火系统的控制装置组成。

(1)自动报警系统调试,区分不同点数根据集中报警器台数按系统计算。自动报警系统包括各种探测器、报警器、报警按钮、报警控制器组成的报警系统,其点数按具有地址编码的器件数量计算。

(2)火灾事故广播系统、消防通讯系统中的广播喇叭、音箱、电话插孔和消防通讯的电话分机的数量,分别以"10只"或"部"为计量单位。

(3)自动喷水灭火系统调试按水流指示器数量以"点(支路)"为计量单位;消火栓灭火系统按消火栓启泵按钮数量以"点"为计量单位;消防水炮控制装置系统调试按水炮数量以"点"为计量单位。

(4)防火控制装置调试按设计图示数量计算。

(5)气体灭火系统装置调试按调试、检验和验收所消耗的试验容量总数计算,以"点"为计量单位。

### 5.2.2 建筑智能化工程

#### 5.2.2.1 计算机及网络系统

包括台架、插箱、机柜、网络终端设备、输入设备、输出设备、专用外部设备及存储设备的安装、调试,计算机硬件系统互联及调试,计算机软件安装、调试,全系统试运行。

(1)台架、插箱、机柜、网络终端设备、输入设备、输出设备、专用外部设备、存储设备安装及软件安装,以"台(套)"为计量单位。

(2)互联电缆制作、安装,以"条"为计量单位。

(3)计算机及网络系统联调及试运行,以"系统"为计量单位。

#### 5.2.2.2 综合布线系统

包括双绞线缆、光缆、同轴电缆等的敷设、测试及系统试运行。

(1)双绞线缆、光缆、同轴电缆敷设、穿放、明布放以"m"为计量单位。电缆敷设按单根延长米计算,如一个架上敷设3根各长100 m的电缆,应按300 m计算,依次类推。电缆附加及预留的长度是电缆敷设长度的组成部分,应计入电缆长度工程量之内。

(2)制作跳线以"条"为计量单位;卡接双绞线缆以"对"为计量单位;跳线架和配线架安装以"架"为计量单位。

(3)安装各类信息插座、过线(路)盒、信息插座底盒(接线盒)、光缆终端盒和跳块打接,以"个"为计量单位。

(4)双绞线缆、光缆测试以“链路”为计量单位。
(5)光纤连接以“芯”(磨制法以“端口”)为计量单位。
(6)布放尾纤以“条”为计量单位。
(7)机柜、机架、抗震底座安装以“台”为计量单位。
(8)系统调试、试运行以“系统”为计量单位。

#### 5.2.2.3　安全防范系统

包括入侵探测、出入口控制、巡更、电视监控、安全检查、停车场管理等设备安装工程。
(1)入侵探测设备安装、调试以“套”为计量单位。
(2)报警信号接收机安装、调试以“系统”为计量单位。
(3)出入口控制设备安装、调试以“台”为计量单位。
(4)巡更设备安装、调试以“套”为计量单位。
(5)电视监控设备安装、调试以“台”为计量单位。
(6)防护罩安装以“套”为计量单位。
(7)摄像机支架安装以“套”为计量单位。
(8)安全检查设备安装以“台”或“套”为计量单位。
(9)停车场管理设备安装以“台(套)”为计量单位。
(10)安全防范分系统调试及系统工程试运行均以“系统”为计量单位。
(11)安全防范系统工程中的服务器、网络设备、工作站、软件、存储设备等项目执行《计算机及网络系统工程》相关定额。
(12)跳线制作、安装等项目执行《综合布线系统工程》相关定额。
(13)有关场地电气安装工程项目执行《电气设备安装工程》相应项目。

#### 5.2.2.4　智能建筑设备防雷接地

包括电涌保护器及等电位连接,配电箱电涌保护器、信号电涌保护器、智能检测系统工程的安装和调试。
(1)电涌保护器安装、调试以“台”为计量单位。
(2)信号电涌保护器安装、调试以“个”为计量单位。
(3)智能检测型 SPD 安装以“台”为计量单位。
(4)智能检测型 SPD 系统配套设施安装、调试以“套”为计量单位。
(5)等电位连接以“套”为计量单位。

## 5.3　消防工程施工图预算编制实例

### 5.3.1　某办公楼火灾自动报警工程施工图

本节以某消防工程火灾自动报警系统为例,介绍室内消防工程施工图定额计量与计价。某消防工程火灾自动报警系统及联动控制系统设计说明见表 5.3 所示。某消防工程火灾自动报警系统施工图如图 5.21～图 5.26 所示。

**表 5.3　某消防工程火灾自动报警及联动控制系统设计说明**

1. 系统采用报警联动控制系统。系统通过装设于本建筑物内的点型火灾探测器和手动报警按钮相结合的方式进行火灾自动报警，并对建筑物内的消火栓、防排烟、自喷等系统进行监控，消防控制室设在一层。

2. 联动控制要求

(1)室内消火栓系统：火灾情况下，通过消火栓按钮动作信号，直接启动消防水泵，并显示其工作故障状态，在消防控制室设有手动直接控制消防泵的装置。

(2)自动喷淋系统：火灾情况下，通过湿式报警阀动作信号，直接启动喷淋水泵，并显示其工作故障状态。

(3)防烟系统：火灾情况下，关闭正常排风使用的常开阀，联动关闭其系统风机。

(4)竖井内集中线路沿槽式桥架敷设，感温、感烟火灾报警线路采用穿钢管埋墙、板敷设；控制、通讯、警报、广播线路采用穿钢管埋地、墙等非燃烧体结构内敷设，由金属线槽、接线箱、穿线管等引至探测器、控制设备等，明敷线路采用金属软管保护。

3. 设备安装

(1)火灾报警接线箱挂墙距地 1.4 m 明装；探测器吸顶安装；手动报警按钮、电话塞孔、声光报警器墙上暗装；控制、监视模块配合所控制对象明装，模块箱距地 1.4 m 暗装。

(2)点型探测器至墙、梁边水平距离不小于 0.5 m，周围 0.5 m 内不应有遮挡物。

4. 所有消防联动控制电源，均采用直流 24 V。

某消防工程火灾自动报警系统施工图图例如表 5.4 所示。

**图 5.4　图例**

| 序号 | 图例 | 名　　称 | 规　　格 | 安装方式 |
| --- | --- | --- | --- | --- |
| 1 | —G— | 声光讯响线缆 | ZR-RVS-2×1.5-SC20 | 埋墙，埋地暗设 |
| 2 | —H— | 消防电话线 | RVVP-2×1.5-SC20 | 埋墙，埋地暗设 |
| 3 | —F— | 消火栓线缆 | ZR-BV-2×2.5+ZR-RVS-2×1.5-SC20 | 埋墙，埋地暗设 |
| 4 | —K— | 控制模块线缆 | ZR-BV-2×2.5+ZR-RVS-2×1.5-SC20 | 埋墙，埋地暗设 |
| 5 | I/O | 输入/输出模块 | GST-LD-8301 | 模块箱内安装 |
| 6 | Q | 动作切换模块 | GST-LD-8302A | 模块箱内安装 |
| 7 | SI | 短路保护器 | GST-LD-8313 | 模块箱内安装 |
| 8 |  | 消防电话分机 | TS-200A | 距地 1.4 m |
| 9 | GQ | 消防广播切换模块 | GST-LD-8305 | 模块箱内安装 |
| 10 |  | 水流指示器 | 见水施 | |
| 11 |  | 信号水阀 | 见水施 | |
| 12 |  | 防火阀 | 见暖施 | 70 ℃熔断 |
| 13 |  | 感温探测器 | JTW-ZCD-G3N | 吸顶安装 |
| 14 |  | 扬声器 | | 距地 2.2 m |
| 15 |  | 感烟探测器 | JTP-GD-G3 | 吸顶安装 |
| 16 |  | 手动报警按钮带电话插座 | J-SAP-8402 | 距地 1.5 m |
| 17 | I | 单输入模块 | GST-LD-8300 | 模块箱内安装 |

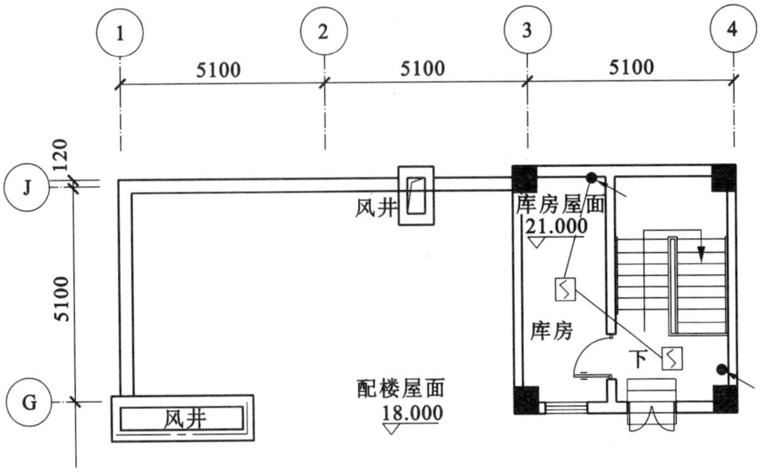


图 5.21　五层自动报警及联动平面图

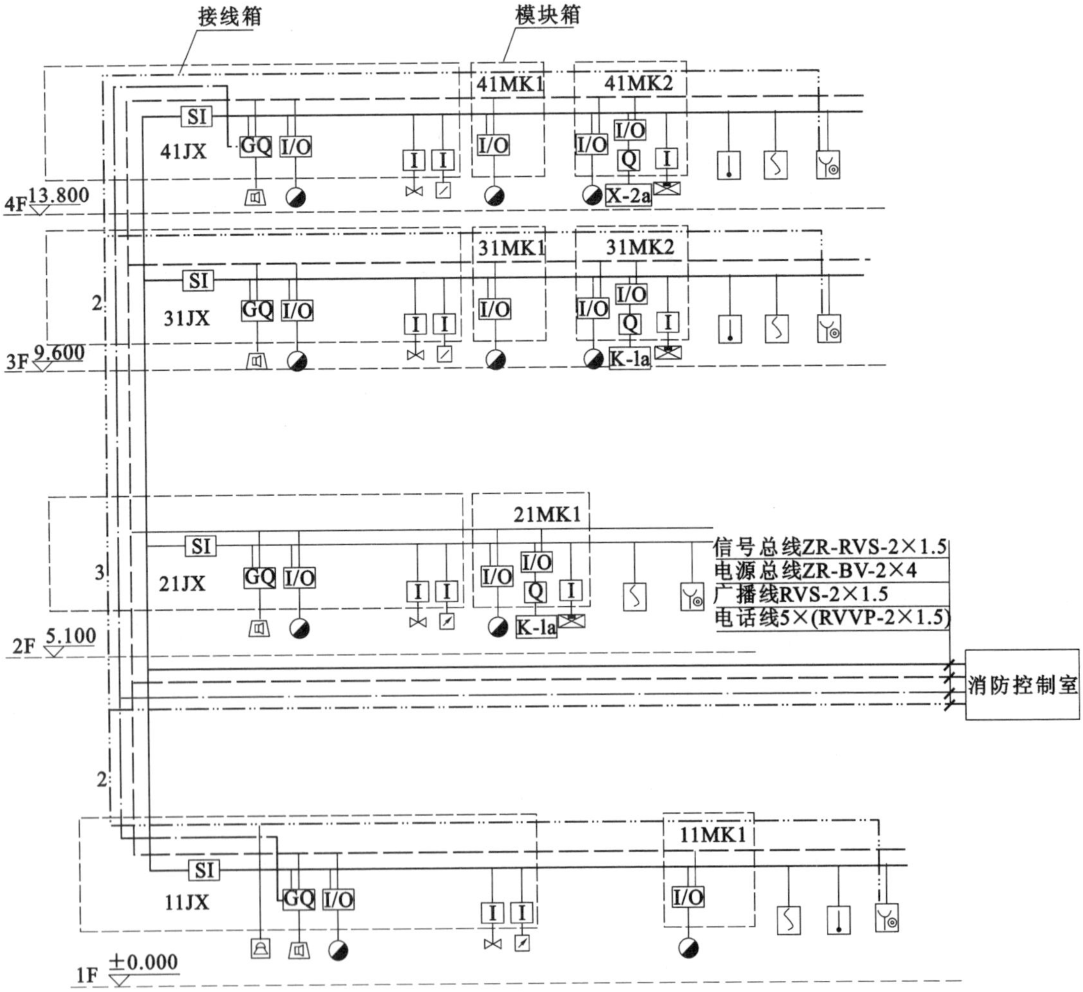


图 5.22　火灾自动报警及联动系统图

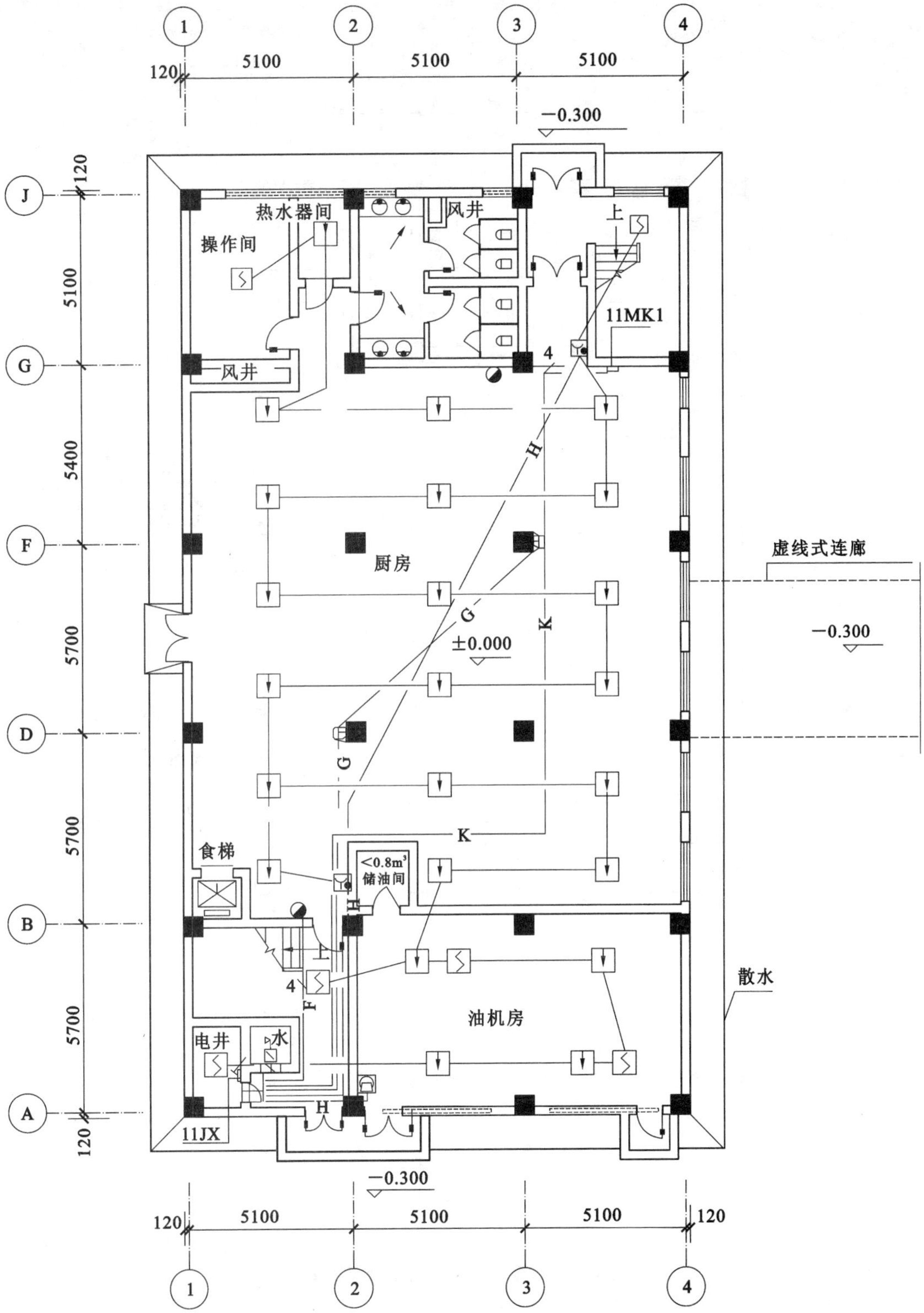


图 5.23　一层自动报警及联动平面图

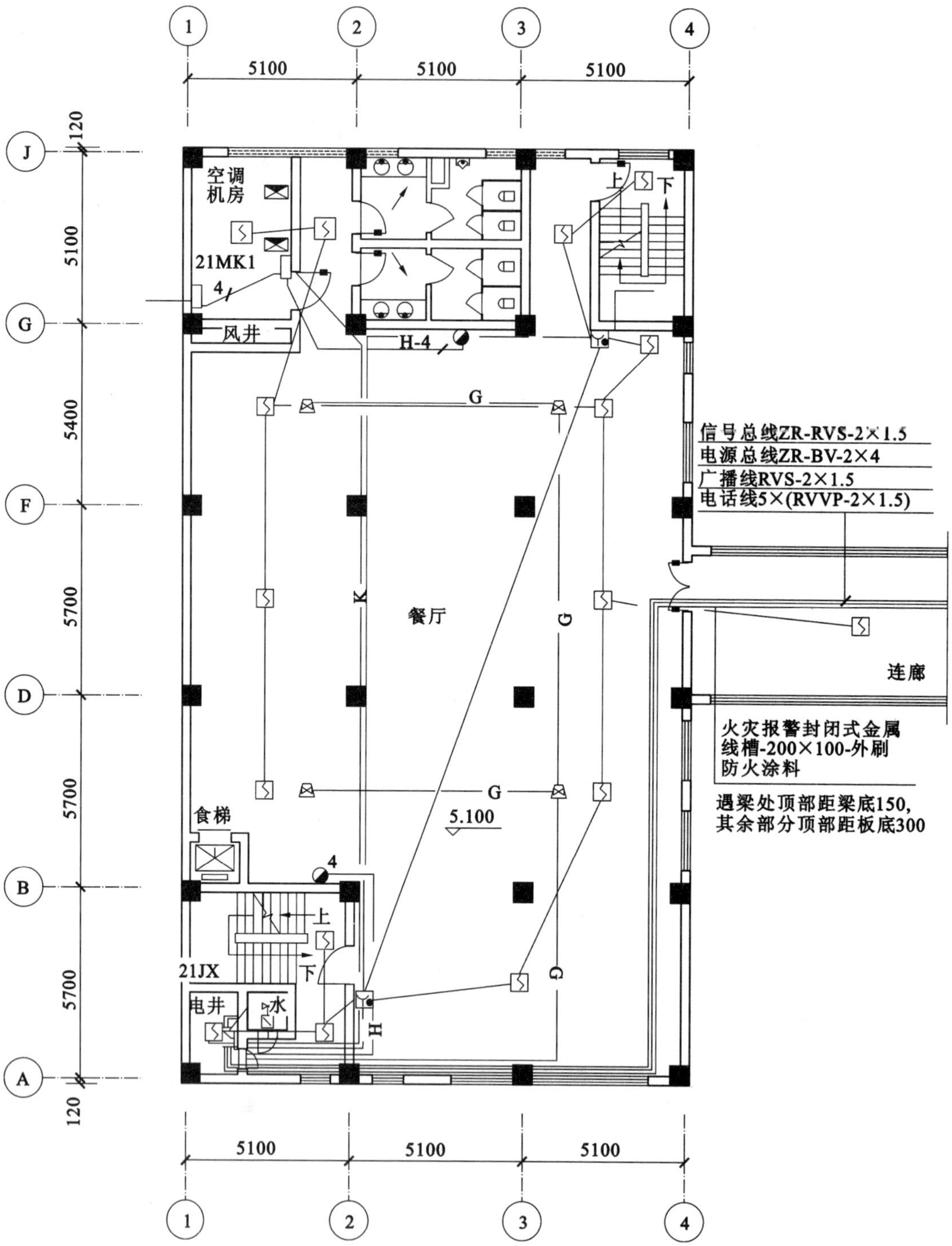


图 5.24　二层自动报警及联动平面图

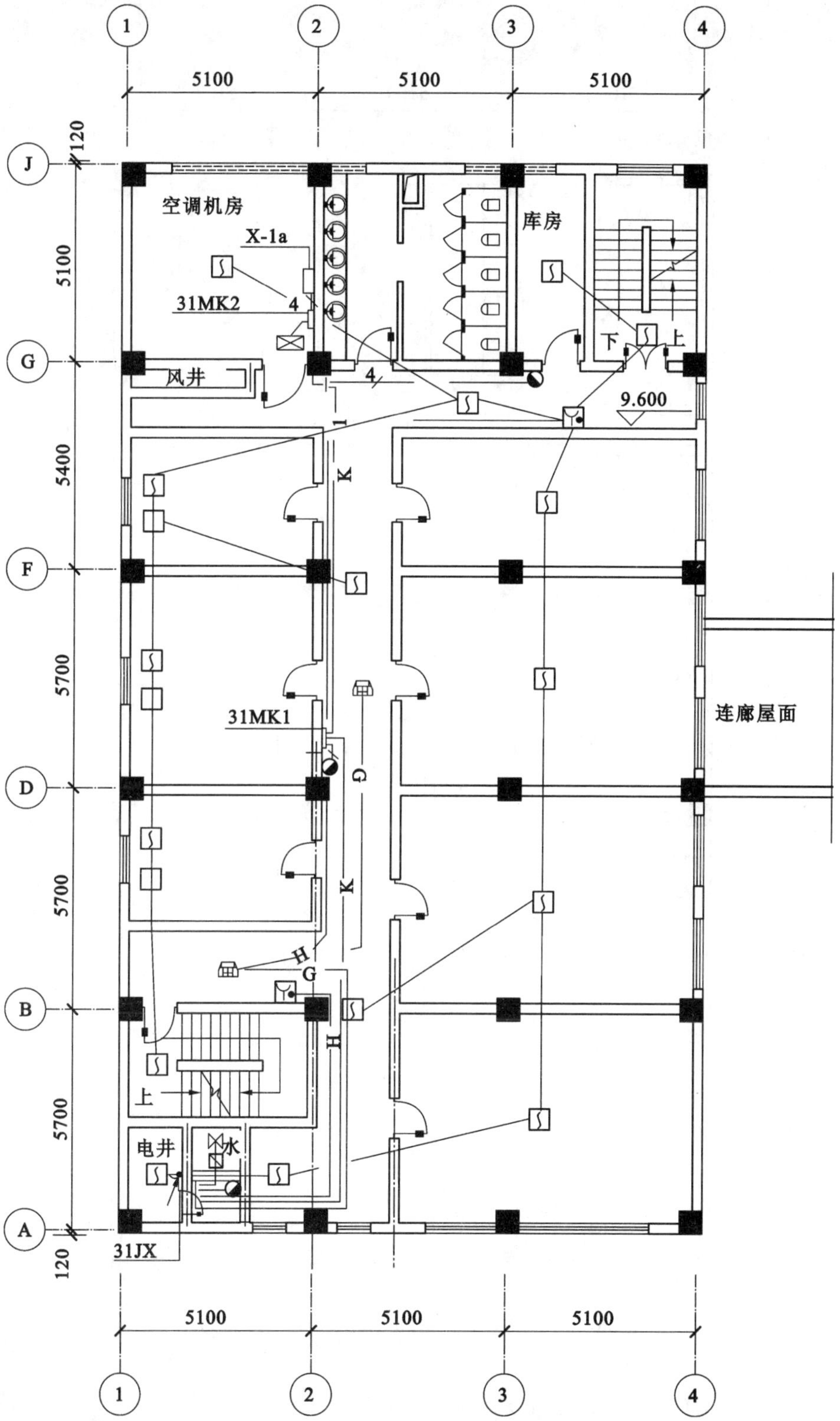


图 5.25　三层自动报警及联动平面图

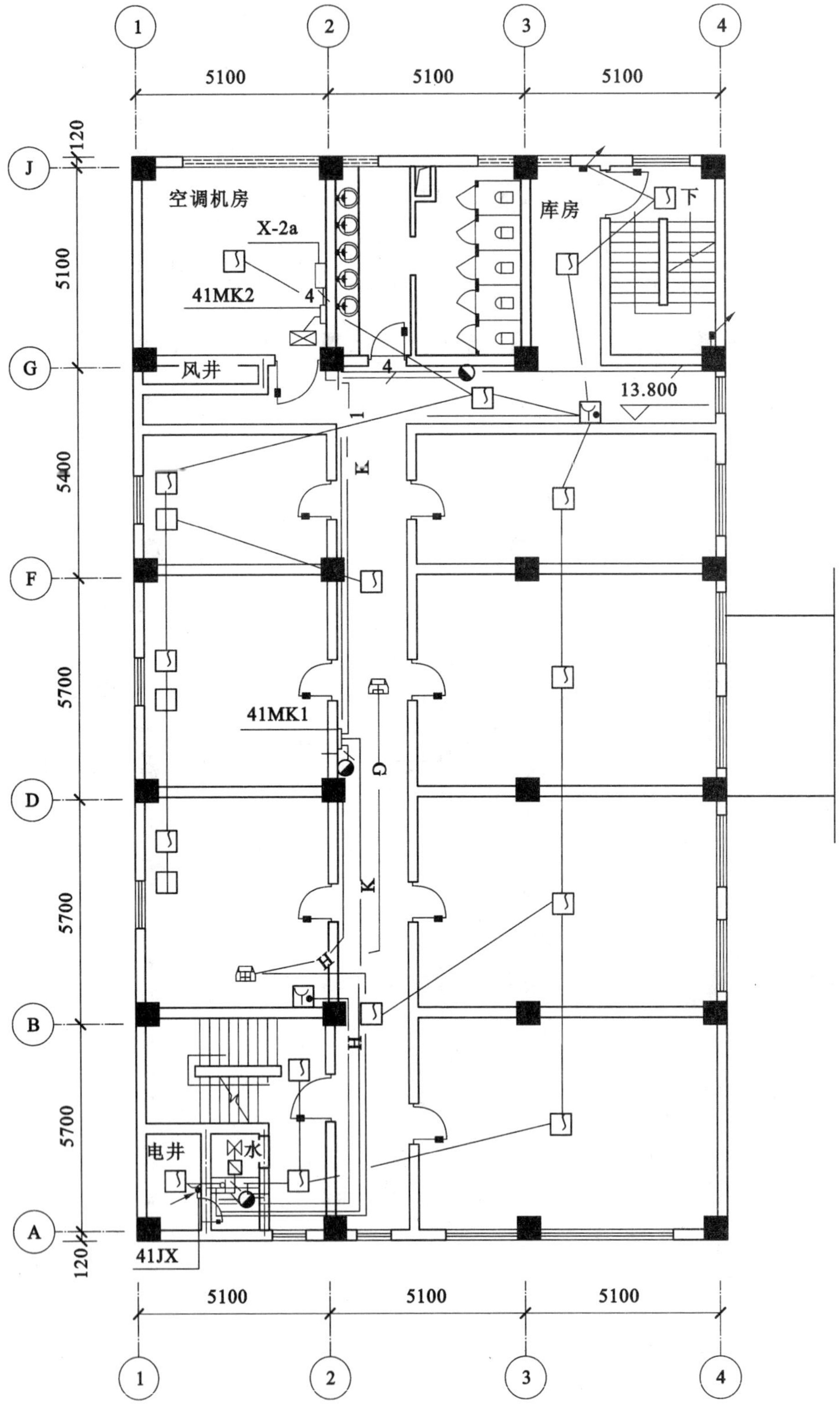


图 5.26　四层自动报警及联动平面图

### 5.3.2 定额计量与计价实务

1. 封面(略)

2. 编制说明

(1)本预算编制依据某办公楼火灾自动报警及联动控制系统图。

(2)主材价格:采用2018年太原市建设工程材料预算价格及太原市《2018年山西工程建设标准定额信息》第5期材料指导价格,指导价上没有价格的材料采用参考资料的相似价格及市场调研价格。

(3)采用2018年山西省计价依据安装工程预算定额,取费选择总承包工程一般纳税人计税。

(4)消防控制室设备未计入;消防箱、模块箱因图中未标注规格,所有进出箱的线缆均未计半周长的预留线。

3. 消防火灾报警系统列项及工程量计算见表5.5所示。

4. 单位工程(安装工程)预算表见表5.6所示。

5. 措施项目计价表见表5.7所示

6. 单位工程费用表见表5.8所示。

表5.5 消防火灾报警系统工程量计算表

| 序号 | 设计图号和部位 | 工程名称及计算公式 | 单位 | 数量 |
|---|---|---|---|---|
| 1 | 二层进户至电井接线箱:<br>金属线槽200×100 | 水平:8(连廊)+14.2+13+2.3=37.5<br>电井内:(13.8+1.4)−1.4=13.8 | m | 51.3 |
| 2 | 信号总线ZR-RVS-2×1.5 | 51.3+0.5(每层线槽至接线箱长估0.5 m)×4层 | m | 53.3 |
| | 电源总线ZR-BV-4 | (51.3+0.5×4)×2 | | 106.6 |
| | 广播线RVS-2×1.5 | 51.3+0.5×4 | | 53.3 |
| | 电话线RVVP-2×1.5 | 37.5×5+一层(4.8−1.4)×2+二层(0.3+1.4)+三层(0.3+1.4+4.5)+四层(0.3+1.4+4.5+4.2)+0.5×5 | | 215.1 |
| 3 | 无端子外部接线2.5 $mm^2$以下 | ZR-RVS-2×1.5:6个;RVS-2×1.5:6个;<br>RVVP-2×1.5:5个 | 个 | 17 |
| | 6 $mm^2$以下 | ZR-BV-4:6个 | | 6 |
| 4 | 一层:11JX—⋈(距地4.2 m) SC20 | 1.4+1+4.2 | m | 6.6 |
| | ZR-RVS-2×1.5 | 6.6 | | 6.6 |
| | 11JX—水流指示器 SC20 | 1.4+1+4.2+0.5 | | 7.1 |
| | ZR-RVS-2×1.5 | 7.1 | | 7.1 |
| | 11JX—消防电话分机 SC20 | 1.4+4.8+1.4 | | 7.6 |
| | —H— RVVP-2×1.5 | 7.6 | | 7.6 |
| | 11JX—探测器 SC20-CC | 垂直(5.1−1.4)+水平(6.6+5.8+4.5+1.3+3.3+4.3+1.3+2.9+2.8+4.9+3.5×3+5.1×10+2.6+2.3+3.1+2+4.6+3+1.8+4.1) | | 126.4 |
| | ZR-RVS-2×1.5 | 126.4 | | 126.4 |
| | 11JX—手动报警按钮 SC20 | 垂直1.4+水平4.1+8.6+15.2+垂直1.5×3 | | 33.8 |

**续表 5.5**

| 序号 | 设计图号和部位 | 工程名称及计算公式 | 单位 | 数量 |
|---|---|---|---|---|
| 4 | —H—　RVVP-2×1.5 | 33.8 | m | 33.8 |
| | 11JX—扬声器 SC20 | 1.4+4.1+10.6+8.3+2.2×3 | | 31 |
| | —G—　RVS-2×1.5 | 31 | | 31 |
| | 11JX—11MK1 SC20(4 根) | 垂直 1.4+水平 2.3+7.4+6.6+13.9+1.8+垂直 1.4 | | 34.8 |
| | 11JX—消火栓 SC20(4 根) | 垂直 1.4+水平 1.8+5+垂直 1.1 | | 9.3 |
| | 11MK1—消火栓 SC20(4 根) | 1.4+3.3+1.1 | | 5.8 |
| | —F—、—K—　ZR-BV-2.5 | (34.8+9.3+5.8)×2 | | 99.8 |
| | ZR-RVS-2×1.5 | 34.8+9.3+5.8 | | 49.9 |
| | 无端子外部接线 2.5 $mm^2$ 以下 | ZR-RVS-2×1.5:7 个;RVS-2×1.5:1 个;RVVP-2×1.5:2 个;ZR-BV-2.5:8 个 | 个 | 18 |
| 5 | 四层:41JX—⋈(标高 17.0 m) SC20 | 垂直 1.4+水平 1+垂直 17−13.8 | m | 5.6 |
| | ZR-RVS-2×1.5 | 5.6 | | 5.6 |
| | 41JX—水流指示器 SC20 | 1.4+1+3.2+0.5 | | 6.1 |
| | ZR-RVS-2×1.5 | 6.1 | | 6.1 |
| | 41JX—探测器 SC20-CC | 垂直 18−13.8−1.4+水平(3.3+7.4+5.8+5.9+1.98+5.8+4.5+2.3+3.96+3+2.8+3+7.6+9.1+1.2+5.8+3.6×2+1.2×2)+3(库房)+2.5+3.3 | | 94.64 |
| | ZR-RVS-2×1.5 | 94.64 | | 94.64 |
| | 41JX—手动报警按钮 SC20 | 垂直 1.4+水平 4.1+5.4+1.3+2+13.5+6.6+垂直 1.5×3 | | 38.8 |
| | —H—　RVVP-2×1.5 | 38.8 | | 38.8 |
| | 41JX—扬声器 SC20 | 1.4+4.6+6.1+3.3+3.6+6.9+2.2×3 | | 32.5 |
| | —G—　RVS-2×1.5 | 32.5 | | 32.5 |
| | 41JX—41MK1 SC20(4 根) | 垂直 1.4+水平 4.1+12.4+垂直 1.4 | | 19.3 |
| | 41MK1—41MK2 SC20(4 根) | 1.4+9.1+0.8+1.6+1.4 | | 14.3 |
| | 41JX—消火栓 SC20(4 根) | 垂直 1.4+水平 1.3+垂直 1.1 | | 3.8 |
| | 41MK1—消火栓 SC20(4 根) | 1.4−1.1+0.8 | | 1.1 |
| | 41MK2—消火栓 SC20(4 根) | 1.4+1.6+3.8+1.1 | | 7.9 |
| | 41MK2—五层消火栓 SC20(4 根) | 1.4+13.1+18+1.1−13.8 | | 19.8 |
| | 41MK2—X-2a($h$=1.4 m) SC20(4 根) | 0.9 | | 0.9 |
| | 41MK2—防火阀($h$=3.2 m)SC20(2 根) | 垂直 18−13.8−1.4+水平 0.9+垂直 1 | | 4.7 |
| | —4—、—K—　ZR-BV-2.5 | (19.3+14.3+3.8+1.1+7.9+19.8+0.9)×2 | | 134.2 |

**续表 5.5**

| 序号 | 设计图号和部位 | 工程名称及计算公式 | 单位 | 数量 |
|---|---|---|---|---|
| 5 | ZR-RVS-2×1.5 | 19.3+14.3+3.8+1.1+7.9+19.8+0.9+4.7 | m | 71.7 |
| | 无端子外部接线 2.5 mm$^2$ 以下 | ZR-RVS-2×1.5:13 个;RVS-2×1.5:1 个;RVVP-2×1.5:1 个;ZR-BV-2.5:18 个 | 个 | 33 |
| 6 | 二、三层管线计算同一、四层(略) | | | |
| 7 | 汇总 | | m | |
| | 1) 金属线槽 200×100 | 51.3 | | |
| | 2) ZR-RVS-2×1.5 | 716.59 | | |
| | 3) ZR-BV-4 | 106.6 | | |
| | 4) ZR-BV-2.5 | 417.28 | | |
| | 5) RVS-2×1.5 | 198.33 | | |
| | 6) RVVP-2×1.5 | 403.9 | | |
| | 7) SC20 | 953.22 | | |
| | 8) 无端子外部接线 2.5 mm$^2$ 以下 | 116 | 个 | |
| | 9) 无端子外部接线 6 mm$^2$ 以下 | 6 | | |
| | 10) 设备列表 | 消防电话:1 个;短路保护器:4 个;扬声器:10 个;带电话插孔的手动报警按钮:8 个;<br>感烟探测器:6+15+15+17=53 个;感温探测器:23+3+3=29 个;消火栓按钮:10 个;<br>消防广播切换模块:10 个;输入输出模块:13 个;单输入模块:11 个;动作切换模块:3 个;<br>JX 接线箱:4 个;MK 模块箱:6 个 | | |
| | 11) 接线盒 | 消防电话 1+扬声器 10+报警按钮 8+探测器 53+29+消火栓按钮 10+二层分线 4 | | 115 |
| | 12) 金属软管(估 0.5 m/个) | (防火阀 4+水流指示器 4+信号水阀 4+空调机 3)×0.5 | m | 7.5 |
| | 13) 金属线槽外刷防火涂料 | (估:1 m$^2$/1 kg)0.4×51.3×1 | kg | 20.52 |
| | 14) 金属线槽固定支架或吊架 | (估:1 个/3 m,2.5 kg/个)51.3÷3×2.5 | | 42.75 |

**表 5.6　单位工程(安装工程)预算表**

工程名称:某办公楼火灾自动报警工程　　　　第 1 页　共 3 页

| 序号 | 编号 | 名　称 | 工程量 | | 价值(元) | | 其　中(元) | | | |
|---|---|---|---|---|---|---|---|---|---|---|
| | | | 单位 | 数量 | 单价 | 合价 | 人工费 | 材料费 | 机械费 | 主材设备费 |
| 1 | C4-638 | 钢制槽式桥架 宽+高 400 mm 以下 | 10 m | 5.13 | 369.63 | 1896.2 | 1673.66 | 173.91 | 48.63 | |
| | 463403101@1 | 桥架 200×100 | m | 51.5565 | 57.164 | 2947.18 | | | | 2947.18 |
| 2 | C4-1108 | 砖、混凝土结构明配 钢管公称直径 20 mm以内 | 100 m | 9.5322 | 1382.16 | 13175.03 | 11855.67 | 1099.83 | 219.53 | |
| | 462401101@1 | 焊接钢管 *DN*20 | m | 981.8166 | 6.328 | 6212.94 | | | | 6212.94 |
| 3 | C4-1251 | 管内穿铜芯导线 照明线路 导线截面 2.5 mm² 以内 | 100 m/单线 | 4.1728 | 123.48 | 515.26 | 427.71 | 87.55 | | |
| | AZ02027@1 | 铜芯聚氯乙烯绝缘电线 ZR-BV-2.5 | m | 484.0448 | 2.12 | 1023.17 | | | | 1026.17 |
| 4 | C4-1252 | 管内穿铜芯导线 照明线路 导线截面 4 mm² 以内 | 100 m/单线 | 1.066 | 92.31 | 98.4 | 75.95 | 22.45 | | |
| | AZ02027@2 | 铜芯聚氯乙烯绝缘电线 ZR-BV-4 | m | 123.656 | 3.34 | 413.01 | | | | 413.01 |
| 5 | C4-1269 | 管内穿铜芯导线 多芯软导线 二芯以内 导线截面 1.5 mm² 以内 | 100 m/单线 | 7.1659 | 99.17 | 710.64 | 609.1 | 101.54 | | |
| | 463108103@1 | 铜芯多股绝缘导线 ZR-RVS-2×1.5 | m | 773.9172 | 2.448 | 1894.55 | | | | 1894.55 |
| 6 | C4-1269 | 管内穿铜芯导线 多芯软导线 二芯以内 导线截面 1.5 mm² 以内 | 100 m/单线 | 1.9833 | 99.17 | 196.68 | 168.58 | 28.1 | | |
| | 463108103@2 | 铜芯多股绝缘导线 RVS-2×1.5 | m | 214.1964 | 2.362 | 505.93 | | | | 505.93 |
| 7 | C4-1269 | 管内穿铜芯导线 多芯软导线 二芯以内 导线截面 1.5 mm² 以内 | 100 m/单线 | 4.039 | 99.17 | 400.55 | 343.32 | 57.23 | | |
| | 463108103@3 | 铜芯多股绝缘导线 RVVP-2×1.5 | m | 436.212 | 4.75 | 2072.01 | | | | 2072.01 |
| 8 | C9-69 | 消防通讯安装 通讯分机 | 部 | 1 | 28.42 | 28.42 | 26.25 | 2.17 | | |
| | 补充材料 001@1 | 消防电话分机(总线制) | 部 | 1 | 116.379 | 116.38 | | | | 116.38 |
| 9 | C9-20 | 总线隔离器 | 只 | 4 | 36.06 | 144.24 | 125 | 17.12 | 2.12 | |
| | | 合　计 | | | | 32738.02 | 15305.24 | 1589.9 | 270.28 | 15572.6 |

续表 5.6

| 序号 | 编号 | 名称 | 工程量 | | 价值(元) | | 其中(元) | | | |
|---|---|---|---|---|---|---|---|---|---|---|
| | | | 单位 | 数量 | 单价 | 合价 | 人工费 | 材料费 | 机械费 | 主材设备费 |
| | 补充主材 001@1 | 总线短路保护器 LD6800E-1 | 只 | 4 | 96.121 | 384.48 | | | | 384.48 |
| 10 | C9-22 | 声光报警器 | 个 | 10 | 55.13 | 551.3 | 525 | 26.3 | | |
| | 补充主材 002 | 声光报警器 | 个 | 10 | 139.224 | 1392.24 | | | | 1392.24 |
| 11 | C9-14 | 火灾报警按钮 | 个 | 8 | 45.14 | 361.12 | 330 | 30.8 | 0.32 | |
| | 补充主材 003@1 | 火灾报警按钮—带电话插孔的手动按钮 | 个 | 8 | 75.862 | 606.9 | | | | 606.9 |
| 12 | C9-1 | 点型探测器安装 感烟 | 10 套 | 5.3 | 297.1 | 1574.63 | 1510.5 | 55.65 | 8.48 | |
| | 补充主材 004 | 点型探测器安装 感烟 | 只 | 53 | 79.534 | 4215.3 | | | | 4215.3 |
| 13 | C9-2 | 点型探测器安装 感温 | 10 套 | 2.9 | 295.67 | 857.44 | 826.5 | 28.59 | 2.35 | |
| | 补充主材 005 | 点型探测器安装 感温 | 只 | 29 | 79.534 | 2306.49 | | | | 2306.49 |
| 14 | C9-15 | 消火栓报警按钮 | 个 | 10 | 68.41 | 684.1 | 625 | 58.7 | 0.4 | |
| | 补充主材 006 | 消火栓报警按钮 | 个 | 10 | 147.414 | 1474.14 | | | | 1474.14 |
| 15 | C9-18 | 非编址模块(转换模块) | 只 | 10 | 29.73 | 297.3 | 250 | 42.8 | 4.5 | |
| | 补充主材 007 | 消防广播切换模块 | 只 | 10 | 170.69 | 1706.9 | | | | 1706.9 |
| 16 | C9-19 | 报警接口安装(输入模块) | 只 | 11 | 42.31 | 465.41 | 412.5 | 47.08 | 5.83 | |
| | 补充主材 008 | 输入模块 | 只 | 11 | 79.534 | 874.87 | | | | 874.87 |
| 17 | C9-16 | 编址控制模块(接口) 单输出 | 只 | 13 | 49.88 | 648.44 | 568.75 | 73.84 | 5.85 | |
| | 补充主材 009 | 输入输出模块 | 只 | 13 | 106.052 | 1378.68 | | | | 1378.68 |
| 18 | C9-18 | 非编址模块(转换模块) | 只 | 3 | 29.73 | 89.19 | 75 | 12.84 | 1.35 | |
| | 补充主材 010 | 动作切换模块 | 只 | 3 | 124.138 | 372.41 | | | | 372.41 |
| 19 | C4-723 | 电缆防火设施安装 防火涂料 | kg | 20.52 | 29.9 | 613.55 | 564.3 | 49.25 | | |
| | AZ11010@1 | 防火涂料 | kg | 22.1616 | 15.517 | 343.88 | | | | 343.88 |
| | | 合　计 | | | | 21186.54 | 5687.55 | 425.85 | 29.08 | 14700.18 |

**续表 5.6**

| 序号 | 编号 | 名　　称 | 工程量 | | 价值(元) | | 其　　中(元) | | | |
|---|---|---|---|---|---|---|---|---|---|---|
| | | | 单位 | 数量 | 单价 | 合价 | 人工费 | 材料费 | 机械费 | 主材设备费 |
| 20 | C4-1384 | 暗装接线箱 半周长 700 mm 以内 | 10 个 | 0.6 | 1095.09 | 657.05 | 651.75 | 5.3 | | |
| | 463701101@3 | MK 模块箱 | 个 | 6 | 218.724 | 1312.34 | | | | 1312.34 |
| 21 | C4-1385 | 暗装接线箱 半周长 1500 mm 以内 | 10 个 | 0.4 | 1675.9 | 670.36 | 664 | 6.36 | | |
| | 463701101@2 | JX 接线箱 | 个 | 4 | 218.724 | 874.9 | | | | 874.9 |
| 22 | C4-1386 | 暗装钢制盒 接线盒 | 10 个 | 11.5 | 54.2 | 623.3 | 531.88 | 91.43 | | |
| | AZ02017@1 | 接线盒 | 个 | 117.3 | 2.5 | 293.25 | | | | 293.25 |
| 23 | C4-1233 | 金属软管敷设 公称直径 20 mm 以内 每根管长 500 mm 以内 | 10 m | 0.75 | 345.09 | 258.82 | 173.44 | 85.38 | | |
| | AZ02018@1 | 金属软管(蛇皮管) | m | 7.725 | 1.698 | 13.12 | | | | 13.12 |
| 24 | C4-486 | 一般铁构件 制作 | 100 kg | 0.4275 | 758.38 | 324.21 | 249.55 | 38.58 | 36.08 | |
| | 补充主材 011 | 一般铁构件 | kg | 42.75 | 3.69 | 157.75 | | | | 157.75 |
| 25 | C4-487 | 一般铁构件 安装 | 100 kg | 0.4275 | 486.36 | 207.92 | 181.69 | 6.69 | 19.54 | |
| 26 | C4-455 | 无端子外部接线 2.5 mm² | 10 个 | 11.6 | 28.21 | 327.24 | 261 | 66.24 | | |
| 27 | C4-456 | 无端子外部接线 4 mm² | 10 个 | 0.6 | 36.96 | 22.18 | 18.75 | 3.43 | | |
| 28 | C9-250 | 自动报警系统调试 128 点以下 | 系统 | 1 | 4317.51 | 4317.51 | 3806.25 | 165.57 | 345.69 | |
| 29 | C9-257 | 火灾事故广播、消防通信系统调试 广播喇叭及音箱、电话插孔 | 10 只 | 1.9 | 162.07 | 307.93 | 249.38 | 29.79 | 28.77 | |
| 30 | BM11 | 高层建筑增加费 高度≤40m,层数≤12(电气设备安装工程) | 元 | 1 | 350.55 | 350.55 | 122.69 | 227.86 | | |
| 31 | BM51 | 高层建筑增加费 高度≤40m,层数≤12(消防工程) | 元 | 1 | 177.28 | 177.28 | 62.05 | 115.23 | | |
| | | 合　计 | | | | 11853.18 | 7536.73 | 891.11 | 430.08 | 2995.28 |
| | | 总　计 | | | | 64447.9 | 27965.22 | 2857.61 | 729.44 | 32895.65 |

**表 5.7　措施项目计价表**

工程名称:某办公楼火灾自动报警工程　　第 1 页　共 1 页

| 序号 | 项目名称 | 费率(%) | 金额(元) |
|---|---|---|---|
| 1 | 安装工程 | | 2991.17 |
| 1.1 | 安全文明施工费 | 1.86 | 528.47 |
| 1.2 | 临时设施费 | 2.12 | 602.34 |
| 1.3 | 夜间施工增加费 | 0.36 | 102.28 |
| 1.4 | 冬雨季施工增加费 | 0.43 | 122.17 |
| 1.5 | 材料二次搬运费 | 0.77 | 218.78 |
| 1.6 | 工程定位复测、工程点交、场地清理费 | 0.18 | 51.14 |
| 1.7 | 室内环境污染物检测费 | 0 | |
| 1.8 | 检测试验费 | 0.31 | 88.08 |
| 1.9 | 环境保护费 | 0 | |
| 1.10 | 脚手架(详见下表) | | 1277.91 |
| | 合　计 | | 2991.17 |

**表 5.8　单位工程费用表**

工程名称:某办公楼火灾自动报警工程　　第 1 页　共 1 页

| 序号 | 费用名称 | 取费说明 | 费率(%) | 金额(元) |
|---|---|---|---|---|
| 1 | 定额工料机(包括施工技术措施费) | 直接费+技术措施项目合计 | | 32830.16 |
| 2 | 其中:人工费 | 人工费+技术措施项目人工费 | | 28412.49 |
| 3 | 施工组织措施费 | 组织措施项目合计 | | 1713.26 |
| 4 | 企业管理费 | 其中:人工费－只取税金项预算价人工费－不取费项预算价人工费 | 19.8 | 5625.67 |
| 5 | 利润 | 其中:人工费－只取税金项预算价人工费－不取费项预算价人工费 | 18.5 | 5256.31 |
| 6 | 动态调整 | 人材机价差+组织措施人工价差+安装费用人工价差 | | －881.88 |
| 7 | 主材费 | 主材费+设备费+技术措施项目主材费+技术措施项目设备费 | | 32895.65 |
| 8 | 税金 | 定额工料机(包括施工技术措施费)+施工组织措施费+企业管理费+利润+动态调整+主材费－不取费项市场价直接费－不取费项市场价主材费－不取费项市场价设备费 | 10 | 7743.92 |
| 9 | 工程造价 | 定额工料机(包括施工技术措施费)+施工组织措施费+企业管理费+利润+动态调整+主材费+税金 | | 85183.09 |

## 单元小结

本章主要内容如图 5.27 所示。

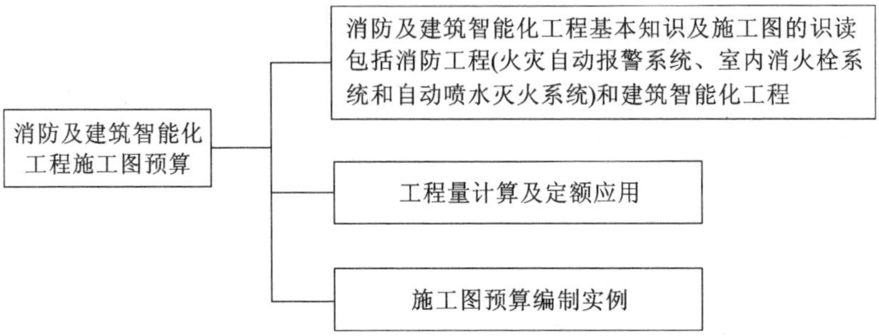


**图 5.27　本章主要内容**

### 复习思考题

5.1　消火栓给水系统由哪些具体设备组成?

5.2　自动喷水灭火系统分哪些类型? 系统组成如何?

5.3　什么是湿式自动喷水灭火系统? 什么是干式自动喷水灭火系统? 什么是预作用自动喷水灭火系统? 什么是雨淋灭火系统? 什么是水幕灭火系统? 什么是水喷雾灭火系统?

5.4　湿式报警阀、干式报警阀、雨淋报警阀、预作用报警阀各自的工作原理是什么?

5.5　什么是水力警铃? 什么是压力开关? 什么是延时器? 什么是控制阀? 其作用是什么?

5.6　水流指示器设备有何要求?

5.7　什么是末端试水装置? 在设置上有何要求?

5.8　消防工程列项计算工程量及套价时应注意哪些要求?

5.9　消防工程计价时一般套用哪些专业章册? 怎么划分?

# 单元 6　通风与空调工程施工图预算

**知识目标**　了解通风与空调工程的一般概念、项目组成、常用材料及设备；理解通风与空调工程施工图的基本组成及通风与空调工程分部分项工程项目的设置；掌握通风与空调工程工程量计算规则、施工图预算的编制方法。

**能力目标**　能熟练识读通风与空调工程施工图；比较熟练应用通风与空调工程工程量计算规则计算工程量；能应用所掌握的计量与计价方法进行通风与空调工程造价的计算。

通风工程是送风、排风、除尘、气力输送以及防、排烟系统工程的总称。通风工程的任务是将被污染的空气或含有大量热蒸汽、有害物质、不符合卫生标准的室内空气直接或经净化后排出室外，把新鲜空气补充进来，使室内空气达到卫生标准或满足生产工艺的要求。

空调工程是空气调节、空气净化与洁净空气系统的总称。空调工程的任务是提供空气处理的方法、净化或者纯净空气，保证生产工艺和人们正常生活所要求的清洁度；通过加热或冷却、加湿或去湿来控制空气的温度与湿度，并且不断地进行调节，使空气环境在温度、湿度、风速及洁净度等方面控制在设计范围内，为使用者提供适宜的室内空气环境。

## 6.1　通风与空调工程基本知识及施工图识读

### 6.1.1　通风与空调工程基本知识

#### 6.1.1.1　通风系统的分类

建筑通风包括从室内排出污浊的空气(排风)和向室内补充新鲜空气(送风)两部分。为实现排风或送风所采用的一系列设备、装置的总体称为通风系统。

(1)按通风系统工作的动力不同，通风可分为自然通风和机械通风

自然通风是利用室外风力造成的风压及由室内外温差和高度差产生的热压使空气流动的通风方式，如图 6.1 所示。

机械通风就是借助风机所产生的风压强迫空气沿着设定的方向流动，进行室内外空气交换的通风方式，分为机械局部送风和机械局部排风。

局部送风是以一定速度将空气直接送到指定地点的通风方式。局部送风分为系统式和分散式机械送风，如图 6.2 所示。分散式局部送风，对空气处理要求不高，可采用轴流风扇或喷雾风扇在高温车间内部进行局部送风；用于隔断气味、昆虫，或用于夏季空调建筑的大门可采用空气幕送风。空气幕是利用条状喷口喷出一定速度和温度的平面气流，用于隔断室内外空气对流的送风装置，由空气处理设备、风机、风管系统及风口组成。

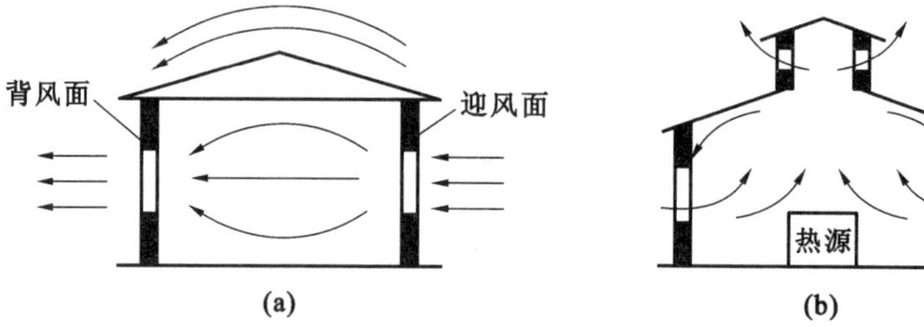


**图 6.1　自然通风**

(a)风压作用的自然通风;(b)热压作用的自然通风

局部排风是在散发有害物的局部地点,设置排风罩捕集有害物并将其排至室外的通风方式,以防止有害物与工作人员接触或扩散到整个车间。局部排风系统是由局部排风罩、风管、净化设备和风机等组成。图 6.3 所示为某车间局部机械排风系统。

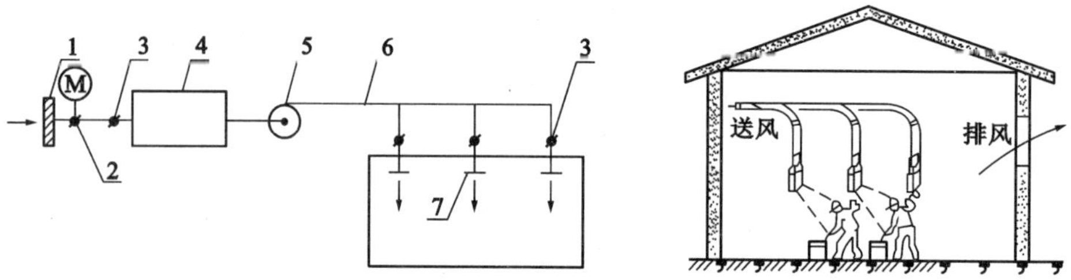


**图 6.2　系统式机械送风示意图**

1—新风口;2—电动密闭阀;3—阀门;4—空气处理设备;5—风机;6—风管;7—送风口

(2)按通风系统的作用范围,可分为局部通风和全面通风

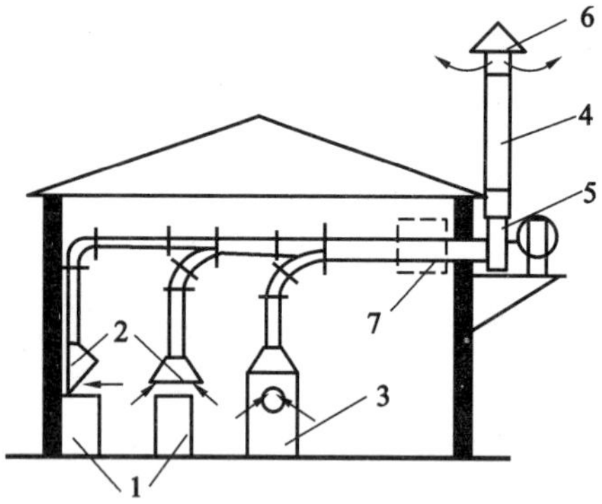


**图 6.3　局部机械排风系统**

1—工艺设备;2—局部排风罩;3—排风柜;4—风管;5—风机;6—排风帽;7—排风处理装置

局部通风的作用范围小,仅限于车间(或房间)的个别地点或局部区域,就是在有害物质、高温气体产生的地点对其直接捕获、收集、排放,或将新鲜的空气或经过处理的空气直接送到车间(或房间)的局部地点或局部区域,从而改善其空气环境。

全面通风也称稀释通风,它是对整个车间或房间进行通风换气,是将新鲜的空气送入室内以改变室内的温、湿度和稀释有害物的浓度,同时把污浊空气不断排至室外,使工作地带的空气环境符合卫生标准的要求。按照系统形式可分为:全面送风、全面排风、全面送排风。图 6.4 所示为某工作间全面机械送风系统;全面排风、全面送排风示意图如图 6.5、图 6.6 所示。

### 6.1.1.2　建筑防烟、排烟系统

建筑防排烟分为防烟和排烟两种系统形式。防烟的目的是将烟气封闭在一定的区域内,以确保疏散线路畅通,无烟气侵入。排烟的目的是将火灾时产生的烟气及时排除,防止烟气向防烟分区以外扩散,以确保疏散通路和疏散所需时间。控制烟气流动的主要方式有:

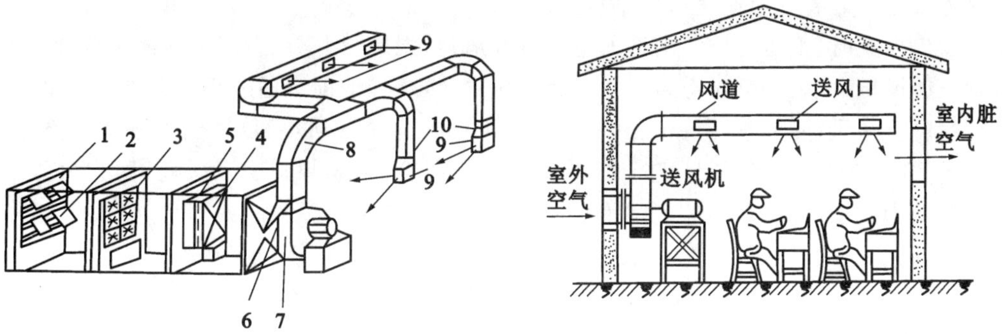


**图 6.4　全面机械送风系统**

1—百叶窗；2—保温阀；3—过滤器；4—空气加热器；5—旁通阀；
6—启动阀；7—风机；8—送风道；9—送风口；10—调节阀

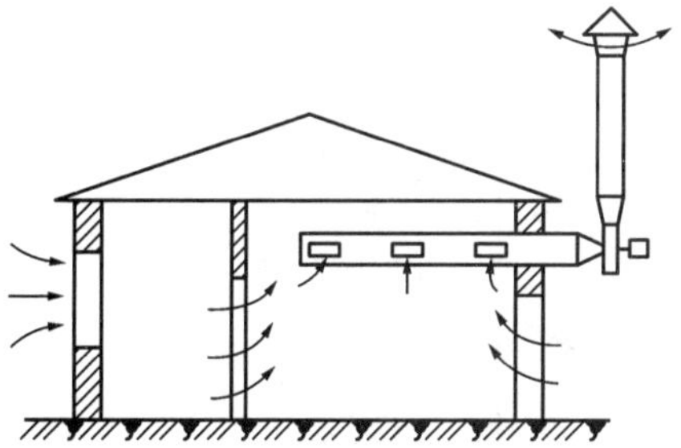

**图 6.5　全面机械排风系统**

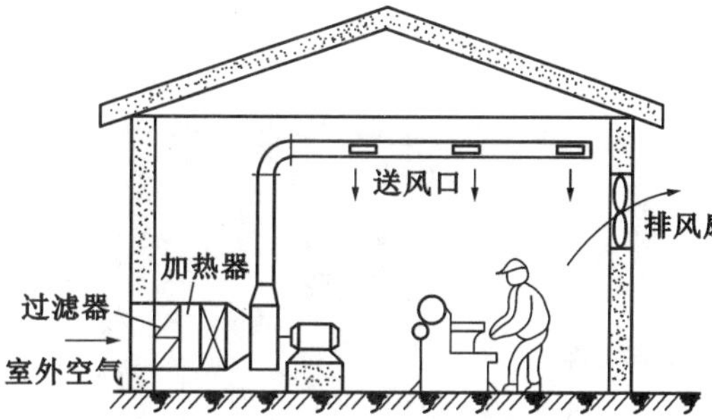


**图 6.6　全面机械送排风系统**

(1)划分防火分区和防烟分区

① 防火分区

对建筑物进行防火分区的目的是防止发生火灾时火势蔓延和烟气传播，同时便于消防人员扑救，减少火灾损失。进行防火分区，就是把建筑物划分成若干防火单元，两个防火分区之间在水平方向应设防火墙、防火卷帘和防火门等进行隔断，分为水平防火分区和垂直防火分区。

水平防火分区的分隔物，主要依靠防火墙，也可以利用防火水幕带或防火卷帘加水幕。防火墙是指由非燃烧材料组成，直接砌筑在基础上或钢筋混凝土框架梁上，耐火极限不小于 3 h 的墙体。防火墙上尽量不开洞口，必须开设时，应设耐火极限不小于 1.2 h 的防火门窗。

垂直防火分区是指高层建筑的竖直方向通常每层划分为一个防火分区，以耐火楼板（主要是钢筋混凝土楼板）为分隔。对于在两层或多层之间设有各种开口，如设有开敞楼梯、自动扶梯、中庭（共享空间）的建筑，应把连通部分作为一个竖向防火分区的整体，且连通部分各层面积之和不应超过允许的水平防火分区的面积。

② 防烟分区

防烟分区是在防火分区内划分的，是防火分区的细化。防烟分区是有利于建筑物内人员安全疏散和有组织排烟而采取的技术措施。防烟分区之间分隔除采用隔墙外，还可采用挡烟垂壁或从顶棚下突出不小于 0.5 m 的梁。

(2)正压（或加压）送风防烟

正压（或加压）送风防烟是用风机把一定量的室外空气送入一房间或通道内，使室内保持一定压力或门洞处有一定流速，以避免烟气侵入。

当发生火灾时，正压送风口内部的电机打开风口，温感、烟感或者是手动火灾报警会开启，塔楼顶正压风机自动打开，对送风竖井进行加压送风，楼梯的前室通过正压送风口会源源不断地对前室进行送风，使前室维持正压，保证烟气不会在这个区域蔓延，而给人逃生的空间。当温度高于 280℃时，人已无逃生可能性，其内部熔断器会熔断，风口自动关闭，防止火势蔓延。图 6.7 所示为正压送风口；图 6.8 所示为加压送风排烟系统示意图。

设置部位：

① 不具备自然排烟条件的防烟楼梯、消防电梯前室或合用前室；

② 采用自然排烟的防烟楼梯，其不具备自然排烟的前室；

③ 封闭的避难层。

**图 6.7　正压送风口**

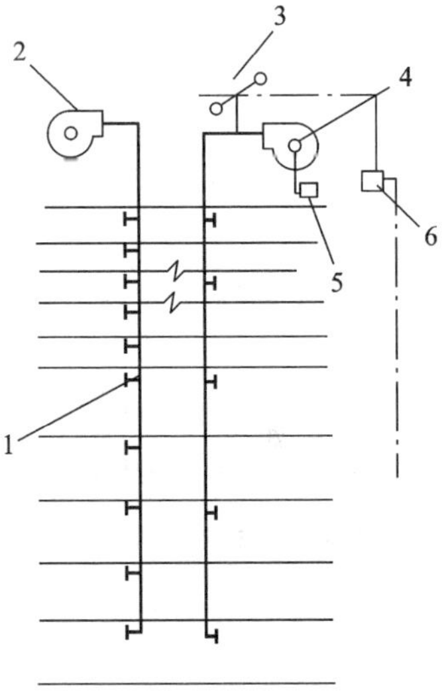


**图 6.8　加压送风排烟系统示意图**

1—送风口；2—加压送风机（前室用）；3—防火阀；4—加压送风机（楼梯间用）；5—感烟器；6—压差控制器

（3）疏导排烟

利用自然或机械作用力，分为自然排烟和机械排烟，将烟气排到室外，称之为疏导排烟。

自然排烟是利用高温烟气产生的热压和浮力，以及室外风压造成的抽力，把火灾产生的高温烟气通过阳台、凹廊或在楼梯间外墙上设置的外窗和排烟窗排至窗外。

机械排烟是使用排烟风机进行强制排烟，以确保疏散时间和疏散通道安全的排烟方式。排烟系统由挡烟壁、排烟口、防火排烟阀门、排烟道、排烟风机和排烟出口组成。

#### 6.1.1.3　空调系统的分类

空调系统一般由冷热源、空气处理设备、空气输送管道、空气分配装置和调节控制设备等部分组成。空调系统有以下几种分类方式：

1. 按空气处理设备设置的集中程度分为集中式、分散式和半集中式三种

（1）集中式空调系统

空调系统的空气处理设备，如图 6.9 中的过滤器、喷水室、加热器，以及风机、水泵等都集中设在专用的机房内，称为集中式空调系统。该系统对空气进行集中处理后，再通过风管送至

各个空调房间。主要用于工业建筑、公共建筑内的空气调节。其中，根据所处理的空气来源不同，又可以分为封闭式、直流式和混合式三种。

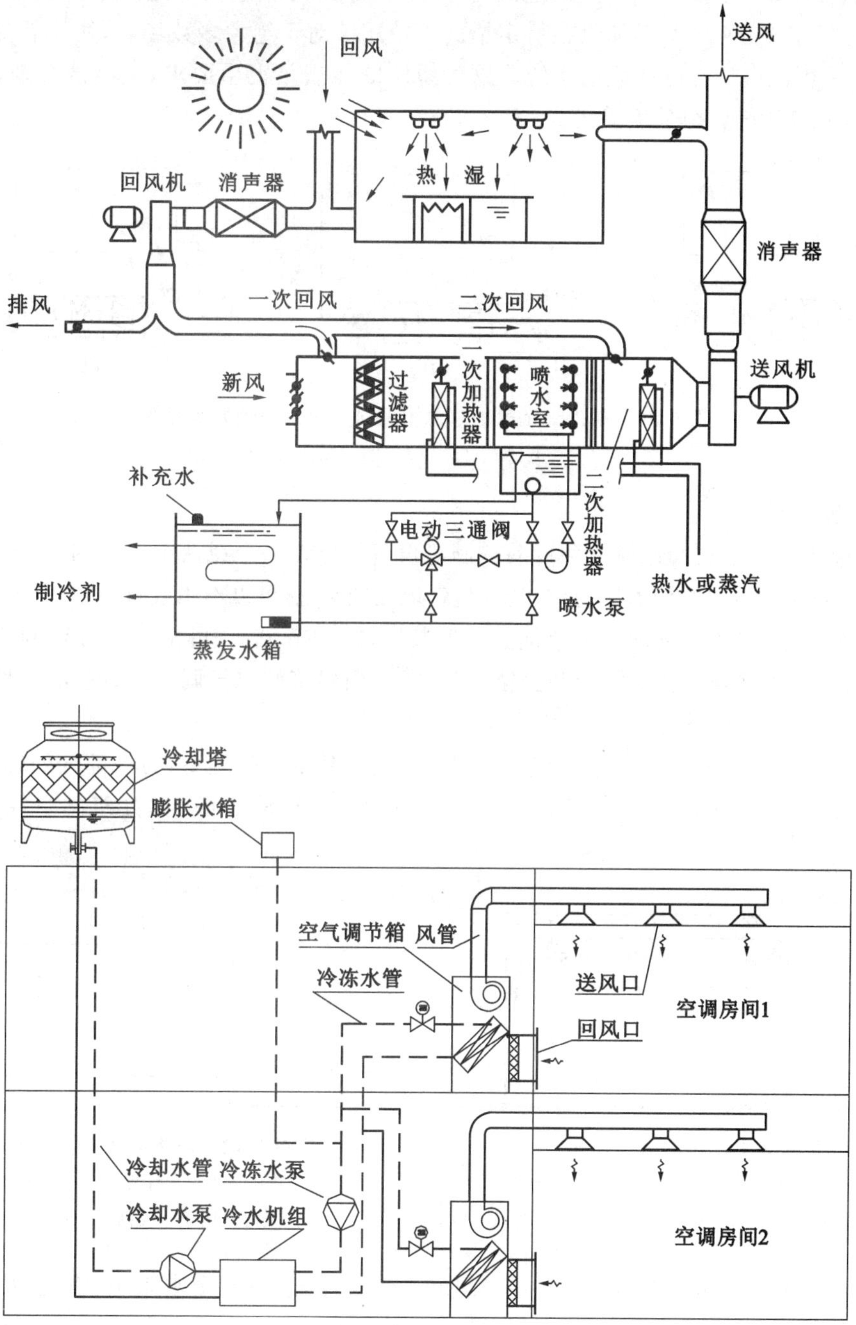


图 6.9　集中式空调系统示意图

① 封闭式系统　它所处理的空气来自空调房间，没有室外空气补充，全部为再循环空气。因此，房间和空气处理设备之间形成了一个封闭环路，如图 6.10(a)所示。封闭式系统用于密闭空间且无法(或不需)采用室外空气的场合。

② 直流式系统　它所处理的空气全部来自室外，室外空气经处理后送入室内，然后全部排出室外，如图 6.10(b)所示。这种系统适用于不允许采用回风的场合。

③ 混合式(回风式)系统　从上述两种系统可见，封闭式系统不能满足卫生要求，直流式系统经济上不合理，所以两者都只在特定情况下使用。对于绝大多数场合，往往需要综合这两者的特点，采用混合一部分回风的系统。这种系统既能满足卫生要求，又经济合理，故应用最广。图 6.10(c)就是这种系统图式。

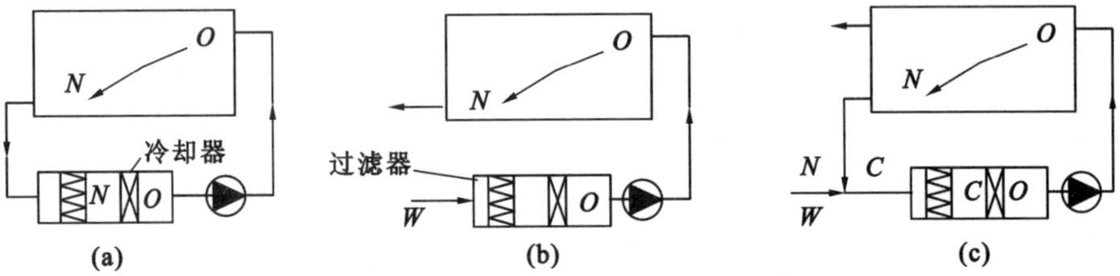


**图 6.10　按处理空气的来源不同对空调系统分类示意图**

(a)封闭式；(b)直流式；(c)混合式

(2)分散式空调系统

把冷源、热源、空气处理、风机和自动控制等设备组装在一个或两个箱体内，组成空调机组。空调机组一般装在需要空调的房间或邻室内，就地处理空气，可以不用或只用很短的风道就可把处理后的空气送入空调房间内。主要优点是安装方便，调节灵活，可由用户自行调节。如窗式空调器、立式空调柜等。主要用于办公楼、住宅等民用建筑的空气调节，如图 6.11 所示。

(3)半集中式空调系统

半集中式空调系统是将一部分空气处理设备集中到空气处理室，另一部分处理设备(末端装置)如风机盘管等设置到空调房间。多用于办公楼、宾馆等民用公共建筑的空气调节，如图 6.12 所示。

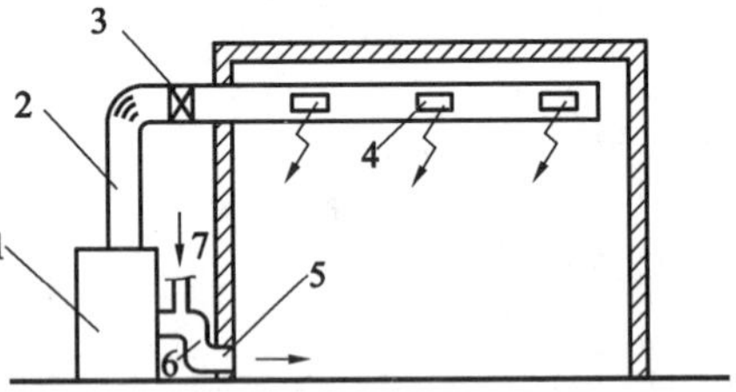


**图 6.11　分散式空调系统**

1—空调机组；2—送风管道路；3—电加热器；

4—送风口；5—回风口；6—回风管道；7—新风入口

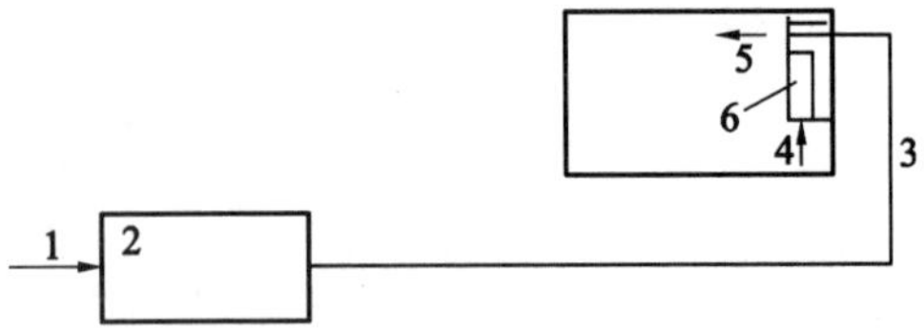


**图 6.12　半集中式空调系统**

1—新风；2—空气处理室；3—新风管；

4—室内回风；5—送风；6—风机盘管

2. 按负担室内热湿负荷所用介质的不同可分为全空气系统、全水系统、空气-水系统、制冷剂系统

(1)全空气系统　完全由处理过的空气作为承载空调负荷的介质，由于空气的比热容 $c$ 较小(比热容是指单位质量的某种物质升高单位温度所需的热量)，需要用较多的空气才能达到消除余热、余湿的目的，因此该系统要求风道断面较大，或风速较高，从而占据较多的建筑空间。

(2)全水系统　完全由处理后的水作介质，水的比热容 $c$ 大，因此管道所占空间小，但这种方式只能解决空气的温度(冷热),无法解决换气,故不能(很少)单独使用。

(3)空气-水系统　处理后的空气、水各承担室内的一部分负荷,如新风+风机盘管系统,通过风机盘管的水加热或冷却来承担室内部分负荷,同时新风系统也承担部分负荷,此种系统的特点是风管截面尺寸可大大减小,各个房间调节温度也比较方便。

(4)制冷剂系统　以制冷剂为介质,对室内空气进行冷却或加热、去湿,现在的户式中央空调常用。

#### 6.1.1.4　全空气系统的形式

(1)一次回风式系统

新风和回风在空气处理设备中混合,经盘管冷却(或加热)等处理后由风机送入房间,在房间吸收(或放出)热湿负荷后排出室外,其中的一部分作为回风循环利用。这种系统既能向室内提供一定量的新风以满足室内人员所需的卫生要求,又尽可能地采用回风来节约能源,如图6.13 所示。

(2)二次回风式系统

二次回风系统是把回风分成两个部分,第一部分与新风直接混合后经盘管进行冷、热处理,第二部分则与经过处理后的空气进行二次混合。二次回风系统的设备、管理趋于复杂,主要适用于恒温恒湿或净化空调等工艺性空调工程中,如图 6.14 所示。

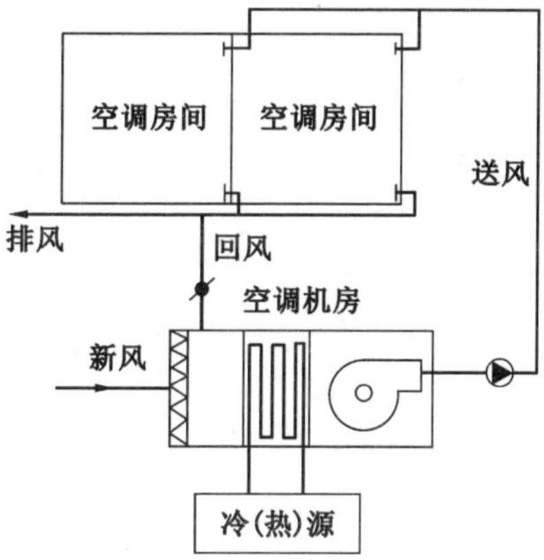


**图 6.13　一次回风空调系统**

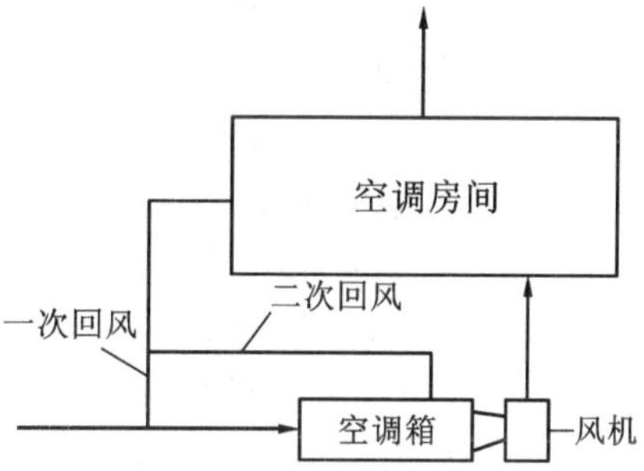


**图 6.14　二次回风空调系统**

(3)变风量空调系统

变风量系统是利用改变室内的送风量来实现对室内温度调节的全空气空调系统,它的送风状态保持不变。变风量空调系统可以根据室内负荷变化自动调节送风量,减少风机能耗,提高了设备和系统的效能。该系统较复杂,初期投资较高,主要适用于新建的智能化办公大楼,如图 6.15 所示。

(4)地板送风空调系统

地板送风空调系统是下送风空调的一种形式,主要应用在现代办公楼及计算机机房等场合。随着商务和信息化的发展,某些建筑物常要求设置架空地板,以满足电力、语音与数据通信等电缆布线的需要。地板送风是利用地板下的这一空间作为空调送风的输配手段,使室内气流自下而上,达到改善个人热环境和室内空气品质的目的。

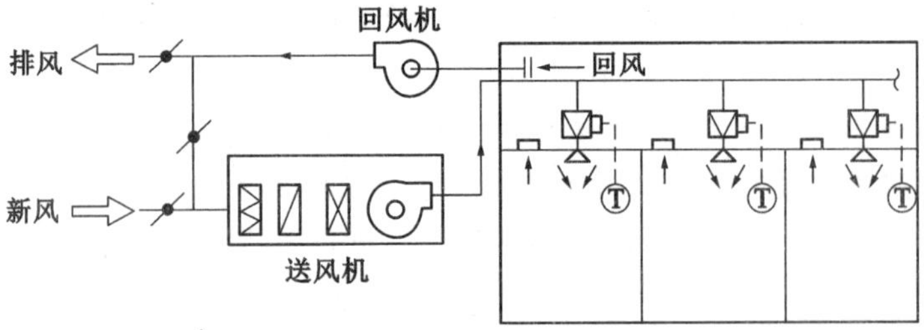


图 6.15　变风量空调系统

#### 6.1.1.5　通风与空调系统的主要设备及部件

(1)通风系统的主要设备和部件

自然通风的设备装置比较简单,只需用进、排风窗以及附属的开关装置。机械通风系统由较多的设备和部件组成。一般的机械排风系统组成有除尘设备、风道、通风机、排风口或伞形风帽等;一般的机械送风系统组成有进气室、风道、通风机、送风口等。为了开关和调节进、排气量,还装设有阀门。

① 除尘器

除尘器用于通风工程中,其作用是除去空气中的粉尘。常用除尘器有旋风除尘器、布袋除尘器、湿式除尘器、静电除尘器等。除尘器常安装于地面地脚螺栓上,以钢结构支承直立于地面基础上、墙上或楼板孔洞内。

② 风道

风道是通风系统中的主要部件之一,其作用是输送空气。

常用通风管道的断面有圆形和矩形两种。同样截面积的风道,以圆形截面最节省材料,而且其流动阻力小,因此采用圆形风道较好。当考虑到美观和穿越结构物或管道交叉敷设时便于施工,设计多采用矩形风道。

目前,民用建筑的通风和空调系统的风管和部件常用的管材是镀锌薄钢板。对洁净度要求高或有特殊要求的项目,采用铝板或不锈钢板制作。对于有防腐要求的项目,采用塑料或玻璃钢制作。建筑风道多用钢筋混凝土制作。选用风管材料和保温材料时,应优先选用不燃烧材料。对有防火要求的场合,可以选用耐火风管。此外,螺旋风管和柔性风管也是值得推荐的新型风管。螺旋风管由钢带螺旋绕制而成,柔性风管用薄铝带缠绕而成。

③ 消声器

消声器是一种具有吸声内衬或特殊结构形式、能够有效降低噪声的气流管道。

通风空调系统中的动力设备,如风机等会产生空气动力噪声;气流经过风管系统的各个管件、部件时,会产生气流再生噪声,不仅对周围环境造成污染,还会通过风道、墙体、楼板等传递至其他房间从而影响人们生活和办公的质量和效率。因此,对于风机和空调设备应进行消声和减振处理,并在风道上安装消声器以降低通过风道传播的噪声。风道上常用的消声器有阻性消声器、抗性消声器、共振性消声器、阻抗复合式消声器、微穿孔板式消声器、消声弯头等。

阻性消声器是利用敷设在气流通道内的多孔吸声材料(又称阻性材料)吸收声能、降低噪声而起到消声作用的。常用阻性消声器主要有管式消声器、片式消声器、蜂窝式消声器、折板式消声器等。

抗性消声器是利用声波通道截面的突变(扩张或收缩),使沿通道传播的声波反射回声源,从而起到消声作用。它具有良好的低频或低中频消声性能,一般宜在小尺寸的风管上使用,如图 6.16 所示。

共振性消声器是一段开有一定数量小孔的管道同管外一个密闭的空腔连通而构成的一个共振系统。当外界噪声的频率和共振吸声结构的固有频率相同时,会引起小孔孔颈处空气柱强烈共振,空气柱与颈壁剧烈摩擦,从而消耗了声能,起到消声的作用。

复合式消声器是将阻性消声器与抗性或共振消声器原理组合设计在一个消声器中,克服了阻性消声器低频消声性能较差和抗性消声器高频消声性能较差的缺点,具有较宽的消声频率特性。在通风空调系统消声、空气动力设备的消声等噪声控制工程中得到广泛的应用,如图 6.17 所示。

微穿孔板消声器是在共振式吸声结构的基础上发展而来的,它由孔径小于 1mm 的微穿孔板和孔板背后的空腔构成。由于孔板的孔径小,可以利用自身孔板的声阻,取消阻性消声器穿孔板后的多孔吸声材料,使消声器的结构简化。微穿孔板消声器兼具抗性、阻性的特点,其消声频率较宽,气流阻力较小,不使用吸声材料,不起尘。在通风空调系统等降噪工程中广泛应用,并取得了满意的效果,如图 6.18 所示。

**图 6.16　抗性消声器**

**图 6.17　复合阻抗消声器**

**图 6.18　微穿孔板消声器**

④ 调节阀

通风系统中的调节阀主要是安装在风道上或风口上,用于调节风量、关闭风口以及风机的启动和系统中的阻力平衡,有的还起到防止系统火灾蔓延的作用。常用的调节阀有插板阀、蝶阀、止回阀和防火阀、对开多叶调节阀、三通调节阀等。

a. 插板阀　多用于通风机的出口或主干管上,通过拉动手柄改变闸板位置,即可调节通过风道的风量。它的特点是关闭时严密性好,但占地面积大,如图 6.19 所示。

b. 蝶阀　只有一块阀板,转动阀板即可调节风量,多安装在分支管上或空气分布器前,作风量调节用,但严密性较差,故不宜作关断用,如图 6.20 所示。

**图 6.19　插板阀**

**图 6.20　蝶阀**

c. 止回阀　止回阀的作用是当风机停止运转时，阻止气流倒流。止回阀必须动作灵活，阀板关闭严密。

d. 防火阀　为了防止房间在发生火灾时，火焰串入通风系统其他房间，在防火级别要求较高房间的系统应装设防火阀。防火阀由阀板套、阀板和易熔片组成。当发生火警时，易熔片熔断，阀板靠自重下落，将管道关闭，从而达到防火的目的，如图 6.21 所示。

e. 对开多叶调节阀　当风道尺寸较大时，可以做成类似活动百叶风口形状的对开阀门，通过调节叶片的角度来调节风量，多用于风机出口和主干道上，如图 6.22 所示。

图 6.21　防火阀

图 6.22　对开多叶调节阀

⑤ 室外进、排风装置

进风装置的作用是从室外采集洁净空气供给室内送风系统使用。根据进气室的位置及对进风的不同要求，进风装置可以单独设置，也可以是设在外墙上的百叶风口。有时在百叶格里面装有保温门，作为冬季关闭进风口之用。

排风装置的作用则是将排风系统汇集的污浊空气排放至室外。最常用的为装在屋顶上的风塔，这时要求排风口高出屋面 1 m 以上，以免污染附近空气。为防止雨、雪或风砂等倒灌入排风口中，出口处应设有百叶格或风帽。机械排风时可直接在外墙上开口作为排风口。

⑥ 室内送、排风装置

a. 活动百叶风口

活动百叶风口是室内送风系统中的风道末端装置，其任务是将各房间所要求的风量，按一定的方向、一定的流速均匀地送入室内，有单层百叶风口、双层百叶风口、多叶送风口等，如图 6.23 所示。

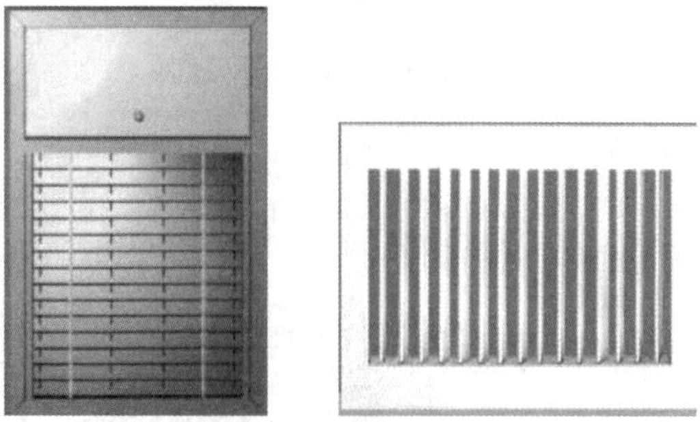

图 6.23　百叶风口

百叶排风口是室内排风系统中的风道收集装置，其任务是将室内被污染的空气集中收集进入排风道，由风机排走。

b. 空气分布器

工业厂房中通风量一般较大，而且风道多采用明装，因此常采用空气分布器作为送风口。这种送风口大都直接开在风道的侧面或下面，风口可以是分开的，也可以是一体的。

c. 散流器

散流器是一种由上向下送风的送风装置(如图 6.24 所示)，适用于由顶部送风或房间精度要求高的场所，一般有圆形和方形两种。

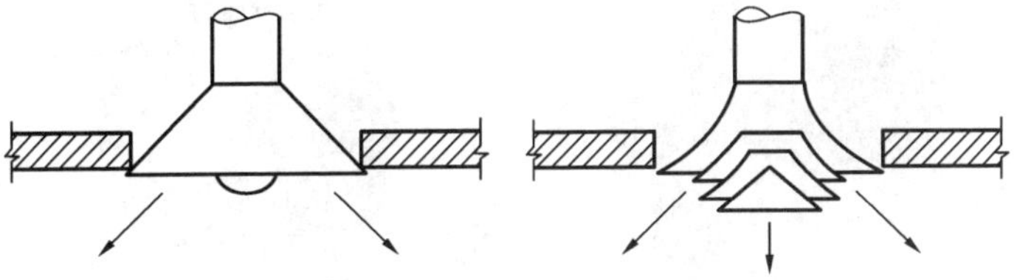

图 6.24　散流器

⑦ 风机

风机是通风系统中的重要的动力设备，主要任务是：为空气流动提供动力，克服风道和其他部件、设备对空气流动产生的阻力。风机按其工作原理，可以分为离心式、轴流式、混流及斜流式风机和屋顶风机。其安装有在基础上、钢结构支架上和砖墙内三种形式。

离心式风机按其产生的压力不同，可分为三类：

低压风机($H<1$kPa)，一般用于送排风系统或空气调节系统；

中压风机(1kPa$\leqslant H\leqslant$3kPa)，一般用于除尘系统或管网较长、阻力较大的通风系统；

高压风机($H>3$kPa)，用于加热炉的鼓风或物料的气力输送系统。

轴流式通风机的叶轮进出口面积较大，叶轮进口与出口直径近似相等，此时风机转数较大。轴流风机与离心风机在性能上最主要的差别是前者产生的压力较小、风量大，后者产生的压力大、风量小。因此，轴流风机一般应用于管道阻力较小而流量较大的系统，或用在高温车间作为散热设备，而离心风机则往往用在阻力较大的系统中。图 6.25 所示为离心风机，图 6.26所示为轴流风机。

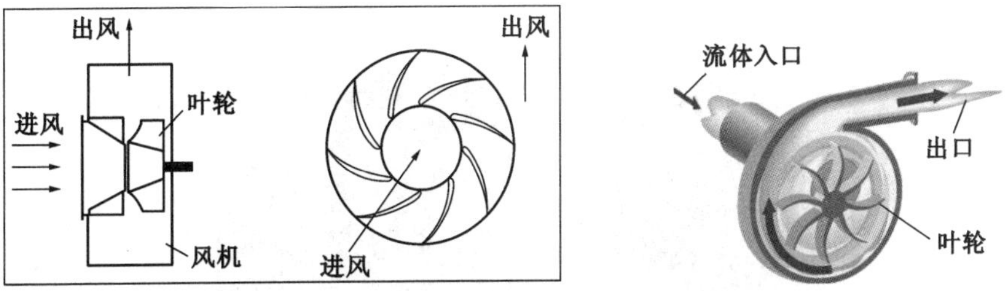


图 6.25　离心风机

混流及斜流式风机，通过对叶片形状的改变，使气流在进入风机后，既有部分轴流作用，又产生部分离心作用。在外形上与轴流式风机类似，都属于管道式风机的范围，其安装接管方便，占用空间较小。图 6.27 所示为混流风机，图 6.28 所示为斜流风机。

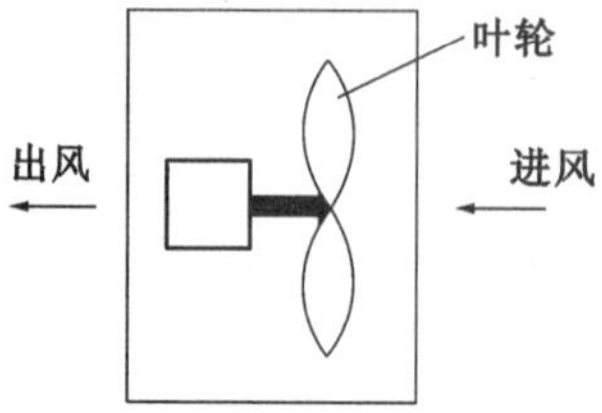

图 6.26　轴流风机

图 6.27　混流风机

图 6.28　斜流风机

屋顶风机的叶轮可采用离心式或轴流式，外壳有多种形状，可以防止雨水进入，适用于厂房、仓库、高层建筑、实验室、影剧院、宾馆、医院等场合的排风，如图 6.29 所示。

图 6.29　屋顶风机

⑧ 柔性短管

柔性短管是用帆布、软橡胶板、人造革等材料制成的，长度一般为 150～360 mm，装于风机的出入口处，防止风机振动通过风管传至室内引起的噪声，用于设备与风管或部件的连接，如图 6.30 所示。

图 6.30　柔性短管

(2)空调系统的主要设备及部件

① 冷热源

主要包括制冷机组(冷水机组、冷却塔)、锅炉房、热泵等。

② 组合式空调机组

组合式空调机组是由各种空气处理段组装而成的不带冷、热源的一种空调设备。机组的功能段是对空气进行一种或几种处理功能的单元体，包括新回风混合、过滤、冷却、加热、中间、加湿、风机、消声、热回收等功能段，如图 6.31 所示。

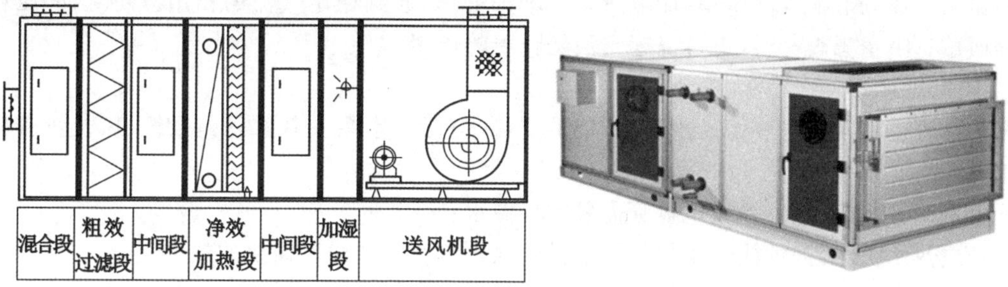


**图 6.31　组合式空调机组**

③ 吊顶式空调机

吊顶式空调机具有机组高度小、重量轻、噪声低、运行可靠、吊装维护方便等特点，适宜布置在吊顶或技术隔层内，节省了机房的空间，可广泛用于商业中心、办公室等。

④ 空气处理设备

空气处理设备有净化设备、空气热交换器、加(减)湿装置、除尘装置、隔噪音装置等。

常用的空气净化设备是空气过滤器，通过多孔过滤材料的作用从气固两相流中捕集粉尘，并使气体得以净化。它把含尘量低的空气净化处理后送入室内，以保证洁净房间的工艺要求和一般空调房间内的空气洁净度。空气过滤器用于空气净化处理时，分为粗效、中效和高效过滤器三类。粗效过滤器采用化纤组合滤料制作和用粗中孔泡沫塑料制作；中效过滤器是用中细孔泡沫或涤纶无纺布材料制成的袋式过滤器；高效过滤器用玻璃纤维滤纸、石棉纤维滤纸等材料制成。

空气热交换就是由于温差引起的两个物体或同一物体各部分之间的热量传递过程，热交换一般通过热传导、热对流和热辐射三种方式来完成。空调系统中常用的空气热交换器有肋片管型空气热交换器，是用无缝钢管外部缠绕或镶接铜、铝片制成，管内流动介质(冷、热水，蒸汽，制冷剂)，管外流空气。当热交换器通入热水或水蒸气时即加热空气，称为空气加热器，当通入冷却水或低温盐水时即可冷却空气，称为表面冷却器。

喷水室是主要的加(减)湿装置。

喷水室的工作原理是向流过的空气直接喷大量的水滴，空气与水滴实现热湿交换，主要由喷嘴(雾状水)、管路、前后挡水板(减少水损失)、水池、壳体组成，可以实现多种空气处理过程，具有一定的空气净化能力。

除喷水室外，设计上还用加热通风法减湿、冷冻减湿、液体吸湿剂减湿和固体吸湿剂减湿等。

⑤ 输送风道与输水管道

输送风道：前面通风工程中已经详细介绍，不再一一赘述。

输水管道：在空调系统中，水作为冷(热)媒吸收了制冷机组(锅炉)生产过程中产生的冷(热)量，使自身温度降低(升高)，变为冷冻(热)水。冷冻(热)水在系统循环过程中通过空气处理设备与空气进行冷(热)交换,以完成调节室内空气温度的任务。

⑥ 空调部件

调节阀、风口、散流器、消声器等空调部件与通风系统的基本一样,不再一一赘述。

在通风空调工程中,有时需要提供一定压力的装置,将这种装置安装在一个封闭的箱子里称为静压箱。送风道配置静压箱,能减少动压增加静压,起到稳定气流的作用。同时,静压箱的内表面贴有吸音减震材料,也可以起到消除噪声的作用。

⑦ 风机盘管

风机盘管空调系统主要由冷水机组、锅炉或热水机组、水泵及其水管路系统、风机盘管机组等组成。

冷水机组:冷水机组供给风机盘管需要的低温水。

锅炉或热水机组:锅炉或热水机组用于供给风机盘管制热时所需要的热水。

水泵和管路系统:水泵是为空调水系统在循环过程中提供动力。

管路系统有双管、三管和四管系统。目前我国较广泛使用的是双管系统。双管系统采用一根供水管、一根回水管,夏季送冷水,冬季送热水。

风机盘管机组:风机盘管是半集中式空调系统的末端装置,由风机、盘管(换热器)及电动机、空气过滤器、室温调节器和箱体组成(见图6.32),室内空气通过与盘管内的低温(热)水进行冷(热)量交换得以降(升)温。其优点是冷源和热量集中,便于维护和管理;布置灵活,各房间能独立调节,互不影响;机组定型化、规格化,易于选择和安装。

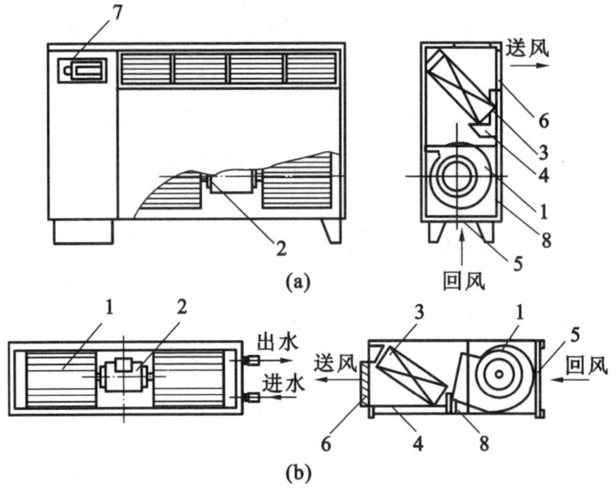


**图6.32　风机盘管机组**

(a)立式明装;(b)卧式暗装

1—离心风机;2—电动机;3—盘管;4—凝水盘;5—空气过滤器;6—出风格栅;7—电动阀;8—箱体

#### 6.1.1.6　土建施工与建筑通风系统安装配合

(1)主体施工中的配合

土建结构工程施工时,通风工程的主要任务是预留风管的孔洞、风口,预埋套管和铁件。预埋铁件主要用于大口径风道做吊支架固定。

① 预留孔洞、风口和预埋套管与铁件，需配合土建施工进度及时确定标高、坐标位置、几何尺寸、数量等，提前统计预留孔洞需做木盒(箱)的数量、规格尺寸，通风工程施工单位负责检查木盒(箱)标高、坐标、几何尺寸等是否符合设计要求，经检验合格后通知土建工程施工单位可做混凝土浇灌施工。

② 通风预留孔洞较大、较多时，经常同给排水、消防喷淋、消火栓、强弱电管线与线槽等碰撞。应及时组织各专业协调会，提出施工图中标高、坐标位置、孔洞几何尺寸过大、管路平行敷设或垂直敷设过多、过密、碰撞问题，合理调整标高和坐标位置，并应及时办理设计变更洽商。

③ 通风设备基础较多、机房多、管线多时，需及时提出各机房设备基础的几何尺寸和做法，提供给土建协助施工。

④ 土建做屋面防水层之前，通风专业应把排烟风机基础位置图及其做法提供给土建专业，由其负责施工。通风在屋面的设备电源管和控制管，都应敷设在防水层下面的找平层内(隔热保温层内)；电源、控制线防雷保护地线同时接到位，甩口到电机或控制箱接口处。

⑤ 屋顶风机设备体积较大、载荷重，在建筑物结构封顶、土建拆塔吊之前，应将这些大型设备利用塔吊运到屋顶安装部位。

⑥ 排烟用结构风道由土建施工完成后，应及时进行检查，防止建筑垃圾遗留在结构风道内，同时要求土建砌筑人员用水泥砂浆把风道内壁抹平，把缝隙封堵严实，防止漏风。

(2)安装过程中的施工配合

依据通风工程的施工图，同土建专业和其他各专业进行协调，确定风道及其他设备的最佳位置及合理走向。

① 检查风机基础尺寸是否符合设计要求和规定，电源线管和控制线管是否按设备工艺图施工且接口到位。

② 检查通风预留的孔洞、预埋铁件、套管(有钢套管或防水套管)的标高、坐标位置、孔洞的几何尺寸及预埋铁件的间距等是否符合设计要求，数量是否准确。

③ 通风管、静压箱、消声器在吊顶中施工时，应及时与土建技术负责人落实屋顶至吊顶内侧面的间距，吊顶距地面的标高、做法。

④ 支管风管的甩口位置与各种风口的甩口位置，是依据吊顶做法分格图进行布置的。土建吊顶龙骨未安装时，应先把风道保温层施工完。土建封吊顶、顶板时，配合土建施工将风口逐个调整顺直并用木框固定。

⑤ 在没有吊顶的部位，管道需要保温时，待土建墙面、顶棚抹灰、油漆等作业施工完毕后，再安排保温施工，防止土建施工人员蹬踏管道、污染管道，影响保温质量。

⑥ 在设有吊顶的部位，如果安装风道后影响装修人员的操作空间，可先将吊支架安装完毕，等待装修施工完后再安装风道。

⑦ 人防新风风管、排风风管的穿墙洞和穿楼板洞的洞口尺寸、标高、坐标位置符合设计要求与规定方可进行管道施工。

⑧ 检查滤毒室的穿墙洞数量、孔洞尺寸，应符合设计规定。

⑨ 预留孔洞位置不准，标高过低或过高，位置偏移或歪斜，需剔凿修复。先检查统计数量，报告土建后再行剔凿。遇到割钢筋时，需及时请示土建技术人员与设计人员准许，落实方案后施工。

⑩ 预留孔洞处由于土建楼面或墙面抹灰层超过设计规定厚度，需要扩孔时，应及时统计

数量并配合土建修改洞口尺寸。

### 6.1.2 通风空调工程施工图识读

#### 6.1.2.1 通风空调工程施工图的组成

通风空调工程施工图与暖卫工程施工图相同，由图文与图纸两部分组成。图文部分包括图纸目录、设计施工说明、设备材料明细表及图例；图纸部分包括通风空调系统平面图、剖面图、系统图、原理图及详图等。

（1）设计施工说明

设计施工说明主要包括建筑概况；系统的设计依据、形式及设计参数；房间的设计条件（冬季、夏季空调房间的空气温度、相对湿度、平均风速、新风量、噪声等级、含尘量等）；系统的划分与组成；风管系统和水管系统的一般规定；风管材料及加工方法，管材、支吊架及阀门安装要求，保温、减振做法；水管所用的材质、连接方式、防腐、保温、试压等的施工质量要求以及特殊部位的施工方法等。

（2）主要设备材料明细表

设备材料明细表、一般图例附在设计施工说明后面。主要设备材料明细表是将工程中所用到的设备和材料以表格的形式详细列出其规格、型号、数量。需要注意的是，设备材料明细表中所列设备、材料的规格、型号并不能满足预算编制的要求，只能作为参考，如一些设备的规格、型号、质量需查找相关产品样本或使用说明书。风管工程量必须按照施工图纸尺寸计算。

（3）平面图

通风空调系统平面图包括建筑物各层面各通风空调系统的平面图、空调机房平面图、制冷机组平面图等。平面图主要说明通风空调系统的设备、风管系统、冷热媒管道、凝结水管的平面布置情况，主要内容有：

① 风管系统，一般用双线绘制，包括系统的构成、布置及风管上各部件、设备的位置，并注明系统编号、送回风的空气流向，风管的轴线长度尺寸、各管道及管件的截面尺寸等。

② 水管系统，一般用单线绘制，包括冷热水管道、凝结水管道的构成、布置及水管上各附件、仪表、设备的位置等，并注明各管道的介质流向、坡度。

③ 尺寸标注，包括各种设备的平面布置尺寸、标注编号及说明其型号规格的设备明细表；各种管道、部件的尺寸大小、定位及设备基础的主要尺寸，还有各设备、部件名称、规格、型号；图纸中应用到的通用图、标准图索引号。

（4）剖面图

剖面图与平面图对应，主要有系统剖面图、机房剖面图、冷冻机房剖面图等。通风空调系统剖面图表示管道及设备在高度方向的布置情况及主要尺寸，即注明管径或截面尺寸、标高。

（5）系统图

通风空调工程系统图表明通风空调系统各种设备、管道及主要部件的空间位置关系。该图内容完整，立体感强，标注详尽，便于了解整个工程系统的全貌。对于简单的通风系统，除了平面图以外，可不绘制剖面图，但必须绘制管网系统轴测图。

系统图中主要设备、部件应标出编号，以便与平、剖面图及设备明细表相对照，还应有管径、标高、坡度，系统图的通风管道用单线绘制。

(6)通风空调工程详图

详图又称大样图，包括制作加工详图和安装详图。如果是国家通用标准图则只标明图号，需要时直接查用。如果没有标准图集，必须画出大样图，以便制作和安装。

(7)原理图

空调系统的原理图主要包括系统的原理和流程；空调房间的设计参数、冷热媒、空气处理及输送方式；控制系统之间的相互连接；系统中的管道、设备、仪表、部件；整个系统控制点与测点之间的联系；控制方案及控制点参数；用图例表示的仪表、控制元件型号等。

#### 6.1.2.2　通风空调工程施工图的识读

识读时，要将平面图、系统图、剖面图三者相结合，以便建立整体的空间概念。

(1)熟悉有关图例、符号，设计及施工说明，通过说明了解系统的组成形式，系统所用的材料、设备、保温绝热、刷油的做法及其他主要施工方法。

(2)识读时，水系统与前面所述给水、采暖系统相类似，这里不再赘述。通风系统主要以空气流动线路识读，依次为进风装置、空气处理设备、送风机、干管、支管、送风口、回风口、回风机、回风管、排风口和空气处理室。

(3)风管规格标注

圆形风管以“$\phi$”表示(如 $\phi$280)；矩形风管用断面尺寸“宽×高”表示(如 400×120)，单位均为 mm。

(4)风管标高标注

标高对矩形风管为风管的底标高，对圆形风管为风管中心线标高。

#### 6.1.2.3　通风空调工程施工图常用图例

根据国家标准《暖通空调制图标准》(GB/T 50114—2010)的有关内容，对于通风空调施工图中的图线、图纸比例、空调水管道及其阀门的常用图例与采暖工程相同，在此仅介绍风道和通风空调设备图例，见表 6.1 所示。

**表 6.1　通风空调工程常用图例**

| 名称 | 图例 | 名称 | 图例 | 名称 | 图例 |
|---|---|---|---|---|---|
| 空调供水管 | ———————— | 活塞阀、截止阀 |  | 自动排气阀 | 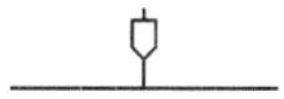 |
| 空调回水管 | ---------- | 动态平衡电动调节阀 |  | 水过滤器 | 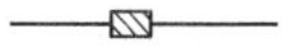 |
| 冷凝水管 | ——n—— | 动态流量平衡阀 | 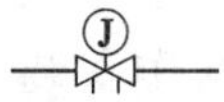 | 柔性软接头 |  |
| 送(新)风管 | 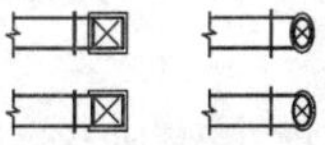 | 回(排)风管 | 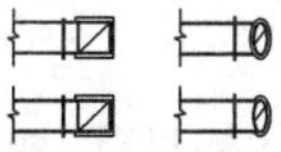 | 方形散流器 | 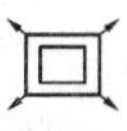 |

**续表 6.1**

| 名称 | 图例 | 名称 | 图例 | 名称 | 图例 |
|---|---|---|---|---|---|
| 异径风管 | 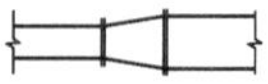 | 砖砌风道 | 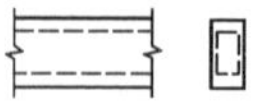 | 送风口 | 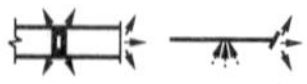 |
| 天圆地方 | 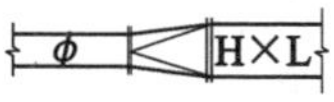 | 插板阀 | 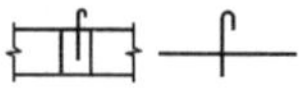 | 回风口 | 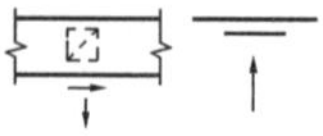 |
| 柔性风管 | 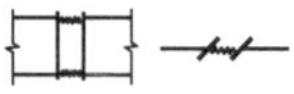 | 蝶阀 | 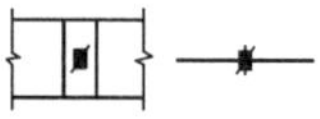 | 消声器消声弯头 | 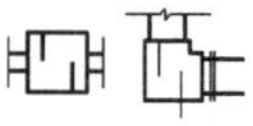 |
| 矩形三通 | 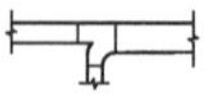 | 手动多叶<br>对开调节阀 | 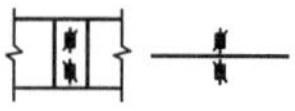 | 空气加热冷却器 |  |
| 圆形三通 | 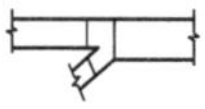 | 电动对开调节阀 | 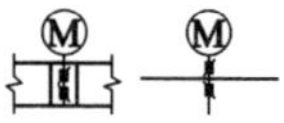 | 空气加湿器 | 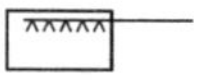 |
| 弯头 | 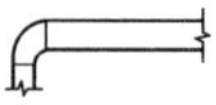 | 防火调节阀 | 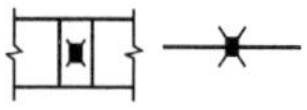 | 挡水板 | 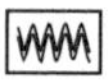 |
| 带导流片弯头 | 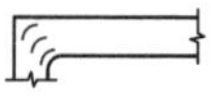 | 止回阀 | 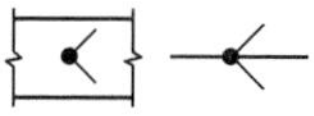 | 空气过滤器 | 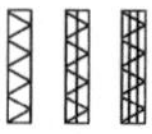 |
| 离心风机 |  | 轴流风机 | 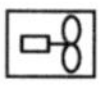 | 风机盘管 | 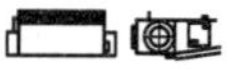 |
| 单层百叶风口 | 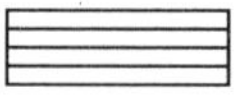 | 双层百叶风口 | 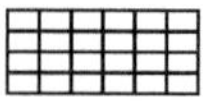 | 风机箱 | 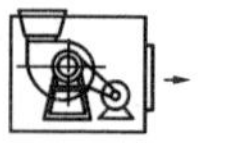 |

## 6.2　通风与空调工程工程量计算

### 6.2.1　通风与空调工程管道制作安装

通风与空调工程管道制作安装包括镀锌薄钢板法兰风管制作安装、薄钢板法兰风管制作安装、镀锌薄钢板矩形净化风管制作安装、不锈钢板风管制作安装、铝板风管制作安装、塑料风管制作安装、玻璃钢风管安装、复合型风管制作安装、柔性软风管安装、弯头导流叶片及其他。

(1)薄钢板风管、净化风管、不锈钢风管、铝板风管、塑料风管、玻璃钢风管、复合型风管按设计图示规格以展开面积计算，以“10m²”为计量单位。其风管长度的计算，一律以施工图所示中心线长度为准，包括弯头、三通、变径管、天圆地方等管件的长度，不扣除检查孔、测定孔、送风口、吸风口等所占面积。扣除通风部件如风阀等所占长度。支管长度以支管中心线与主管中心线交点为分界点。中心线长度按图 6.33 所示计算。风管展开面积不计算风管、管口重叠部分面积。

(2)薄钢板通风管道、净化通风管道、玻璃钢通风管道、复合型风管制作安装子目中，包括弯头、三通、变径管、天圆地方等管件及法兰、加固框和吊托支架的制作安装。

(3)不锈钢板风管、铝板风管制作安装子目中包括管件，但不包括法兰和吊托支架；法兰和吊托支架应单独列项计算，执行相应子目。

(4)塑料风管制作安装子目中包括管件、法兰、加固框，但不包括吊托支架制作安装；吊托支架执行“设备支架制作安装”子目。

圆形风管

$$F_{\bigcirc} = \pi DL$$

式中　$F_{\bigcirc}$——圆形风管展开面积，$m^2$；

$D$——圆形风管直径，m；

$L$——管道中心线长度，m。

矩形风管

$$F_{\square} = 2(A+B)L$$

式中　$F_{\square}$——矩形风管展开面积，$m^2$；

$A$、$B$——分别为矩形风管断面的长和宽，m；

$L$——管道中心线长度，m。

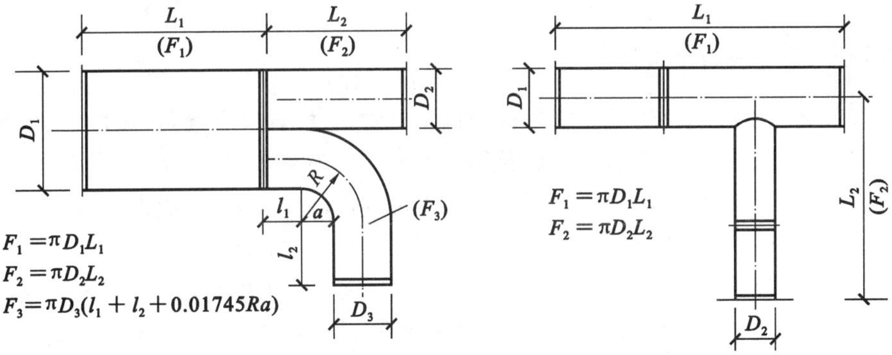


图 6.33　风管展开面积计算

计算风管长度时，应扣除的部分通风部件长度如下：

① 蝶阀：$L=150$ mm；

② 密闭式对开多叶调节阀：$L=210$ mm；

③ 止回阀：$L=300$ mm；

④ 圆形风管防火阀：$L=D+240$ mm，一般为 300～380 mm；

⑤ 矩形风管防火阀：$L=B+240$ mm($B$ 为风管高度)，一般为 300～380 mm；

⑥ 密闭式斜插板阀 T305 长度，见表 6.2 所示。

**表 6.2　密闭式斜插板阀长度**　　单位:mm

| 项目 | 密闭式斜插板阀 | | | | | | | | | | | | | | | |
|---|---|---|---|---|---|---|---|---|---|---|---|---|---|---|---|---|
| 直径 $D$ | 80 | 85 | 90 | 95 | 100 | 105 | 110 | 115 | 120 | 125 | 130 | 135 | 140 | 145 | 150 | 155 |
| 长度 $L$ | 280 | 285 | 290 | 300 | 305 | 310 | 315 | 320 | 325 | 330 | 335 | 340 | 345 | 350 | 355 | 360 |
| 直径 $D$ | 160 | 165 | 170 | 175 | 180 | 185 | 190 | 195 | 200 | 205 | 210 | 215 | 220 | 225 | 230 | 235 |
| 长度 $L$ | 365 | 365 | 370 | 375 | 380 | 385 | 390 | 395 | 400 | 405 | 410 | 415 | 420 | 425 | 430 | 435 |
| 直径 $D$ | 240 | 245 | 250 | 255 | 260 | 265 | 270 | 275 | 280 | 285 | 290 | 300 | 310 | 320 | 330 | 340 |
| 长度 $L$ | 440 | 445 | 450 | 455 | 460 | 465 | 470 | 475 | 480 | 485 | 490 | 500 | 510 | 520 | 530 | 540 |

(5)柔性软风管适用于由金属、涂塑化纤织物、聚酯薄膜、聚乙烯薄膜、聚氯乙烯薄膜、铝箔等材料制成的软风管。风管安装按设计图示中心线长度计算,以“m”为计量单位。

(6)弯头导流叶片制作安装,按设计图示叶片的面积计算,以“$m^2$”为计量单位。面积计算如表 6.3 所示。风管导流叶片不分单叶片和香蕉形双叶片,均执行同一子目。

**表 6.3　矩形弯管内每单片导流片面积表**

| 规格 $B$(mm) | 200 | 250 | 320 | 400 | 500 | 630 | 800 | 1000 | 1250 | 1600 | 2000 |
|---|---|---|---|---|---|---|---|---|---|---|---|
| 面积($m^2$) | 0.075 | 0.091 | 0.114 | 0.14 | 0.17 | 0.216 | 0.273 | 0.425 | 0.502 | 0.623 | 0.755 |

(7)软管(帆布)接口制作安装,按设计图示尺寸以展开面积计算,以“$m^2$”为计量单位。

(8)风管检查孔制作安装,按设计图示尺寸以质量计算,以“100 kg”为计量单位。

(9)温度、风量测定孔制作安装,依据其型号按设计图示数量计算,以“个”为计量单位。

(10)各种风管吊托支架的除锈、刷油,按其工程量执行《刷油、防腐、绝热工程》相应项目。

### 6.2.2　风管部件制作安装

风管部件制作安装包括通风管道各种碳钢调节阀、柔性软风管阀门、风口、散流器、钢百叶窗安装;各种类型风帽、风帽滴水盘、风帽筝绳、风帽泛水制作安装;塑料通风管道部件制作安装;不锈钢板通风管道部件制作安装;铝板通风管道部件制作安装;玻璃钢通风管道部件安装;通风管道皮带防护罩、电机防护罩、侧吸罩、排气罩、条缝槽边抽风罩、回转罩、静压箱等制作安装;微穿孔板消声器、阻抗式消声器、管式消声器、消声弯头、消声静压箱等成品安装;人防设备工程中通风及空调设备安装;通风管道部件制作安装;防护设备、设施安装。

(1)碳钢调节阀安装,依据其类型、直径(圆形)或周长(方形)按设计图示数量计算,以“个”为计量单位。

(2)柔性软风管阀门安装,按设计图示数量计算,以“个”为计量单位。

(3)碳钢各种风口、散流器的安装,依据类型、规格尺寸按设计图示数量计算,以“个”为计量单位。

(4)钢百叶窗及活动金属百叶风口安装,依据规格尺寸按设计图示数量计算,以“个”为计量单位。

(5)塑料通风管道柔性接口及伸缩节制作安装,依连接方式按设计图示尺寸以展开面积计算,以“$m^2$”为计量单位。

(6)塑料通风管道分布器、散流器的制作安装,按其成品质量,以“100 kg”为计量单位。

(7)塑料通风管道风帽、罩类的制作,均按其质量,以“100 kg”为计量单位;非标准罩类制作,按成品质量,以 “100 kg”为计量单位。罩类为成品安装时,制作不再计算。

(8)不锈钢板风管圆形法兰制作,按设计图示尺寸以质量计算,以“100 kg”为计量单位。

(9)不锈钢板风管吊托支架制作安装,按设计图示尺寸以质量计算,以“100 kg”为计量单位。

(10)铝板圆伞形风帽,铝板风管圆、矩形法兰制作,按设计图示尺寸以质量计算,以“kg”为计量单位。

(11)碳钢风帽的制作安装,均按其质量以“100 kg”为计量单位;非标准风帽制作安装,按成品质量以“100 kg”为计量单位。风帽为成品安装时,制作不再计算。

(12)碳钢风帽筝绳制作安装,按设计图示规格长度以质量计算,以“100 kg”为计量单位。

(13)碳钢风帽泛水制作安装,按设计图示尺寸以展开面积计算,以“$m^2$”为计量单位。

(14)碳钢风帽滴水盘制作安装,按设计图示尺寸以质量计算,以“100 kg”为计量单位。

(15)玻璃钢风帽安装,依据成品质量按设计图示数量计算,以“kg”为计量单位。

(16)罩类的制作安装,均按其质量以“100 kg”为计量单位;非标准罩类制作安装,按成品质量以“100 kg”为计量单位。罩类为成品安装时,制作不再计算。

(17)微穿孔板消声器、管式消声器、阻抗式消声器成品安装,按设计图示数量计算,以“节”为计量单位。

(18)消声弯头安装,按设计图示数量计算,以“个”为计量单位。

(19)消声静压箱安装,按设计图示数量计算,以“个”为计量单位。

(20)静压箱制作安装,按设计图示尺寸以展开面积计算,以“$10m^2$”为计量单位。

(21)人防通风机安装,按设计图示数量计算,以“台”为计量单位。

(22)人防各种调节阀制作安装,按设计图示数量计算,以“个”为计量单位。

(23)LWP 型滤尘器制作安装,按设计图示尺寸以面积计算,以“$m^2$”为计量单位。

(24)探头式含磷毒气及 $\gamma$ 射线报警器安装,按设计图示数量计算,以“台”为计量单位。

(25)过滤吸收器、预滤器、除湿器等安装,按设计图示数量计算,以“台”为计量单位。

(26)密闭穿墙管制作安装,按设计图示数量计算,以“个”为计量单位。密闭穿墙管填塞,按设计图示数量计算,以“个”为计量单位。

(27)测压装置安装,按设计图示数量计算,以“套”为计量单位。

(28)换气堵头安装,按设计图示数量计算,以“个”为计量单位。

(29)波导窗安装,按设计图示数量计算,以“个”为计量单位。

### 6.2.3　通风与空调设备安装

通风与空调设备安装包括空气加热器(冷却器)、除尘设备、空调器、多联体空调机室外机、风机盘管、空气幕、VAV 变风量末端装置、分段组装式空调器、过滤器及框架、净化工作台、风淋室、通风机的安装;还包括钢板密闭门、钢板挡水板、滤水器、溢水盘、电加热器外壳、金属空调器壳、设备支架的制作安装。

通风机安装子目包括电动机安装,其安装包括 A 型、B 型、C 型、D 型等,适用于碳钢、不锈钢、塑料通风机的安装。

(1)空气加热器(冷却器)安装,按设计图示数量计算,以"台"为计量单位。

(2)除尘设备安装,按设计图示数量计算,以"台"为计量单位。

(3)整体式空调机组、空调器安装(一拖一分体空调以室内机、室外机之和),按设计图示数量计算,以"台"为计量单位。

(4)组合式空调机组安装,依据设计风量按设计图示数量计算,以"台"为计量单位。

(5)多联体空调机室外机安装,依据制冷量按设计图示数量计算,以"台"为计量单位。

(6)风机盘管安装,按设计图示数量计算,以"台"为计量单位。诱导器安装、VRV 系统的室内机按安装方式执行风机盘管安装子目。

(7)空气幕按设计图示数量计算,以"台"为计量单位。空气幕的支架制作安装执行设备支架子目。

(8)VAV 变风量末端装置适用单风道变风量末端和双风道变风量末端装置,风机动力型变风量末端装置人工乘以系数 1.1,安装按设计图示数量计算,以"台"为计量单位。

(9)分段组装式空调器安装,按设计图示质量计算,以"100kg"为计量单位。洁净室安装执行分段组装式空调器安装子目。

(10)钢板密闭门制作安装,按设计图示数量计算,以"个"为计量单位。

(11)挡水板制作安装,按设计图示尺寸以空调器断面面积计算,以"$m^2$"为计量单位。玻璃钢和 PVC 挡水板执行钢板挡水板安装子目。

(12)滤水器、溢水盘、电加热器外壳、金属空调器壳体制作安装,按设计图示尺寸以质量计算,以"kg"为计量单位。非标准部件制作安装按成品质量计算。

(13)高、中、低效过滤器安装,净化工作台、风淋室安装,按设计图示数量计算,以"台"为计量单位。低效过滤器包括:M-A 型、WL 型、LWP 型等系列。中效过滤器包括:ZKL 型、YB 型、M 型、ZX-1 型等系列。高效过滤器包括:GB 型、GS 型、JX-20 型等系列。

(14)过滤器框架制作,按设计图示尺寸以质量计算,以"100 kg"为计量单位。

(15)通风机安装依据不同形式、规格按设计图示数量计算,以"台"为计量单位。风机箱安装,按设计图示数量计算,以"台"为计量单位。

(16)设备支架制作安装,按设计图示尺寸以质量计算,以"100 kg"为计量单位。

(17)净化工作台包括:XHK 型、BZK 型、SXP 型、SZP 型、SZX 型、SW 型、SZ 型、SXZ 型、TJ 型、CJ 型等系列。

### 6.2.4 刷油、防腐蚀、绝热

#### 6.2.4.1 除锈工程

(1)风管以展开面积"$m^2$"计算。

(2)部件和吊托支架以质量"kg"计算。

#### 6.2.4.2 刷油工程

(1)风管以展开面积"$m^2$"计算。

(2)部件和吊托支架以质量"kg"计算。

#### 6.2.4.3　风管常用的吊架形式

风管常用的吊架形式如图 6.34 所示。

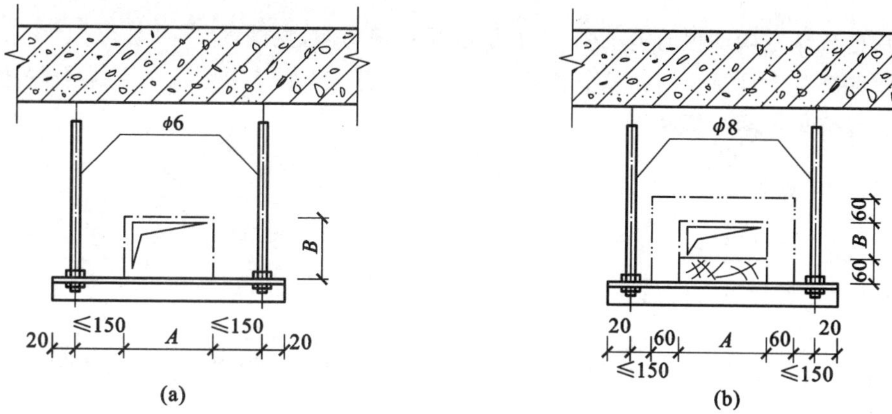


图 6.34　风管常用吊架图

#### 6.2.4.4　绝热工程

绝热工程中，绝热层以"$m^3$"计算，防潮层、保护层以"$m^2$"计算。

(1)矩形风管保温体积，按下式计算：

$$V = S_1\delta + 4\delta^2 L$$

(2)矩形风管外保护壳面积，按下式计算：

$$S = S_1 + 2\delta \times 4 \times L$$

(3)圆形风管保温体积，按下式计算：

$$V = \pi(D + \delta + \delta \times 3.3\%)(\delta + \delta \times 3.3\%)L$$

(4)圆形风管外保护壳面积，按下式计算：

$$S = \pi(D + 2\delta + 2\delta \times 5\% + 2d_1 + 3d_2)$$

式中　$S_1$——风管展开面积，$m^2$；

$D$——风管外径，m；

$\delta$——保温材料厚度，m；

$L$——风管长度，m；

$d_1$——用于捆扎保温材料的金属线直径或钢带厚度，m；取定 16# 线 $2d_1=0.0032$；

$d_2$——防潮层厚度，m；取定 350 g 油毡纸 $3d_2=0.005$；

3.3%、5%——保温材料允许超厚系数，系根据国标 GBJ 235—1982 和 GBJ 215—1980 取定；绝热厚度允许偏差按 5%～8%加权平均取定。

## 6.3　通风与空调工程工程量清单编制实例

现以某办公楼标准层新风系统为例，介绍空调工程分部分项工程量清单计算与编制方法。

### 6.3.1　某办公楼通风与空调工程施工图

#### 6.3.1.1　施工图

某五层办公楼空调工程的施工图，以四层新风系统为例，见图 6.35～图 6.41 所示。由于空调水系统的施工图预算和前面章节介绍的采暖系统基本一样，在此只介绍新风系统分部分项工程工程量清单计算与编制。

#### 6.3.1.2　工程设计与施工说明

1. 风系统

(1)设计图中所注风管标高表示如下：圆形风管为管中标高，矩形风管为管顶标高。$h$ 指本层地面标高。

(2)风管管材选用如下：新风系统及空调系统的所有送、回风风管均采用镀锌钢板，保温材料为玻璃棉毡 30 mm 厚。

(3)所有垂直及水平风管必须设置支吊架或托架，其构造形式根据现场情况选定，详见标准图集 03K132。

(4)矩形风阀长边 $d \geqslant 320$ mm，采用多叶对开调节阀；长边 $d < 320$ mm，采用钢制蝶阀。

(5)风机进出口均设置软接头，材料选用不燃且严密的帆布制作。

(6)风机盘管送、回风管规格见表 6.4 所示。

**表 6.4　风机盘管送、回风管规格**

<table>
<tr><th>风机盘管</th><th>送风管(mm)</th><th>送风口(mm)</th><th>回风口(mm)</th></tr>
<tr><td>42CE003</td><td>630×120</td><td>200×200</td><td>630×200</td></tr>
<tr><td rowspan="2">42CE004</td><td rowspan="2">800×120</td><td>250×250</td><td rowspan="2">800×200</td></tr>
<tr><td>6×(200×200)</td></tr>
<tr><td>42CE005</td><td>800×120</td><td>2×(200×200)</td><td>800×200</td></tr>
<tr><td>42CE006</td><td>1000×120</td><td>320×320</td><td>1000×200</td></tr>
</table>

其中，送风口型号：顶送为 HG-11C 型散流器，配 HG-28 调节阀；

　　回风口型号：可开侧壁百叶风口 HG-5，配 HG-70 过滤器。

(7)未注明支风管均为 320 mm×320 mm。

2. 水系统

(1)图中所注标高均以管中心为准，$h$ 指本层地面标高。

(2)水管全部选用镀锌钢管，水管管路系统低处设 $DN25$ 泄水阀，高处设 $DN20$ 自动排气阀，凝结水管坡度不小于 0.003。

(3)除设备本身配带的阀门外，$DN \geqslant 32$ mm 的采用活塞阀，$DN \leqslant 25$ mm 的采用截止阀，过滤器选用 Y 型过滤器。

(4)所有空调供、回水管道及凝结水管均需保温，保温材料选用岩棉管壳 30 mm 厚。

(5)管道支架、吊架及托架的具体形式和安装位置根据现场情况选定，详见标准图集95R417-1。

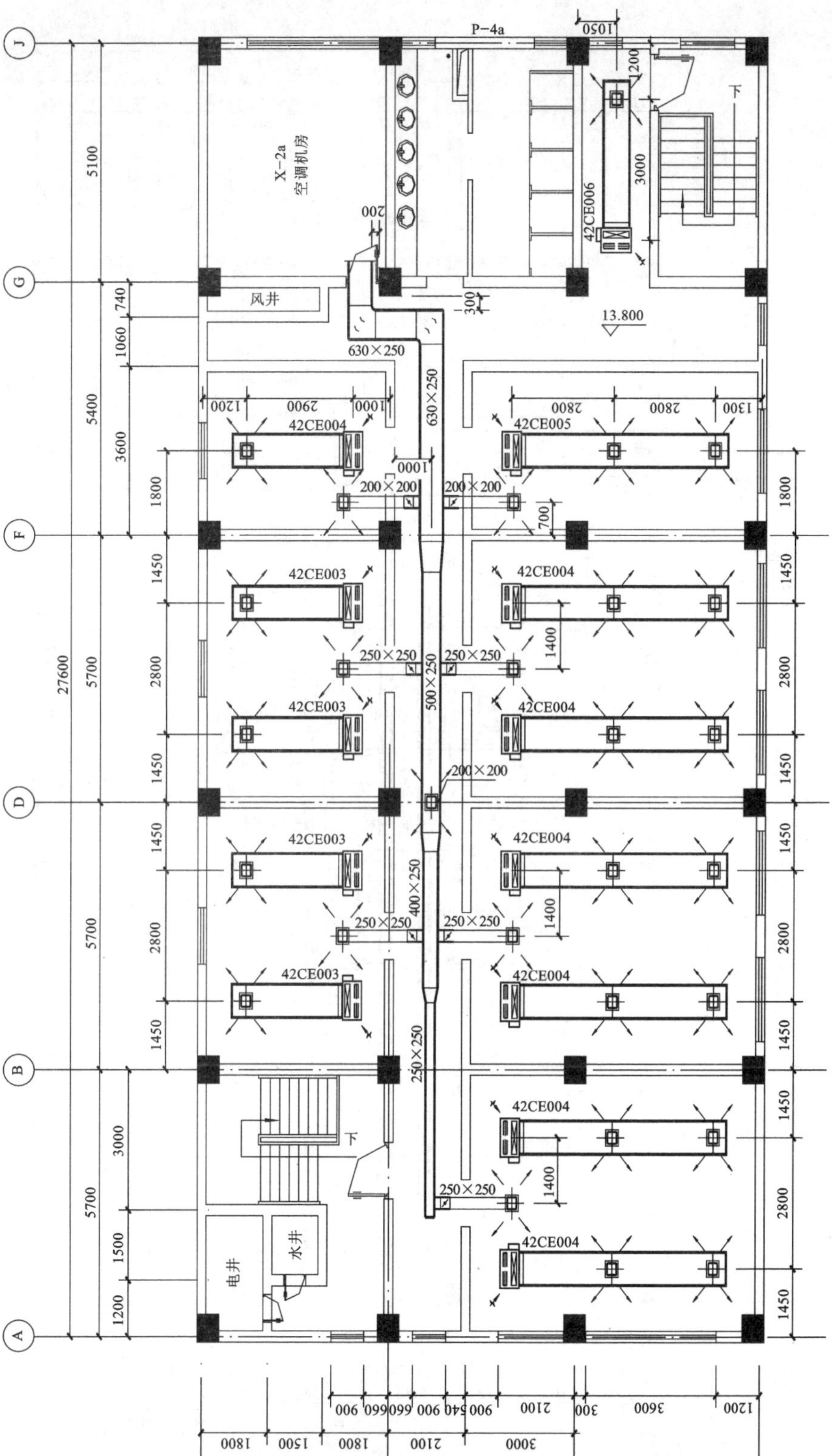


图 6.35　空调风管平面图

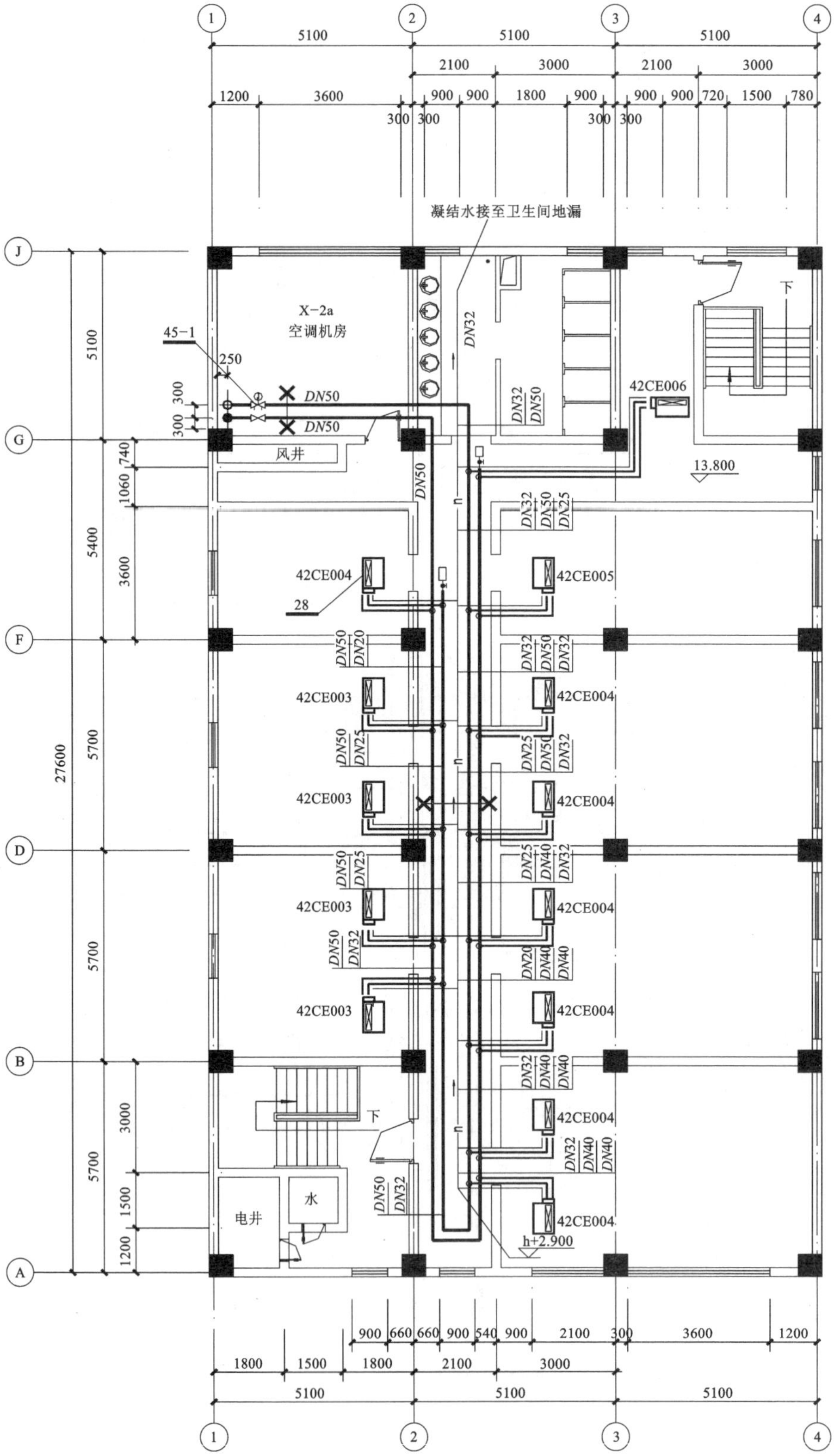


图 6.36　空调水管平面图

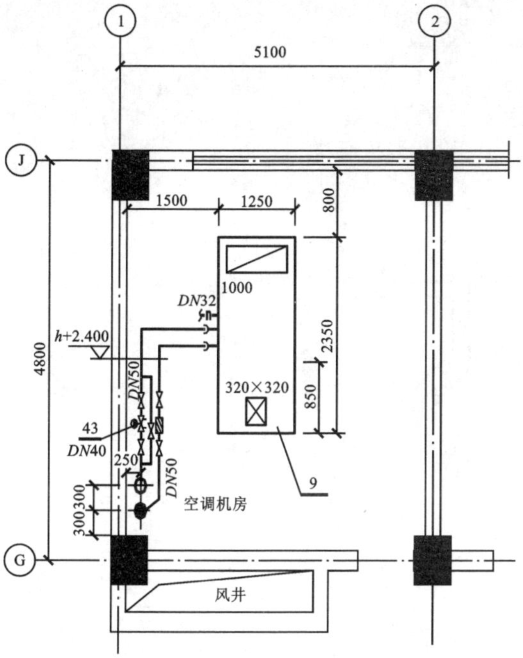


图 6.37　空调 X-2a 机房设备及水管平面图

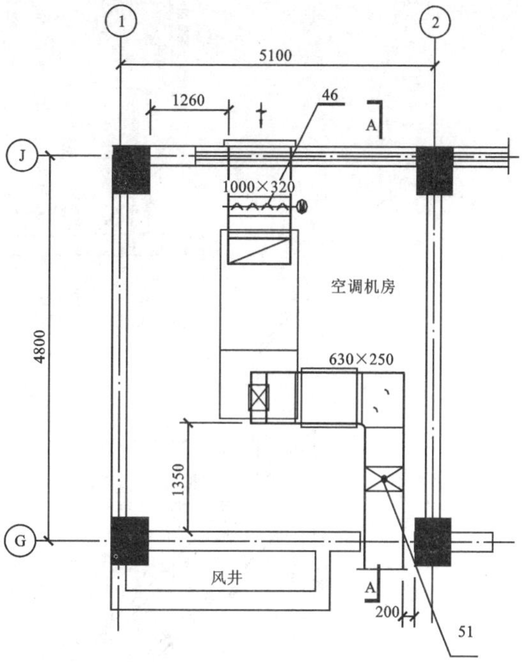


图 6.38　空调 X-2a 机房风管平面图

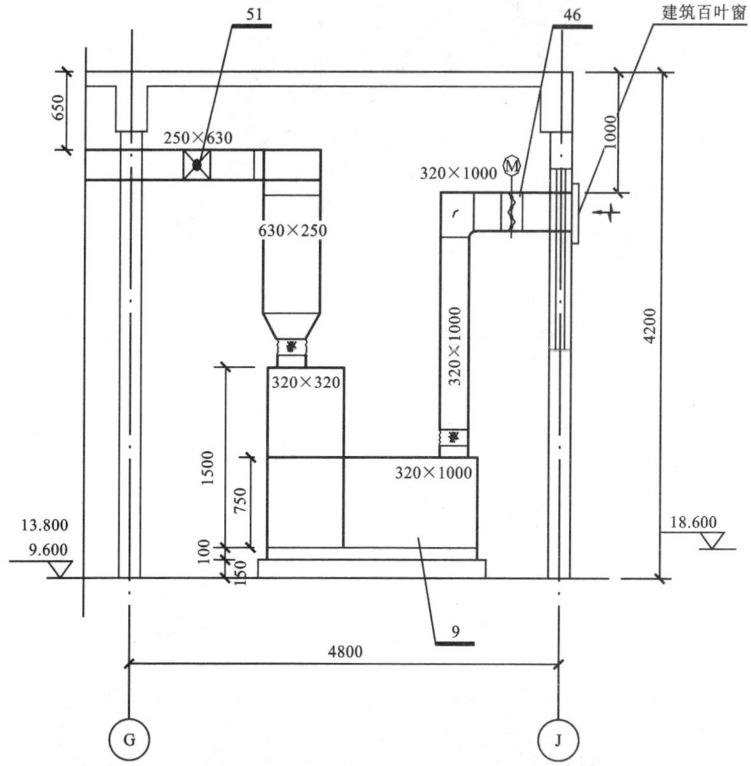


图 6.39　机房 A — A 剖面图

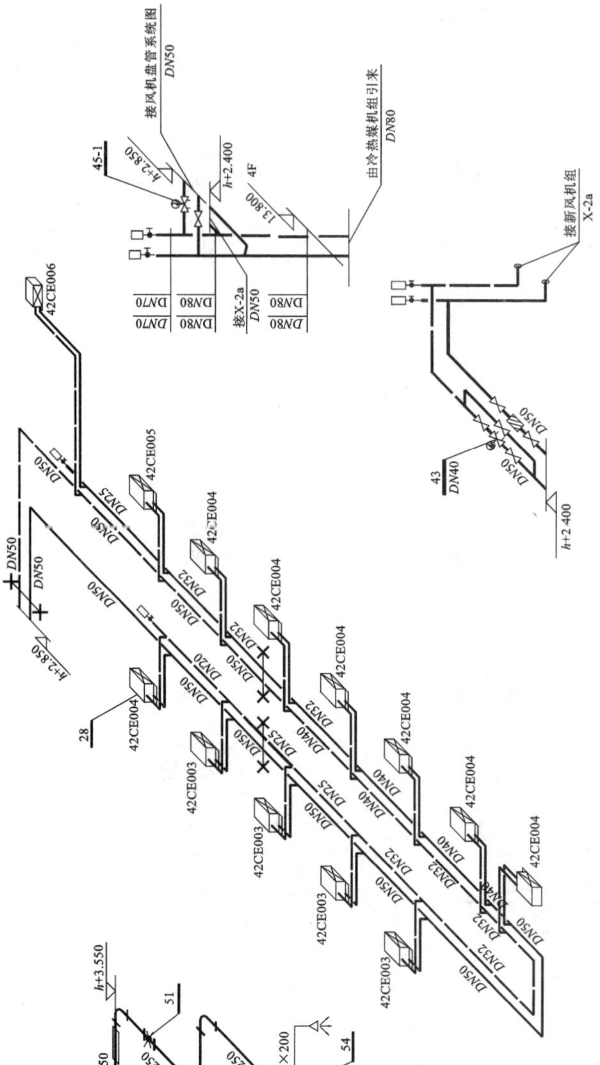


图 6.41　水管系统图

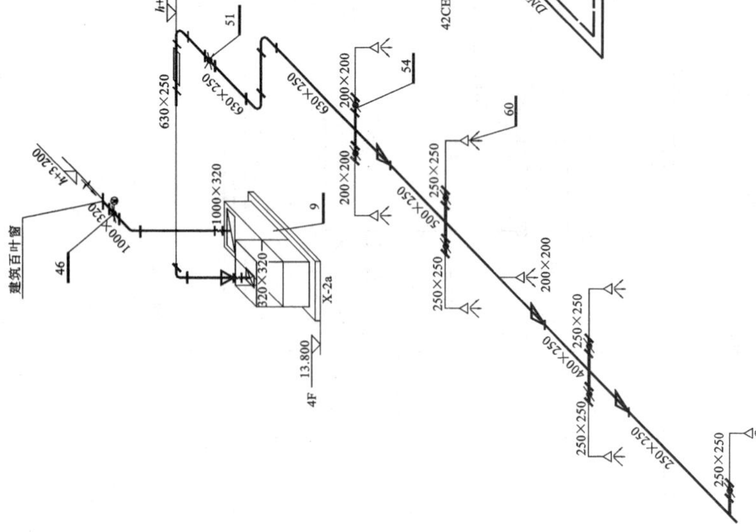


图 6.40　空调 X－2a 系统图

(6)管道安装完毕应进行水压试验。经试压合格，应对系统反复冲洗，直到排出水中不含泥砂、铁屑等杂质，且水色不浑浊为合格；冲洗前，应先除去过滤器上的过滤网，待冲洗完后再装上；管道系统冲洗时，水流不得流经所有设备。

(7)所有风机盘管以及未注明管道管径均为 $DN20$；风机盘管顶距板顶 700 mm。

(8)所有穿墙、穿楼板的水管，均应预埋钢套管，套管直径比所穿管直径大 2 号。

3. 其他未说明者按相关规范规定执行和调试。

4. 主要设备材料表如表 6.5 所示。

**表 6.5　主要设备材料表**

| 编号 | 设备名称 | 型号及规格 | 单位 | 数量 |
|---|---|---|---|---|
| 9 | 组合式新风机组 | 功能段：进风段＋过滤段＋表冷加热加湿段＋送风段 | 台 | 1 |
| 28 | 卧式暗装风机盘管 | 42CE003 | 台 | 4 |
| | | 42CE004(其中 6 台两个送风口) | | 7 |
| | | 42CE005(两个送风口) | | 1 |
| | | 42CE006 | | 1 |
| 46 | 电动对开多叶调节阀 | HG-35 1000×320 保温型 | 个 | 1 |
| 51 | 防火调节阀 | 630×250 常开 配信号输出装置 | 个 | 1 |
| 54 | 方形手柄式钢制蝶阀 | HG-25 250×250 | 个 | 5 |
| | | HG-25 200×200 | | 2 |
| 57 | 回风百叶风口 | HG-17 1000×320 | 个 | 1 |
| 59 | 可开侧壁百叶风口 | HG-5 630×200 配 HG-70 过滤器 | 个 | 4 |
| | | HG-5 800×200 配 HG-70 过滤器 | | 8 |
| | | HG-5 1000×200　配 HG-70 过滤器 | | 1 |
| 60 | 方形散流器 | HG-11C 250×250 配 HG-28 调节阀 | 个 | 6 |
| | | HG-11C 200×200 配 HG-28 调节阀 | | 21 |
| | | HG-11C 320×320 配 HG-28 调节阀 | | 1 |
| 62 | 阻抗消声器 | 630×250　$L$=900 mm | 个 | 1 |
| 63 | 消声弯头 | 630×250 | 个 | 2 |
| | | 1000×320 | | 1 |

## 6.3.2　分部分项工程量清单列项与算量

### 6.3.2.1　分部分项工程量计算

依据《通用安装工程工程量计算规范》(GB 50856—2013)，本空调工程的工程量计算过程见表 6.6 所示。

**表 6.6　工程量计算表**

| 分项工程名称 | 计算式 | 单位 | 工程量 |
|---|---|---|---|
| **1. 新风管道制作安装**:按展开面积计算 | | | |
| 镀锌薄钢板矩形风管 1000×320 | 风管长度 $L$=1.304+2.056−0.134(帆布软接头长度)−0.21(多叶对开调节阀长度)−1(消声弯头长度)=2.02 m<br>$S$=(1+0.32)×2×2.02 | $m^2$ | 5.33 |
| 镀锌薄钢板矩形风管 320×320 | 风管长度 $L$=0.23 m<br>$S$=(0.32+0.32)×2×0.23 | $m^2$ | 0.29 |
| 镀锌薄钢板矩形变径风管 320×320—630×250 | 风管长度 $L$=0.21 m<br>$S$=1.52(变径管平均周长)×0.21 | $m^2$ | 0.32 |
| 镀锌薄钢板矩形风管 630×250 | 风管长度 $L$=1.25+1.95+1.776+0.89+1.907+4.633−0.9(消声器长度)−0.63×3(消声弯头长度)−0.49(防火阀长度)=9.19 m<br>$S$=(0.63+0.25)×2×9.19 | $m^2$ | 16.17 |
| 镀锌薄钢板矩形变径风管 630×250—500×250 | 风管长度 $L$=0.65 m<br>$S$=1.63(变径管平均周长)×0.65 | $m^2$ | 1.06 |
| 镀锌薄钢板矩形风管 500×250 | 风管长度 $L$=5.56 m<br>$S$=(0.5+0.25)×2×5.56 | $m^2$ | 8.34 |
| 镀锌薄钢板矩形变径风管 500×250—400×250 | 风管长度 $L$=0.41 m<br>$S$=1.4(变径管平均周长)×0.41 | $m^2$ | 0.57 |
| 镀锌薄钢板矩形风管 400×250 | 风管长度 $L$=2.91 m<br>$S$=(0.4+0.25)×2×2.91 | $m^2$ | 3.78 |
| 镀锌薄钢板矩形变径风管 400×250—250×250 | 风管长度 $L$=0.32 m<br>$S$=1.15(变径管平均周长)×0.32 | $m^2$ | 0.37 |
| 镀锌薄钢板矩形风管 250×250 | 风管长度 $L$=4.57 m<br>$S$=(0.25+0.25)×2×4.57 | $m^2$ | 4.57 |
| 镀锌薄钢板矩形风管 250×250 | 风管长度 $L$=[4.623−0.15×2(蝶阀长度)]×2+[2.255−0.15(蝶阀长度)]+0.7×5(垂直)=14.25 m<br>$S$=(0.25+0.25)×2×14.25 | $m^2$ | 14.25 |
| 镀锌薄钢板矩形风管 200×200 | 风管长度 $L$=4.6230.15×2(蝶阀长度)+0.7×3(垂直)=6.42 m<br>$S$=(0.2+0.2)×2×6.42 | $m^2$ | 5.14 |
| **2. 调节阀安装** | | | |
| 电动对开多叶调节阀 | HG-35 1000×320 保温型 | 个 | 1 |
| 方形手柄式钢制蝶阀 | HG-25 250×250 | 个 | 5 |
| | HG-25 200×200 | 个 | 2 |
| 防火调节阀 | 630×250 常开 配信号输出装置 | 个 | 1 |

续表 6.6

| 分项工程名称 | 计算式 | 单位 | 工程量 |
|---|---|---|---|
| **3. 风口安装** | | | |
| 防雨百叶风口 | 1000×320 | 个 | 1 |
| 可开侧壁百叶风口 | HG-5 630×200 配 HG-70 过滤器 | 个 | 4 |
| | HG-5 800×200 配 HG-70 过滤器 | 个 | 8 |
| | HG－5 1000×200 配 HG-70 过滤器 | 个 | 1 |
| 方形散流器 | HG-11C 250×250 配 HG-28 调节阀 | 个 | 6 |
| | HG-11C 200×200 配 HG-28 调节阀 | 个 | 21 |
| **4. 消声器安装** | HG-11C 320×320 配 HG-28 调节阀 | 个 | 1 |
| 阻抗消声器 | 630×250, $L$＝900 mm | 个 | 1 |
| 消声弯头 | 630×250 | 个 | 3 |
| | 1000×320 | 个 | 1 |
| **5. 柔性软风管安装** | | | |
| 软连接（空气处理机组接口） | 1000×320 | m | 0.13 |
| | 320×320 | m | 0.13 |
| **6. 组合式新风机组** | 功能段：进风段＋过滤段＋表冷加热加湿段＋送风段 | 台 | 1 |
| **7. 风机盘管** | | | |
| 卧式暗装风机盘管 | 42CE003 | 台 | 4 |
| | 42CE004(其中 6 台两个送风口) | 台 | 7 |
| | 42CE005(两个送风口) | 台 | 1 |
| | 42CE006 | 台 | 1 |

### 6.3.2.2　分部分项工程量清单汇总表

本空调工程的分部分项工程量清单汇总见表 6.7 所示。

**表 6.7　分部分项工程量清单汇总表**

| 序号 | 项目编码 | 项目名称 | 项目特征 | 计量单位 | 工程量 |
|---|---|---|---|---|---|
| 1 | 030701003001 | 空调器 | 组合式新风机组<br>1. 落地式安装<br>2. 进风段＋过滤段＋表冷加热加湿段＋送风段 | 台 | 1 |
| 2 | 030701004001 | 风机盘管 | 风机盘管 42CE003<br>1. 吊顶式安装<br>2. 单个送风口<br>3. 送风管 630×120 | 台 | 4 |

**续表 6.7**

| 序号 | 项目编码 | 项目名称 | 项目特征 | 计量单位 | 工程量 |
|---|---|---|---|---|---|
| 3 | 030701004002 | 风机盘管 | 风机盘管 42CE004<br>1. 吊顶式安装<br>2. 两个送风口<br>3. 送风管 800×120 | 台 | 6 |
| 4 | 030701004003 | 风机盘管 | 风机盘管 42CE004<br>1. 吊顶式安装<br>2. 单个送风口<br>3. 送风管 800×120 | 台 | 1 |
| 5 | 03070104004 | 风机盘管 | 风机盘管 42CE005<br>1. 吊顶式安装<br>2. 两个送风口<br>3. 送风管 800×120 | 台 | 1 |
| 6 | 03070104005 | 风机盘管 | 风机盘管 42CE006<br>1. 吊顶式安装<br>2. 单个送风口<br>3. 送风管 1000×120 | 台 | 1 |
| 7 | 030702001001 | 碳钢通风管道 | 1. 材质：镀锌钢板<br>2. 形状：矩形风管周长 800 mm 以内<br>3. 接口形式：咬口、法兰连接<br>4. 厚度：按规范要求<br>5. 风管支吊架：国标 03K132<br>6. 风管保温：采用 30 mm 厚玻璃棉毡<br>7. 风管法兰加固框、支吊架：手工除锈，防锈漆两道 | $m^2$ | 5.14 |
| 8 | 030702001002 | 碳钢通风管道 | 1. 材质：镀锌钢板<br>2. 形状：矩形风管周长 2000 mm 以内<br>3. 接口形式：咬口、法兰连接<br>4. 厚度：按规范要求<br>5. 风管支吊架：参 03K132<br>6. 风管保温：采用 30 mm 厚玻璃棉毡<br>7. 风管法兰加固框、支吊架：手工除锈，防锈漆两道 | $m^2$ | 49.72 |
| 9 | 030702001003 | 碳钢通风管道 | 1. 材质：镀锌钢板<br>2. 形状：矩形风管周长 3000 mm 以内<br>3. 接口形式：咬口、法兰连接<br>4. 厚度：按规范要求<br>5. 风管支吊架：参 03K132<br>6. 风管保温：采用 30 mm 厚玻璃棉毡<br>7. 风管法兰加固框、支吊架：手工除锈，防锈漆两道 | $m^2$ | 5.33 |

**续表 6.7**

| 序号 | 项目编码 | 项目名称 | 项目特征 | 计量单位 | 工程量 |
|---|---|---|---|---|---|
| 10 | 030703001001 | 碳钢阀门 | 1. 名称:对开多叶调节阀<br>2. 规格:HG-35 1000×320 保温型 | 个 | 1 |
| 11 | 030703001002 | 碳钢阀门 | 1. 名称:方形手柄式钢制蝶阀<br>2. 规格:HG-25 250×250 | 个 | 5 |
| 12 | 030703001003 | 碳钢阀门 | 1. 名称:方形手柄式钢制蝶阀<br>2. 规格:HG-25 200×200 | 个 | 2 |
| 13 | 030703001004 | 碳钢阀门 | 1. 名称:防火阀<br>2. 规格:630×250 常开 配信号输出装置 | 个 | 1 |
| 14 | 030703007001 | 防雨百叶风口 | 1. 名称:防雨百叶风口<br>2. 规格:1000×320<br>3. 形式:安装 | 个 | 1 |
| 15 | 030703011001 | 铝及铝合金风口、散流器 | 1. 名称:可开侧壁单层百叶回风口<br>2. 规格:HG-5 630×200 配 HG-70 过滤器 | 个 | 4 |
| 16 | 030703011002 | 铝及铝合金风口、散流器 | 1. 名称:可开侧壁单层百叶回风口<br>2. 规格:HG-5 800×200 配 HG-70 过滤器 | 个 | 8 |
| 17 | 030703011003 | 铝及铝合金风口、散流器 | 1. 名称:可开侧壁单层百叶回风口<br>2. 规格:HG-5 1000×200 配 HG-70 过滤器 | 个 | 1 |
| 18 | 030703011004 | 铝及铝合金风口、散流器 | 1. 名称:方形散流器<br>2. 规格:HG-11C 250×250 配 HG-28 调节阀 | 个 | 6 |
| 19 | 030703011005 | 铝及铝合金风口、散流器 | 1. 名称:方形散流器<br>2. 规格:HG-11C 200×200 配 HG-28 调节阀 | 个 | 21 |
| 20 | 030703011006 | 铝及铝合金风口、散流器 | 1. 名称:方形散流器<br>2. 规格:HG-11C 320×320 配 HG-28 调节阀 | 个 | 1 |
| 21 | 030703020001 | 消声器安装 | 1. 名称:阻抗消声器<br>2. 规格:630×250　$L=900$ mm<br>3. 形式:安装<br>4. 支吊架:手工除锈,防锈漆两道 | 个 | 1 |
| 22 | 030703020002 | 消声器安装 | 1. 名称:消声弯头<br>2. 规格:630×250<br>3. 形式:安装<br>4. 支吊架:手工除锈,防锈漆两道 | 个 | 3 |

**续表 6.7**

| 序号 | 项目编码 | 项目名称 | 项目特征 | 计量单位 | 工程量 |
|---|---|---|---|---|---|
| 23 | 030703020003 | 消声器安装 | 1. 名称：消声弯头<br>2. 规格：1000×320<br>3. 形式：安装<br>4. 支吊架：手工除锈，防锈漆两道 | 个 | 1 |
| 24 | 030702008001 | 柔性软风管 | 1. 名称：软连接<br>2. 规格：1000×320 | m | 0.13 |
| 25 | 030702008001 | 柔性软风管 | 1. 名称：软连接<br>2. 规格：320×320 | m | 0.13 |
| 26 | 030704001001 | 通风工程检测、调试 | 1. 通风工程检测、调试 | 系统 | 1 |

## 单元小结

本章主要内容如图 6.42 所示。

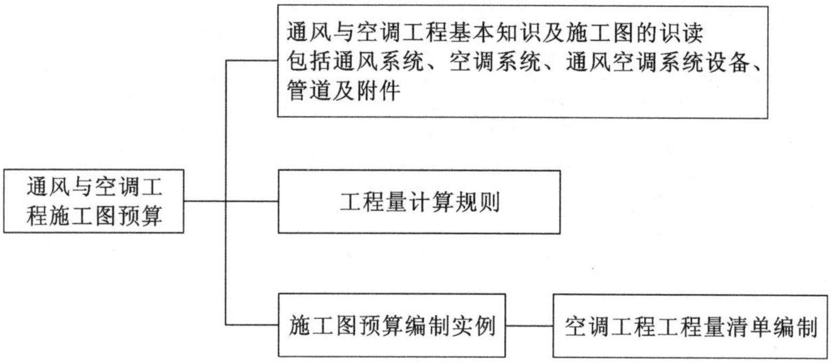


**图 6.42　本章主要内容**

### 复习思考题

6.1　通风空调工程中常用的风阀有哪几种？各起什么作用？

6.2　通风空调系统中有哪些常用设备？

6.3　渐缩管工程量如何计算？

6.4　风管部件通常有哪些？其工程量如何计算？

6.5　装配式空调器的安装工程量如何计算？

# 单元 7 设计概算

**知识目标** 了解设计概算的概念、作用；熟悉设计概算的内容、编制原则、依据与方法；熟悉设计概算的审查内容和方法。

**能力目标** 掌握设计概算的编制方法和程序；能够编制单位工程概算；能够进行设计概算的审查。

## 7.1 设计概算概述

### 7.1.1 设计概算的基本概念

我国预算制度规定，初步设计阶段必须编制设计概算。设计概算是设计文件的重要组成部分，是在投资估算的控制下由设计单位根据初步设计（或扩大初步设计）图纸、概算定额（或概算指标）、费用定额、建设地区设备及材料预算价格等资料编制的建设项目从筹建到竣工交付使用所需全部费用的文件。采用两阶段设计的项目，初步设计阶段必须编制设计概算；采用三阶段设计的项目，技术设计阶段必须编制修正概算。

概算由设计单位负责编制。一个建设项目由几个设计单位共同设计时，应由主体设计单位负责汇总编制总概算书，其他设计单位负责编制好所承担工程的设计概算。

设计概算的编制应包括静态投资（根据编制期价格、费率、汇率等确定）和动态投资（考虑编制期到竣工验收前的工程和价格变化等多种因素）。静态投资作为考核工程设计和施工图预算的依据，动态投资作为筹措、供应和控制资金使用的限额。

### 7.1.2 设计概算的作用

(1) 设计概算是编制建设项目投资计划、确定和控制建设项目投资的依据。国家规定，编制年度固定资产投资计划、确定计划投资总额，要以批准的初步设计概算为依据，没有批准的初步设计及其概算的建设工程不能列入年度固定资产投资计划。

经批准的建设项目设计总概算的投资额，是该工程建设投资的最高限额。在工程建设过程中，年度固定资产投资计划安排、银行拨款和贷款、施工图设计及其预算、竣工决算等，未经按规定的程序批准，都不能突破这一限额，以确保国家固定资产投资计划的严格执行和有效控制。

(2) 设计概算是控制施工图设计和施工图预算的依据。经批准的设计概算是建设项目投资的最高限额。设计单位必须按照批准的初步设计和总概算进行施工图设计，施工图预算不得突破设计概算。

(3) 设计概算是方案比选、衡量方案技术经济合理性的依据。设计概算是设计方案技术经济合理性的综合反映，据此可以用来对不同设计方案进行技术与经济的比较，选择最佳的设计方案。

(4) 设计概算是编制招标控制价(招标标底)和投标报价的依据。设计总概算一经批准,就作为工程造价管理的最高限额,并据此对工程造价进行严格控制。

(5) 设计概算是考核建设项目投资效果的依据。通过设计概算与竣工决算的对比,可以分析和考核投资效果的好坏,同时还可以验证设计概算的准确性,有利于加强设计概算管理和建设项目的造价管理工作。

### 7.1.3 设计概算的内容

设计概算可分为单位工程概算、单项工程综合概算和建设项目总概算三级,相互之间的关系如图 7.1 所示。

- 建设项目总概算
  - 单项工程综合概算
    - 建筑工程概算
    - 设备及安装工程概算
  - 工程建设其他费用概算
  - 预备费
  - 建筑期贷款利息
  - 投资方向调节税
  - 经营性项目铺底流动资金

**图 7.1　设计概算的三级概算关系图**

(1)单位工程概算

单位工程概算是确定各单位工程概算造价的文件,是编制单项工程综合概算的依据,是单项工程综合概算的组成部分。单位工程概算按其工程性质分为建筑工程概算和设备及安装工程概算两大类。建筑工程概算包括土建工程概算,给排水、采暖工程概算,通风、空调工程概算,电气、照明工程概算,弱电工程概算,特殊构筑物工程概算等;设备及安装工程概算包括机械设备及安装工程概算,电气设备及安装工程概算,热力设备及安装工程概算,工具、器具及生产家具购置费概算等。

(2)单项工程综合概算

单项工程综合概算是确定一个单项工程概算造价的文件,由各单位工程概算汇总编制而成,是建设项目总概算的组成部分。单项工程综合概算的组成内容如图 7.2 所示。

- 单项工程综合概算
  - 单位工程概算
    - 一般土建工程概算
    - 给排水、采暖工程概算
    - 通风、空调工程概算
    - 电气、照明工程概算
    - 弱电工程概算
    - 特殊构筑物工程概算
  - 设备及安装工程概算
    - 机械设备及安装工程概算
    - 电气设备及安装工程概算
    - 热力设备及安装工程概算
    - 工具、器具及生产家具购置费概算
  - 工程建设其他费用概算(不编总概算时列入)

**图 7.2　单项工程综合概算的组成**

(3) 建设项目总概算

建设项目总概算是确定整个建设项目从筹建到竣工验收所需全部费用的文件，由各单项工程综合概算、工程建设其他费用概算、预备费概算、建设期贷款利息概算等汇总编制而成，如图 7.3所示。

- 建设项目总概算
  - 工程费用概算
    - 主要生产工程项目综合概算
    - 辅助工程项目综合概算
    - 公用系统工程项目综合概算
    - 行政福利设施综合概算
    - 住宅与生活设施综合概算
    - 场外工程项目综合概算
  - 工程建设其他费用概算
    - 土地使用费
    - 建设单位管理费
    - 勘察设计和研究试验费
    - 联合试运转费和生产准备费
    - 办公和生活家具购置费
    - 供电贴费
    - 引进技术和进口设备项目的其他费用
    - 工程监理费
    - 工程保险费
    - 施工机械迁移费
    - 临时设施费
  - 预备费概算
  - 建设期贷款利息概算
  - 投资方向调节税概算
  - 经营性项目铺底流动资金概算

**图 7.3 建设项目总概算的组成**

## 7.2 设计概算的编制依据及方法

### 7.2.1 设计概算的编制原则

(1) 严格执行国家的建设方针和经济政策。设计概算是一项技术和经济相结合的重要工作，要严格按照党和国家的方针、政策办事，坚决执行勤俭节约的方针，严格执行规定的设计标准。

(2) 完整准确地反映设计内容的原则。编制概算时，要根据设计文件、图纸准确计算工程量，按设计内容，正确合理使用定额，避免重复计算和漏算。

(3) 要坚持结合拟建工程的实际，反映工程所在地的建设条件和当时价格水平的原则。为提高设计概算的准确性，要实事求是地对工程所在地的建设条件以及可能影响造价的各种因素进行认真的调查研究（如定额的时效性、费率、价格信息、价格指数、汇率、利息等各项编制依据），按照工程造价的构成，使概算尽可能地反映设计内容、施工条件和实际价格。

### 7.2.2 设计概算的编制依据

(1) 国家发布的有关法律、法规、规章、规程等；
(2) 批准的可行性研究报告及投资估算、设计图纸等有关资料；
(3) 有关部门颁布的现行概算定额、概算指标、费用定额等；
(4) 有关部门发布的人工、设备、材料价格、造价指数等；
(5) 建设地区的自然、技术、经济条件等资料；
(6) 有关合同、协议等；
(7) 其他有关资料。

### 7.2.3 设计概算的编制方法

#### 7.2.3.1 单位工程概算的编制

单位工程是单项工程的组成部分，是指具有单独设计、可以独立组织施工，建成后不能独立发挥生产能力或使用效益的工程。单位工程概算由建筑或安装工程的人工费、材料费、施工机具使用费、企业管理费、利润和税金组成。

单位工程概算分建筑工程概算和设备及安装工程概算两大类。建筑工程概算的编制方法有概算定额法、概算指标法、类似工程预算法；设备及安装工程概算的编制方法有预算单价法、扩大单价法、设备价值百分比法和综合吨位指标法等。

1. 建筑工程概算的编制方法

(1) 概算定额法

概算定额法，又称扩大单价法或扩大结构定额法，它是采用概算定额编制建筑工程概算的方法，类似于用预算定额编制建筑工程施工图预算。它是根据初步设计图纸资料和概算定额的扩大分项工程计算出工程量，然后套用概算定额单价，计算汇总后，再按规定计取相关费用，得出单位工程概算造价。这种方法要求初步设计达到一定深度，建筑结构构造比较明确，并能够据此计算出扩大分项工程的工程量时才可采用。

(2) 概算指标法

概算指标法是用拟建工程项目的建筑面积(或体积)乘以技术条件相同(或基本相同)的概算指标得出人工费、材料费和施工机具使用费，然后按规定计算出企业管理费、利润和税金等，编制出单位工程概算的方法。概算指标法适用于初步设计深度不够、不能准确计算出扩大分项工程量的工程。

采用概算指标法编制概算有两种情况，一种是直接套用，另一种为调整概算指标后采用。

① 直接套用概算指标编制概算。如设计对象的结构特征与概算指标的技术条件完全相符，就可以直接套用指标上的每 $100m^2$ 建筑面积造价指标，根据设计图纸的建筑面积分别乘以概算指标中的土建、水卫、采暖、电气照明各单位工程的概算造价指标。

② 修正概算指标编制概算。当设计对象的结构特征与概算指标有局部差异时，应对指标做局部的调整才能使用。调整的方法如下：

$$\frac{修正概}{算指标}=\frac{原概算}{指标}+\left(\frac{换入新结构}{的含量}\times\frac{换入新结构}{的单价}\right)-\left(\frac{换出旧结构}{的含量}\times\frac{换出旧结构}{的单价}\right)$$

(3) 类似工程预算法

类似工程预算法是利用技术条件与设计对象相类似的已完工程或在建工程的工程造价资料来编制拟建工程设计概算的方法。它适用于拟建工程与已完工程或在建工程的设计相类似又没有可用的概算指标时采用,但必须对结构差异和价差进行调整。结构差异的调整方法与概算指标的调整方法相同,价差的调整常用的有以下两种方法:

① 类似工程的造价资料中有具体的人工、材料、机械台班的用量时,可按类似工程预算造价资料中的主要材料用量、工日数量、机械台班用量乘以拟建工程所在地的主要材料预算价格、人工单价、机械台班单价,计算出人工费、材料费和施工机具使用费,再乘以当地的综合费率得出所需的造价指标。

② 类似工程造价资料只有人工、材料、施工机具使用费用和企业管理费、现场经费时,可按下面公式调整:

$$C=AK$$
$$K=ak_1+bk_2+ck_3+dk_4+ek_5$$

式中 $C$——拟建工程单方概算造价;

$A$——类似工程单方造价(预算);

$K$——综合调整系数;

$a$、$b$、$c$、$d$、$e$——类似工程预算中的人工费、材料费、施工机具使用费、企业管理费、现场经费分别占预算造价的比重,%,如:

$$a=\frac{类似工程人工费}{类似工程预算造价}\times 100\%$$

$k_1$、$k_2$、$k_3$、$k_4$、$k_5$——拟建工程所在地区与类似工程预算造价在人工费、材料费、施工机具使用费、企业管理费、现场经费之间的差异系数,如:

$$k_1=\frac{拟建工程概算的人工费(或工资标准)}{类似工程预算的人工费(或工资标准)}$$

2. 设备及安装工程概算的编制

设备及安装工程概算包括设备购置费概算和设备安装工程费用概算两大部分。

(1) 设备购置费概算

设备购置费由设备原价和运杂费组成:

$$设备购置费=\sum(设备清单中的设备数量\times设备原价)\times(1+运杂费率)$$

国产标准设备原价可根据设备型号、规格、性能、材质、数量及配件向制造厂家询价或向设备、材料信息部门查询或按主管部门规定的现行价格计算。非主要标准设备和工器具、生产家具的原价可按主要标准设备原价的百分比计算,百分比按主管部门或地区有关规定执行。

国产非标准设备原价在编制设计概算时可按下列两种方法确定:

① 非标准设备台(件)估价指标法。根据非标准设备的类别、质量、性能、材质等情况,以每台设备规定的估价指标计算,即:

$$非标准设备原价=设备台数\times每台设备估价指标(元/台)$$

② 非标设备吨重估价指标法。根据非标设备的类别、性能、质量、材质等情况,以某类设备

所规定的吨重估价指标计算,即

非标准设备原价=设备吨重×每吨设备估价指标(元/吨)

(2) 设备安装工程费用概算

① 预算单价法。当初步设计较深,有规定的设备清单时,可直接按安装工程预算定额单价编制,编制程序与安装工程施工图预算基本相同。

② 扩大单价法。当初步设计深度不够,设备清单不完备,只有主体设备或成套设备重量时,可采用主体设备或成套设备的综合扩大安装单价来编制。

③ 设备价值百分比法,又称安装设备百分比法。当初步设计深度不够,只有设备出厂价而无详细规格、重量时,安装费可按占设备费的百分比计算,其百分比值(即安装费率)由主管部门制定或由设计单位根据已完类似工程确定。

设备安装费=设备原价×安装费率(%)

④ 综合吨位指标法。当初步设计提供的设备清单有规格和设备重量时,可采用综合吨位指标编制概算,其综合吨位指标由主管部门制定,或由设计单位根据已完类似工程资料确定。

设备安装费=设备吨位 × 每吨设备安装费率指标(元/吨)

#### 7.2.3.2　单项工程综合概算的编制

单项工程综合概算是确定每一单项工程所需建设费用的综合性文件,由该单项工程的各专业单位工程(建筑工程、设备及安装工程)概算汇总而成,是建设项目总概算的组成部分。

单项工程综合概算包括编制说明和综合概算表两大部分。

(1) 编制说明

编制说明列在综合概算表的前面,其内容为:

① 编制依据　说明设计文件、采用定额、材料价格及费用计算的依据;

② 编制方法　说明设计概算采用概算定额法还是概算指标法;

③ 主要设备、材料(钢材、木材、水泥)的数量;

④ 其他需要说明的有关问题。

(2) 综合概算表

综合概算表根据单项工程所辖范围内的各单位工程概算为基础资料,按照国家或部委所规定的统一表格进行编制。

① 综合概算表的项目组成。工业建设项目综合概算表由建筑工程和设备及安装工程两大部分组成;民用工程项目综合概算表只包含建筑工程一项。

② 综合概算的费用组成。一般应包括建筑工程费用、安装工程费用、设备购置及工器具和生产家具购置费等。当不编制总概算时,还应包括工程建设其他费用、建设期贷款利息、预备费和固定资产投资方向调节税等项目。

#### 7.2.3.3　建设项目总概算的编制

建设项目总概算是确定整个建设项目从筹建到竣工交付使用全部建设费用的总文件,由各单项工程综合概算、工程建设其他费用、预备费、建设期贷款利息、固定资产投资方向调节税和经营性项目铺底流动资金概算组成,按照主管部门规定的统一表格进行编制。

设计总概算文件一般包括:封面、编制说明、总概算表、单项工程综合概算表、单位工程概算表以及工程量计算表、主要材料汇总表、分年度投资汇总表等。

## 7.3 设计概算的审查

### 7.3.1 审查设计概算的意义

(1) 审查设计概算是确定建设项目概算投资的一个重要环节，有助于合理确定和有效控制工程造价。设计概算偏高或偏低，不仅影响工程造价的控制，也会影响投资计划的真实性，影响投资资金的合理分配。

(2) 审查设计概算有利于提高概算的编制质量，保证概算编制单位严格执行国家有关概算编制的规定和标准。

(3) 审查设计概算有利于正确确定建设项目的投资规模，使建设项目总投资计划做到准确、完整，防止任意扩大或压低投资规模或出现错项、漏项，缩小概算与预算之间的差距。

(4) 审查设计概算有利于促进设计的技术先进性和经济合理性。概算中的技术经济指标是技术和经济在概算中的综合反映，与同类工程相比就可以看出工程设计的先进与合理程度。

经审查的概算为建设项目投资提供了可靠的依据，有利于提高建设项目的投资效益。

### 7.3.2 设计概算的审查内容

1. 审查设计概算的依据

(1)审查编制依据的可靠性。采用的各类编制依据必须经过国家和授权部门的批准，符合国家的编制规定。

(2)审查编制依据的时效性。各种依据，如定额、指标、预算价格、取费标准等，应根据国家和有关部门的现行规定执行，还应注意有无调整和新的规定。

(3)审查编制依据的适用范围。各种编制依据都有规定的适用范围，如各主管部门规定的各种专业定额及其取费标准，只适用于该部门的专业工程；各地区规定的各种定额及其取费标准，只适用于该地区范围内，特别是地区的材料预算价格区域性更强。

2. 审查概算的编制深度

(1)审查概算编制说明。审查编制说明可以检查编制方法、编制深度及编制依据等比较原则性的问题，若编制说明有差错，具体概算必有差错。

(2)审查概算编制深度。一般大中型项目的设计概算，应有完整的编制说明和“三级”概算(即总概算表、单项工程综合概算表、单位工程概算表)，并按有关规定的深度进行编制，不能随意简化为“二级”概算，甚至“一级”概算。

(3)审查概算的编制范围。审查概算的具体编制内容是否与主管部门批准的建设项目范围和具体工程内容一致，是否重复计算或漏算，审查其他费用项目是否符合规定，各个项目是否分列清楚。

3. 审查工程概算的内容

(1) 审查建设规模、建设标准、配套工程、设计定员等是否符合原批准的可行性研究报告或立项批文的标准。对总概算超出批准的投资应进一步审查超投资的原因，超过批准投资估算10%以上的应查明原因后重新上报审批。

(2) 审查工程量是否正确。工程量的计算是否根据初步设计图纸、概算定额、工程量计算规则和施工组织设计要求进行，有无多算、重算和漏算，尤其对工程量大、造价高的项目要重点审查。

(3) 审查材料用量和价格。审查主要材料(钢材、木材、水泥、砖)的用量是否正确，材料预算价格是否符合工程所在地的价格水平，材料价差调整是否符合现行规定及其计算是否正确等。

(4) 审查设备规格、数量和配置是否符合设计要求，是否与设备清单相一致，设备预算价格是否真实，设备原价和运杂费的计算是否正确。

(5) 审查建筑安装工程的各项费用的计取是否符合国家或地方有关部门的现行规定，计算程序和取费标准是否正确。

(6) 审查总概算文件的组成内容是否完整地包括了建设项目从筹建到竣工投产为止的全部费用。

(7) 审查工程建设其他各项费用。这部分费用内容多、弹性大，占项目总投资的25%以上，要按国家和地区规定逐项审查，有无随意列项，有无多列、交叉计列和漏项等。

(8) 审查工业项目的"三废"治理。拟建项目必须同时安排"三废"(废水、废气、废渣)的治理方案和投资，对于未作安排或漏项、多算的项目，要按国家有关规定核实投资，以满足"三废"排放达到国家标准。

(9) 审查技术经济指标。主要是审查技术经济指标计算方法和程序是否正确，各项指标与同类型工程指标相比，是偏高还是偏低，其原因是什么，并予纠正。

### 7.3.3 审查设计概算的方法

(1) 对比分析法

对比分析法主要是通过建设规模、标准与立项批文对比，工程数量与设计图纸对比，各项取费与规定标准对比，材料、人工单价与统一信息对比，引进投资与报价要求对比，技术经济指标与同类工程对比等，以此发现设计概算的主要问题和偏差。

(2) 查询核实法

查询核实法是指对一些关键设备和设施、重要装置，引进工程图纸不全、难以核实的投资，进行多方查询核对，逐项落实的方法。主要设备的市场价向设备供应部门或招标公司查询核实；重要生产装置、设施向同类企业工程查询了解；引进设备价格及有关费税向进出口公司调查落实；复杂的建筑安装工程向同类工程的建设、承包、施工单位征求意见；深度不够或不清楚的问题可直接向原概算编制人员、设计者询问清楚。

(3) 分类整理法

分类整理法是指对审查中发现的问题和误差，对照单项、单位工程顺序，按设备费、安装费、建筑工程费和建设工程其他费用分类整理，汇总核增核减的项目及其投资额，并按照原总概算表汇总的顺序，将增减项目逐一列出，相应调整所属项目投资合计，依次汇总审核后的总投资及增减投资额。

(4) 联合会审法

联合会审法是指采取多种形式联合会审，包括设计单位自审，主管、建设、承包单位初审，工程造价咨询公司评审，邀请同行专家预审，审批部门复审等，经层层审查把关后，由有关单位和专家进行会审。

通过以上审查后，对审查中发现的问题和偏差，按照单项、单位工程的顺序，先按设备费、安装费、建筑工程费和工程建设其他费用分类整理，然后按照静态投资、动态投资和铺底流动资金三大类，汇总核增或核减的项目及其投资额，最后将具体审核数据，按照“原编概算”、“审核结果”、“增减投资”、“增减幅度”四栏列表，并按照原总概算表汇总顺序，将增减项目逐一列出，相应调整所属项目投资合计，再依次汇总审核后的总投资额及增减投资额。

对于差错较多、问题较大或不能满足要求的，责成按会审意见修改返工后，重新报批；对于无重大原则问题、深度基本满足要求、投资增减不多的，当场核实投资额，并提交审批部门复核后，正式下达审批概算。

## 单元小结

设计概算是设计文件的重要组成部分，是在初步设计阶段由设计单位依据初步设计图纸、概算定额（或概算指标）等资料编制的技术经济文件。

设计概算分单位工程概算、单项工程综合概算和建设项目总概算三级，单位工程概算分建筑工程概算和设备及安装工程概算。建筑工程概算的编制方法有概算定额法、概算指标法、类似工程预算法；设备及安装工程概算的编制方法有预算单价法、扩大单价法、设备价值百分比法和综合吨位指标法等。

审查设计概算的方法有对比分析法、查询核实法、分类整理法和联合会审法等。

### 复习思考题

7.1 工程设计概算的作用是什么？

7.2 工程设计概算由哪些内容组成？

7.3 编制单位工程概算的方法有哪些？

7.4 单项工程综合概算如何编制？

7.5 建设项目总概算如何编制？

# 单元 8　施工预算的编制

**知识目标**　了解施工预算的概念、作用；熟悉施工预算的内容和编制要求；了解施工预算编制的依据和方法。

**能力目标**　掌握施工预算的编制方法及施工图预算与施工预算对比等内容；能够熟练编制施工图预算。

## 8.1　施工预算概述

### 8.1.1　施工预算的概念

施工预算是施工企业为了加强企业内部的经济核算，在施工图预算的控制下，以单位工程或分部、分项工程为对象，在开工之前根据施工图纸、施工组织设计、施工定额（亦称企业内部定额）编制的技术经济文件。它规定了单位工程或分部分项工程所需各不同工种的人工数量、工程材料的规格、品种、数量，所需各种机械数量及各种机械台班数量和相应的人工费、材料费、施工机具使用费，以便有计划、有步骤地合理组织施工，从而达到节约人力、物力和财力之目的。

### 8.1.2　施工预算的作用

编制施工预算是加强企业内部管理、实行经济核算的重要措施，对提高企业经营管理水平有着重要的作用。其作用可以概括为几个方面：

(1)施工预算是编制施工作业计划的依据

施工作业计划是施工企业计划管理的基础，因而要求施工预算应在开工之前编制好。施工预算为施工作业计划的编制和形象进度的安排提供了单位工程或分部、分层、分段的工程量以及人工、材料、施工机械台班和构配件的消耗数量等依据，从而使施工作业计划编制更具体、更准确、更可靠。

(2)施工预算是签发工程施工任务单的依据

工程施工任务单是将施工作业计划落实到施工班组或包工队的计划文件，是下达、记录、考核班组完成任务情况和结算班组工人工资的凭证。下达工程施工任务单的主要依据包括：工程名称、工程内容、质量要求、开竣工日期、计量单位、工程量定额指标、计件单价和工人平均技术等级以及材料消耗定额、材料限额数量等，这些都来源于施工预算。

(3)施工预算是签发限额领料单的依据

限额领料单与工程施工任务单同时签发，它是施工班组为完成规定任务所需消耗材料数量的标准额度，是考核班组材料节约、超支情况的依据，是开展班组经济核算的基础。签发限额领料单的主要依据，如各种材料消耗定额和限额领用的材料品种、规格、质量、数量等，都来源于施工预算。

(4)施工预算是衡量工人劳动成果、计算应得报酬的依据

施工预算规定了工程内容、工程数量和用工数量，是衡量工人的劳动成果、计算劳动报酬的依据，从而为体现多劳多得、少劳少得的分配原则，调动工人的生产积极性创造了条件。

(5)施工预算是施工企业开展经济活动分析，进行“两算”对比的依据

施工企业开展经济活动分析是加强和提高企业经营管理的有效措施。通过经济活动分析，可以找出企业管理中的薄弱环节和存在的问题，从而提出加强和改进的措施。经济活动分析所采用的方法，主要是运用施工预算的人工费、材料费、施工机具使用费与施工图预算的人工费、材料费、施工机具使用费部分进行对比。找出和分析施工中节约或超支的原因，有针对性地采取有效措施，控制施工中人力和物力的消耗，以保证施工预算节约额的提高和降低工程成本。

(6)施工预算是有效控制施工中的人工、材料、机械台班消耗的有力手段

施工预算中确定的人工、材料、机械台班消耗量，作为签发工程施工任务的数量和领取施工数量的最高限额，不能突破，因此，可以有效地控制人工、材料、机械台班的消耗数量。

(7)施工预算是促进实施施工技术组织措施的有效方法

由于施工预算中的工料消耗量是在考虑采用施工技术组织措施以后计算的，因而无论是按任务单实行计件，还是按施工预算实行包定，其额定工料消耗都包含了上述技术组织措施的因素，所以更好地完成施工预算的内容和要求，就可以促进施工技术组织措施的实施。

### 8.1.3 施工预算的内容

施工预算的编制，是以单位工程为对象，进行人工、材料、机械台班数量及其费用总和的计算，由编制说明及预算表格两大部分组成。

1. 编制说明部分

施工预算的编制说明应简明扼要地叙述以下几个方面的内容：

(1)工程概况及建设地点；

(2)编制的依据，如采用的定额、图纸、图集、施工组织设计等；

(3)对设计图纸和说明书的审查意见及编制中的处理方法；

(4)所编工程的范围；

(5)编制时所考虑的新技术、新材料、新工艺、冬雨季施工措施、安全措施等；

(6)工程中还存在和需要进一步解决的问题。

2. 预算表格部分

(1)工程量计算汇总表

工程量计算汇总表是按照施工定额的工程量计算规则做出的重要的基础数据，为了便于生产、调度、计划、统计及分期材料供应，根据工程情况，可将工程量按照分层、分段、分部位进行汇总，然后进行单位工程汇总。

(2)施工预算工料分析表

施工预算工料分析表与施工图预算的工料分析表编制方法基本相同，要注意按照工程量计算汇总表的划分，做出分层、分段、分部位的工料分析结果，为施工分期生产计划提供方便条件。

(3)人工汇总表

人工汇总表是将工料分析表中的人工按工种分层、分段、分部位进行汇总，是编制劳动力计

划、合理调配劳动力的依据。

(4)材料消耗量汇总表

材料消耗量汇总表是将工料分析表中不同品种、规格的材料按层、段、部位进行汇总，是编制材料供应计划的依据。一般工程常见的汇总表有：

① 钢筋混凝土预制构件委托加工表；

② 金属构件委托加工表；

③ 钢木门窗委托加工表；

④ 门窗五金明细表；

⑤ 周转性材料需用量表；

⑥ 现场分规格、品种的钢材、木材、水泥需用量表；

⑦ 现场分规格、品种的地方性材料需用量表；

⑧ 各种其他成品、半成品需用量表。

(5)机械台班使用量汇总表

机械台班使用量汇总表是将工料分析表中各种施工机具及消耗台班数量按层、段、部位进行汇总。

(6) 施工预算表

施工预算表是将已汇总的人工、材料、机械台班消耗数量，分别乘以所在地区的人工工资标准、材料预算价格、机械台班单价计算出相应的人工费、材料费和施工机具使用费(有定额单价时可直接使用定额单价)。

(7) “两算”对比表

“两算”对比表指同一工程内容的施工预算与施工图概预算的对比分析表，是将计算出的人工、材料、机械台班消耗数量以及人工费、材料费、施工机具使用费等与施工图预算进行对比，找出节约或超支的原因，作为开工之前的预测分析表。

### 8.1.4　施工预算的编制要求

施工预算的编制要求与其作用紧密相关，一般应达到下列要求：

(1) 编制深度的要求

① 施工预算的项目要能满足签发施工任务单和限额领料单的要求，以便加强管理、实行班组经济核算；

② 施工预算要能反映出经济效果，为经济活动分析提供可靠的依据。

(2) 要紧密结合现场实际

按照所承担的任务范围、现场实际情况及采取的施工技术措施，结合企业管理水平，实事求是地进行编制。

## 8.2　施工预算编制的依据及方法

### 8.2.1　施工预算的编制依据

编制施工预算，应依据如下资料：

(1) 会审后的施工图纸、设计说明书和有关的标准图

编制施工预算时，必须使用会审后的施工图、设计说明书及会审记录，这样才能完整准确地计算工程量，使编出的施工预算更符合实际情况，使提供的各种资料在施工中起到保证和限制作用。

(2) 施工组织设计或施工方案

施工组织设计或施工方案中确定的施工方法、施工顺序、施工机械、技术组织措施、施工总平面布置等内容，都是编制施工预算的条件。如挖土方是用人力还是用机械，运距是远还是近，垂直运输用塔吊还是用卷扬机，构件是委托加工还是现场预制，现浇混凝土工程用木模还是用钢模等，这些因素与编制施工预算的定额选项及工料分析都有密切的关系。

(3) 施工图预算书

建筑工程施工定额的项目划分比预算定额的项目划分更加详细，通过各类项目的综合与分解的数据对比，找出差额，为企业分析成本盈亏，有的放矢地采取措施提供了条件。另外，这两种定额中有些项目工程量的计量单位和计算规则是一致的，可减少计算量，直接采用某些数据。

(4) 现行的施工定额、材料预算价格、人工工资标准、机械台班费用定额及有关文件。

(5) 工程现场实际勘察与测量资料，如工程地质报告、地下水位标高等。

(6) 建筑材料手册等常用工具性资料。

### 8.2.2　施工预算的编制方法

施工预算的编制没有统一的程序，一般可按以下方法进行：

(1) 熟悉施工图纸、施工组织设计及现场资料。

(2) 熟悉施工定额及有关文件

与预算定额相比，施工定额的项目划分既多又细，各分项的工作内容、使用条件、计算规则也不尽相同，因此要熟悉施工定额。

(3) 列出工程项目，计算工程量

为了更好地发挥施工预算指导工程施工的作用，落实签发施工任务单、限额领料单等管理措施，往往按照施工顺序（或分层、分段）和施工项目划分进行列项，同时兼顾施工定额的章节、项目顺序及施工图预算的项目及顺序，这样可减少漏项，为后面的“两算”对比创造有利条件，同时也能对施工图预算起到一定的复核作用。工程量计算应按照施工定额的有关工程量计算规则进行。

(4) 套用定额，计算人工费、材料费、施工机具使用费并进行工料分析

这是施工预算中最重要且工作量最大的工作内容之一，为便于计算，各地区根据当地的情况制定了相应的表格，按项目所列内容逐项计算，分类汇总。

(5) 人工、材料、机械台班消耗量汇总

将各层、段、分部中的各工种人工、各种材料和各类机械台班消耗量分别进行汇总，最后就得出该单位工程各工种人工（如木工、瓦工、钢筋工、抹灰工、架子工等）、各种材料（如钢筋、水泥、木材、机砖、白灰、石子、砂子、沥青、油漆等）和各类机械台班（如塔吊、卷扬机、搅拌机、打夯机等）的总需要量。

(6) 进行“两算”对比分析

将施工图预算与施工预算中的分部工程人工、材料、机械台班消耗量或价值列成一一对应的

对比表,进行对比计算,找出节约或超支的差额,考核施工预算是否能达到降低工程成本之目的,否则,应考虑重新研究施工方法和技术组织措施,修改施工方案,降低成本。

(7) 编写编制说明并填写封面,装订成册。

### 8.2.3 编制施工预算时的注意事项

(1) 当定额中仅给出砌筑砂浆、混凝土强度等级,而没有给出砂、石子、水泥用量时,必须根据砂浆或混凝土的强度等级,按定额附录《砂浆配合比表》及《混凝土配合比表》的使用说明进行二次分析,计算出各种原材料的用量。

(2) 凡确定在外加工的成品、半成品,如预制混凝土构件、钢木门窗制作等,不需进行工料分析,应与现场施工的项目区别开,便于基层施工班组的经济核算。

(3) 人工分析中的其他用工,系指各工种搭接和单位工程之间转移操作地点影响工效、临时停水停电、个别材料超运距以及其他细小难以计算工程量的直接用工,不作为下达班组施工任务单之用。

## 8.3 施工图预算与施工预算的对比

### 8.3.1 "两算"对比的意义

"两算"对比是指施工图预算与施工预算的对比。通过对比分析,找出节约和超支的原因,提出解决问题的措施,防止人工、材料和机械用量及其使用费的超支,避免发生预算成本的亏损。通过"两算"对比,并在完工后加以总结,以取得经验教训,积累资料,加强和改进施工组织管理,减少工料消耗,提高劳动生产率,降低工程成本,节约资金,取得更大的经济效益。因此,"两算"对比是建筑企业运用经济规律加强企业管理的重要手段。

### 8.3.2 施工预算与施工图预算的区别

(1) 施工预算与施工图预算的作用及编制方法不同

施工预算用于施工企业内部核算,主要计算工料用量和相应的人工费、材料费、施工机具使用费;施工图预算要确定整个单位工程造价,是签订工程合同、拨付工程价款、办理工程结算的依据。施工预算必须在施工图预算价格的控制下进行编制。

(2) 使用的定额不同

施工预算使用的定额是施工定额,施工图预算使用的是预算定额。两种定额水平不同,施工定额是平均先进水平,而预算定额是平均水平,即使是同一定额项目,两种定额中各自的人工、材料、机械台班耗用数量都有一定的差别;两种定额项目划分也不同,预算定额的综合性较施工定额大。

(3) 工程项目粗细程度不同

施工定额项目按工种划分,其综合程度较低,且施工预算要满足班组核算的要求,所以项目划分较细;预算定额项目的综合程度较高,其主要任务是用来确定工程造价,所以施工图预算的项目划分较粗。

(4) 计算范围不同

施工预算主要计算工、料、机的数量及其相应的人工费、材料费、施工机具使用费；施工图预算除计算人工费、材料费、施工机具使用费外，还需计算企业管理费、利润和税金，从而确定整个工程造价。

### 8.3.3　"两算"对比的方法

(1)实物对比法　将施工预算中的各分部工程的人工、主要材料、机械台班消耗量与施工图预算的人工、主要材料和机械台班消耗量分别进行对比。

(2)金额对比法　将施工预算中的人工费、材料费、施工机具使用费与施工图预算中的人工费、材料费、施工机具使用费分别进行对比。

目前，"两算"对比的具体内容由各地区、各企业单位结合具体情况自行确定。

## 单元小结

施工预算是施工企业加强内部管理、实行经济核算的重要依据之一。

施工预算是工程开工前由施工单位根据施工图纸、施工组织设计和施工定额编制的技术经济文件，包括设计说明和预算表格两大部分。施工预算的编制步骤大致与施工图预算相同，不同之处在于计算完工程量后，施工预算主要计算人工费、材料费、施工机具使用费和进行工料分析以及人工、材料、机械台班消耗量的汇总，无需确定整个工程的造价。

"两算"对比指施工图预算和施工预算的对比，要了解二者的区别，掌握对比的方法。

### 复习思考题

8.1　什么是施工预算？

8.2　施工预算的主要作用有哪些？

8.3　施工预算的主要内容有哪些？

8.4　施工预算的编制方法和步骤有哪些？

8.5　施工预算与施工图预算有哪些区别？

8.6　什么叫"两算"对比？为什么要进行"两算"对比？对比的方法有哪几种？

# 单元9　建筑安装工程竣工结算

**知识目标**　了解竣工结算的概念、作用；熟悉竣工结算的内容和方式；掌握竣工结算编制的原则、依据以及竣工结算的编制方法和程序。

**能力目标**　能够编制竣工结算文件。

## 9.1　竣工结算概述

### 9.1.1　竣工结算的概念及作用

1.竣工结算的概念

竣工结算是工程经竣工验收，承包方将所承包的工程按照合同规定全部完工交付之后，对原施工图预算或工程合同造价进行调整修改，重新确定工程造价的技术经济文件。

由于施工图预算或工程合同是在工程开工前编制和签订的，在工程施工过程中，由于各种因素的影响，不可避免地存在着各种变化，如设计考虑不周或业主意图的改变，以及材料的代换、项目的增减等，都将使原施工图预算或工程合同确定的工程造价发生变化，为了真实、准确地反映竣工工程造价，工程竣工后必须及时办理竣工结算。

竣工结算以单位工程为编制对象，由承包方的预算部门编制，它最终反映了承包方完成的施工产值。

2.工程竣工结算的作用

竣工结算具有以下几方面的作用：

(1) 竣工结算是承包方与业主办理工程价款最终结算的依据；

(2) 竣工结算是业主编制竣工决算的主要资料；

(3) 竣工结算是承包方和业主双方签订的建筑安装工程承包合同终结的凭证；

(4) 竣工结算是承包方统计最终完成工程量和竣工面积的依据；

(5) 竣工结算是承包方计算全员产值、核算工程成本、考核项目及企业盈亏的依据；

(6) 竣工结算是进行经济活动分析的依据。

### 9.1.2　竣工结算的内容

定额计价的建设工程，其竣工结算应采用定额计价的方法编制；工程量清单计价的建设工程，其竣工结算应采用清单计价的方法编制。

竣工结算的内容是由竣工结算书的组成决定，一般包括首页、编制说明、工程结算表、附表等内容。

首页内容主要包括工程名称、建设单位、结算造价、编制日期等，并设有建设单位、承包单位、审批单位以及编制人、复核人、审核人签字(盖章)的位置。

编制说明的内容包括编制原则、编制依据、结算范围、变更内容、双方协商处理的事项以及其他必须说明的问题。如果是包干性质的工程结算,还应着重说明包干范围以外增加项目的有关问题。

定额计价的工程结算表的内容包括定额编号、分部分项工程名称、单位、工程量、基价、合价、人工费、施工机具使用费等。另外,要按照不同的工程特点和结算方式,将组成结算造价的有关费用综合列入表中。

附表内容主要包括工程量增减计算表、材料价差计算表、建设单位供料计算表等。

必须明确,国家对工程建设竣工验收有严格的规定,竣工结算是竣工验收的重要组成内容之一,而竣工结算是核定固定资产价值,进行工程项目移交、投产使用的必备条件。对于国家重点工程和大中型建设项目,竣工结算文件中还必须包括竣工工程概况表、竣工交付使用财产表(总表与明细表)、竣工财务结算表等内容。

### 9.1.3　竣工结算的方式

根据工程承包方式的不同,竣工结算的方式也有所不同。

1. 施工图预算加签证的结算方式

这种方式把经过审定的施工图预算作为结算的依据。凡是在施工过程中发生而施工图预算又未包括的工程项目和费用,经建设单位签证后可以在竣工结算中调整。

2. 施工图预算加系数包干结算方式

这种结算方式是先由有关单位共同商定包干范围,编制施工图预算时乘上一个不可预见费的包干系数。如果发生包干范围以外的增加项目,如增加建筑面积、提高设计标准、改变工程中局部使用功能等,必须由双方协商同意后方可变更,并随时填写工程变更结算单,经双方签证作为结算工程价款的依据。

3. 平方米造价包干的结算方式

平方米造价包干的结算方式,与按施工图预算加签证的办法比较,手续简便,但适用范围具有一定的局限性,对于可变因素较多的项目不宜采用。

4. 招投标的结算方式

招标的标底,投标的报价,都是以施工图预算为基础核定的。投标单位在此基础上,根据竞争对手的情况和自己的竞争策略,对报价进行合理浮动。中标后,招标单位与投标单位按照中标报价、承包方式、范围、工期、质量、双方责任、付款及结算方法、奖惩规定等内容签订承包合同。合同确定的工程造价就是结算造价。除了因奖惩发生的费用,包干范围外增加的项目应另行计算外,原合同确定的工程造价不变。

## 9.2　竣工结算的编制

### 9.2.1　竣工结算的编制原则

工程竣工结算的编制是一项严肃而细致的工作,既要正确地贯彻国家或地方的有关规定,又要实事求是地反映施工企业完成的工程价值。因此,承包单位编制工程竣工结算时,要遵循以下原则：

(1)编制竣工结算的工程项目或部位，必须具备竣工结算的条件，即工程已通过竣工验收并提出了竣工验收报告单。

(2)对办理竣工结算的工程项目进行全面的清查(包括数量和质量等)，且这些内容必须符合设计及验收规范要求，符合建筑安装工程质量检验评定标准的规定。对于未竣工或质量不合格工程，不能进行竣工结算。需要返工的，返工修补合格后才能进行竣工结算。

(3)严格按照《全国统一安装工程预算定额》编制的地区计价定额(或清单计价规范)、材料预算价格、调价文件及工程合同(或协议书)等要求编制竣工结算书。

(4)工程竣工结算书应按地区或部门规定的程序和方法进行编制。

(5)施工图预算书等结算资料必须齐全，并严格按竣工结算编制程序进行编制。

### 9.2.2　竣工结算的编制依据

编制竣工结算除应具备全套竣工图纸、预算定额、地区材料预算价格、取费标准以及调整材料价差等有关规定外，根据不同的承包方式，还必须具备以下编制依据：

(1) 工程合同(或协议书)。

(2) 施工图预算书。

(3) 设计变更通知单。

设计变更通知单是指施工过程中由设计单位提出为变更设计而发出的通知单，它包括因业主意图改变或因结合工程具体情况的需要而提出修改，经设计单位同意的设计修改通知书。

(4) 施工技术问题核定单

施工技术问题核定单是指施工过程中由施工单位根据施工具体情况提出的施工技术问题的书面意见或建议(需由建设单位和设计单位认可并会签)。

(5) 施工现场签证记录

施工现场签证记录是指在施工过程中由于临时发生的小修小改而耗用的工料及其他资源的记录。它是承包单位现场施工技术管理人员根据实际发生的情况提出，由建设单位现场施工代表签字同意，作为工程结算的依据。

(6) 停窝工报告

停窝工报告是指因临时停水、停电、建设单位拖延中间验收，或因变更设计、计划改变、材料正常供应受到影响等非承包方原因而造成的施工过程暂时中止的报告。

(7) 隐蔽工程验收单。

(8) 材料代用核定单。

(9) 分包单位或附属单位提出的分包工程结算书。

(10) 材料预算价格变更文件。

(11) 经双方协商同意并办理了签证的应列入工程结算的其他事项。

### 9.2.3　竣工结算的编制方法

单位工程竣工结算的编制是在施工图预算的基础上，根据收集的各种设计变更资料和修改图纸及其他依据，先进行人工费、材料费和施工机具使用费的增、减调整计算，再按取费标准计算各项费用，最后汇总为结算造价。

随着建筑安装企业改革的不断深入，工程建设承包方式出现了多种形式；且承包方式不同，其结算方式、编制方法也就不同。下面介绍两种常见的方法：

1. 预算结算方式

预算结算方式是根据审定的施工图预算，凡承包合同和文件规定允许调整，在施工活动中已经发生而原施工图预算未包括的工程项目或费用，依据原始资料的计算，经建设单位审核签证，在原施工图预算上做出调整。调整的内容一般有下列几个方面：

(1) 工程量差

它是指由于设计变更或设计漏项而发生的增减工程量；设计尺寸与现场实际尺寸不符而产生的线路、管道敷设长度的增减量；预见不到的增加量，如在施工中出现的线路、管路走向变更等；预算编制人员的疏忽造成的工程量差错等。这些量差应按合同的规定，根据建设单位与施工单位双方签证的现场记录进行调整。

(2) 价差

它是指由于材料代用或材料价格变化等原因形成的价差。一般规定，地方材料和市场采购材料由施工单位按预算价格包干，建设单位供应材料按预算价格划拨给施工单位的，在工程结算时不调整材料价差，其价差由建设单位单独核算，工程结算时摊入工程成本；由施工单位采购、国拨、部管材料价差，应按承包合同和现行文件规定办理。

(3) 费用调整

它是指由于工程量的增减超过合同(或协议书)规定的幅度，需要相应调整应取的各项费用。

2. 包干承包结算方式

由于招投标承包制的推行，工程造价一次性包干、概算包干、施工图预算加系数包干、房屋建筑平方米造价包干等结算方式逐步代替了长期按预算结算的方式。包干承包结算方式，只需根据承包合同规定的“活口”，允许调整的进行调整，不允许调整的不得调整。这种结算方式大大地简化了工程竣工结算手续和长期存在的价款争执。

### 9.2.4　竣工结算的编制程序

单位工程竣工结算的编制程序如下：

(1) 搜集、整理、熟悉有关竣工结算的原始资料

竣工结算的原始资料是编制竣工结算的依据，必须收集齐全。搜集时，必须深入细致，进行必要的归纳整理，一般按分部分项工程的顺序进行。

(2) 深入现场，对照观察竣工工程

根据原有施工图纸和竣工的原始资料，对竣工工程进行观察和对照，必要时应进行实际丈量和计算，并做好记录。如果工程的做法与原设计施工要求有出入时，也应做好记录。在编制竣工结算时，要本着实事求是的原则，对有出入的部分进行调整。

(3) 认真复核有关原始资料，计算调整工程量

根据原始资料和对竣工工程进行观察的结果，计算增加和减少的工程量。这些增加或减少的工程量既可能是由设计变更和设计修改造成的，也可能是由其他原因造成的，对这些原因造成的现场签证项目，都应一一计算出工程量。如果设计变更及设计修改的工程量较多且影响较大时，可将所有的工程量按变更或修改后的设计重新计算。

(4) 套定额基价，计算结算造价

套定额基价，计算结算造价包括以下几部分工作：

① 原施工图预算的人工费、材料费、施工机具使用费(此部分不用计算)。

② 计算调增部分的人工费、材料费、施工机具使用费：按调增部分的工程量查套相应的定额基价，计算出调增部分的人工费、材料费、施工机具使用费，以"调增小计"表示。

③ 计算调减部分的人工费、材料费、施工机具使用费：按调减部分的工程量查套相应的定额基价，计算出调减部分的人工费、材料费、施工机具使用费，以"调减小计"表示。

④ 计算竣工结算人工费、材料费、施工机具使用费

竣工结算人工费＝原预算人工费＋调增小计－调减小计

竣工结算材料费＝原预算材料费＋调增小计－调减小计

竣工结算施工机具使用费＝原预算施工机具使用费＋调增小计－调减小计

⑤ 计算材料价差。

⑥ 按取费标准计算其他各项费用。

⑦ 计算单位工程结算造价

单位工程结算造价＝竣工结算人工费＋竣工结算材料费＋竣工结算施工机具使用费＋材料价差＋其他各项费用

(5)撰写编制说明。

(6)审核(包括自审和送审)。

## 单元小结

施工图预算所确定的工程造价是在开工前进行编制的，据此而签订的工程承包合同，其预算价或合同价并不能完全准确地反映建筑安装工程的实际价格，因为在工程施工过程中，不可避免地存在着各种因素的变化和影响，而这些都会使由原施工图预算或工程合同所确定的工程造价发生变化。为了真实准确地反映工程造价，工程竣工验收合格后必须及时办理工程竣工结算，此时的结算价才是工程的最终价格。

工程竣工结算是对原施工图预算的修正和补充，是施工单位与建设单位结清工程价款的依据，也是工程承包合同终结的凭证。

工程承包方式不同，竣工结算的方式也不相同，编制工程竣工结算应区别对待，正确处理。

竣工结算的编制大体上与施工图预算的编制相同。在编制竣工结算时，必须将结算资料收集齐全，同时要严格遵循竣工结算编制的原则、方法、步骤，这样才能使竣工结算符合实际情况，避免多算或少算，重复或漏项。

### 复习思考题

9.1　什么叫竣工结算？它与"价款结算"有何不同？

9.2　比较竣工结算与施工图预算的异同点。

9.3　试简述竣工结算的编制原则和编制依据。

9.4　竣工结算的编制方法有哪些？其编制程序如何？

# 参 考 文 献


[1] 张雪莲,张清.建筑水电安装工程预算.2 版.武汉:武汉理工大学出版社,2013.

[2] 温艳芳.安装工程计量与计价实务.北京:化学工业出版社,2011.

[3] 全国建设工程造价员从业资格考试山西省培训教材. 太原:山西科学技术出版社,2012.

[4] 汤万龙,刘玲. 建筑设备安装识图与施工工艺.2 版. 北京:中国建筑工业出版社,2010.

[5] 孙光远. 建筑设备与识图. 北京:高等教育出版社,2005.

[6] 陈宪仁. 水电安装工程预算与定额. 北京:中国建筑工业出版社,2003.

[7] 吴心伦. 安装工程定额与预算. 重庆:重庆大学出版社,2003.

[8] 刘庆山. 建筑安装工程预算. 北京:机械工业出版社,1999.

[9] 中国建设监理协会. 建设工程投资控制. 北京:知识出版社,2003.

[10]山西省建设工程计价依据 安装工程预算定额. 太原:山西科学技术出版社,2018.

[11]山西工程建设标准定额信息.山西省工程建设定额站.2018.